RÉPERTOIRE

UNIVERSEL ET RAISONNÉ

DE JURISPRUDENCE

CIVILE, CRIMINELLE,

CANONIQUE ET BÉNÉFICIALE.

Ouvrage de plusieurs Jurisconsultes :

Mis en ordre & publié par M. GUYOT, Écuyer, ancien Magistrat.

TOME DIX-HUITIÈME.

A PARIS,

Chez PANCKOUCKE, Hôtel de Thou, rue des Poitevins.

Et se trouve chez les principaux Libraires de France.

M. DCC. LXXVIII.
Avec Approbation & Privilége du Roi.

RÉPERTOIRE

UNIVERSEL ET RAISONNÉ

DE JURISPRUDENCE

CIVILE, CRIMINELLE,

CANONIQUE ET BÉNÉFICIALE.

D

DÉNATURER. Faire changer de nature à ses créances, à ses biens, &c.

Lorsqu'on convertit une rente constituée en une obligation pure & simple, cela s'appelle Dénaturer sa créance ; d'immobilière qu'elle étoit (*), on la rend mobilière. Voyez à ce sujet l'article NOVATION.

Ceux qui n'ont point la faculté d'aliéner, n'ont point celle de Dénaturer leurs biens. Ainsi un mineur ne peut céder une rente constituée qui est

---

(*) En la supposant toutefois créée dans une coutume où les rentes constituées sont au rang des immeubles.

un immeuble dans fes biens, pour une créance mobilière; il peut cependant avec une créance mobilière, acquérir une rente conftituée, parce que la prohibition de Dénaturer n'eft point un empêchement pour lui d'acquérir une créance de meilleure nature que celle qu'il avoit auparavant.

. On dénature fes biens propres lorfqu'on les vend pour les convertir en mobilier ou en acquêts immeubles. Ceux qui font fans néceffité ces fortes de changemens dans la maladie de laquelle ils décedent, font aifément préfumés le faire pour favorifer des perfonnes prohibées ou pour rendre le fort de quelques-uns de leurs héritiers plus favorable, que celui des autres. Voyez ce que nous avons dit à ce fujet à l'article AVANTAGE. (*Article de M. DAREAU, avocat au parlement*, &c.)

DÉNÉGATION. C'eft le refus que l'on fait de convenir d'une promeffe, d'une action, d'une obligation, &c.

La Dénégation, qui eft l'oppofé de la *confeffion*, fuppofe une interpellation faite à celui qui dénie. Lorfque celui-ci perfifte dans fes Dénégations, c'eft à la partie qui articule des faits, des promeffes & des obligations, à les prouver fuivant la maxime, *ei qui dicit incumbit onus probandi.* Voyez les articles AVEU, CONFESSION, DÉCLARATION, INTERROGATOIRE, &c. (*Article de M. DAREAU, avocat au parlement*, &c.)

DÉNI. Terme de palais qui fe dit du refus d'une chofe due.

On diftingue deux fortes de Déni; favoir, le Déni de juftice, & le Déni de renvoi.

Le *Déni de juftice* eft un refus que fait un

juge de rendre la justice quand elle lui est demandée.

Ne pas rendre la justice quand elle est due,
c'est en quelque façon commettre une injustice ;
c'est du moins trahir un de ses devoirs les plus
essentiels ; c'est manquer à ses concitoyens , &
tromper la bonne foi du souverain qui se repose
sur ses juges de l'exercice de la portion la plus
noble de son autorité , qui est celle de la justice.

L'article premier du titre 25 de l'ordonnance
de 1667 , enjoint à tous les juges , sans exception même des officiaux, de procéder sans retardement au jugement des causes , des instances
& des procès qui sont en état de recevoir leur
décision , à peine de répondre en leur nom des
dépens , dommages & intérêts des parties.

L'article suivant porte , que « si les juges
» *dont il y a appel* , refusent ou sont négligens
» de juger la cause, instance ou procès qui sera
» en etat, ils seront sommés de le faire » ; & il
est ajouté : « Commandons à tous huissiers &
» sergens qui en seront requis, de leur faire les
» sommations nécessaires , à peine d'interdiction
» de leur charge ».

Si l'ordonnance ne parle ici que des juges
dont il y a appel, il ne faut pas en conclure que
les juges en dernier ressort soient plus autorisés
que les autres à dénier la justice ; mais au lieu
de sommations , on doit porter plainte de leur
refus à M. le chancelier ; & si après qu'il a
donné des ordres, ils ne sont pas plus empressés
qu'auparavant à rendre la justice qu'on leur demande , on peut se pourvoir au conseil. Un
arrêt de la cour des aides du 18 juillet 1691 ,

rapporté au journal des audiences, a jugé qu'une prise à partie incidente à une matière dont les élus avoient connu en dernier reffort, ne pouvoit être portée à la cour fouveraine du reffort, mais qu'il falloit fe pourvoir au confeil privé ; & il y a même raifon pour en dire autant d'un fimple Déni de justice.

Les fommations dont parle l'ordonnance doivent être faites aux juges à leur domicile ou au greffe de leur juridiction, en parlant au greffier ou au commis du greffe. Ces fommations pour être honnêtes, doivent être faites en forme de requifition (*).

_____

(*) *Formule d'une fommation pour obtenir un jugement.*
L'an.... à la requête de Pierre Lagrange, laboureur demeurant.... je.... huiffier royal.... me fuis tranfporté au greffe civil de la fénéchauffée de.... tenu par Me. François Dumoulin, un des commis à l'exercice dudit greffe, où étant & parlant audit Me. Dumoulin, je lui ai enjoint de faire favoir à M. Desfontaines, confeiller en ladite fénéchauffée, qu'il a depuis longtemps à fon rapport une inftance d'entre le requérant & le fieur Déforme au fujet d'une demande en payement de lods & ventes, & de lui déclarer, qu'attendu que cette affaire eft en état de recevoir fa décifion, le requérant le fupplie de vouloir bien la rapporter inceffamment, finon qu'il fera obligé malgré lui de prendre les voies de droit que lui indique l'ordonnance, au fujet de quoi il fait toutes les réferves néceffaires, même de prife à partie s'il y a lieu ; & afin que ledit Me. Dumoulin n'en laiffe prétendre caufe d'ignorance à M. Desfontaines, je lui ai délivré copie du préfent acte pour être communiqué à M. le confeiller en la manière accoutumée.

D'après cette formule, on voit dans quel efprit peuvent être faits d'autres actes de ce genre fuivant les circonstances qui peuvent fe préfenter.

Quand il s'agit de la feconde fommation, on s'explique

Une feule fómmation ne fuffit pas ; il en faut deux. Elles doivent être faites de huitaine en huitaine pour les juges reffortiffans nûment aux cours fouveraines, & de trois en trois jours pour les autres fiéges.

Si dans un temps raifonnable, après la dernière fommation, comme de huitaine, ou tout au plus de quinzaine, fuivant la nature de l'affaire & le plus ou moins de célérité qu'elle exige, le juge n'a point eu d'égard aux requifitions à lui faites, la partie peut alors appeler comme de Déni de juftice (*), & cet appel fe porte devant le juge fupérieur de celui qui a fait refus de fatisfaire aux fommations de juger (**). Quand l'appel a été fignifié à la partie

---

ainfi : je lui ai enjoint de faire, favoir pour la feconde & dernière fois à.... &c.

On peut auffi pour une caufe qui doit être jugée à l'audience, faire fommation de la juger ou de la placer au rôle à fon tour lorfqu'il paroît que les placets qu'on a pu donner à cet effet ont été inutiles. C'eft à celui qui préfide à l'audience d'avoir égard à cette fommation, parce qu'il eft feul dans le cas d'être pris à partie.

(*) On peut encore fi l'on veut prendre en même-tems le juge à partie pour les dommages-intérêts, mais voyez à ce fujet l'article PRISE A PARTIE.

(**) Obfervez que cet appel ne feroit point fondé, fi le juge avoit de bonnes raifons pour différer le jugement qu'on lui-demande. Le procureur du roi d'Aurillac avoit rendu plainte contre des notaires & des eccléfiaftiques pour fait de fimonie. Deux notaires & quelques eccléfiaftiques avoient été décrétés; & il y avoit un conflit entre l'official de l'abbé d'Aurillac & celui de l'évêque de S. Flour, pour favoir lequel des deux connoîtroit de l'affaire qu'ils avoient l'un & l'autre revendiquée. Les notaires prétendant que cette revendication leur étoit étrangère firent faire deux fommations au lieutenant criminel de juger : la réponfe de ce ma-

adverſe, elle ne peut plus de ſon côté pourſuivre devant le juge duquel on a appelé ; on
peut même dénoncer l'appel à ce même juge,
lorſqu'on a lieu de craindre que par humeur il
ne veuille alors rendre un jugement qu'on lui
avoit auparavant demandé en vain.

Les officiaux métropolitains ne peuvent recevoir aucun appel de Déni de juſtice des officiaux leurs ſuffragans ; les parties en ce cas,
doivent ſe pourvoir aux parlemens par la voie
d'appel comme d'abus, parce qu'effectivement
c'eſt de la part de ces officiaux, abuſer de leur
juridiction, que de refuſer aux parties la juſtice
qu'ils leur doivent. La choſe a été ainſi jugée
par le parlement de Normandie au mois de mars
1533, & par le parlement de Paris au mois de
juillet 1701.

Le Déni de juſtice peut avoir lieu non-ſeulement lorſque le juge refuſe de décider, mais
encore lorſqu'il refuſe de prêter ſon miniſtère
pour dreſſer des procès-verbaux, appoſer des
ſcellés, &c. Dans les cas qui requièrent célérité, il n'eſt pas néceſſaire de deux ſomma-
tions ; une ſeule ſuffit ; & ſi le juge refuſe
d'y ſatisfaire, on peut requérir ſur le champ

giſtrat fut » qu'il y avoit une révendication des eccléſiaſti-
» ques co-accuſés par deux officiaux différens, que dès-lors
» il ne pourroit continuer l'inſtruction que quand il auroit
» été ſtatué avec quel official il devoit inſtruire ».
Cette réponſe fut priſe par les notaires pour un refus ;
en conſéquence ils interjetèrent appel comme de Déni de juſtice ; mais par l'arrêt qui intervint le 14 mars 1731 au parlement de Paris, le refus du lieutenant criminel fut jugé
régulier. Cet arrêt eſt cité dans la collection de juriſprudence.

le ministère de celui qui vient après lui pour en faire les fonctions ; parce que dans les cas qui ne souffrent point de retard, on est autorisé à s'écarter des règles qui ne sont que pour les cas ordinaires.

Quand celui qui est chargé du ministère public refuse de donner des conclusions sur une requête, on peut s'en plaindre au siége & faire ordonner que la requête sera communiquée à un ancien avocat ; & lorsque c'est une affaire d'audience, sur le refus de la part des gens du roi de conclure, après qu'il n'a dépendu que d'eux de le faire, on doit présumer qu'ils s'en sont remis à droit, & juger comme s'ils avoient été entendus (*).

S'il étoit prouvé que le seigneur justicier a connivé avec les officiers de sa juridiction pour refuser à une partie la justice qu'elle demandoit, il y en auroit assez pour faire déclarer cette partie exempte de la juridiction de ce seigneur : on trouve dans les registres du parlement, des années 1309 & 1311, qu'un appelant de Déni de justice ayant gagné sa cause contre la comtesse d'Artois, fut déclaré exempt de sa juridiction, lui, sa femme & les biens qu'il avoit dans sa seigneurie : il fut même délié de la foi & de l'obéissance qu'il lui devoit, & déclaré vassal du seigneur suzérain.

_____

(*) « Et après que les gens du roi présens à l'audience » & qui ont entendu la cause d'entre les parties, n'ont pas » jugé à propos de prendre des conclusions ; disons, &c. »

Comme il est plus honnête de présumer qu'ils n'ont point cru leur ministere intéressé, que de croire que leur refus est fondé sur l'humeur, il n'est pas nécessaire en pareil cas d'exiger de conclusions de la part d'un ancien avocat.

Il y a une autre espèce de Déni de justice qu'on peut assimiler à celui dont nous venons de parler ; c'est lorsqu'un officier inférieur de justice refuse de prêter son ministère aux actes pour lesquels il est requis & nécessaire. Lorsque ce refus n'est point fondé sur des raisons légitimes, on peut obtenir contre cet officier une injonction du juge au bas d'une simple requête donnée à cet effet ; & l'officier est obligé d'y satisfaire, à peine de tous dépens, dommages-intérêts, & même d'interdiction.

Il arrive aussi quelquefois qu'aucun huissier ne veut prêter son ministère pour des opérations qui intéressent des personnes en place ; on peut obtenir de même contre ces officiers une ordonnance d'injonction ; & si après avoir présenté à l'un d'eux cette ordonnance en présence de témoins, il persiste dans son refus, c'est le cas de rendre plainte contre lui. On est même autorisé à le faire sans qu'il y ait eu d'injonction, dans les cas où les ordonnances elles-mêmes enjoignent formellement aux huissiers de se prêter aux simples réquisitions qui leur sont faites, comme dans le cas, par exemple, où il s'agit de faire à un juge des sommations sur un Déni de justice : s'il leur falloit, en pareil cas, une injonction particulière de la part du juge, il est clair qu'il seroit aussi difficile de l'obtenir que d'obtenir la justice même que l'on attend.

Le *Déni de renvoi*, est le refus que fait un juge de renvoyer dans une autre juridiction une affaire portée devant lui.

Ce renvoi peut être demandé non-seulement par une partie intéressée, mais encore par le procureur du roi de l'autre juridiction, ou par le feigneur lui-même s'il s'agit d'une juftice non royale, quand même ce renvoi ne feroit point requis par les parties ; & cette demande s'appelle *révendication*. Voyez ce mot.

Les juges ne doivent point attendre qu'on leur demande le renvoi d'une affaire qui n'eft ni de leur reffort ni de leur compétence ; l'article premier du titre 6 de l'ordonnance de 1667, leur enjoint de renvoyer les parties devant les juges qui en doivent connoître, ou d'ordonner qu'elles fe pourvoiront ; & cela à peine, eft-il dit, de nullité des jugemens, & même de prife à partie. Telles font auffi les difpofitions de l'article 4 du titre premier de l'ordonnance criminelle de 1670 (*).

Lorfqu'après leur avoir demandé le renvoi d'une affaire, ils la retiennent indûment, c'eft le cas d'interjeter appel comme de Déni de

---

(*) Obfervez que par une autre difpofition de l'article 16 du même titre, les juges fubalternes qui fe trouvent faifis d'un délit formant un cas royal ou prévôtal par la nature du crime au fujet duquel ils ont informé & décrété, font obligés d'en avertir les baillis & fénéchaux royaux ou leurs lieutenans-criminels par acte fignifié au greffe. C'eft ce que porte auffi l'article 21 de l'ordonnance du 5 février 1731.

Vous remarquerez encore que lorfque les juges fupérieurs s'apperçoivent que les juges inférieurs ne fe portent point d'eux-mêmes à renvoyer les affaires dont il ne leur eft point permis de connoître, ces juges fupérieurs fans être obligés de demander aucun renvoi, peuvent évoquer de leur autorité ces fortes d'affaires à leur tribunal, & cette évocation s'appelle par *main fouveraine*. Ils peuvent auffi ufer de cette évocation, lorfque les juges inférieurs négligent l'inftruction & la pourfuite des procès criminels dont ils peuvent connoître & qui font pendans devant eux. C'eft ce qui fera plus particulièrement expliqué à l'article ÉVOCATION.

renvoi de leur part, & c'eſt ce que nous avons
expliqué à l'article DÉCLINATOIRE ; mais nous
ajouterons ici par obſervation, qu'en matière
criminelle les appels de Déni de renvoi doivent
ſe porter aux grand'chambres des cours de parlement, & non ſimplement au parquet des gens
du roi ; c'eſt l'avis de M. Serpillon en ſon *code
criminel* ; il cite à ce ſujet un arrêt du 2 juin
1687. En effet, il nous paroît qu'en matière
criminelle la choſe eſt aſſez délicate pour que
les cours en prennent connoiſſance par elles-
mêmes.

Nous obſerverons encore d'après l'auteur du
traité de la *juſtice criminelle*, qu'il n'eſt pas né-
faire quand il y a appel de Déni de renvoi, ſoit
par l'accuſé, ſoit par le ſeigneur d'une autre juſtice à qui le renvoi a été refuſé, qu'il ait été
ſtatué ſur cet appel pour pouvoir paſſer au jugement du fond ; le juge ſupérieur devant lequel
l'appel du jugement du fond eſt porté, peut
prononcer ſur cet appel, quoique l'appel du
Déni de renvoi n'ait pas encore été décidé ; &
l'auteur obſerve que cela a été ainſi jugé au bailliage criminel d'Orléans par une ſentence du
13 juillet 1747, ſur un appel de la prévôté de
cette ville, dans une affaire révendiquée par
le ſeigneur de la juſtice de Saint-Laurent au
ſujet de laquelle il y avoit un appel de Déni de
renvoi à la cour, mais non encore rélevé. Le
même auteur ajoute qu'en jugeant l'appel du
fond au bailliage criminel, il fut ordonné que
ſur l'appel comme de Déni de renvoi, les parties
ſe pourvoiroient au parlement.

Lorſque ſur le refus d'un renvoi requis dans
un bailliage par le procureur du roi d'une juſtice

royale, il y a appel de ce refus, ce n'eſt pas le lieutenant général ni les autres officiers du bailliage qu'il faut aſſigner, parce qu'il n'y a point alors de priſe à partie ; mais il faut aſſigner M. le procureur général du parlement , comme prenant le fait & cauſe du procureur du roi du bailliage où le renvoi a été refuſé. C'eſt ce qui a été jugé, dit M. Jouſſe, par un arrêt du parlement de Dijon le 26 avril 1748, au profit du lieutenant criminel d'Autun.

Voyez *les ordonnances de 1667 ; 1670 & 1731 ; le journal des audiences ; le code criminel de M. Serpillon ; le traité de la juſtice criminelle de M. Jouſſe ; la collection de juriſprudence.* Voyez auſſi les articles C A U S'E , DÉCLINATOIRE , ÉVOCATION, RÉGLEMENT (*de juges*), REN-VOI, RÉVENDICATION, &c. (*Article de M. DAREAU , avocat, &c.*)

DENIER. Ce mot reçoit pluſieurs ſignifi-cations. Pris au pluriel, il ſignifie toutes les eſpèces qui compoſent une ſomme d'argent ; pris au ſingulier, c'eſt le nom d'une ancienne monnoie d'or ou d'argent, qui a eu une va-leur différente ſuivant les lieux & les temps. Nous allons ſuivre ce mot dans ces deux ac-ceptions.

DENIERS pris pour une ſomme d'argent. Ce ſont ceux qui circulent dans le commerce & qui tiennent lieu d'échange avec les choſes qu'on reçoit à la place. Ces Deniers entrent dans le patrimoine de chaque citoyen, & ſont par leur nature dans la claſſe des choſes mobi-lières, à moins qu'ils n'aient été ſtipulés *propres* comme cela arrive quelquefois dans les contrats de mariage. La juriſprudence les regarde auſſi comme propres dans la succession des mineurs. Tels sont ceux qui proviennent du rembourse- ment d'une rente constituée qui étoit propre au mineur, ou de la vente de quelques-uns de ses héritages.

Les Deniers se donnent & se reçoivent en payement des créances pécuniaires ; & quand c'est de l'argent que l'on doit, il n'est pas per- mis de se libérer autrement qu'en Deniers, c'est-à-dire en argent.

L'argent comme métal, ne produit rien par lui-même, mais il peut s'aliéner & produire des fruits civils qu'on appelle intérêts. Ces in- térêts qui se renouvellent tous les ans tant que dure l'aliénation, ne peuvent aller que jusqu'au taux déterminé par le souverain : quand on les porte au-delà, ils dégénèrent en usure. Le taux actuel est à la vingtième partie du principal, & l'on dit à ce sujet que l'argent est au *Denier vingt*.

Quelquefois les Deniers sans aliénation ne laissent pas de produire le même intérêt que s'ils étoient aliénés ; c'est lorsque le créan- cier ne pouvant être payé, traduit son débi- teur devant le juge & le fait condamner à payer le montant de la créance avec les intérêts au même taux que celui des rentes constituées, depuis le jour de la demande jusqu'au payement effectif. Mais ces intérêts sont moins le produit de la créance en elle-même, qu'une peine pro- noncée contre le débiteur pour le forcer à payer. Voyez à ce sujet l'article INTÉRÊT.

En parlant de Deniers, voici quelques dé- nominations particulières qu'on leur donne.

On dit *Deniers dotaux*, pour désigner ceux

qui forment la dot d'une femme : ces Deniers se donnent & se reçoivent à différentes clauses & conditions dont il est parlé aux articles DOT & COMMUNAUTÉ. On peut voir à ce sujet l'article BIENS, où il est question des *biens dotaux* de la femme (*).

On dit aussi *Deniers pupillaires*, en parlant de ceux qui appartiennent à des pupilles, à des mineurs. Ces Deniers pouvoient anciennement sans aliénation, produire des intérêts jusqu'à la majorité des mineurs ; mais aujourd'hui ces intérêts seroient regardés comme usuraires si le principal n'étoit pas aliéné. Cependant comme il ne faut point que les Deniers d'un mineur demeurent oisifs, le tuteur est obligé d'employer en rente constituée au profit de ce mineur, ceux qu'il a entre les mains ; & pour n'être point garant de la solvabilité du débiteur de la rente, le tuteur doit demander que les parens lui indiquent sur qui il en fera l'emploi. Il est obligé à cette démarche la première année de sa gestion, six mois après qu'il a entre ses mains des Deniers suffisans pour être placés ; les années suivantes, en pays de droit écrit, il n'a que deux mois, mais au parlement de Paris il en a toujours six ; & au parlement de Normandie, les articles 42,

---

(*) Observez qu'il ne faut pas confondre d'autres deniers qu'on appelle *deniers de noces*, avec les deniers dotaux. Les deniers dotaux sont ceux que la femme apporte au mari : les deniers de noces sont ceux au contraire que le mari donne à sa femme lors de la célébration du mariage ; c'est une formalité introduite dans plusieurs diocèses : dans celui de Limoges, le mari donne treize pieces de monnoie à sa femme au pied de l'Autel comme pour prix du sacrifice de sa liberté.

43 & 45 du réglement des tutelles, lui donnent dix-huit mois après le terme échu, pour placer les Deniers provenans du revenu de la succes-sion. Quand le tuteur manque à placer les De-niers de son pupille, il en doit lui-même les intérêts. Voyez à ce sujet l'article TUTEUR.

On appelle *Deniers royaux*, ceux qui se lèvent par imposition au profit du roi. Tels sont les vingtièmes, la taille, la capitation, &c. Ces Deniers sont regardés comme sacrés; il n'est point permis à ceux qui en sont les col-lecteurs ou les receveurs, de les divertir ni de les faire valoir à leur profit, autrement ils se mettent dans le cas d'être poursuivis extraor-dinairement. Il faut voir à ce sujet un réglement du mois de février 1663, une déclaration du mois de décembre de la même année, une autre déclaration du 7 février 1708, & un arrêt du conseil du 23 avril 1708 (*).

On nomme Deniers *patrimoniaux* & Deniers *d'octroi*, ceux qui composent le patrimoine des villes, & ceux que le roi leur a permis de lever pour les dépenses qui ont rapport aux répara-tions des édifices publics, des murs, des pavés, des fontaines, &c. Les Deniers vraiment patri-moniaux sont ceux qui viennent des droits ou des fonds appartenans en propre aux villes, tels que sont les cens, rentes, lods & ventes, terres, maisons, &c. Les Deniers *d'octroi* se prennent sur certaines denrées & sur certaines

---

(*) Voyez aussi la déclaration du 5 mai 1690, qui pro-nonce la peine de mort, lorsque la somme divertie par les receveurs des deniers des fermes du roi va jusqu'à trois mille livres ou au-dessus.

marchandises

marchandifes qui entrent dans les villes : il faut être autorifé à ces fortes de perceptions ; & dans ces Deniers d'octroi, le roi a pour l'ordinaire moitié. C'eft ce qu'on verra à l'article OCTROI.

Voici d'autres dénominations qui s'appliquent au mot *Denier.*

Deniers immobilifés, font ceux que l'on répute immeubles par fiction. *Deniers ameublis*, ceux qui entrent dans une communauté par allufion à céux qui en font exclus. *Deniers réalifés*, ceux dont on a fait l'emploi en fonds. *Deniers d'entrée*, ceux qu'un nouveau propriétaire a payés pour avoir la poffeffion d'un héritage, ou ceux qu'un fermier paye d'avance en entrant dans une ferme. *Deniers francs*, ou *francs Deniers*, ceux que l'on doit recevoir exempts de déduction ou de retenue. *Deniers clairs & liquidés*, ceux qui font établis par des titres inconteftables, ou plutôt ceux qui fe trouvent en nature dans une fucceffion. *Deniers communs*, ceux qui appartiennent à une communauté. *Deniers publics*, ceux qui appartiennent au roi, aux provinces ou aux villes. *Deniers à Dieu*, ceux qu'on donne pour arrhes d'un marché.

Obfervez encore pour l'intelligence des anciens titres, qu'on a dit autrefois Deniers *tournois*, Deniers *parifis* & Deniers *viennois*. Les Deniers tournois étoient ceux que l'archevêque de Tours faifoit frapper à fon coin ; les Deniers parifis, ceux que le roi faifoit frapper à Paris, & ils valoient un quart de plus que les précédens ; les Deniers viennois, ceux que le Dauphin de Viennois faifoit faire à fa marque, & ils valoient le double des Deniers tournois.

Obfervez enfin qu'on donne le nom de *Denier-Céfar*, à un droit qui fe perçoit dans la châtellenie de Lille fur chaque chef de famille, à raifon de trois Deniers par an, & celui de *Denier-Saint-André*, à un autre droit qui fe lève dans quelques bureaux établis fur le Rhône, depuis le paffage de Roquemaurette en Vivarais, jufqu'au port de Cauffade inclufivement. On croit que le Denier Saint-André a été établi pour conftruire le fort Saint-André, ou pour y entretenir une garnifon. La perception s'en fait fur un tarif du 15 juillet 1634.

Dans les payemens, on appelle *fort Denier*, la fraction modique qui excéde une fomme. Ainfi dans la fomme de dix livres cinq fous un Denier, ce Denier eft ce qu'on appelle le *fort Denier*, & le Débiteur ne pouvant le fournir, parce qu'on ne voit plus aujourd'hui de monnoie de cette efpèce, il eft obligé d'y fubftituer un liard qui vaut trois Deniers. Le créancier profite de ce fort Denier parce qu'il ne doit rien perdre, & que c'eft au débiteur à fournir jufte ce qu'il doit.

DENIER *pris pour une ancienne pièce de monnoie.* Nous entrerons ici dans quelques explications pour faciliter l'intelligence des anciens titres.

Les romains dans les premiers temps, n'avoient pour monnoie que des pièces d'airain qu'ils appeloient *as* pour *æs*, qui fignifie airain; ils les appeloient auffi *libra*, parce qu'elles étoient d'une livre. Ils ne commencèrent à battre de la monnoie d'argent que l'an 485. La première qui parut fut appelée *Denier*. Ce Denier étoit marqué de la lettre X pour annon-

cer qu'il valoit dix *as*. Il fe divifoit en deux qui-
naires marqués chacun de la lettre V, & le
quinaire étoit fubdivifé en deux fefterces marqués de ces trois lettres L. L. S., que les co-
piftes ont changées en celles-ci, H. S.

Sous la première race de nos rois, on fe
fervoit de Deniers d'argent fin qui pefoient environ vingt-un grains.

Sous la feconde, le Denier fut plus pefant :
il étoit de vingt-huit grains du temps de Charlemagne, & de trente-deux fous le règne de
Charles-le-Chauve.

Au commencement de la troifième race, les
Deniers étoient encore d'argent fin de vingt-
trois à vingt-quatre grains. Vers la fin du règne
de Philippe premier, on commença à y mêler
du cuivre : fous faint Louis, le Denier étoit de
billon, & ne contenoit prefque plus que fix
grains & demi d'argent. Depuis, le degré de
bonté en a toujours diminué ; de forte que fous
Henri III & dans la fuite, ils n'ont été que de
cuivre tout pur. Obfervez qu'il y a eu auffi des
Deniers d'or fous le règne de faint Louis, &
fous celui du roi Jean.

Le Denier aujourd'hui parmi nous, n'eft plus
que la valeur numéraire de la douzième partie
d'un fou. Ce Denier a lui-même fes parties ; il
fe divife en deux mailles ou oboles, l'obole en
deux pites, & la pite en deux femi-pites. Mais
on ne diftingue prefque plus ces portions du
Denier, fi ce n'eft par rapport aux cenfives,
& alors on les réduit en fous.

A Paris & prefque dans toutes les villes du
royaume, excepté quelques-unes de celles qui

font au-delà de la Loire, les Deniers, c'eſt-à-
dire, cette petite monnoie de cuivre dont nous
parlons, ne font plus reçus dans le commerce ; on n'en fabrique même plus dans les
monnoies.

DENIER DE FIN OU DE LOI, s'entend chez
les monnoyeurs & les orfévres, du titre de
l'argent, de même que le karat s'entend du titre
de l'or.

Ce Denier eſt un poids, qu'on nomme autrement eſtimation, compoſé de vingt-quatre
grains qui font connoître les différens degrés de
la pureté ou de la bonté de l'argent. Il ſe diviſe
en demi, en quart & en huitième. Le plus fin
argent eſt à douze Deniers, comme l'or le plus
fin eſt à vingt-quatre karats.

Quand la monnoie d'argent n'eſt pas à dix
Deniers de fin, on doit la regarder comme
billon.

L'argent d'orfévrerie doit être à onze Deniers, douze grains de fin, ſuivant l'ordonnance
de 1640, non compris les deux grains de re-
mède.

DENIERS DE BOÎTE. Ce font des pièces de
chaque eſpèce qui ſe fabriquent aux hôtels des
monnoies, & que les juges-gardes, lorſqu'ils en
font la délivrance, font obligés de mettre dans
une boîte pour ſervir au jugement que la cour
des monnoies doit faire des eſpèces qui ont été
fabriquées chaque année.

Depuis une ordonnance de 1586, il avoit
toujours été pratiqué d'emboîter à chaque délivrance une pièce d'or qu'on prenoit ſur deux
cens autres pièces de la même matière, & une

pièce d'argent sur dix-huit marcs d'espèces de la même nature; mais une nouvelle ordonnance de 1682. changea cet usage, & voulut qu'il y eût quatre cens pièces d'or, & soixante-douze marcs d'argent, pour prendre sur cet or & cet argent une pièce. Cet usage a encore changé par un arrêt de la cour des monnoies du 22 août 1750, & dont voici les dispositions.

« Les Deniers mis en boîte seront pris dans
» la masse au hasard & sans choix par le con-
» trôleur-contre-garde, & en son absence par
» le substitut du procureur - général du roi en
» ladite monnoie; & il sera régulièrement ob-
» servé de prendre, savoir, pour l'or de cha-
» cune délivrance qui n'excédera pas quatre cens
» pièces, deux pièces; de chaque délivrance
» qui excédera quatre cens pièces & n'excé-
» dera pas six cens, trois pièces; de chaque
» délivrance qui excédera soixante pièces &
» n'excédera pas huit cens, quatre pièces, &
» ainsi à proportion si les délivrances sont plus
» fortes.

» Et pour l'argent de chaque délivrance d'é-
» cus qui n'excédera pas cinquante marcs, une
» pièce; de chaque délivrance qui excédera
» cinquante marcs & n'excédera pas cent marcs,
» deux pièces; de chaque délivrance qui excé-
» dera cent marcs & n'excédera pas cent cin-
» quante marcs, trois pièces; & ainsi à pro-
» portion si les délivrances sont plus fortes.

» De chaque délivrance de demi-écus qui
» n'excédera pas cinquante marcs, deux pièces;
» de chaque délivrance qui excédera cinquante
» marcs & n'excédera pas cent marcs, quatre

» pièces, & ainsi à proportion si les délivrances
» sont plus fortes.

» Comme aussi qu'il en sera usé de même
» pour les cinquièmes, dixièmes & vingtièmes
» d'écus, en mettant cinq cinquièmes, dix
» dixiemes, & vingt vingtièmes par chaque dé-
» livrance qui n'excédera pas cinquante marcs,
» & ainsi à proportion si les délivrances sont
» plus fortes.

» En la fin de chaque année, & le dernier jour
» de décembre, les gardes clôront les boîtes de
» tout l'ouvrage qui aura été fait en la monnoie
» durant cette année.

» Avec lequel ouvrage lesdits gardes met-
» tront le papier ou parchemin original des dé-
» livrances qui en auront été faites, sans le faire
» copier, ou envoyer la copie signée à la fin
» seulement. La clôture se fera en présence du
» maître & de tous les officiers de ladite mon-
» noie, sans toutefois permettre qu'autre per-
» sonne que lesdits gardes manient lesdits De-
» niers pour mettre en la boîte; laquelle à l'ins-
» tant ils scelleront de leurs sceaux & de ceux
» des autres officiers de ladite monnoie.

» Garderont lesdits officiers ladite boîte ainsi
» scellée dans leur coffre, étant au comptoir de
» l'hôtel de la monnoie, & ce jusqu'à ce qu'ils
» aient mandement de la cour des monnoies
» pour l'envoyer ou l'apporter, auquel man-
» dement ils obéiront ».

Un arrêt de la même cour du 18 mai 1774,
ordonne, qu'à chaque délivrance faite aux
directeurs par les officiers de chaque monnoie,
il sera emboîté le nombre de Deniers prescrit; que ces Deniers seront sous enveloppe,

au-deſſus de laquelle on écrira le nombre des pièces, leur nature & leur qualité, avec la date de la délivrance d'où elles proviendront ; de ſorte qu'à la fin de l'année il y ait dans la boîte autant de paquets qu'il y aura eu de délivrances ; mais ceci ne doit avoir lieu que pour les Deniers d'or & d'argent. Il eſt ajouté que cette boîte ſera envoyée à la cour dans la forme ordinaire, au mois de janvier de l'année ſuivante.

Le coffre où les boîtes ſont miſes en dépôt doit être à trois clefs différentes, l'une pour le maître, l'autre pour les gardes, & la troiſième pour l'eſſayeur.

Voyez le dictionnaire des arrêts ; celui de droit & de pratique ; le réglément des tutelles de Normandie ; la déclaration du 5 mai 1690 ; le traité des monnoies par M. de Baſinghen, &c. Voyez auſſi les articles BIENS (dotaux), COMMUNAUTÉ, DOT, PAYEMENT, RENTE (conſtituée), BOÎTE (d'eſſai), DÉLIVRANCE, &c. (Article de M. DAREAU, avocat au parlement, &c.)

DÉNOMBREMENT. Voyez le mot AVEU, où l'on a rapporté les principales queſtions que préſente cette matière. L'objet de cet article eſt d'entrer dans quelques détails qui appartiennent d'une manière plus ſpéciale au mot Dénombrement. Ces détails ſont relatifs à la forme dont les Dénombremens doivent être revêtus pour produire tous les effets dont ils ſont ſuſceptibles. Ainſi la forme des Dénombremens fera la matière de cet article.

Pour apporter dans cette diſcuſſion l'ordre dont elle eſt ſuſceptible, il faut ranger les Dénombremens en deux claſſes ; ſavoir, ceux

qu'on préfente au roi, & ceux qu'on rend à des
feigneurs particuliers. Chacune de ces deux
claffes a des formes qui lui font particulières. Il
eft très-effentiel de ne pas les confondre. Il eft
également de la plus grande importance de les
bien connoître. Les plus grandes queftions de
la matière féodale tiennent à cette connoiffance.
Mais avant de nous livrer à ces détails, nous
croyons devoir préfenter quelques obfervations
préliminaires fur l'objet & l'origine de ces fortes
d'actes.

Le Dénombrement, comme le mot le porte,
n'eft autre chofe que la defcription du fief fervant. La définition de cet acte fuffit feule pour
en faire fentir l'objet. Le vaffal doit un Dénombrement à fon feigneur, afin que celui-ci fache
en quoi confifte le fief qui relève de lui. Cette
connoiffance lui eft néceffaire dans plufieurs circonftances ; notamment lorfqu'il jouit du fief à
titre de relief ou de faifie féodale ; lorfqu'il
rentre dans la propriété de ce fief par voie de
commife ; enfin, il importe extrêmement au feigneur de connoître, même dans le plus grand
détail, les fiefs mouvans de lui, afin que le
vaffal ne puiffe les démembrer, les abréger, les
dénaturer en convertiffant en rotures des parties féodales.

L'intérêt du feigneur n'a pas été le même à
cet égard dans tous les temps. Lorfque la difpofition des fiefs étoit arbitraire, lorfque le vaffal
ne les poffédoit que pour un temps déterminé
ou à vie, leur retour périodique dans la main
du feigneur le mettoit à portée de les connoître
& d'en conftater l'état. Ainfi les Dénombremens
étoient peu néceffaires. Nous voyons cependant

que les vaſſaux avoient dès-lors trouvé moyen
de frauder les droits des ſeigneurs. Ils faiſoient
des ventes ſimulées de partie des fiefs, les ra-
chetoient, & prétendoient enſuite qu'ils les
poſſédoient à titre d'aleu.

Charlemagne à qui rien n'échappoit, tenta
le premier de déraciner cet abus. Pour y parvenir, il fit deux ordonnances que l'on peut regarder comme l'origine & le modèle de nos
Dénombremens. Elles portent : *Ut miſſi noſtri*
diligenter inquirent, & deſcribere faciet unuſquiſ-
que in ſuo miſſario, quid unuſquiſque de beneficiis
habeat, capit. liv. 2. tit. 80. *ut ſcire poſſimus,*
quantum de noſtro, in unius cujuſque legatione
habeamus. Liv. 3, tit. 82.

C'eſt à ces ordonnances que l'on peut référer
l'origine des Dénombremens. Alors, comme
l'on voit, ces actes étoient l'ouvrage des ſeigneurs dominans. Les choſes durent changer &
changèrent en effet lorſque les fiefs devinrent
patrimoniaux. Le fief ne rentrant plus dans la
main du ſeigneur ; celui-ci ne put déſormais en
connoître l'étendue & les appartenances, que
par le miniſtère de ſon vaſſal. L'uſage des Dénombremens tels que nous les connoiſſons aujourd'hui, ne tarda pas à s'introduire ; & cet
uſage fondé ſur la plus exacte équité, devint
bientôt une loi, une obligation pour tous les
vaſſaux.

Cependant ces actes n'eurent d'abord ni l'é-
tenduë ni la forme qu'ils ont aujourd'hui. Tout
ſe réduiſoit à une énonciation ſommaire du fief,
& rien n'étoit plus ſimple que leur forme. « Les
» anciens Dénombremens, *dit la Thaumaſſière*

» *fur l'article* 24 *de la coutume de Berri* , fe ren-
» doient en termes généraux & fans rien fpéci-
» fier en particulier ; dont les exemples font
» fréquens dans les capitulaires de Champagne
» & autres. En voici un exemple : *Comes carno-*
» *tenfis & blefenfis tenet comitatum cum omnibus*
» *feodis appendentibus* , *à comite campaniæ & eft*
» *fuus homo ligius.*

Tels étoient les anciens avéux , plus reffem-
blans , comme l'on voit, à nos actes de foi &
hommage , qu'à ce que nous nommons aujourd'hui Dénombremens proprement dits. Trompé
par cette reffemblance , M. le préfident Bouhier
dit : « L'obligation de donner des Dénombre-
» mens n'eft pas de l'ancien droit des fiefs , elle
» ne s'eft même introduite que fort tard , puif-
» qu'on n'en trouve aucun veftige avant le trei-
» zième fiècle ». *Sur la coutume de Bourgogne* ,
ch. 44.

Cette opinion nous paroît être une équivoque
dans laquelle ce magiftrat fera tombé par la
reffemblance entre les hommages actuels & les
anciens Dénombremens. Quoique très-fommai-
res , ces actes n'en étoient pas moins des Dénombremens , & le temps en a épargné beaucoup dont la date eft antérieure au treizième
fiècle. Auffi l'on peut regarder l'obligation impofée aux vaffaux de donner le Dénombrement
de leur fief , comme de l'ancien droit féodal.
Mais ces actes trop fommaires , ne remplif-
foient pas l'objet des Dénombremens. Le feigneur n'en étoit pas moins dans l'impoffibilité
de connoître les détails du fief mouvant de lui ,
& par conféquent de réclamer contre les Dénombremens illicites. Ces confidérations enga-

gèrent enfin le feigneur à exiger des Dénombremens détaillés où par *fpécial*, comme on
parloit alors. Ce changement paroit s'être introduit dans le treizième fiécle. Depuis cette
époque, ces actes ont été fucceffivement affujettis à plufieurs formalités, dont l'accompliffe-
ment eft aujourd'hui néceffaire pour la validité
d'un Dénombrement. Nous allons les parcourir.
L'époque de l'établiffement de chacune eft fur-
tout intéreffante à marquer, & l'on en fent la
raifon. Mais comme il y a des règles particulières pour les fiefs mouvans de la couronne
& du roi, il eft néceffaire, comme nous l'avons
déja dit, de divifer les fiefs en deux claffes.
Ceux qui relèvent du domaine ; & ceux qui relèvent des feigneuries particulières. Nous com-
mencerons par développer ce qui concerne les
premiers.

De la forme des Dénombremens rendus au roi.

La première ordonnance connue fur cette
matière, eft du 26 juillet 1353. Elle eft du roi
Jean, adreffée aux fénéchaux. Elle porte : « Plu-
» fieurs fois, comme nous l'avons appris, il
» vous a été enjoint de vous faire rendre des
» déclarations *exactes & détaillées* de tous les
» fiefs & arrière-fiefs fitués dans l'étendue de
» votre juridiction, & d'envoyer lefdites décla-
» rations à notre chambre des comptes de Paris
» pour y être enregiftrées ; ce que vous avez
» abfolument négligé de faire, à notre préju-
» dice. C'eft pourquoi nous vous commandons
» de nouveau que lefdites déclarations vous
» ayez à vous faire rendre ». *Quòcirca vobis
iteratò præcipiendo mandamus, diftrictius injun-*

gentes, quatenus prædicta, visis præsentibus, faciatis, dictis præsentibus significando, ut, sub pœna amissionis, feodorum suorum, dicta advoamenta, feoda & retro feoda, seu tenementa sua & partes singulas cum valore eorumdem, vobis quam citò tradere non omittant; quæ postmodùm, dictis gentibus (cameræ comptorum), sub sigillo vestro fideliter transmittatis.

Cette ordonnance présente plusieurs observations.

1°. On voit qu'elle n'est pas la première qui oblige les vassaux à donner le Dénombrement de leurs fiefs, & qui exige que ces Dénombremens renferment une description détaillée du fief. C'est ce qui résulte de ces expressions, *Cum prout accepimus ex parte nostra vobis pluries datum fuit in mandatis. . . . . quòcirca vobis iterato præcipiendo mandamus.* On ne voit pas la date de ces ordonnances antérieures ; mais on peut les référer à la fin du treizième siècle.

2°. On voit d'une manière très-distincte dans cette ordonnance de 1353, la forme alors nécessaire pour rendre un Dénombrement authentique. Le vassal devoit le présenter au bailli ou sénéchal de l'arondissement. Cet officier étoit obligé de l'envoyer muni du sceau de sa juridiction, à la chambre des comptes de Paris ; & cette cour, par son enregistrement, lui imprimoit le sceau de l'authenticité. Alors il n'en falloit pas davantage. Nous reviendrons dans un instant sur ces dernières formalités. Continuons de voir ce qui concerne la nécessité de détailler les aveux.

L'ordonnance de 1353 exige, comme l'on voit, les détails les plus circonstanciés. Elle veut même que le vassal énonce la valeur des objets qui composent le fief. *Tenementa sua , & partes singulas , cum valore eorumdem.* « Cette » ordonnance, dit Guiot , n'eut pas d'abord son » plein effet ; on ne s'accoutuma pas à donner » des aveux détaillés. J'en ai vu , ajoute cet au- » teur , pour la terre d'Estains près Paris , ren- » dus au grand prieur de France , où le détail » des héritages n'y est pas , non plus que des » censives. *Item*, dix livres de censives à prendre » sur plusieurs héritages. *Item* , tant d'arpens en » plusieurs pièces , sans désignation ; ils sont » pour le grand prieuré , de 1393 , de 1453 , » de 1579 ». Ce dernier détaille les limites de la justice. *Tome 5 , page 14.*

Le défaut d'exécution de l'ordonnance de 1353 , mit les rois successeurs de Jean , dans la nécessité de la renouveler plusieurs fois. Il y en a deux édits ; le premier du 23 août 1389 ; le second du 8 mai 1486.

Hévin nous apprend dans ses questions féo- dales , que l'usage de détailler les aveux ne s'est introduit en Bretagne que depuis 1589. « Il y eut, dit cet auteur , des commissaires nommés , » dont M. d'Argentré fut un , pour obliger les » gens d'église à expliquer leurs droits & pos- » sessions par le menu. L'usage s'introduisit de là » en avant de spécifier toutes choses dans les » aveux ». Cela n'eut lieu que depuis la réfor- » mation de la coutume de 1580. »

Il n'y a plus aujourd'hui aucune difficulté sur ce point. La nécessité de détailler les aveux est de droit commun & universel. Les actes doivent contenir *par le menu* tout ce qui compose le fief en bâtimens, en domaines, avec les tenans &

aboutiſſans, en cenſives, avec la déſignation des héritages aſſujettis, ſi la directe n'eſt pas univerſelle : en un mot, ils doivent renfermer non-ſeulement le corps matériel du fief, mais encore tous les droits qui en dépendent, tels que la juſtice, la chaſſe, la pêche, &c.; & l'on peut dire que cet uſage eſt au moins auſſi avantageux au vaſſal qu'au ſeigneur. Voyez le mot AVEU.

Les fiefs mouvans de celui que l'on dénombre, doivent également être énoncés dans l'aveu. On a même élevé la queſtion de ſavoir ſi ces anciens fiefs ne devoient pas être rapportés en détail. Mais l'uſage contraire a prévalu, & avec raiſon; s'il en étoit autrement, les aveux des grandes terres formeroient des volumes immenſes. Cet appareil, d'ailleurs, ſeroit inutile, puiſque le vaſſal eſt obligé de communiquer tous ſes titres au dominant, lorſque celui-ci eſt dans le cas de jouir des arrière-fiefs.

Voilà ce qui concerne le détail des aveux. Paſſons à la préſentation de ces mêmes actes. A qui cette préſentation doit-elle être faite ?

En 1 3 5 3, cette préſentation ſe faiſoit au bailli ou ſénéchal de l'arondiſſement. Cet uſage a continué juſques vers le milieu du quinzième ſiècle. Par une ordonnance du 2 août 1445, Charles VII donne pouvoir aux tréſoriers de France de contraindre les vaſſaux du roi à faire la foi & hommage au bailli avec Dénombrement, & à cet effet leur aſſigner tel lieu, & leur impoſer telle peine qu'ils aviſeront, les contraignant par priſe, arrêt & détention des choſes en ſa main, comme il eſt accoutumé de faire par défaut de foi & hommage non faits &

devoirs non payés. Cependant les bailliages continuoient à recevoir les aveux concurremment avec les tréforiers de France ; & même un édit vérifié au parlement le 7 feptembre 1580, créa dans chaque bailliage un clerc & un procureur pour la manutention des fiefs mouvans de la couronne. Chopin nous apprend qu'il y avoit en Auvergne un procureur mortailler & garde des fiefs. En 1582, il fut créé dans chaque bailliage un confervateur & garde des fiefs & domaines. Cet office fupprimé en mai 1639, fut rétabli le 7 feptembre 1645. Supprimés de nouveau, on ne les a pas recréés , & aucun de ces offices ne fubfifte plus aujourd'hui. Ils font tous devenus inutiles par l'édit d'avril 1627, qui donne aux tréforiers de France la réception de foi & hommage privativement aux baillis & fénéchaux.

Malgré cet édit, les bailliages continuoient de recevoir les actes d'hommages & les aveux & Dénombremens. Plufieurs arrêts du confeil on réprimé cette efpèce d'entreprife ; enforte qu'aujourd'hui les tréforiers de France reçoivent les actes de féodalité exclufivement à tous les bailliages. Il n'y a même plus de conteftation à cet égard.

Il n'a pas été aufli facile de tracer une ligne de féparation entre les bureaux des finances & les chambres des comptes. Il a fallu plus d'un réglement pour déterminer la compétence de ces tribunaux relativement à la réception des hommages & des aveux. Il y a entr'autres deux arrêts du confeil qui contiennent à cet égard des difpofitions très-précifes. Nous ne pouvons mieux faire que d'en préfenter ici l'analyfe.

Le premier, du 19 janvier 1668, portant réglement entre la chambre des comptes de Paris
& les tréforiers aux bureaux de Châlons & de
Bourges, porte :

1°. Que la chambre des comptes continuera
de recevoir les foi & hommages des vaffaux du
roi comme elle avoit ci-devant fait.

2°. Qu'elle aura le dépôt général des actes
de foi qui feront rendus foit à la perfonne du
roi, foit à M. le chancelier, foit aux bureaux
des finances.

3°. Que la chambre des comptes recevra les
aveux qui feront fournis par les vaffaux du roi
après qu'ils auront été blâmés par les tréforiers
de France auxquels l'adreffe en fera faite.

4°. Qu'il fera permis aux vaffaux, pour leur
plus grande commodité, de rendre leur foi &
hommage, aveux & Dénombremens à la chambre des comptes, quoique les fiefs ne foient pas
affis dans la généralité de Paris.

5°. Que tous les originaux des aveux qui font
préfentement aux greffes defdits bureaux des
finances, feront envoyés dans trois mois à ladite
chambre, qui en fera donner décharge à ceux
qui les y porteront, aux pieds des inventaires,
qui feront pour cet effet dreffés & fignés par les
greffiers defdits bureaux.

6°. Que les tréforiers de France des bureaux
de Châlons & de Bourges, continueront de recevoir la foi & hommage des vaffaux de leur
reffort, à quelque fomme que les revenus des
fiefs fe montent, à l'exception toutefois de tous
les duchés, comtés, marquifats, vicomtés,
baronies & châtellenies, vérifiés, dont les hommages feront rendus à la perfonne du roi, ou

à

à M. le chancelier, ou à ladite chambre des comptes.

7°. Que les tréforiers de France recevront les aveux & Dénombremens qui leur feront préfentés par les vaffaux qui auront fourni par-devant eux leur foi & hommage, après avoir obfervé les formalités en tel cas requifes ; pour être les originaux defdits hommages, aveux & Dénombremens, envoyés par lefdits tréforiers à ladite chambre, trois mois après chaque année finie.

Un fecond arrêt du confeil du 26 juin de l'année 1688, rendu entre la chambre des comptes de Paris & les tréforiers de France à Bordeaux, fait défenfe aux tréforiers de France de recevoir les foi & hommages, aveux & Dénombremens des duchés, comtés, marquifats, vicomtés, baronies & châtellenies, vérifiés & poffédés fous ce titre de temps immémorial, pourvu toutefois que cette poffeffion foit juftifiée par des aveux ou titres équipollens ; à peine de nullité.

Cet arrêt veut en outre que les aveux foient communiqués avant qu'il puiffe être procédé à leur réception, au procureur du roi des bureaux des finances & au fermier du domaine ; lefquels feront tenus d'élire domicile à Bordeaux. Que le chef-lieu du fief dont il fera rendu hommage & Dénombrement foit exprimé dans l'acte, & diftingué par fénéchauffée. Enfin, que les originaux des actes de foi & hommage, aveux & Denombremens foient envoyés à la chambre des comptes, & remis par les tréforiers de France au greffe de cette cour dans le temps porté par l'arrêt du 19 janvier 1688.

Tome XVIII. C

L'obligation d'envoyer ces actes au dépôt de la chambre des comptes, est encore imposée aux tréforiers de France par la déclaration du 18 juillet 1702. En voici les termes. « Les ori-» ginaux des hommages, aveux & Dénombre-» mens qui auront été reçus par les tréforiers de » France, feront envoyés par eux en notre » chambre des comptes, ès mains de notre pro-» cureur général, trois mois après chaque année » finie...... & mettront nos conseillers-audi-» teurs, leurs reçus au bas des inventaires des » titres qui auront été envoyés par les tréforiers » de France à notre procureur général, pour » leur fervir de décharge ».

Un commentaire à ces arrêts feroit fuperflu. En voilà fuffifamment pour faire connoître à quel tribunal les vaffaux du roi doivent pré-fenter leurs aveux. Voyons maintenant ce qui concerne la forme de ces actes.

Cette forme est déterminée par l'arrêt du 26 juin, dont nous venons de rapporter plufieurs difpofitions. Cet arrêt porte qu'il fera fait deux doubles des actes de foi & hommage, aveux & Dénombremens fignés du vaffal, fur parche-min timbré, dont l'un fera remis à la chambre des comptes, & l'autre au vaffal ; fauf aux tré-foriers de France à en retenir un par-devers eux en papier, conforme & figné comme deffus.

A l'égard du terme auquel les vaffaux du roi font tenus de préfenter leur Dénombrement, la déclaration du 18 juillet 1702 porte : » Après » que le vaffal aura rendu la foi & hommage en » notredite chambre des comptes, il fera tenu » d'y préfenter fon aveu & Dénombrement, » s'il eft laïc, & la déclaration du temporel de

» son bénéfice, dans les termes portés par les » coutumes. *Article 7* ». Ce délai est pour l'ordinaire de quarante jours après la préfentation de l'hommage. Cet article n'eft autre chofe que la conféquence de cette grande maxime, que toutes les fois que le roi agit comme feigneur de fief, il eft foumis aux difpofitions des coutumes, il ufe du droit commun : *jure communi utitur*, difoient les anciens feudiftes. Les modernes n'ont que trop fouvent perdu de vue ces principes. D'Argentré les énonce dans les termes les plus énergiques dans fes notes fur la nouvelle coutume de Bretagne. Mais ce n'eft pas ici le lieu de nous en occuper. Achevons de parcourir les formalités que doit avoir un Dénombrement pour produire tout l'effet dont il eft fufceptible.

La dernière de ces formalités confifte dans la publication. Publier un Dénombrement, c'eft en faire la lecture à l'audience publique du bureau des finances du reffort, & à l'iffue de la meffe paroiffiale du chef-lieu de la feigneurie dénombrée.

Aujourd'hui cette publication eft indifpenfable. Mais les chofes n'ont pas toujours été de même. Il faut les reprendre dès l'origine, & fur-tout marquer foigneufement les époques.

Il n'eft pas queftion de cette formalité dans l'ordonnance de 1353. Trois chofes fuffifoient alors pour rendre un Dénombrement authentique. La préfentation au bailli, l'envoi par cet officier à la chambre des comptes, & l'enregiftrement en cette cour.

Point d'innovation à cet égard pendant un fiécle. Bientôt on fentit la néceffité de furveiller

C ij

de plus près les seigneurs ; ou plutôt la puissance royale , & par conséquent celle des cours, se trouvèrent enfin en état de réprimer leurs entreprises , & l'on introduisit l'usage de faire publier les aveux dans les bailliages de l'arondissement. On se contenta d'abord de quelques tentatives isolées. Une loi générale auroit averti les seigneurs de se tenir sur leur garde , & ils étoient encore assez puissans pour profiter de cet avis.

Cette innovation est du milieu du quinzième siécle.

On trouve dans le quatrième tome de l'histoire d'Harcourt , un arrêt de la chambre des comptes du 20 février 1443 , qui ordonne que le Dénombrement présenté par Mathieu d'Harcourt , de ses terres de Vienno , Vaujours & Saint-Martin en Brie , sera publié par le bailli de Melun.

« Voilà , dit Guiot , l'époque la plus ancienne » des arrêts de vérification ».

Le 21 février 1509 , la chambre des comptes donna commission au bailli de Vitry , à l'effet de vérifier & publier l'aveu du comte de Grandpré , pour la terre & seigneurie de Saint-Jean-de-Tourbes.

Le but & l'importance de cette formalité se font aisément sentir. La publication d'un aveu avertit ceux qui sont dans le cas d'y prendre intérêt , ceux qui peuvent avoir des connoissances particulières sur le fief dénombré. Les uns & les autres instruits de la teneur de l'acte , peuvent y former opposition s'il préjudicie à leurs droits , ou donner des renseignemens utiles aux officiers préposés à la conservation du domaine.

Ces confidérations déterminèrent enfin la chambre des comptes de Paris à donner un réglement fur ce point. Il eft précieux & rare. Nous allons le tranfcrire en entier, tel qu'il fe trouve à la chambre des comptes, *journal 5*, *fol. 156.*

« Pour ce que fouventes fois eft advenu que
» plufieurs archevêques, évêques, abbés, pré-
» lats, prieurs & autres gens d'églife tenant du
» roi notre fire le temporel de leurs bénéfices en
» ferment de fidélité ; pareillement plufieurs vaf-
» faux du roi notredit fire, tenans de lui à foi &
« hommage, comtés, vicomtés, fiefs, terres &
» feigneuries ; après qu'ils en ont fait le ferment
» de fidélité, foi & hommage deffus dits, ont ap-
» porté ou envoyé à la chambre de céans, leurs
» aveux & Dénombremens, & déclarations de
» leurdit temporel, èfquels plufieurs d'iceux fe
» font efforcés coucher & employer plufieurs
» terres, bois & cenfives, juftices & autres droits,
» dont néanmoins eux, ni leurs prédéceffeurs,
» n'eurent jamais aucun droit, ne titres, tendans
» par tels moyens à ufurper, & indirectement
» à eux attribuer par trait de temps, lefdits hé-
» ritages & droits ; & defquels aveux & décla-
» rations ainfi duement baillés, ont été par ci-
» devant faits plufieurs extraits à la requête d'au-
» cune perfonne, pour eux en aider & les pro-
» duire en diverfes caufes & auditoires ; auf-
» quels extraits il eft vraifemblable que foi ait
» été par ci-devant, & pourra être ci - après
» ajoutée, au moyen de la collation & figna-
» ture qui en eft faite à la chambre de céans,
» dont plufieurs inconvéniens fe font fuivis, &
» plus pourroit ci-après.

» MESSIEURS, pour obvier à ce qui eſt dit,
» ont ordonné en la préſence de maître Pierre
» Legendre, tréſorier de France, que *dorénavant*
» quand telles déclarations, reconnoiſſances,
» aveux & Dénombremens feront apportés
» céans, qu'on a toujours accoutumé d'apporter
» doubles, il en ſera baillé commiſſion adreſ-
» ſante aux officiers du bailliage des lieux dont
» leſdits fiefs ſeront tenus, attaché à l'un des
» doubles, collationné à l'autre, par laquelle
» leur ſera mandé, entre autres choſes, qu'ils
» voient ſi le contenu èſdites déclarations &
» aveux ſera véritable, s'il y a aucune choſe du
» domaine d'icelui ſeigneur ; & ſi ledit aveu ou
» déclaration a été duement baillé ainſi qu'on a
» accoutumé de faire ; & cependant que leſdits
» officiers vérifieront ledit aveu, il en ſera écrit
» ſur le dos de l'autre double qui demeurera
» céans, les mots qui ſuivent : *Le préſent aveu ou*
» *déclaration n'eſt encore reçu céans, juſqu'à ce que*
» *par les officiers de tels lieux il ait été vérifié ; au-*
» *quel pour ce faire, il a été envoyé le ſemblable*
» *collationné à ce péſent original, avec commiſſion*
» *attachée, datée du, &c* ; & après que leſdits
» officiers auront vérifié, & qu'ils en auront
» averti la chambre de céans, leſdits mots ſe-
» ront raturés, s'ils ſont en lieu où commodé-
» ment ils le puiſſent être ; ſinon il en ſera écrit
» au-deſſous ce qui ſuit : *Ce préſent aveu a été*
» *depuis vérifié ainſi qu'il eſt apparu par l'avis des*
» *dits officiers envoyé céans, tel jour & tel an ;*
» *pourquoi il eſt reçu comme bien & duement*
» *baillé* ».

Ce réglement eſt très-ſage ; mais il ne va pas
aſſez loin. Cette vérification ne donne à l'acte

aucune publicité ; & par-là ceux qui auroient intérêt de le contredire font, comme auparavant, dans une forte d'impoſſibilité de le faire. La chambre des comptes ne tarda pas à s'appercevoir de cet inconvénient ; & le lundi d'après Pâques, de l'an 1531, elle fit un ſecond réglement qui porte : » Aujourd'hui la chambre a » ordonné que *dorénavant* quand ſera préſenté » aucun aveu & Dénombrement, ſera pour la » vérification d'icelui, mandé aux officiers des » lieux les publier à jour d'aſſiſes, ou trois di- » vers jours de plaidoirie ». *Extrait du journal Z, de la chambre des comptes de Paris, fol. 143.*

Ces deux réglemens de 1511 & 1531, établiſſent, comme l'on voit, deux formalités très-diſtinctes : la vérification & la publication. Le premier ordonne aux baillis d'examiner les Dénombremens, de les conférer avec ceux rendus précédemment pour les mêmes fiefs ; voilà la vérification. Celui de 1531 va beaucoup plus loin. Il enjoint aux officiers des lieux de publier les aveux à trois divers jours de plaidoirie & aux aſſiſes du tribunal.

Avant 1531, cette publication s'étoit déja pratiquée plus d'une fois. Nous en avons rapporté des exemples. Mais aucune loi ne l'avoit encore ordonnée. C'eſt ce qu'il eſt très-eſſentiel de remarquer. Ainſi trois époques dans cette matière juſqu'en 1511 : la préſentation d'un aveu au bailliage du reſſort ; l'envoi de cet acte à la chambre des comptes ; l'enregiſtrement en cette cour. Voilà les ſeules formalités auxquelles les Dénombremens font aſſujettis. Il faut accorder à ceux qui en font revêtus, toute la foi due aux

actes les plus authentiques, depuis 1511 jufqu'en 1531. Il est en outre nécessaire que les
Dénombremens soient vérifiés dans la forme
prescrite par le réglement. Enfin depuis 1531,
la publication de ces actes est indispensable. Le
défaut de cette formalité ne peut se couvrir ni
par le laps de temps, ni même par le dépôt à la
chambre des comptes. On doit présumer que le
vassal n'en a pas suivi l'accomplissement dans la
juste crainte que le jour qu'elle répandroit ne
découvrît des entreprises ou des erreurs. Ainsi
le Dénombrement non publié, ne doit passer
que pour un simple projet demeuré sans exécution.

Suivons ce qui concerne cette publication.
Nous avons dit plus haut que dans l'origine les
aveux se préfentoient au bailli de l'arondisse-
mennt. Cet usage continuoit encore dans le sei-
zième siècle. Il en restoit encore des traces dans
le commencement du dix-septième. Enfin par
édit d'avril 1627, Louis XIII donna aux tréforiers de France la réception des foi & hommages, & conséquemment des aveux, privativement aux baillis & sénéchaux.

Cette attribution sembloit devoir amener un
changement dans la publication des aveux. Il
paroissoit naturel que les tréforiers de France en
fissent la publication. Mais ces tribunaux ont des
arrondissemens si considérables, qu'une publication à leur audience eût presque toujours été
inutile. On sentit cet inconvénient. En conféquence il leur fut ordonné de renvoyer les Dénombremens dans les bailliages du ressort pour
y être publiés. Le réglement du conseil du 26 juin
1688, cité plus haut, en a une disposition expresse.

Il ordonne, « que les aveux & Dénombremens
» des fiefs dont les tréforiers de France auront
» reçu l'hommage, feront par eux renvoyés dans
» les juridictions royales, dans le reffort def-
» quelles les fiefs fe trouveront fitués, pour être
» lus & publiés par trois différens jours d'au-
» dience, de huitaine en huitaine ; defquelles
» publications les greffiers des juridictions feront
» tenus de donner des actes ou certificats fignés
» d'eux, au bas defdits aveux & Dénombremens,
» à peine d'interdiction ».

Ainfi les tréforiers de France font la vérification, & les bailliages la publication.

Cependant la déclaration du 18 juillet 1702
ne parle pas de ce renvoi aux bailliages refpectifs. Après avoir dit dans l'article 6, que
le vaffal qui aura rendu la foi & hommage à la
chambre des comptes, fera tenu d'y préfenter
fon aveu & Dénombrement, s'il eft laïc, & la
déclaration du temporel de fon bénéfice, s'il eft
eccléfiaftique, ajoute au huitième : « l'aveu fera
» renvoyé pour être publié & vérifié ; favoir,
» pour les fiefs fitués dans la généralité de Paris,
» devant les baillis & fénéchaux des lieux ; &
» pour ceux fitués dans les autres généralités,
» devant les tréforiers de France : & la décla-
» ration fera renvoyée devant les baillis & féné-
» chaux des lieux où feront fitués les bénéfices,
» conformément à notre déclaration du 29 dé-
» cembre 1673, & aux arrêts de notre confeil
» rendus en conféquence ; à l'effet de quoi l'at-
» tache de notredite chambre fera délivrée en la
» manière ordinaire ».

Cette déclaration ne parle pas, comme l'on
voit, du renvoi dans les bailliages pour la publi-

cation des aveux préfentés par les laïcs. Mais le réglement que nous venons de tranfcrire eft précis fur ce point, & l'on peut dire que rien n'eft plus fage que cette difpofition.

Les chofes font demeurées dans cet état jufques vers le milieu du fiècle. La chambre des comptés s'apperçut alors qu'elle n'étoit pas allée encore affez loin ; que la publication même dans le bailliage du reffort, ne donnoit pas à l'aveu une publicité fuffifante. En conféquence, par des arrêts de réglement des 15 feptembre 1744, & 12 août 1746, cette cour a ordonné que les aveux & Dénombremens préfentés au roi par fes vaffaux, feroient publiés & lus trois dimanches confécutifs, à l'iffue des meffes des paroiffes fur lefquelles s'étendent les terres & les fiefs compris dans lefdits aveux, avant qu'ils puiffent être reçus, ou par les officiers des bureaux des finances, ou par les juges royaux & autres officiers qui en ont le droit.

Rien de plus fage que cette difpofition. Les Dénombremens d'une terre font titre contre les vaffaux ; il faut donc qu'ils puiffent en avoir connoiffance. Et comment cette connoiffance pouvoit-elle parvenir jufqu'à eux, lorfque la publication s'en faifoit à l'audience d'un bailliage, fouvent éloigné de vingt ou trente lieues de la feigneurie ? D'ailleurs les droits refpectifs du roi & de fes vaffaux font bien mieux connus fur les lieux, & l'on eft bien plus à portée de découvrir les entreprifes de ces derniers. On doit donc regretter que ce réglement n'ait pas eté rendu plutôt.

Lorfque l'aveu a été préfenté à la chambre des comptes, le vaffal, après la vérification &

publication ci-deſſus, doit le rapporter à cette cour & préſenter requête, à l'effet d'en faire ordonner la réception. Sur cette requête & ſur les concluſions de M. le procureur général, intervient arrêt qui ordonne que l'aveu ſera reçu. Il eſt enſuite envoyé aux conſeillers-auditeurs qui en délivrent l'attache. Cette attache eſt le complément de toutes les formalités.

S'il ſurvient quelqu'oppoſition à la réception de cet aveu, il faut diſtinguer ſi l'oppoſition eſt du fait de M. le procureur général de la chambre, ou de l'adminiſtrateur des domaines. Dans ce cas, elle ſe juge par la chambre des comptes. Si elle eſt faite à la requête de quelques particuliers, la connoiſſance en appartient aux juges ordinaires. Telle eſt la diſpoſition de la déclaration du 18 juillet 1702. L'article 10 porte : « Les oppoſi- » tions qui ſeront formées à la réception des » aveux en notre chambre des comptes, par » notre procureur général, receveur & contrô- » leur de nos domaines, ſeront jugées en notre- » dite chambre en la manière ordinaire ; & où » il ſeroit formé aucunes oppoſitions par les par- » ticuliers à la réception ſoit des hommages ou » des aveux qui ſe rendent en notredite cham- » bre, auxquels nous n'aurions aucun intérêt, » elles ſeront renvoyées par notredite chambre » par devant les juges ordinaires, pour y être » jugées ».

Les oppoſitions jugées, il faut revenir à la chambre des comptes : « & ſera l'aveu déclaré » reçu par arrêt rendu ſur la requête du vaſſal » & ſur les concluſions de notre procureur gé- » néral ». C'eſt la diſpoſition de l'article 11 de la même déclaration.

En finiffant ce qui concerne la forme des Dénombremens, nous penfons qu'il ne fera pas
inutile de préfenter le tableau des frais auxquels
la réception des hommages & des aveux donne
lieu. Ces frais font fixés par un arrêt de réglement de la chambre des comptes du 28 août
1666, & par la déclaration de 1702. Ces détails
font bons à connoître.

Ne feront taxées ni prifes aucunes épices fur
les conclufions & arrêts qui feront rendus pour
raifon de foi & hommages, aveux & Dénombremens.

Les droits de chambellage dus au premier
huiffier, feront taxés au bureau & prononcés
lors de la réception des hommages.

Pour toutes les expéditions qui fe feront au
greffe fur la requête de M. le procureur général,
ne fera payé aucune chofe.

Pour l'expédition des arrêts qui feront obtenus
& retirés par les vaffaux, fera payé pour les
droits du greffier, la fomme de trente-fix fous
pour chacun defdits arrêts, & pour le contrôle
& parifis à proportion, fans aucuns autres frais.

Sera payé aux procureurs pour chacune requête, la fomme de trente fous.

Aux huiffiers, fera payé pour les fignifications
qui fe feront dans l'enclos de la chambre, cinq
fous; pour celles qui fe feront aux domiciles des
procureurs ou des parties, dans la ville & faux-
bours de Paris, dix fous.

L'arrêt de réglement que l'on vient de citer
ajoute, article 18 : « Fait ladite chambre dé-
» fenfes très-expreffes auxdits greffiers, procu-
» reurs & huiffiers, de prendre plus grands droits
» des vaffaux que ceux ci-deffus réglés, *à peine*

» *de concuſſion* ; & à toutes perſonnes , de quel-
» que condition qu'elles ſoient , d'exiger deſdits
» veſſaux & parties aucune choſe ſous prétexte
» de droits , gratifications ordinaires ou autre-
» ment, en quelque manière que ce ſoit, à peine
» d'amende arbitraire, payable ſans dèport , ap-
» plicable à l'Hôtel-Dieu de Paris «.

Ces différens droits ſont réglés avec beaucoup
de préciſion.

Il y en a cependant un que le réglement &
la déclaration laiſſent à l'arbitrage de la chambre ; c'eſt le chambellage dû au premier huiſſier.
Mais cette rétribution volontaire dans l'origine,
eſt réglée par une ordonnance de Philippe-le-
Hardi de l'an 1272. Cette ordonnance porte :
« que les chambellans auront droit de prendre
» de tous les vaſſaux qui relèvent du roi, vingt
» ſous pour un fief de cinquante livres de rente
» & au-deſſous ; cinquante ſous pour un fief de
» cent livres de rente & au-deſſous , & cent
» ſous , le tout pariſis , pour un fief de cinq cens
» livres de revenu & au-deſſus ».

Le droit de chambellage étoit dans l'origine ,
un petit cadeau que le vaſſal faiſoit au cham-
bellan pour la peine qu'il prenoit de l'introduire
dans la chambre du roi à l'effet d'y rendre ſon
hommage. Les aſſiſes de Jéruſalem en parlent.
On voit qu'alors cette eſpèce de rétribution
conſiſtoit dans l'épée & le manteau du vaſſal.

De la forme des Dénombremens rendus aux ſeigneurs particuliers.

Ici les formalités ſont moins nombreuſes :
cela doit être. Il ne s'agit que d'une reconnoiſ-

fance de particulier à particulier ; que d'une simple manutention domeſtique. Reprenons les choſes à-peu-près dans le même ordre.

. Nous avons dit que l'uſage de détailler les Dénombremens s'introduiſit dans le treizième ſiècle pour les mouvances de la couronne. Le même uſage s'établit à la même époque dans les ſeigneuries particulières

En 1300 , Jean , ſeigneur de Pecquiquy , rendit aveu à l'abbaye de Corbie de partie de ſa terre , & cet acte eſt très-détaillé. Au mois de janvier 1302 , Jean rendit le même devoir à l'évêché d'Amiens à raiſon du même fief. La dé-penſe & les ſoins qu'exigeoit un Dénombrement détaillé l'effrayèrent. Il refuſoit de le donner dans cette forme, *paſſer s'en vouloit ;* ce ſont ſes termes. Guillaume , alors évêque d'Amiens, qui ſentoit de quelle conſéquence il étoit pour ſon ſiège d'avoir un acte de cette eſpèce, pria très-inſtamment le ſeigneur de vouloir bien le lui donner. Enfin Jean voulant bien *deſcendre à la prière de l'évêque ,* donna le Dénombrement *par ſpécial.* On voit par la manière dont ſe traita cette eſpèce de conteſtation, qu'alors l'uſage des Dénombremens par ſpécial s'introduiſoit ; qu'il y en avoit déja pluſieurs exemples : mais que pluſieurs vaſſaux vouloient s'y ſouſtraire ; *paſſer s'en vouloit* , dit le ſeigneur.

Legrand ſur l'article 30 de la coutume de Troyes, nous donne un détail très-exact des objets qui doivent compoſer un Dénombrement. Le Dénombrement , dit cet auteur , doit con-tenir le château , la maiſon , la grange & les autres édifices & pourpris , avec la quantité d'arpens ; les droits de prééminence, avec les autres prérogatives du fief ; comme s'il y a juſtice, & qu'elle ſoit haute, moyenne ou baſſe ; ſi le fief conſiſte en châtellenie ou baronie ; le prix de la ferme du greffe ; le tabellionage, s'il y en a, défauts & amendes & autres droits ; enſuite la quantité des terres, prés, bois & vignes auſſi par ſituation, tenans & aboutiſſans ; combien elles ſont affermées, & pourquoi ; ou ſi le vaſſal les fait valoir par ſes mains, combien elles peuvent valoir par an ; comme auſſi les cens, & autres redevances, & à quelle ſomme ils peuvent monter par chacun an, avec les noms des détenteurs des héritages ſujets auxdites rentes ; les droits & ſervitudes qui ſont dus au vaſſal à raiſon de ſon fief : s'il a droit de quête, de moulin & four bannal ; foire, marché ; enſemble un chapitre particulier des terres de roture.

Il eſt à remarquer que les différens droits que ce paſſage détaille y ſont rapportés dans l'ordre où ils doivent être énoncés dans le Dénombrement.

Legrand ne parle pas des dixmes inféodées : cependant le vaſſal eſt obligé de les comprendre dans ſon aveu, s'il en perçoit à raiſon de ſon fief. Il y a un arrêt du 15 juillet 1662, qui condamne Jean de Fridic, envers les doyen & chanoines d'Angoulême, de fournir le Dénombrement de ſes dixmes inféodées & de le vérifier. Harcher rapporte cet arrêt dans ſon traité des fiefs.

À l'égard des autres formalités, il s'en faut bien qu'elles aient toujours été ce qu'elles ſont aujourd'hui. Les actes par-devant notaires ne

commencèrent à être ufités que dans le treizième
fiècle ; & dans les commencemens, ces actes
n'étoient fignés ni par les notaires, ni par les
parties, ni par les témoins ; on fe contentoit d'y
appofer un ou plufieurs fcauex.

Dans la fuite les notaires fignèrent, mais fans
faire figner ni les parties, ni les témoins ; du
moins cela n'étoit-il pas néceffaire ni même
d'ufage.

Ce n'eft que par l'ordonnance d'Orléans, (en
1560), qu'il a été enjoint aux notaires de faire
figner les parties, à peine de nullité.

A l'égard du timbre fur le papier & le parchemin, cette formalité n'a été introduite qu'en
1673, & même il y a encore plufieurs provinces
où elle n'eft pas en ufage.

Le contrôle des actes des notaires n'a été établi que par édit du mois de mars 1693. Les actes
reçus par les notaires au châtelet de Paris en
font exempts.

Il faut encore obferver que jufqu'au milieu du
feizième fiécle, l'année commençoit à Pâques ;
ce qui rendoit le commencement de l'année auffi
mobile que cette fête, & par conféquent jetoit
de la confufion dans les dates. Le chancelier de
l'Hopital remedia à cet inconvénient. Il fixa le
commencement de l'année au premier janvier
par édit de 1563.

Blanchard obferve « que le parlement con-
» tinua de fuivre l'ancien ufage depuis 1563 juf-
» qu'en 1565 ; de manière que l'année 1566
» n'a point eu de mois de janvier, février, ni
» mars ».

Tous ces détails font très-intéreffans lorfqu'il
s'agit

s'agit de décider fi un Dénombrement ancien eft vrai ou faux ; & malheureufement on n'eft que trop fouvent dans le cas d'agiter des queftions de cette efpèce.

Quoique le miniftère des notaires foit, comme on vient de le dire, affez ancien ; cependant l'ufage des aveux authentiques eft fort récent ; du moins ce n'eft que du milieu du feizième fiècle que date l'obligation impofée aux vaffaux de donner des aveux en parchemin & par-devant notaires. Il n'en étoit pas encore queftion en 1510, époque de la première réformation de la coutume de Paris. L'article 5 portoit fimplement : « Le vaffal qui a été reçu en foi & hommage par » fon feigneur, eft tenu de bailler fon Dénom- » brement dedans quarante jours, à compter du » jour de ladite réception.

En 1580, les réformateurs ont ajouté : » en » forme probante & authentique, écrit en par- » chemin, paffé par-devant notaires ou tabel- » lions ».

Cette dernière difpofition de l'article eft con- forme à un arrêt du 23 décembre 1566, que les commentateurs rapportent fur l'article 8 de la coutume.

Dans fon commentaire fur cet article, Bro- deau dit : « Et à cette foi il ne doit pas être écrit » en papier & fous feing privé, fuppofé même » que le vaffal foit juge, officier ou autre per- » fonne publique ayant ferment en juftice ».

Ainfi les feigneurs peuvent rejeter les Dé- nombremens de leurs vaffaux toutes les fois qu'ils ne font pas rédigés fur du parchemin & par des notaires. Cela eft inconteftable dans la coutume de Paris ; mais il en est peu qui aient la même disposition. Leur silence à cet égard élève la question de savoir si dans leur ressort les Dénombremens doivent être également en parchemin & notariés. Deux puissantes raisons doivent déterminer pour l'affirmative.

1°. L'objet d'un Dénombrement étant de constater à perpétuité l'état du fief, il est sage de le rédiger sur du parchemin, matière plus durable que le papier. D'un autre côté, ces sortes d'actes qui intéressent non-seulement le seigneur & le vassal, mais des tiers, devenant même par le laps de temps, des titres très-respectables, on ne peut prendre trop de précautions pour mettre les seigneurs & les vassaux dans l'impossibilité de les falsifier ou d'en supposer de faux.

2°. Cette dernière disposition de l'article 8 de la coutume de Paris, a été puisée dans la jurisprudence de la cour, qui avant la dernière réformation avoit jugé plusieurs fois, même dans la coutume de Paris, que les aveux devoient être en parchemin & notariés. Or, la raison qui la déterminoit alors à juger ainsi, subsiste aujourd'hui pour toutes les coutumes muettes.

Enfin, telle est l'opinion des jurisconsultes. Cette disposition de la coutume de Paris, dit Pothier dans son introduction à la coutume d'Orléans, étant fondée sur la jurisprudence des arrêts rendus avant la réformation & sur la nature même de cet article, doit être observée dans les coutumes qui ne s'en sont pas expliquées. Livonière pense de même dans son traité des fiefs, livre 1, chapitre 7. Guiot tient la même doctrine. Il faut, dit-il, suivre les arrêts qui ont jugé dans les coutumes muettes que les Dénombremens doivent être en parchemin. Du Dénombrement, chapitre 2.

Le même auteur, *loco citato*, propofe la queftion de favoir fi l'aveu pour être réputé authentique, doit être fcellé ? Nous ne croyons pas, dit-il, qu'en termes de droit cette formalité fût abfolument néceffaire dans les coutumes qui ne la prefcrivent pas, parce que le fceau n'eft néceffaire que pour l'exécution de l'acte, & que l'aveu ne tombe point en exécution. Mais par l'édit des petits fceaux de 1697 & autres poftérieurs, tous les actes paffés pardevant notaires doivent être fcellés avant d'être délivrés; ce qui fait qu'à préfent il eft difficile de fe difpenfer de cette formalité.

La divifion des fiefs, chofe fi commune dans l'ufage, donne lieu à plufieurs obfervations, relativement aux aveux.

Si le fief dominant eft poffédé par plufieurs propriétaires; le vaffal n'eft point tenu de leur donner à chacun un Dénombrement féparé; un feul fuffit, pourvu qu'il foit préfenté à tous les feigneurs collectivement, & qu'il foit difcuté, reconnu & approuvé par tous. Que plufieurs co-feigneurs aient la propriété d'un fief dominant ou fervant; ce n'eft que la glébe qu'ils ont partagée entr'eux. Le titre du fief eft toujours demeuré le même, parce que de fa nature il eft indivifible. Dans tous les cas, il ne faut donc qu'un feul Dénombrement, puifqu'il n'y a réellement qu'un feul fief.

Lorfque c'eft le fief fervant qui appartient à plufieurs propriétaires, rendront-ils plufieurs aveux, chacun pour fa portion, ou fe réuniront-ils pour n'en donner qu'un feul pour la totalité ?

D ij

Il faut diftinguer s'ils poffèdent divifément ou indivifément.

Si plufieurs poffèdent indivifément, ils doivent donner tous enfemble un Dénombrement figné de chacun d'eux. Ils peuvent cependant donner à l'un d'entr'eux, procuration & pouvoir de préfenter le Dénombrement au feigneur.

Le fief étant une fois partagé, chacun jouiffant de fa part, l'ouverture d'une portion ne faifant point ouverture à l'autre, chacun ne doit le Dénombrement que pour ce qui lui appartient ; il ne peut être tenu de donner le détail de ce qu'il ne poffède pas. *Divifione facta unufquifque pro fe refpondit.* D'Argentré, fur la coutume de Bretagne, §. 85, not. 2, n. 3.

Les auteurs agitent encore une queftion : celle de favoir fi un vaffal qui tient plufieurs fiefs relevant du même feigneur à caufe de la même feigneurie, doit donner des aveux pour chaque fief, ou s'il fuffit qu'il en donne un feul pour tous.

L'article 17 de la coutume d'Artois a une difpofition fur ce point. Cet article porte : « Un » vaffal ayant plufieurs fiefs mouvans du même » feigneur, peut donner un feul aveu & Dénom- » brement pour tous lefdits fiefs ». Cet article ne dit pas fi cet aveu fera divifé en autant de chapitres féparés qu'il renfermera de fiefs, & cette omiffion eft importante. Dumoulin y a fuppléé par une note conçue en ces termes : *Id eft in uno volumine continente fingulorum feudorum defcriptionem id quod dominus directus exigere poteft.*

Cette difpofition de la coutume d'Artois avec

.la modification de Dumoulin, a paru à quelques auteurs, mériter d'être érigée en droit commun. Livonière eft du nombre. « Pour moi, dit-il, je » fuivrois volontiers la difpofition de la coutume » d'Artois, avec la modification de la note de » Dumoulin ; qu'un feul aveu fuffit, pourvu qu'il » contienne des chapitres diftincts & féparés de » chaque fief ». *Traité des fiefs, chapitre 7.*

Cette décifion a plufieurs inconvéniens. Par exemple, fi le feigneur veut vendre un des fiefs rapportés dans ce cahier, comment en détachera-t-il ce qui peut le concerner ? Cela n'a pas échappé à Auzanet. Cet auteur exige un Dénombrement particulier pour chaque fief. « Je » crois qu'il faut le fuivre, dit Ferrière fur l'ar- » ticle 8 de la coutume de Paris ; parce que le » vaffal peut aliéner quelques-uns de fes fiefs ».

Le même Auzanet nous trace la manière dont le vaffal doit préfenter fon Dénombrement. Suivant cet auteur, l'offre doit en être faite par le vaffal ou par un procureur fondé de procuration fpéciale à fon choix, en la juftice du feigneur, à jour & heure d'audience, & l'original laiffé entre les mains du procureur de la feigneurie ; & fi le feigneur n'a point de juftice, ou qu'au jour de l'offre il ne fe trouve point d'audience, le Dénombrement fera offert au manoir principal du fief dominant, & l'original laiffé au feigneur ; & en cas d'abfence, à fon receveur ou fermier ; & au défaut des uns & des autres, au plus proche voifin, dont le vaffal prendra acte par-devant notaire & témoins.

· A l'égard de cet acte de préfentation, il faut remarquer qu'il ne fert qu'au vaffal. Quant au feigneur, cette formalité lui eft indifférente :

elle n'ajoute rien à ſes droits. Le Dénombrement une fois en ſa poſſeſſion, eſt cenſé lui avoir été préſenté par le vaſſal ; & le défaut d'acte de préſentation ne peut autoriſer ce dernier à ſe ſouſtraire aux obligations qui en réſultent. Inutilement diroit-il que ce Dénombrement n'eſt point celui qu'il ſe propoſoit de préſenter, que c'eſt par haſard ou par fraude qu'il ſe trouve entre les mains du ſeigneur ; on lui répondroit avec d'Argentré, que la préſentation ſe préſume par le ſeul fait de ſon exiſtence dans les archives de la ſeigneurie. *Traditionem hoc ipſo præſumi, probari, quod in manibus domini repertum ſit.* Sur l'article 85 de la coutume de Bretagne.

L'article 9 de la coutume de Paris qui forme ſur ce point le droit commun, enjoint au vaſſal de donner ſon Dénombrement dedans quarante jours après qu'il a été reçu en foi, à peine de ſaiſie du fief.

Ces quarante jours ne ſe comptent point *de momento ad momentum*, mais *civilement*, diſent les auteurs, enſorte que les jours des termes n'y ſont point compris. Il y en a des arrêts remarqués par les commentateurs, notamment par Charondas.

Si le vaſſal a été reçu en foi par main ſouveraine, les quarante jours commencent-ils à courir du jour de la ſentence de réception ? Quoi qu'en général la réception par main ſouveraine ait le même effet que l'inveſtiture ordinaire, quoique le fait du juge ſoit, dans ce cas, le fait du ſeigneur lui-même ; cependant il faut diſtinguer : ſi le ſeigneur n'a point approuvé la ſentence de réception, le délai ne commence à courir que du jour qu'il aura ſommé le vaſſal de préſente fon Dénombrement. Jufqu'à cette fommation, on ne peut pas dire que le vaffal ait été en retard, puifqu'il avoit tout lieu de croire que le feigneur ne vouloit pas tirer avantage d'une fentence qu'il rejetoit. Si au contraire le feigneur adhère au jugement, nul doute que le délai ne coure comme fi le vaffal avoit été invefti par le feigneur lui-même.

Cependant ces quarante jours ne fe compteront point de la date du jugement ; mais du temps où l'approbation du feigneur fera parvenue au vaffal. C'eft en effet cette approbation feule qui met le vaffal en demeure. Cette doctrine eft celle de Dumoulin fur l'article 6 de l'ancienne coutume de Paris.

Le même auteur penfe que fi le vaffal décède avant l'expiration des quarante jours, l'héritier a un nouveau délai pour préfenter fon Dénombrement ; mais que l'acquéreur du fief ne jouit pas de cet avantage ; qu'il n'a pas un nouveau délai de quarante jours, parce que le vendeur a dû l'avertir que dans tel temps il feroit expofé à la faifie faute de Dénombrement.

M. le préfident Bouhier rejette cette feconde partie de la décifion de Dumoulin. Il tient que l'acquéreur comme l'héritier, a un nouveau délai de quarante jours. La raifon qu'il en donne, c'eft que le nouveau vaffal ne peut pas être contraint à fournir fon Dénombrement, que préalablement il n'ait prêté l'hommage dont cet acte eft une fuite. Or, la coutume donne indiftinctement au vaffal quarante jours après l'hommage pour fournir fon aveu : on ne doit donc lui en rien retrancher. D'ailleurs, quand la coutume permet au feigneur de faifir le fief dedans quarante jours, c'eſt pour punir la négligence du vaſſal. Or, on ne ſauroit imputer aucune négligence au vaſſal acquéreur du fief, qui profite du temps qui lui eſt accordé pour ſatisfaire aux différens droits féodaux. *Sur la coutume de Bourgogne, chapitre 44.*

La dernière de ces raiſons eſt fort ſatisfaiſante ; mais la première porte à faux. *Le vaſſal,* dit M. le préſident Bouhier, *ne peut être contraint de fournir le Dénombrement qu'après avoir prêté l'hommage.* Cet auteur ſe trompe. La coutume dit, à la vérité, que le vaſſal donnera ſon Dénombrement quarante jours après qu'il aura été reçu en foi par le ſeigneur ; mais ce terme n'eſt ni conditionel, ni ſuſpenſif ; il ne fait que reculer l'exécution : l'action eſt ouverte auſſitôt que le fief. Le ſeigneur peut l'intenter quand il le juge à propos, même avant la préſentation de l'hommage ; & le vaſſal doit être condamné à donner le Dénombrement, pourvu néanmoins que le terme qu'on lui fixe ne ſoit pas moindre que celui que la coutume lui accorde. Il n'eſt donc pas vrai que le vaſſal ne puiſſe être contraint à donner le Dénombrement qu'après avoir préſenté l'hommage.

Nous diſons que ſi le vaſſal ne préſente pas ſon Dénombrement dans les quarante jours qui ſuivent la preſtation de l'hommage, le ſeigneur peut ſaiſir le fief. Le vaſſal encore mineur encourt-il cette peine ? Non. Le délai ne commence à courir contre lui que du jour qu'il a été pourvu d'un tuteur ou d'un curateur. Si la famille eſt négligente, le ſeigneur doit lui en faire créer un pour la validité de ce qui ſera fait avec lui. La ſaiſie du fief faite ſur un mineur ſans tuteur, eſt de nul effet.

Les Dénombremens rendus au roi doivent être, comme nous l'avons dit, vérifiés par les bureaux des finances & publiés sur les lieux. Il n'est pas question de ces formalités lorsqu'il s'agit d'aveux présentés à des seigneurs particuliers. Ceux-ci prennent pour la vérification de ces actes, les mesures que leur prudence leur suggère. A l'égard de la publication, cette formalité n'est ni d'obligation, ni même d'usage.

Cependant ces aveux font des titres contre les vassaux de la seigneurie dénombrée. On les produit tous les jours dans les tribunaux ; & lorsqu'il en existe plusieurs concordans entr'eux, énonciatifs du même droit sur les habitans de la seigneurie, il est bien rare qu'ils ne soient pas condamnés à le servir.

Les habitans invoquent en vain la maxime, qu'un Dénombrement est à l'égard des sujets de la seigneurie, *res inter alios acta.* On leur répond, que ces actes supposent l'existence d'un titre antérieur ; que d'ailleurs ils prouvent la possession. On leur oppose, que l'article 71 de la coutume de Paris, regarde un Dénombrement ancien comme un véritable titre ; qu'elle n'en exige pas davantage pour établir une banalité de four ou de moulin, &c.

Mais en se déterminant à donner aux aveux cette efficacité, pourquoi les tribunaux & les réformateurs des coutumes n'ont-ils pas ordonné que ces actes seroient publiés dans la seigneurie dénombrée ? Comment ne s'est-on pas apperçu qu'il est injuste de tourner contre des vassaux un aveu qu'ils ne connoissent pas, qu'il leur étoit également impossible de connoître & de critiquer ; un aveu qui peut très-bien n'être que

l'effet d'un concert frauduleux entre le vaffal &
fon dominant ; un acte enfin, dans lequel un
feigneur eft toujours le maître de donner à fes
droits toute l'extenfion qu'il juge à propos ?

. Rien 'ne feroit plus digne de la fageffe du
parlement, qu'un réglement fur cette matière.
Combien d'injuftices & de procès l'on éviteroit !
La néceffité de publier l'aveu contiendroit les
feigneurs. La publication avertiroit les vaffaux.
Leur filence feroit de cet acte un titre contradictoire ; ou s'ils y formoient oppofition, au
moins l'état de la feigneurie feroit irrévocablement fixé. Ces réflexions font trop frappantes
pour qu'il foit néceffaire de les étendre.

Lorfque le vaffal a préfenté fon aveu dans les
formes & dans le temps prefcrit, le feigneur eft
le maître de le blâmer ou de le critiquer ; s'il
l'accepte, il en donne acte au vaffal, & tout eft
confommé à cet égard.

· Si au contraire le feigneur juge à propos de
blâmer le Dénombrement, il doit faire fignifier
au vaffal les objets & les articles qu'il entend
contefter. C'eft enfuite au vaffal à déduire fes
motifs & à défendre fon Dénombrement.

Mais comme la preftation d'un Dénombrement, quel qu'il foit, opère la main-levée de la
faifie du fief, fuivant Dumoulin & plufieurs autres jurifconfultes, il arrive très-fouvent que le
vaffal fatisfait de jouir, néglige de fuivre fur les
blâmes du feigneur. Alors celui-ci doit le traduire
en juftice pour voir dire qu'il fera tenu de réformer fon aveu. Mais quoique cette forme de
procéder conftitue le feigneur demandeur, le
poids de la preuve ne tombe néanmoins pas fur
lui. C'eft ce que Guiot explique très bien. Pour

parler régulièrement & féodalement, le feigneur, dit-il, *du Dénombrement, chapitre 5*, eft demandeur par fes blâmes. Mais il eft comme oyant compte ; c'eft-à-dire que par fes blâmes il débat le compte, le détail du fief du vaffal, & alors le vaffal, quoique défendeur originaire à la demande en réformation d'aveu, *Quantum ad onus probandi fit actor.*

Il eft de néceffité de juftifier le détail qu'il a donné du fief, comme le rendant compte eft tenu de juftifier les articles débattus ; fauf au feigneur, comme oyant compte, à juftifier fes blâmes en fourniffant des contredits. C'eft alors feulement que le feigneur eft tenu de juftifier fes blâmes par titres, qu'il doit communiquer pour écarter ceux du vaffal, excepté le cas où le vaffal fe purgeant par ferment qu'il n'a aucun aveu qui l'inftruife, offriroit de s'en rapporter aux anciens aveux qui feroient entre les mains du feigneur. Alors le feigneur eft tenu de juftifier fes blâmes.

M. le préfident Bouhier établit une règle bien importante dans la difcuffion des aveux. Suivant ce magiftrat, toutes les chofes que poffède le vaffal dans l'étendue de fon fief, font préfumées féodales. C'eft, dit-il, le fentiment unanime de tous les jurifconfultes ; d'où il fuit, ajoute cet auteur, que le feigneur peut obliger le vaffal à les comprendre dans fon aveu, à moins qu'il ne prouve par de bons titres la roture de ces mêmes biens. Cela eft encore très-important lorfqu'il s'agit de difcuter ce qui eft fujet à faifie féodale, à la commife, à la confifcation. Sur la coutume de Bourgogne, *chapitre 44.*

Après la préfentation du Dénombrement, le

feigneur, comme l'on voit, doit l'accepter tel qu'il eft, ou en demander la réformation. Mais il ne feroit pas jufte qu'il pût tenir fon vaffal dans l'incertitude pendant un temps illimité. La coutume de Paris y a pourvu en fixant au feigneur un terme pour donner fes blâmes. L'article 10 porte : « Après que le vaffal a baillé fon » Dénombrement au feigneur féodal, ledit fei- » gneur féodal eft tenu de blâmer ledit Dénom- » brement dans quarante jours après icelui baillé, » autrement eft tenu pour reçu. Toutefois ledit » vaffal eft tenu d'aller ou envoyer quérir ledit » blâme au lieu du principal manoir dont eft » mouvant ledit fief ».

· La première difficulté que cet article préfente, eft de favoir fi ces quarante jours fe comptent *de momento ad momentum*, ou feulement du jour de la préfentation, de manière que ce jour ne foit point compris dans le délai de la coutume. Le doute réfulte de ces expreffions de l'article, *dedans quarante jours ;* expreffions exclufives de tout autre délai. Cependanr les auteurs font d'accord que le jour de la préfentation n'y eft pas compris. Le jour auquel échoient les qua- rante jours, difent-ils, n'eft pas compris dans lefdits quarante jours ; mais en eft exclu. Tel eft le langage de Legrand, de Billecoq, de Fer- rière, de Charondas, &c. Ce dernier rapporte deux arrêts conformes à fon opinion..

Les auteurs font partagés fur le point de favoir fi le juge peut, fur la réquifition du feigneur, prolonger le délai que la coutume lui accorde pour blâmer le Dénombrement. Deux modernes dont le fuffrage eft d'un très-grand poids, M. le préfident Bouhier & Pothier, tiennent l'affirma-

tive. Le feigneur, dit le dernier dans fon introduction à la coutume d'Orléans, peut obtenir
du juge un plus long délai, en le faifant dire &
ordonner avec le vaffal.

M. Bouhier s'exprime à-peu-près dans les
mêmes termes. Les voici : « Les meilleurs inter-
» prêtes de la coutume de Paris ont réprouvé
» le fentiment de ceux qui l'ont expliquée,
» comme fi les juges n'avoient pas le pouvoir de
» proroger ce terme ». *Sur la coutume de Bour-*
» *gogne*, *chapitre* 44.

Dupleffis eft d'avis contraire. Le juge, fuivant lui, ne peut proroger ces quarante jours.
Brodeau modifie les deux opinions. Le juge,
dit-il, ne peut proroger ce délai fans grande
connoiffance de caufe, étant une règle de droit,
que ce qui eft permis pendant un temps fixé par
la loi, eft défendu après qu'il eft expiré.

L'article 10, après avoir dit que le feigneur
doit blâmer le Dénombrement dedans les quarante jours, ajoute : *autrement tenu pour reçu.*

Il femble réfulter de ces derniers mots, que
le feigneur eft déchu de plein droit, après les
quarante jours, de la faculté de blâmer le Dénombrement : cependant il peut le faire jufqu'à
ce que le vaffal l'ait conftitué en demeure. C'eft
la difpofition de notre article, qui porte : « Tou-
» tefois ledit vaffal eft tenu d'aller ou envoyer
» querir ledit blâme au lieu du principal manoir
» dont eft mouvant ledit fief ».

Le vaffal doit donc mettre le feigneur en demeure, en fe préfentant, ou quelqu'un pour lui,
au principal manoir du fief. Mais fi le feigneur
en eft très-éloigné ; fi d'autres circonftances
l'ont empêché de mettre fes blâmes en règle

pendant ces quarante jours, est-il pour jamais déchu du droit de demander la réformation de l'acte ? Il faut tenir l'affirmative d'après les termes de la coutume. Mais les jurisconsultes en ont bien adouci la rigueur. Les plus célébres tiennent, que malgré cette interpellation de la part du vassal, le seigneur quoique majeur, peut se faire restituer contre l'approbation qui résulte de son silence. Telle est l'opinion de Dumoulin.

Legrand rapporte un arrêt conforme, sur la coutume de Troyes, article 30, glossaire 5. Duplessis pense que cette disposition de la coutume *n'est que pour donner autorité aux anciens aveux.*

Le judicieux Coquille est de même avis. Il estime que cet article se doit entendre avec tempérament : c'est-à-dire, que ce délai de quarante jours écoulé, le seigneur ne peut plus saisir. Mais, ajoute cet auteur, je crois que par voie ordinaire, comme entre toute autre personne, il peut requérir l'amendement ; car ce seroit chose bien rude, que sous le prétexte de quarante jours passés, il fût tenu de garantir à son vassal le contenu en son Dénombrement, ou que le seigneur fût exclu de contraindre le vassal à remplir son Dénombrement qui seroit défectueux. Ce seroit contre la bonne foi, qui doit excellemment abonder entre le seigneur & le vassal ; pourquoi si le vassal veut amplement s'assurer, il doit contumacer son seigneur, & lui faire des sommations & protestations expresses. *Coquille, inst. au droit françois, chapitre des fiefs.*

L'importance de cette matière exige que l'on multiplie les autorités. En conséquence, nous citerons encore M. le préfident Bouhier. Le paſſage que nous allons tranſcrire a le double mérite de décider la queſtion pour la coutume de Paris, & pour celles qui n'ont pas fixé le délai dans lequel le ſeigneur doit fournir ſes blâmes. Voici les termes de ce magiſtrat, ſur la coutume de Bourgogne, *chapitre 44.*

Les meilleurs auteurs qui ont parlé de la coutume de Paris ont réprouvé le ſentiment de ceux qui l'ont expliquée, comme ſi elle avoit décidé qu'après les quarante jours le ſeigneur n'étoit plus recevable à propoſer aucun blâme, & que les juges même n'avoient pas le pouvoir de proroger ce terme. On tient au contraire qu'il n'en eſt exclu qu'après que le vaſſal a fait ſommer ſon ſeigneur d'accepter ou de blâmer l'aveu ; & qu'en cas de refus d'acceptation, il l'a fait appeler en juſtice pour fournir ſes blâmes, dans le délai qui lui ſera preſcrit ; à faute de quoi, il ſera tenu pour reçu.

Ainſi, continue M. le préſident Bouhier, le véritable ſens de cette coutume, & de ſes ſemblables, eſt celui qui a été marqué dans les arrêtés de M. de Lamoignon, ſavoir : que quand le ſeigneur ou ſes officiers, ont retenu le Dénombrement l'eſpace de quarante jours, s'ils ne conteſtent ſur aucun article, l'aveu eſt tenu pour reçu, mais à l'effet ſeulement de procurer au vaſſal de plein droit, la main-levée de la ſaiſie féodale qui a été faite ſur ſon fief; ſauf à lui ou au ſeigneur à ſe pourvoir par action pour la réformation ou réception du Dénombrement, ainſi qu'ils aviſeront bon être.

Voici, dit enfin ce magiſtrat, comme il me paroît que l'on en doit uſer. La préſentation du

Dénombrement étant faite au feigneur, ou en fon abfence à fes officiers ; & le vaffal, ou fon procureur en ayant demandé acte au notaire dont il fera affifté, & en préfence de témoins, fi le feigneur ou fes officiers le reçoivent fans contredits ni proteftations, le Dénombrement fera tenu pour reçu. S'il y a conteftation fur quelques articles, le vaffal qui ne voudra pas le réformer, fe pourvoira en juftice pour faire décider la difficulté. Mais fi le feigneur ou fes officiers font feulement des proteftations générales que le Dénombrement ne pourra nuire ni préjudicier au feigneur, comme c'eft l'ordinaire, en ce cas, je tiens que l'action pour le blâme doit durer trente ans comme toutes les autres. C'eft le fentiment de d'Argentré, par rapport aux coutumes qui n'ont point de difpofitions contraires, & nous en avons quelques-unes qui l'ont déterminé de la forte. C'eft affez la règle que je crois qu'il faut fuivre en Bourgogne.

Voici un cas qui peut fe rencontrer fréquemment dans la pratique. Les anciens aveux d'une feigneurie en portent le cens à trente livres ; cependant le vaffal n'en prefcrit que quinze, & tel eft l'ufage depuis long-temps. En conféquence il ne reporte que cette dernière fomme dans le Dénombrement qu'il préfente à fon feigneur. Celui-ci peut-il exiger que ce cens foit reporté dans les derniers aveux à la fomme énoncée dans les anciens ? S'il ne le fait pas, il court rifque de voir le fief mouvant de lui s'anéantir par des diminutions progreffives. D'un autre côté, le vaffal dira qu'il n'a jamais eu connoiffance que ce droit fût de trente livres ; qu'il ne l'a jamais perçu à cette quotité ; qu'il eft dans l'impoffibilité

de

de défigner quels font let héritages grevés.
Ce vaffal eft peut-être un tiers acquéreur ; comment pourroit-il rendre compte de ce qui s'eft paffé avant l'époque de fon acquifition ? Ce droit, d'ailleurs, a pu fe prefcrire, a pu fe perdre fans qu'il y ait ni faute ni dol de la part des propriétaires du fief fervant. Dumoulin examine cette queftion fur l'article 44 de l'ancienne coutume de Paris, & la manière dont il la décide met également à couvert l'intérêt du feigneur & celui du vaffal. Le vaffal, dit-il, répétera effectivement les trente livres tels qu'ils font dans les anciens aveux ; mais il ajoutera qu'il ne jouit que de la moitié. Et à l'égard de cette moitié feulement, il fera tenu d'indiquer les héritages qui en font chargés.

Les Dénombremens font ordinairement terminés par cette claufe : *fauf notre droit & celui d'autrui*...

. Quel eft l'effet de cette reftriction ? Dumoulin, *loco citato*, tient qu'elle n'en produit aucun, lorfqu'elle eft vague, indéterminée, & qu'elle n'eft point appliquée à un objet fixe & certain ; parce qu'une claufe générale ne peut ni déroger, ni ajouter aux difpofitions précifes d'un acte.

Cette décifion de Dumoulin, eft vivement combattue par d'Argentré. *Molinocus nullius momenti effe putat ; ego contra, non minimi*, &c. fur l'article 324 de Bretagne. Legrand penfe de même, fur l'article 30 de la coutume de Troyes. M. le préfident Bouhier s'eft rangé de leur parti. En cela, dit-il, l'opinion de Dumoulin a été abandonnée par tous les interprêtes des coutumes : non qu'ils doutent que pour les chofes nettement exprimées dans le Dénombrement, & dont le vaſſal a toujours été en poſſeſſion, cet acte ne faſſe pleine foi entre le ſeigneur & le vaſſal : mais ils tiennent que ſi ce dernier y avoit compris quelques droits qui fuſſent du domaine du ſeigneur dominant , ou qui lui appartinſſent à quelqu'autre titre ; ou s'il y avoit quelques omiſſions de ſes droits , ou ſi le vaſſal y avoit quelques qualités qui ne fuſſent pas bien avérées , la clauſe *ſauf notre droit*, appoſée à l'acte d'approbation du Dénombrement , ſeroit utile au ſeigneur féodal. *Sur la coutume de Bourgogne*, *chapitre 44 , n. 62.*

Nous ne devons pas quitter cette matiere ſans dire un mot d'une queſtion très - intéreſſante. Celle de ſavoir auxquels des anciens ou des nouveaux Dénombremens il faut ſe fixer lorſque ces actes ſe contrarient. M. d'Agueſſeau a traité cette queſtion tome 2 de ſes œuvres, pag. 254. Voiei comme il l'a décide. Nous avons , dit-il, ſur ce point deux maximes générales : l'une veut que dans le doute , on ait recours aux plus anciens titres , comme le fondement & l'original des titres ſuivans ; l'autre établit que les titres poſtérieurs dérogent aux titres précédens, auxquels on peut dire qu'ils ſervent d'interprêtes.

Une attention médiocre ſuffit pour faire voir qu'en cette matière, comme dans preſque toutes celles de juriſprudence, toute règle générale eſt dangereuſe.

Lorſque le titre le plus ancien eſt auſſi le plus clair , on ne doit pas douter que ce ne ſoit ſur ce modéle qu'il faut réformer tous les autres titres, ſur-tout en matière féodale, où les titres ſont toujours d'autant plus reſpectables, qu'ils approchent plus près de la fource, c'eft-à-dire de la première inveftiture.

Mais lorfque le titre le plus ancien n'eft pas clair ; lorfque l'on y trouve des omiffions confidérables, lorfqu'il faut fuppléer à ces omiffions par des argumens qui ne forment que des conjectures, & qui font naître un doute & ne le réfolvent pas, pourroit-on foutenir qu'un titre poftérieur, dans lequel on trouve une clarté & une évidence entière, ne doit pas l'emporter fur le premier, dont il devient en ce cas le véritable & le feul fidèle interprête ?

En un mot, toutes chofes égales, l'antiquité doit être refpectée & préférée à la nouveauté ; mais entre la priorité qui eft pour le premier titre, & la clarté qui eft pour le fecond, ce feroit fermer les yeux à la lumière, & vouloir demeurer toujours dans l'obfcurité, que de rejeter un titre quoique clair & décifif, parce qu'il eft plus récent, pour s'attacher à un titre douteux & équivoque, parce qu'il eft plus ancien.

Voyez *Dumoulin dans fon commentaire fur l'ancienne coutume de Paris ; d'Argentré, fur celle de Bretagne ; Coquille, inftitutions au droit françois ; le traité des fiefs de Poquet de Livonière ; celui de Billecoq ; celui d'Archer ; celui de Guiot ; M le préfident Bouhier, fur la coutume de Bourgogne ; Legrand, fur celle de Troyes ; Brodeau ; Dupleffis ; Ferrière, fur les articles 9, 10 & 11 de la coutume de Paris ; le recueil des édits, arrêts & réglemens fur le domaine*, &c. Voyez auffi les articles AVEU, FIEF, VASSAL, SEIGNEUR, &c. (*Cet article eft de M. H. . . . . . ., avocat au parlement*).

DÉNONCIATEUR. C'eſt celui qui fait en juſtice la déclaration ſecrete du crime de quelqu'un.

Il y a parmi nous deux ſortes de Dénonciateurs, les uns volontaires, les autres forcés : les premiers ſont ceux qui ſe portent volontairement à faire une dénonciation ſans y être obligés par état ni par aucune loi : les Dénonciateurs forcés ſont ceux qui par état ſont obligés de dénoncer les délits dont ils ont connoiſſance; tels ſont les ſergens foreſtiers, les meſſiers & autres prépoſés ſemblables, qui prêtent même ſerment à cet effet. Il y a auſſi certains cas où la loi oblige tous ceux qui ont connoiſſance d'un crime à le dénoncer, comme en fait de crime de lèze majeſté humaine au premier chef, ce qui comprend toutes les conſpirations faites contre le roi ou contre l'état. Celui qui auroit connoiſſance de ces ſortes de crimes, & ne les dénonceroit pas, ſeroit puniſſable aux termes des ordonnances.

Il y a néanmoins certaines perſonnes qui ne ſont pas obligées d'en dénoncer d'autres, comme le mari & la femme, l'un à l'égard de l'autre ; le père à l'égard de ſon fils, & le fils à l'égard de ſon père.

On ne doit recevoir aucune dénonciation de la part des perſonnes notées d'infamie, c'eſt-à-dire, que le miniſtère public ne doit point aſſeoir une procédure ſur une telle dénonciation, il peut ſeulement la regarder comme un mémoire, & s'informer d'ailleurs des faits qu'elle contient.

L'ordonnance criminelle veut que les procureurs du roi & ceux des ſeigneurs, aient un

regiftre pour recevoir & faire écrire les dénonciations. Elles doivent être circonftanciées &
fignées par les Dénonciateurs ; finon écrites en
leur préfence par le greffier du fiège.

Il n'eft pas permis de faire des dénonciations
fous des noms empruntés comme de Titius &
de Mœvius ; il faut que le Dénonciateur fe faffe
connoître.

Les Dénonciateurs dont la déclaration fe
trouve mal fondée, doivent être condamnés
aux dépens, dommages & intérêts des accufés,
& à plus grande peine s'il y échet. S'il paroît
que le Dénonciateur ait été de mauvaife foi,
par vengeance, & à deffein de perdre l'accufé,
le Dénonciateur doit être puni comme calom-
niateur.

Par arrêt du 4 janvier 1715 le parlement de
Paris a condamné plufieurs Dénonciateurs à
quarante mille livres de dommages & intérêts,
& aux dépens envers le fieur Parfeval, Maire
à Nogent le Rotrou, auquel ils avoient imputé
fans fondement des prévarications commifes
dans fes fonctions de juge. Le même arrêt a
condamné quelques-uns de ces Dénonciateurs
calomnieux à un banniffement de neuf ans ; &
les autres à demander pardon, tête nue en la
chambre de la Tournelle, à Dieu, au roi, à
la juftice & au fieur Parfeval.

Par un autre arrêt du 31 du même mois de
janvier, la même cour a condamné un ancien
greffier criminel du châtelet de Paris, à l'a-
mende honorable & à un banniffement perpétuel pour avoir imputé fauffement à la demoi-
felle Richard, fille majeure, un vol avec ef-
fraction.

Deux particuliers ayant fait une fauffe dénonciation de contrebande contre Cathérine Thérèfe Meunier ont été condamnés par jugement en dernier reffort du 7 avril 1734, à un banniffement de cinq ans · & l'un d'eux à être attaché au carcan.

Celui qui ne feroit plus recevable à fe porter partie civile, parce qu'il auroit tranfigé avec l'accufé, peut encore fe rendre Dénonciateur.

Si le Dénonciateur fe défifte de fa dénonciation, il peut être pourfuivi par l'accufé pour fes dommages & intérêts; ce qui eft conforme à la difpofition du fénatus confulte Turpillien, dont il eft parlé au digefte, livre 48, titre 16, & au code, livre 9, titre 14.

Les procureurs généraux, les procureurs du roi & procureurs fifcaux, font tenus en fin de caufe de nommer leurs Dénonciateurs à l'accufé, lorfqu'il eft déchargé de l'accufation. C'eft ce qui réfulte de l'article 73 de l'ordonnance d'Orléans: c'eft auffi ce qu'ont jugé divers arrêts des 5 mars 1604, 26 mai 1605, 28 avril 1626, 4 mai 1660, 13 août 1672 & 3 juin 1699.

C'eft encore une difpofition de l'article 5 du titre 2 de l'ordonnance criminelle du duc Léopold de Lorraine du mois de novembre 1707, qui eft ainfi conçu:

» Les dénonciations feront tenues fecretes: » mais fi l'accufé obtient renvoi, avec dommages ».& intérêts, le Dénonciateur en fera tenu; & » à cet effet feront obligés nos procureurs, ou » ceux des feigneurs, de les nommer, s'ils en » font requis.

Ce que nous avons dit des procureurs du roi &

des procureurs fifcaux s'applique également aux promoteurs des officialités. Le parlement de Paris l'a ainfi jugé par deux arrêts des huit mars 1622, & 9 juillet 1626, rendus l'un contre le promoteur du diocèfe de Sens & l'autre contre le promoteur du diocèfe de Châlons.

La règle que les procureurs du roi & les autres parties publiques font obligés de nommer leurs Dénonciateurs lorfque l'accufé vient a être abfous, a même quelquefois lieu dans le cas où l'abfolution ne tombe que fur une partie de l'accufation. Lacombe & d'Héricourt font mention d'un arrêt du parlement du 3 août 1718, par lequel il a été jugé que le promoteur de l'officialité de Paris feroit tenu de nommer le Dénonciateur de l'abbé Richard, accufé de faux, de fimonie, d'ufure & de blafphême, & qui par l'événement avoit été renvoyé abfous fur plufieurs chefs d'accufation & mis hors de cour fur les autres.

Le juge royal dans le cas d'abfolution prononcée en faveur d'un eccléfiaftique dont la procès a été inftruit conjointement avec le juge d'églife, peut ordonner que le promoteur fera tenu de nommer fon Dénonciateur ; & le juge d'églife n'eft pas fondé à prétendre qu'il doit connoître feul de cette queftion. Le parlement l'a ainfi jugé par arrêt du 23 août 1710 rapporté par Anne-Robert.

Lorfque les procureurs du roi ou les autres parties publiques ont un Dénonciateur, ils ne peuvent plus être inquiétés pour l'accufation calomnieufe, & c'eft au Dénonciateur à fubir la peine de la calomnie. Mais fi ce Dénonciateur étoit mineur, mal famé, ou notoirement infolvable, & que la dénonciation fût mal fondée, ce feroit à la partie publique à répondre des dommages & intérêts. Soulatges rapporte dans fon traité des crimes un arrêt du parlement de Touloufe qui l'a ainfi jugé. C'eft auffi une difpofition de l'article 6 du titre 2 de l'ordonnance criminelle du duc Léopold de Lorraine du mois de novembre 1707 (*).

. Si le procureur du roi refufoit de nommer fon Dénonciateur dans le cas ou il y en auroit un , il feroit auffi tenu perfonnellement des dommages & intérêts des accufés.

Obfervez à ce fujet que le miniftère public peut rendre plainte d'office & fans Dénonciateur lorfqu'il s'agit d'un crime précédé de commune renommée , ainfi que dans le cas de flagrant délit, ou quand l'accufé eft arrêté à la clameur publique.

Quoique le regiftre du miniftère public ne faffe pas mention de celui qui s'eft rendu Dénonciateur, l'accufé peut-être admis à en faire preuve , tant par titres , que par témoins. Le parlement l'a ainfi jugé par arrêt du 6 feptembre 1694 rapporté au journal des audiences.

Voyez *le traité des matières criminelles ; l'ordonnance du mois d'août 1670 ; & les commentateurs ; le traité de la juftice criminelle de France ; l'ordonnance d'Orléans ; Carondas en fes notes fur le code Henri ; les centuries de le Prêtre ; le*

_____

(*) Les juges, *porte cet article*, pourront condamner aux dommages & intérêts, nos procureurs ou ceux des feigneurs , en leur nom , s'il paroît par l'évidence du fait, qu'ils ont pris des dénonciateurs inconnus , notoirement infolvables , ou de foi fufpecte par un efprit de vexation.

journal des audiences ; Bouvot en ses questions notables ; Airault en son instruction judiciaire ; l'ordonnance du duc Léopold de Lorraine du mois de novembre 1707 ; le recueil de jurisprudence canonique ; les lois ecclésiastiques de France ; Bouchel en sa somme bénéficiale ; Fevret, traité de l'abus ; Livonnières en ses arrêts célèbres ; le traité des crimes de Soulatges ; Lizet, en sa pratique criminelle, &c. Voyez aussi les articles PLAINTE, ACCUSATION, PROCUREUR DU ROI, PARTIE CIVILE, &c.

DÉNONCIATION. C'est en matière criminelle, la déclaration qu'on fait à la justice d'un crime ou délit, & de celui qui en est l'auteur (*). Voyez DÉNONCIATEUR.

DÉNONCIATION, en matière civile, se dit en général, de l'acte par lequel on donne connoissance de quelque chose à un tiers.

Un acquéreur fait une Dénonciation à son garant du trouble qui lui est fait afin qu'il le fasse cesser. On dénonce une opposition ou une saisie à celui sur lequel ces empêchemens sont formés, à ce qu'il n'en ignore, & ne puisse passer outre dans ses poursuites avant d'avoir rapporté la main-levée de cette saisie ou opposition ; on dénonce de même plusieurs autres actes judiciaires & extra-judiciaires dont on a intérêt de donner connoissance.

(*) *Formule de Dénonciation en matière criminelle.*

Du.... jour de.... est comparu par devant nous.... lequel a dit, &c. déclarant qu'il se rend dénonciateur contre.... & complices, pour raison des faits ci-dessus, circonstances & dépendances, offrant d'en administrer témoins, & a signé, ou a déclaré ne savoir signer, de ce enquis.

DÉNONCIATION DE NOUVEL OEUVRE, se dit de l'action par laquelle quelqu'un s'oppose en justice à la continuation de quelque nouvelle entreprise qu'il croit lui être préjudiciable : telle seroit, par exemple, l'entreprise de celui qui éleveroit sa maison si haut, que par-là il ôteroit le jour à la maison voisine. Il y auroit lieu en faveur du propriétaire de celle-ci à la demande en Dénonciation de nouvel œuvre.

Celui contre qui cette demande est formée, ne peut passer outre sans avoir obtenu un jugement qui l'y autorise.

DENT. Petit os qui sort de la machoire, & qui sert à inciser ou à broyer les alimens.

C'étoit anciennement une sorte de punition en France que d'être condamné à perdre une ou plusieurs Dents.

Dans des lettres du mois de mai 1391 confirmatives des priviléges des habitans de la ville de Vienne, Charles VI ordonna que celui qui entreroit dans les vignes ou dans les vergers des autres pour y causer quelque dommage, seroit tenu de le réparer, & qu'à son choix il payeroit une amende de trois sous six deniers, ou qu'on lui arracheroit une Dent.

Voyez *le recueil des ordonnances des rois de France*, &c. (*Article de M. DAREAU, avocat, &c.*)

DENTELLE. Sorte de passement ou d'ouvrage en fil d'or, d'argent, de soie, de lin, &c. qui se fait sur un coussin avec un grand nombre de petit fuseaux ; & qui a été ainsi appelé de ce que les premiers ouvrages de ce genre étoient en forme de Dents.

Les Dentelles d'or & d'argent fin & les

Dentelles d'or ou d'argent mêlées de foie doivent pour droit d'entrée , felon le tarif de 1664 , cent fous par livre.

L'entrée de ces dentelles venant des pays étrangers, n'eft permife par mer que par Marfeille , & par terre , que par le pont de Beauvoifin.

Les Dentelles de foie & de guipure venant de Flandre, d'Angleterre & d'ailleurs doivent felon le tarif de 1667 huit livres par livre pour droit d'entrée.

Suivant l'arrêt du confeil du 30 décembre 1716 , les Dentelles de fil , points coupés & paffemens d'Angleterre & des autres pays étrangers ne peuvent entrer dans le royaume que par les bureaux de Lille & de Valenciennes, en payant cinquante livres par livres pour droit d'entrée.

Les Dentelles de la Flandre Françoife , du Hainaut François & de l'Artois qui paffent dans les cinq groffes fermes , doivent conformément a l'arrêt cité , être expédiées par les bureaux d'Amiens , de Peronne ou de faint-Quentin , à peine de trois mille livres d'amende , & de confifcation des marchandifes & équipages. Le droit d'entrée de ces Dentelles eft de neuf livres la livre.

Un arrêt du 10 avril 1734 qui a fixé par Lille & Valenciennes l'entrée des Dentelles, paffemens de fil & points coupés venant des pays de la domination Authichienne, a ordonné que ces marchandifes payeroient pour droit d'entrée vingt livres la livre , au lieu de dix pour cent de la valeur , à quoi elles avoient été affujetties par l'arrêt du 17 mars 1723.

Obfervez que les Dentelles de fil fabriquées

dans le royaume qu'on a portées dans la province de Normandie, & aux foires de la province de Bretagne, & qui n'y ont pas été vendues, peuvent rentrer en Normandie par le bureau de Caen seulement, durant l'espace de six semaines après chaque foire, en payant vingt livres par cent pesant pour les Dentelles fines & grossières : c'est ce que porte l'arrêt du conseil du 21 mars 1705.

Par arrêt du conseil du 28 mars 1773 il a été ordonné, 1°. que les Dentelles fines & grosses qui viendroient de Lorraine, de Suisse & des autres pays étrangers dans la province de Franche-comté, ne pourroient entrer que par les seuls bureaux de Frambourg & de Jussey où elles payeroient dix livres par livre pesant : 2°. que les Dentelles fines ou grosses qui viendroient de la Franche-comté dans les cinq grosses fermes ne pourroient entrer que par les bureaux d'Auxonne ou de saint Jean de Losne, & ne payeroient à l'entrée de ces bureaux, savoir, les fines que vingt sous par livre & les grossières que cinq sous aussi par livre.; 3°. que les Dentelles venant de Lorraine, de Suisse & des autres pays étrangers qui seroient déclarées à l'entrée des bureaux de Frambourg & de Jussey pour passer debout par la Franche-comté à la destination des cinq grosses fermes & qui auroient acquitté le droit de dix livres, ne seroient point assujetties aux droits de vingt sous & de cinq sous pour livre en passant par les bureaux d'Auxonne & de saint Jean de Losne.

Les Dentelles d'or ou d'argent fin ou faux ne doivent à la sortie du royaume selon l'arrêt du conseil du 15 mai 1760, qu'un pour cent de la valeur ou même quarante sous par quintal , lorſque ce dernier droit eſt inférieur au premier.

Quant aux Dentelles de fil ou de ſoie , fines ou communes elles ne doivent à la ſortie du royaume que dix ſous par livre peſant. C'eſt ce qui réſulte d'un arrêt du conſeil du 24 juin 1763.

Voyez *les lois citées* & les articles ENTRÉE , SORTIE , MARCHANDISE , SOU POUR LI-VRE , &c.

DENTISTE. Chirurgien qui ne s'occupe que de ce qui concerne les dents.

Il n'eſt point permis de ſe mêler de cette partie de la chirurgie ſans avoir pris auparavant les leçons néceſſaires à ce ſujet , & ſans avoir ſatisfait à ce que porte le titre neuvième des lettres-patentes données en forme d'édit au mois de mai 1768 , pour le collège royal de chirurgie de Paris. *Voyez* l'article CHIRURGIE. (*Article de M. DAREAU* , &c.)

DÉPARAGER. Terme de pays coutumier qui ſignifie faire ceſſer le *parage* , mettre hors du lignage : voyez l'article PARAGE.

DÉPARAGER , ſignifie encore dépareiller , & ſe dit particulièrement du mariage d'un fille avec quelqu'un d'une condition inférieure à la ſienne.

Selon la coutume de Normandie le frère ne doit point Déparager ſa ſœur. Si elle eſt noble & qu'il l'a marie à un roturier afin d'avoir meilleure compoſition de ce qui lui revient pour ſa dot ou pour ſa portion héréditaire , la fille qui ſe trouve ainſi Déparagée peut obtenir des lettres de reſciſion contre les arrangemens pris avec ſon frère , & réclamer tout ce qui lui revient de plus que ce qui lui a été promis ou accordé. (*Article de M. DAREAU, avocat, &c.*)

· DÉPARTAGER. C'est lever le partage occasionné par deux avis différens appuyés chacun par un égal nombre de voix.

Quand il y a partage dans une chambre du parlement, le rapporteur & le compartiteur vont pour se Départager dans une autre chambre où l'affaire est rapportée de nouveau. Dans les bailliages & dans les autres sièges où il n'y a point de division d'officiers en plusieurs chambres, le partage de voix se termine ordinairement à un appointement quand l'affaire en est susceptible, ou s'il faut la juger à l'audience, on appelle un ancien gradué pour Départager les avis & éviter par là aux parties le désagrément d'être renvoyées dans un autre bailliage.

. Il ne peut point y avoir de partage d'opinions, dans les procès criminels, parce que sur deux avis différens, l'avis le plus doux doit prévaloir, à moins que l'avis le plus sévère ne surpasse de deux voix l'avis le plus modéré.

Au conseil du roi il n'y a jamais de partage, parce que la voix de M. le chancelier, qui est prépondérante, Départage toujours les opinions. Voyez OPINION, VOIX, (*Article de M. DAREAU, avocat, &c.*)

DÉPARTEMENT. Distribution qui se fait de certains objets entre plusieurs personnes.

: Il y a différentes sortes de Départemens.

Département du conseil du roi, se dit des différentes séances ou assemblées du conseil. Voyez CONSEIL.

: *Département des secrétaires d'état*, se dit de

la connoiffance qui leur a été attribuée par le roi de diverfes affaires d'état & des provinces.

Département des finances, fe dit des affaires qui fe traitent au confeil royal des finances.

Département du commerce, eft celui qui eft relatif aux affaires du royaume concernant le commerce.

Département des intendans de marine, fe dit de la diftribution faite de ces officiers par le roi dans les différens ports du royaume: on dit à ce fujet le Département de Breft , le Département de Toulon, &c.

Département des intendans dans les généralités, fe dit auffi de la diftribution faite de ces officiers dans les provinces du royaume pour y cohnoître de certaines affaires de juftice , police & finances.

Département des fermiers généraux, fe dit de la diftribution qui fe fait entr'eux annuellement des objets de travail pour le fervice des fermes du roi.

Déparrement, en termes de l'art-militaire, fe dit des quartiers que l'on diftribue aux troupes.

Département des décimes, fe dit de la répartition que l'on fait fur les bénéficiers des fommes que le clergé accorde au roi pour fubvenir aux befoins de l'état. Voyez DÉCIMES.

Département des tailles, fe dit auffi de la répartition qui fe fait annuellement dans chaque généralité du royaume de la fomme à laquelle l'état des tailles a été arrêté au confeil.

Ce Département eft de deux fortes : l'un concerne la divifion de la taille fur chaque élection de la généralité, & l'autre la divifion fur chaque paroiffe, de la fomme impofée fur l'élection.

Le premier Département ou celui qui fe fait fur chaque élection de la fomme impofée fur la généralité, s'arrête avec l'intendant & les tréforiers de France. C'eft pour faire ce Département avec connoiffance de caufe qu'un des tréforiers doit faire tous les ans des chévauchées dans les différentes élections pour favoir quels font les accidens qui y font furvenus afin de les foulager s'il y a lieu lors de ce Département, & c'eft à quoi l'on a égard fur le rapport de l'officier de Chévauchée. S'il y avoit dans ce Département un ménagement injufte pour l'élection où fe trouve fitué le bureau des tréforiers, les élus des autres élections feroient autorifés en vertu de l'article 40 du réglement de 1634, d'en faire leurs repréfentations au confeil, où pourroit être taxé d'office par le confeil l'élection que l'on croiroit avoir été mal à propos ménagée.

Quand ce premier Département eft fait, l'intendant fe tranfporte dans chaque élection avec un tréforier de France de la généralité pour y faire la répartition de la fomme impofée fur cette élection : pour que ce fecond Département fe faffe avec connoiffance de caufe, on y appelle trois élus, le procureur du roi, le receveur & le greffier de l'élection.

Si au jour pris pour cette opération ceux qui doivent affifter ne s'y trouvoient pas, l'intendant feroit en droit aux termes de l'article 5 du réglement de 1643, d'appeler tels autres officiers de l'élection que bon lui fembleroit, de fe faire repréfenter toutes les pièces dont il auroit befoin pour opérer avec plus d'égalité & de perfection,

de

de décerner à ce sujet toute contrainte comme pour affaires du roi, de signer les commissions, de les faire expédier & envoyer, &c.

Un arrêt du conseil du 18 novembre 1646, donne la liberté aux intendans de taxer & cotiser d'office toutes les villes & paroisses que bon leur semble, & fait défense aux officiers des élections d'y apporter aucun empêchement.

Quand la répartition de la taille est faite, celle des autres impositions accessoires doit se faire sur le même pied & au sou la livre : c'est ce qui est prescrit par l'article 23 d'un règlement de 1600. Voyez les articles, RÔLE, TAILLE, TAXE, &c. (*Article de M. DAREAU*, &c.)

DÉPARTIR. Signifie au palais léver un partage de voix, d'opinions. Voyez DÉPARTAGER.

On dit aussi *se Départir d'une demande, d'un droit, d'une prétention*, pour dire s'en desister. Voyez DÉSISTEMENT.

DÉPENDANCE. C'est ce qui dépend, ce qui est l'accessoire d'une chose ou d'un droit quelconque.

Dans la vente d'une chose est compris tout ce qui en dépend ; & c'est ce qu'on entend par ces termes usités en style de pratique, *circonstances, appartenances & dépendances*. Ainsi en achetant un héritage, j'en achète en même-temps les buissons, les clôtures, les arbres, &c. sans qu'il soit parlé de ces Dépendances par le contrat.

Il y a des Dépendances plus marquées les unes que les autres. Celles qui sont censées faire partie de la chose suivent la chose même : telle est la clef qui sert à ouvrir une serrure & qui fait partie de cette serrure. Celles qui sont destinées par une adhérence perpétuelle à une autre chose, suivent la vente de cette autre chose : telles sont dans une maison vendue, toutes les choses qui y sont fixées à perpétuelle demeure. Voyez une explication à ce sujet à l'article *biens immeubles.*

Celles qui sont uniquement pour l'usage d'une chose suivent pareillement la vente de cette chose. C'est pourquoi si j'achète un bijou qui ait son étui particulier, je suis censé avoir acheté en même-temps cet étui.

Les choses qui n'ont point une destination marquée uniquement pour les objets auxquels on les emploie, ne sont point censées faire partie d'un marché conclu à l'occasion de ces mêmes objets. Ainsi en achetant du bled qu'un marchand conduit dans des sacs, je ne suis point censé avoir acheté ces mêmes sacs, parce qu'ils ne sont pas uniquement pour le bled vendu, ils peuvent encore servir à d'autre bled ou à d'autres grains, comme ils ont servi à celui qui a été vendu. Par la même raison si l'on me vend un oiseau dans sa cage, la vente de l'oiseau n'emporte pas non plus celle de la cage ; la cage ne seroit censée vendue qu'autant qu'elle seroit faite à l'occasion d'un oiseau pour lequel seul il auroit fallu la faire tout exprès.

En vendant du vin, est-on censé vendre en même-temps la futaille qui le contient ? Cette question différente de celle d'une vente de bled dans des sacs, dépend de l'usage qui peut se pratiquer dans chaque province à cet égard. Lorsque le vin est vendu à un cabaretier pour son commerce, l'usage est que le cabaretier donne d'anciennes futailles pour celles qu'il reçoit ; au

moyen de quoi la vente du vin n'emporte point
la vente des futs qui le contiennent.

Lorſque le vin eſt vendu à un bourgeois
pour ſon uſage, ſi ce bourgeois demeure dans
l'endroit, la futaille eſt cenſée devoir être remiſe
après que le vin en aura été tiré. Mais ſi le vin
a été acheté pour être conſommé ailleurs que
dans le pays du crû ; comme, par exemple, s'il
a été acheté en Bourgogne pour la conſomma-
tion d'un bourgeois de Paris, la futaille eſt cenſée
vendue en même-temps que le vin, par la raiſon
que les frais du renvoi des tonneaux coûteroit
plus que les tonneaux ne valent.

En vendant un cheval harnaché, le harnois
eſt-il cenſé vendu avec le cheval? Voyez cette
queſtion à l'article CHEVAL.

Dépendance, ſe dit auſſi quelquefois pour
mouvance. Ainſi on dit qu'un tel fief eſt de la
Dépendance d'une telle ſeigneurie.

Voyez les articles ACCESSOIRE, VENTE, &c.
(*Article de M. D A R E A U, avocat au par-*
lement, &c.)

DÉPENS. On appelle ainſi les frais qui ont
été faits dans la pourſuite d'un procès, & que la
partie qui a ſuccombé doit payer à celle qui a
eu gain de cauſe.

Les Dépens ſont la peine des téméraires plai-
deurs. Socrate deſiroit qu'on rendît les Dépens
des procès très-conſidérables, afin d'empêcher
le peuple de plaider : ſes vœux ont été remplis,
en ce qu'en effet les frais ſont devenus ſi grands,
qu'on les voit ſouvent excéder le principal ; mais
cela n'empêche pas qu'on ne plaide.

Il ne paroît pas qu'il ſoit queſtion des Dépens

dans le digeste : mais le code Théodosien, les instituts de Justinien, & les novelles de cet empereur en ont parlé. On voit par ces différentes lois, qu'en général les Dépens étoient dûs par celui qui succomboit, soit en première instance ou en cause d'appel ; que les frais de contumace étoient toujours dûs par celui qui y avoit donné lieu, quand même il auroit ensuite gagné au fond. Dans les affaires sommaires, on ne requéroit pas de Dépens, & l'on n'en pouvoit jamais prétendre qu'ils ne fussent adjugés par le juge, lequel les taxoit équitablement ; mais il dépendoit du prince de les diminuer. Enfin suivant la novelle 112, le demandeur étoit obligé de donner caution au défendeur, de lui payer la dixième partie de sa demande par forme de Dépens, s'il perdoit son procès.

Théodoric, roi d'Italie, ordonna par un édit qui est rapporté dans le code des lois antiques, que celui qui succomberoit seroit condamné aux Dépens du jour de la demande, afin que personne ne fît impunément de mauvais procès.

Parmi nous, il n'y avoit anciennement que les juges d'église qui condamnassent aux Dépens ; il n'étoit pas d'usage d'en accorder dans la justice séculière ; & ce ne fut qu'en 1324, sous Charles-le-Bel, qu'il fut enjoint aux juges séculiers, de condamner aux Dépens la partie qui succomberoit.

L'ordonnance de 1667 veut pareillement par l'article premier du titre 31, que toute partie, soit principale, soit intervenante, qui succombera, même aux renvois, déclinatoires, évocations ou réglemens de juges, soit condamnée aux Dépens indéfiniment, nonobstant la proximité ou autres qualités des parties, fans que fous prétexte d'équité, partage d'avis, ou pour quelqu'autre caufe que ce foit, elle puiffe en être déchargée. Il eft défendu aux parlemens, cours fouveraines & autres juges, de prononcer par hors de cour fans Dépens (*) ; & l'ordonnance veut qu'ils foient au profit de la partie qui a obtenu gain de caufe définitivement, quoiqu'ils n'aient point été adjugés, fans qu'ils puiffent être modérés, liquidés ni réfervés.

La difpofition de cet article n'a pas lieu dans les caufes & procès qui fe pourfuivent à la requête des procureurs du roi, procureurs fifcaux & promoteurs, tant en matière criminelle que de police ou autre qui intéreffe le miniftère public. Dans ces fortes de procès, il n'y a jamais de condamnations de Dépens (**).

La même règle s'applique aux infpecteurs généraux du domaine de la couronne. On ne peut, en aucun cas, prononcer des Dépens ni contre eux, ni en leur faveur, ni même par compenfation entr'eux & les parties ordinaires. C'eft ce qui réfulte d'un arrêt du confeil du 2 avril 1736.

_____

(*) Obfervez que cette difpofition n'ôte pas aux juges la faculté de compenfer les Dépens lorfque la raifon & l'équité l'exigent, comme quand les deux parties litigantes font également de mauvaife foi l'une & l'autre.

(**) Cette règle n'a pas lieu en Lorraine. Les procureurs du roi & les procureurs fifcaux y obtiennent des Dépens contre les accufés qui fuccombent, & réciproquement les accufés en obtiennent contre eux s'il y a de leur part évidente calomnie & vexation. C'eft ce qui réfulte de l'article 12 du titre 2 de l'ordonnance criminelle du duc Léopold de Lorraine du mois de novembre 1707.

F iij

Dans les caufes du domaine, il ne peut pareillement point être prononcé de Dépens contre les
receveurs généraux, ni contre les fermiers des
domaines, lorfque fur la communication des
titres ils fe font défiftés de leurs pourfuites. La
raifon en eft qu'ils font autorifés à intervenir dans
toutes les inftances relatives aux domaines du
roi, & à dire ce qu'ils jugent à propos pour la
confervation des droits de fa majefté. Mais lorfqu'après avoir eu communication des titres des
parties ils font de mauvaifes conteftations au lieu
de fe défifter, ils peuvent être condamnés aux
Dépens.

C'eft d'après ces principes que par arrêt du
23 mai 1747, le confeil a caffé deux fentences
de la chambre du domaine de Paris, par lefquelles le receveur général du domaine & le
fermier avoient été condamnés aux dépens envers le fieur Boulogne, quoiqu'ils fe fuffent défiftés de leurs pourfuites après la repréfentation
des titres, & a condamné ce particulier aux
Dépens faits jufqu'à cette repréfentation, & au
coût de l'arrêt.

Par un autre arrêt du 22 janvier 1753, le
parlement de Paris a confirmé une fentence du
bureau des finances d'Amiens, par laquelle le
marquis du Châtelet, acquéreur d'une terre en
Picardie, avoit été condamné aux Dépens faits
par le receveur général des domaines, fur la
queftion de mouvance élevée par un feigneur
pour partie de cette terre, & dans laquelle ce
feigneur avoit réuffi. Le motif de l'arrêt a été
qu'après la repréfentation des titres, le receveur
général avoit déclaré qu'il s'en rapportoit aux
conclufions des gens du roi.

Par un autre arrêt du 22 avril 1755, le conseil a caffé un arrêt du parlement de Normandie, en ce qu'il avoit condamné le receveur général des domaines de la généralité de Rouen, aux Dépens envers le fieur le Maire, curé de la paroiffe d'Ernemont, fans s'arrêter au défiftement que ce receveur avoit fait fur la repréfentation des titres qui juftifioient que la confifcation réclamée n'appartenoit pas au roi.

A l'égard des procès concernant les domaines, droits & revenus ordinaires des feigneurs hauts-jufticiers, quoique pour raifon de ces mêmes droits, ces feigneurs plaident dans leurs juftices par leurs procureurs fifcaux, néanmoins s'ils viennent à gagner leut caufe, ils obtiennent des Dépens contre la partie condamnée; & de même s'ils fuccombent dans les inftances par eux pourfuivies, ils doivent être condamnés aux Dépens envers la partie.

Remarquez ici que quoique les feigneurs hauts-jufticiers, pour raifon des droits & revenus de leurs domaines, plaident dans leurs juftices fous le nom de leurs procureurs fifcaux; cependant lorfqu'il y a appel des fentences rendues par leur juge, c'eft le feigneur & non le procureur fifcal qui doit plaider en caufe d'appel, pour prendre le fait & caufe de fon procureur; ce qui s'obferve pareillement à l'égard des feigneurs apanagiftes & engagiftes du domaine du roi; & fi fur l'appel ils gagnent leur caufe, ils obtiennent des Dépens; comme s'ils fuccombent, on les condamne aux Dépens faits fur cet appel.

Il en eft de même des évêques. Ils font obligés de plaider en leur nom, & de prendre le fait & caufe de leurs promoteurs dans les cas où ces promoteurs font feuls parties, foit qu'on appelle comme d'abus de la fentence de leurs officiaux, foit qu'on fe pourvoie par appel fimple au métropolitain ou primat, & alors on condamne l'évêque aux Dépens, s'il y a abus dans le jugement.

- La condamnation de Dépens eft donc la peine de ceux qui fuccombent ; & fous cette Dénomination, on comprend non-feulement les frais des conteftations & des procédures qui fe font dans le cours d'une inftance, mais encore tous les frais & mifes d'exécution qui fe font en vertu d'un titre exécutoire, avant même de procéder & de contefter en juftice, comme font tous les frais de faifie, de vente, &c.; & les frais font dûs du jour du commandement, y compris même le contrôle & voyage de l'huiffier, dans le cas où il y a lieu de paffer le voyage en taxe.

Lorfqu'il y a plufieurs chefs de demande portés par l'affignation, & que le demandeur gagne les uns & perd les autres, il faut ou compenfer les Dépens fi le demandeur perd autant de chefs qu'il en gagne, & que ces chefs n'aient pas occafionné plus de Dépens que les autres, ou condamner la partie qui perd le plus de chefs, à une certaine portion de Dépens.

Dans le cas où il y a des demandes ou des appellations refpectives de la part des deux parties, & où chacune de ces parties obtient gain de caufe fur fon appel ou fur fa demande, il faut auffi fuivre la même règle, compenfer les Dépens, s'il y a autant de frais faits pour une demande ou pour une des appellations, que pour l'autre, ou bien condamner à une partie des Dépens, même de la caufe d'appel, s'il y a eu moins de frais faits pour l'une de ces demandes que pour l'autre.

Quand les Dépens sont compensés, la partie qui a avancé les frais d'un arrêt ou jugement interlocutoire, ou d'un procès verbal de visite, de rapport ou de descente sur les lieux contentieux, ou les épices, vacations & coût du jugement définitif, n'en peut rien répéter contre l'autre partie, si cela n'est porté expressément par l'arrêt ou le jugement qui compense les Dépens ; elle ne peut pareillement répéter ses frais de voyage.

- La partie qui se désiste du procès doit aussi les Dépens jusqu'au jour du désistement, & non au-delà, ainsi que celui qui fait des offres conformes à la demande de ses parties adverses, ou du moins qui sont suffisantes.

· Après le jugement définitif d'une affaire, le procureur de celui qui a obtenu contre sa partie adverse une condamnation de Dépens, en poursuit la taxe ; pour cet effet, il signifie, selon les dispositions de l'article 5 du titre cité, au procureur du défendeur en taxe, la déclaration de ces Dépens, & la sentence ou l'arrêt qui les adjuge.

Le défendeur en taxe ou son procureur, doit dans les délais fixés par le même article de l'ordonnance, prendre communication des pièces justificatives de la déclaration de Dépens au domicile du procureur du demandeur en taxe sans déplacer, & huitaine après faire ses offres à ce procureur, de la somme à laquelle il croit que les Dépens adjugés contre lui doivent se monter légitimement ; & en cas d'acceptation des offres, il doit être délivré exécutoire.

L'article suivant veut que si nonobstant les offres, le demandeur fait procéder à la taxe, & que par le calcul les Dépens ne se trouvent point excéder les offres faites par le défendeur, les frais de la taxe soient supportés par le demandeur, & ne puissent être compris dans l'exécutoire.

Les procureurs ne doivent pas en dressant la déclaration de Dépens, composer plusieurs articles d'une seule pièce, ils sont obligés de la comprendre en entier dans un seul & même article, tant pour l'avoir dressée que pour l'expédition, copie, signification & autres droits qui la concernent, à peine de radiation, & d'être déduit au procureur du demandeur autant de ses droits pour chaque article qui aura passé en taxe, qu'il s'en trouvera de rayés dans la déclaration.

Les procureurs ne peuvent employer qu'un seul droit de conseil pour toutes les demandes, tant principales qu'incidentes, & un autre droit de conseil dans le cas où les parties contre lesquelles ils occupent, formeroient quelque demande ; le tout à peine de vingt livres d'amende pour chaque contravention.

Les écritures qui sont du ministère des avocats, n'entrent point en taxe qu'elles ne soient signées par un avocat inscrit sur le tableau.

L'ordonnance ajoute que l'avocat sera tenu de mettre son reçu au bas des écritures ; mais les avocats au parlement de Paris se sont toujours maintenus dans le droit de n'en rien faire.

Pour faciliter la taxe des Dépens, l'article 15 du titre cité avoit annoncé qu'il seroit mis dans tous les greffes un tableau où seroient écrits tous les droits qui doivent passer en taxe ; mais cela n'a pas encore été exécuté. C'est pourquoi lorfqu'il s'agit de régler les droits qui appartiennent aux juges, avocats, commiffaires, notaires, procureurs, greffiers, huiffiers & fergens, il faut fuivre ce qui fe pratique en chaque juridiction, conformément aux tarifs qui y font dreffés, & aux réglemens émanés du confeil ou du parlement.

A l'égard des Dépens qui s'adjugent aux requêtes du palais & au parlement de Paris, on fuit le réglement fait par cette cour le 26 août 1665 (*).

_____

(*) Obfervez fur ce règlement, 1°. que la plupart des grands bailliages & autres fiéges ayant en conféquence de l'ordonnance de 1667 des tarifs & règlemens particuliers émanés du confeil, les taxes faites par le règlement dont il s'agit à l'égard des juridictions fubalternes, font devenues inutiles.

2°. Le règlement ayant été fait fur le pied du parifis, il faut faire attention d'augmenter d'un quart en fus les droits énoncés dans le tarif : ainfi un objet qui eft taxé par le règlement à 24 fous, doit être perçu fur le pied de trente fous; s'il eft taxé à quarante fous, il doit être perçu fur le pied de cinquante, & ainfi du refte.

3°. Il faut ajouter aux droits fpécifiés par le règlement, ceux de contrôle & de papier timbré qui n'ont lieu que depuis que cette loi a été publiée.

4°. Il y a dans ce règlement beaucoup d'articles à fupprimer à caufe des changemens que l'abrogation de divers anciens droits & l'établiffement de quelques nouveaux ont introduits dans la taxe des Dépens.

Ces confidérations font defirer un nouveau tarif des Dépens qui s'adjugent dans les tribunaux. Le parlement de Paris avoit déja fenti dès l'an 1689, la néceffité d'une pareille loi : c'eft pourquoi par arrêt rendu le fept décembre de cette année fur le requifitoire de M. l'avocat-général Talon, il ordonna qu'il feroit inceffament procédé à la confection

- Il en réfulte en général, que le droit de confultation eft différent fuivant la qualité des tribunaux. Aux requêtes de l'hôtel ou du palais, & aux autres juridictions de l'enclos du palais (*), il eft de trente fous indiftinctement. Au parlement on diftingue. Sur les demandes, interventions & autres premières demandes, même fur les demandes réglées & requêtes d'emplois pour avertiffement, écritures & productions, il eft de trois livres; fur les appellations verbales, de quatre livres dix fous; & en procès par écrit, de fix livres.

Le droit de confeil eft toujours de quinze fous foit aux requêtes, foit au parlement: il a lieu fur les défenfes de la partie adverfe, fur oppofitions, fur écritures d'avocats, fur pièces communiquées, fur actes de reprifes, fur requêtes en jugeant.

Le droit de préfentation diffère auffi fuivant les juridictions. Aux requêtes, il eft de deux fous

---

d'un nouveau tarif des Dépens, & que pour cet effet, les greffiers, procureurs & huiffiers tant de la cour que des juridictions qui y reffortiffoient, feroient tenus de remettre dans un mois entre les mains du procureur-général les mémoires des droits qu'ils prétendroient devoir leur être adjugés, ainfi que les pièces juftificatives de l'établiffement de ces droits, & que dans trois mois les officiers de tous les fiéges du reffort enverroient au procureur-général les tarifs des Dépens faits dans ces fiéges depuis l'ordonnance de 1667 : mais cet utile projet refte encore à exécuter.

(*) Remarquez que dans les juridictions de l'enclos du palais, on taxe lés Dépens comme aux requêtes du palais, excepté dans la juridiction des eaux & forêts & à la connétablie, où les Dépens fe taxent comme au parlement lorfqu'il s'agit d'appellations ou d'affaires jugées en dernier reffort.

fix deniers pour le demandeur , & de fept fous
fix deniers pour le défendeur. Au parlement , il
eft de trente-deux fous fur une demande ; de
trois livres quatre fous , foit en appel verbal ,
foit en procès·par écrit ; & fi dans le cours de
l'inftruction du procès par écrit il eft formé quelques demandes incidentes , on taxe fur chacune
de ces demandes demi-droit de préfentation &
demi droit de confultation ; c'eft-à-dire pour la
préfentation, trente-deux fous ; & pour la confultation, trois livres trois fous.

Comme le procureur eft cenfé ne pouvoir fe
conftituer fans procuration , elle eft préfumée de
droit & paffe en taxe par·tout pour onze fous :
elle entre en taxe fur toutes les demandes qui
requièrent un nouveau pouvoir.

Le droit de journée fe taxe aux requêtes , à
raifon de deux fous fix deniers ; & au parlement,
fur le pied de fix fous trois deniers. La journée
eft due au procureur fur tous les jugemens contradictoires ou par défauts , fur les actes de reprifes , d'oppofition & autres qui exigent le
tranfport de procureur au greffe , comme produits , extraits des facs, &c. , de même que
pour la confignation d'amende & publication du
rôle.

Les plaidoiries d'avocats font de fix livres pour
les jugemens contradictoires, & de trois livres
fur les défauts, indépendamment des quinze fous
pour le droit du clerc de l'avocat. Celles des
procureurs font , aux requêtes du palais , de
trente-deux fous lorfqu'elles font contradictoires,
& de quinze fous lorfqu'elles font par défaut ;
au parlement, on accorde trente-deux fous au
procureur fur un défaut, & trois livres fur arrêt
contradictoire.

Les écritures d'avocats font taxées à raifon de quarante fous par rôle ; favoir, pour le droit de l'avocat, vingt fous par rôle ; dix fous, pour le droit de révifion du procureur, & dix fous, tant pour la groffe que pour la copie, papier & fignification. S'il en faut plus d'une copie, les autres copies fe taxent à raifon de deux fous fix deniers par rôle de groffe.

Les écritures de procureurs, comme requêtes, défenfes, répliques & autres qui fe mettent en groffe fur grand papier, fe raxent fur le pied de vingt fous du rôle pour la groffe & la copie. On compte à part le papier & la fignification. S'il y a plus d'une copie, les autres fe comptent à raifon de deux fous par rôle de groffe. A l'égard des inventaires de production, lorfqu'ils ne fe fignifient pas, chaque rôle de groffe n'entre en taxe qu'à raifon de dix fous, n'y ayant ni copie ni fignification.

Les actes qui fe mettent fur demi-feuille, (comme qualités, appointemens offerts, défenfes fans explication de moyens), fe taxent feize fous tout compris, original, copie, fignification & papier ; ils ne fe taxoient que quinze fous avant l'augmentation du papier.

Les petits actes fur quarré (comme à venir, fommations, actes de reproduit ou d'occuper & autres) ne paffoient autrefois en taxe que pour cinq fous aux requêtes, & huit fous au parlement ; mais depuis l'augmentation du prix du papier marqué, on les emploie maintenant dans les déclarations de Dépens, à raifon de fix fous aux requêtes, & de neuf fous au parlement, pareillement tout compris.

Les groffes en parchemin, des fentences & arrêts fe payent ; favoir, chaque rôle de groffe de fentence aux requêtes, vingt fous pat rôle, fans fignature ni contrôle. La fignature (quand elle a lieu) eft encore un droit de vingt fous par rôle pour le greffier en chef. Le fceau fe paye fuivant le reçu, ainfi que le contrôle. Au parlement, le rôle de groffe d'arrêt eft de trois livres, non compris le fceau. Obfervez qu'au parlement tous les arrêts font fignés, au lieu qu'aux requêtes on délivre ordinairement les fentences par collation feulement, & on ne les fait figner par le greffier en chef, que lorfqu'on a befoin de les faire fceller.

Le droit de copie pour les fentences & autres actes émanés du greffe, eft de deux fous par rôle de groffe aux requêtes, & de trois fous au parlement. Les copies des pièces qui fe fignifient dens le cours d'une conteftation, fe payent eu égard à leur longueur & quantité. Quand ces copies contiennent plufieurs rôles de minute, on les taxe ordinairement à raifon de vingt fous par rôle de minute de copie.

Le droit de fignification de procureur à procureur eft d'un fou fix deniers aux requêtes, & de trois fous au parlement. Il fe multiplie relativement au nombre des procureurs à qui la fignification eft faite. Quand la fignification eft à l'extraordinaire, autrement dite à domicile, elle eft de cinq fous fix deniers aux requêtes, & de onze fous au parlement pour chaque fignification.

. Le droit de produit eft de cinq fous fix deniers aux requêtes indiftinctement ; mais au parlement, il eft de neuf fous, fur avertiffement & caufes d'appel, fur demande réglée & fur requête d'emploi pour avertiffement, écritures & prod ictions; il n'eft que de trois fous fur griefs, & requêtes de contredits.

Le droit de communication eft de trois livres aux requêtes; au parlement il eft de fept livres pour la communication de toute l'inftance, & de quatre livres pour une production nouvelle ou autre production particulière.

Les vacations de petits commiffaires font de vingt-huit livres chacune : celles de grands com-miffaires font du double, c'eft-à-dire de cin-quante-fix livres.

Le droit de déclaration de Dépens eft de deux fous par article; & celui d'affiftance eft de huit deniers par article pour chacun des pro-cureurs.

Le titre 16 de la feconde partie du réglement du confeil du 28 juin 1738, eft la loi qu'on obferve au fujet des Dépens faits dans ce tribu-nal (*). Le légiflateur y a déterminé la manière

_____

(*) *Voici les difpofitions de ce titre* :

. A R T I C L E   P R E M I E R.

La partie qui fuccombera dans fa demande, fera con-damnée aux Dépens, & s'il y échet, aux dommages & in-térêts des parties qui en auront demandé, même en cas de conteftation téméraire, en telle amende qu'il appartiendra envers fa majefté & envers la partie, laquelle amende pourra être prononcée d'office quand les parties n'y auroient pas conclu.

. II. Les Dépens qui feront adjugés par les arrêts rendus par défaut ou par forclufion, & les frais & coûts des arrêts fur requête, loifque la condamnation en aura été prononcée, feront liquidés par lefdits arrêts & ce fur un fimple mémoire des frais faits par la partie qui obtiendra lefdits

de

de procéder à la taxe des Dépens, & celle de se pourvoir contre cette taxe.

___

arrêts, lequel sera signé de son avocat & remis au sieur rapporteur avant son rapport.

III. Lorsque l'instance aura été jugée contradictoirement & qu'une des parties aura été condamnée aux Dépens, ils seront taxés en la forme ci-après réglée, si ce n'est que le conseil eût jugé à propos de les liquider en statuant sur ladite instance.

IV. L'avocat qui voudra faire procéder à ladite taxe sera tenu de dresser une déclaration ou mémoire qui contiendra par articles séparés tous les frais & Dépens faits par sa partie, pour l'instruction & le jugement de l'instance y compris ceux de la taxe desdits Dépens.

V. Lesdites déclarations de Dépens seront écrites en demi-grosse seulement, & chaque rôle contiendra cinquante lignes & chaque ligne douze syllabes.

VI. Les qualités, le narré du fait & l'arrêté de la déclaration n'entreront en taxe que pour quatre rôles, & pour trois articles seulement, & chaque rôle du surplus de ladite déclaration, contiendra au moins quatre articles.

VII. Il ne pourra être mis dans lesdites déclarations de Dépens, aucun article pour les expéditions qui n'auront point été levées pour droits non-payés, si ce n'est que le demandeur en taxe en fût exempt par privilége, ni pour plus grandes sommes que celles qui auront été déboursées, & ne sera pris aucun droit pour articles rayés ou tirés à néant, lesquels ne pourront faire nombre dans le calcul.

VIII. Il ne pourra être fait dans lesdites déclarations de Dépens, plusieurs articles d'une seule pièce ou d'une seule expédition du greffe ou du sceau ; mais seront compris en un seul & même article tous les droits sans exception, qui peuvent concerner ladite pièce ou ladite expédition, sinon lesdits articles seront rayés, & il sera déduit à l'avocat du demandeur, autant de ses droits pour chaque article qui aura passé en taxe, qu'il s'en trouvera de rayés concernant la même pièce ou la même expédition du greffe ou du sceau.

IX. Il sera fait un article séparé pour tout le papier timbré qui aura été employé, tant en la production du deman-

Un réglement particulier du même jour 28

deur en taxe, qu'en la déclaration de Dépens ; & pour la
signification de l'arrêt & de la commission.

X. La déclaration de Dépens sera signifiée à l'avocat de la
partie qui y aura été condamnée, & ne pourra ladite signification être réputée valable, si l'arrêt qui a adjugé les Dépens n'a été signifié préalablement ou en même temps audit
avocat, lequel sera tenu d'occuper sur ladite taxe.

XI. Ledit avocat pourra prendre communication par
les mains de l'avocat du demandeur en taxe & sans déplacer
des pièces justificatives des articles dont la déclaration de
Dépens sera composée, & ce dans huitaine pour tout délai,
à compter du jour de la signification de ladite déclaration,
sans qu'il soit fait aucune sommation à ce sujet, sinon il ne
sera plus reçu à demander ladite communication.

XII. Trois jours après ladite communication, il lui sera
permis de faire signifier audit avocat par un huissier du conseil des offres de la somme qu'il voudra payer pour lesdits
Dépens, avec protestation de n'être tenu des frais qui seroient faits au préjudice desdites offres.

XIII. En cas que lesdites offres soient acceptées & que la
somme offerte n'ait pas été payée, il sera sur le vu de l'acte
d'offres & d'acceptation d'icelles, délivré par le greffier du
conseil exécutoire de la somme y contenue en la forme
ordinaire, sans autre procédure ni formalité, & sans qu'il puisse
être fait audit cas aucune taxe des Dépens.

XIV. En cas qu'il n'y ait point d'offres dans le délai, ou
que l'avocat du demandeur en taxe ne les ait pas acceptées
trois jours après qu'elles auront été signifiées, celui qui voudra
faire taxer les Dépens obtiendra du sieur rapporteur de l'instance ou de celui des sieurs maîtres des requêtes qui en son absence ou légitime empêchement aura été commis par M. le
Chancelier, une ordonnance pour faire assigner l'autre avocat, à l'effet de se rendre chez ledit sieur rapporteur aux
jour & heure qui y seront indiqués, pour être lesdits dépens
par lui taxés, ainsi qu'il appartiendra.

XV. Aux jour & heure marqués par ladite ordonnance,
il sera, soit en la présence ou en l'absence de l'avocat assigné,
procédé définitivement à la taxe desdits Dépens ; à l'effet

juin 1738, a ordonné ce qui doit être observé

de quoi le sieur rapporteur mettra ses arrêtés à côté de chaque article de la déclaration de Dépens, & le calcul sera par
lui fait & signé à la fin de ladite déclaration avec son ordonnance, portant qu'il sera délivré exécutoire de la somme
contenue audit calcul.

XVI. La déclaration de Dépens ainsi réglée & signée du
sieur rapporteur sera remise au greffier du conseil, à l'effet
d'être par lui expédiée & délivrée sur le champ, & sans autre
procédure ni formalité, un exécutoire desdits Dépens en la
forme ordinaire.

XVII. Dans les cas où il aura été fait des offres par le
défendeur à la taxe des Dépens, & où elles n'auront pas
été acceptées par le demandeur; si les Dépens taxés, non-
compris les frais de la taxe, n'excèdent pas lesdites offres,
les frais de ladite taxe seront à la charge du demandeur seul,
& ne pourront être compris dans l'exécutoire.

XVIII. L'avocat qui voudra obtenir la distraction des
Dépens adjugés à sa partie sera tenu de le déclarer à l'avocat
de l'autre partie par un acte qui lui sera signifié en même
temps que la déclaration de Dépens, auquel cas en remettant au sieur maître des requêtes qui en fera la taxe, ledit
acte dûment signifié, ils pourront être taxés à son profit,
& l'exécutoire délivré en son nom; sinon & faute de faire
faire ladite signification dans le temps ci dessus marqué, il
ne sera plus reçu à demander ladite distraction de Dépens.

XIX. Lorsque la partie condamnée aux Dépens ou son
avocat seront décédés, & que le décès de ladite partie aura
été dénoncé avant la taxe d'iceux, celui qui voudra y faire
procéder sera tenu de prendre une commission ou un arrêt
pour faire assigner au conseil ladite partie ou ses héritiers,
à l'effet de constituer avocat pour voir procéder à ladite taxe.

XX. Si la partie ainsi assignée constitue avocat, il sera
procédé à ladite taxe en la forme ci dessus prescrite, sinon
huitaine après l'expiration des délais de l'assignation, il sera
sur la réquisition de l'avocat du demandeur, passé outre à
la taxe des Dépens sur le simple certificat qui aura été délivré par le greffier du conseil, portant qu'il ne s'est présenté

aucun avocat sur ladite assignation, sans autre procédure ni formalité.

XXI. En cas de décès ou d'absence, ou autre empêche-ment légitime du sieur rapporteur de l'instance jugée, il ne pourra être procédé à la taxe des dépens, que par celui des sieurs maîtres des requêtes qui lui aura été subrogé en la maniere accoutumée.

XXII. La liquidation des Dépens sera faite conformé-ment & sur le pied réglé par le tarif suivant, savoir:

Pour le vin de messager, dans toutes les instances sans exception, lorsque le délai pour se présenter au conseil sera de quinzaine, cinq livres.

Lorsqu'il sera d'un mois ou plus, dix livres.

Lorsqu'il sera de deux mois ou plus, quinze livres.

Pour les lettres du sceau introductives d'instance, de quelque nature qu'elles soient, non-compris les droits du sceau, sept livres dix sous.

Pour l'exploit d'assignation à domicile ou pour la signi-fication à domicile d'un arrêt introductif d'instance, sauf à augmenter ledit droit de vingt sous par lieues, quand l'huis-sier aura été obligé de se transporter hors du lieu de sa ré-sidence, une livre dix sous.

Pour le droit de consultation dans les affaires jugées par arrêt sur requête, cinq livres.

Pour ledit droit dans toutes les autres affaires sans excep-tion, dix livres.

Pour le droit de présentation, six livres.

Pour l'acte de présentation, non compris le droit du greffe pour l'enregistrement dudit acte, quinze sous.

Pour une cédule de défaut, non compris le droit de l'ex-pédition du greffe, une livre dix sous.

Pour une requête pour faire commettre, ou subroger un rapporteur ou des commissaires, non compris le droit d'en-registrement de ladite requête au greffe, une livre dix sous.

Pour la copie de ladite requête, sept sous six deniers.

Pour toutes les requêtes présentées au conseil, sans diftinction, même pour les requêtes en vu d'arrêt par chaque rôle, deux livres.

Pour le mis au net de chaque rôle des requêtes au conseil, dix sous.

Pour la copie desdites requêtes par chaque rôle, cinq sous.

Pour les mémoires imprimés, y compris les frais de l'impression par chaque feuille, trente-six livres.

Pour la comparution d'un avocat à un procès-verbal d'interrogatoire, d'enquête, de collation de pieces & autres qui peuvent être faits dans le cours d'une instance, trois livres.

Pour le clerc du sieur rapporteur, lorsque ledit procès-verbal n'excédera pas six rôles, trois livres.

Et lorsqu'il excédera six rôles, par chaque rôle, dix sous.

Pour les copies dudit procès-verbal, le quart desdits droits de l'expédition d'icelui seulement.

Pour la copie d'un arrêt signifié aux avocats dans l'instance, par chaque rôle de l'expédition dudit arrêt, dix sous.

Pour ladite copie quand l'arrêt a été signifié à domicile par chaque rôle de l'expédition, deux sous six deniers.

Pour chaque acte de sommation, protestation ou autres signifiés pendant le cours d'une instance, pour l'avocat, quinze sous.

Pour chaque signification de requête ou d'arrêt, pendant le cours d'une instance, une livre.

Pour chaque signification des autres actes, dix sous.

Pour la communication de production ou d'une instance, trois livres.

Pour le retrait du greffe des productions de l'instance après le jugement d'icelle, trois livres.

Pour les droits du clerc du sieur rapporteur, savoir:

Pour l'entrée des productions de chaque partie, trois livres.

Pour chaque communication desdites productions ou de l'instance, trois livres.

Pour le vu d'un arrêt sur requête ou par défaut, trois livres.

Pour le vu d'un arrêt par forclusion, six livres.

Pour le vu d'un arrêt contradictoire, douze livres.

Pour la remise au greffe des productions de chaque partie après le jugement de l'instruction, trois livres.

Pour la déclaration de Dépens au clerc de l'avocat, pour chaque rôle, dix sous.

Pour la copie de ladite déclaration par chaque rôle, cinq sous.

Pour chaque article passé, les articles accolés n'étant comptés que pour un seul article, à l'avocat au conseil, pour les avoir dressés, cinq sous.

Pour la vacation du sieur rapporteur, ce qu'il lui plaira taxer, selon la qualité de l'affaire.

Pour le droit d'assistance des avocats, les deux tiers de la vacation dudit sieur rapporteur.

En cas qu'il y ait plusieurs parties condamnées aux Dépens, il ne sera taxé de droit d'assistance à chaque avocat, que pour les articles qui concerneront sa partie en particulier.

Pour le droit d'assistance & de calcul au clerc du sieur rapporteur par chacun desdits articles passés en taxe, deux sous six deniers.

Pour l'exécutoire, ce qui sera payé pour les droits du greffe & du sceau.

Pour le premier commandement, une livre dix sous.

Sauf à augmenter ledit droit de vingt sous par lieue, quand il sera nécessaire de faire transporter un huissier hors du lieu de sa résidence.

XXIII. Si pendant le cours d'une instance il survient quelque nouvelle demande introduite par lettres ou arrêts, il pourra être taxé un second vin de messager pareil au premier, sans qu'il puisse en être taxé plus de deux dans une même instance.

XXIV. Les requêtes en vu d'arrêt seront taxées eu égard au nombre des rôles de l'expédition des arrêts intervenus sur icelles.

XXV. Il ne sera taxé en une même instance qu'un seul droit de présentation au profit du même avocat, & n'en sera dû aucun pour les affaires jugées par arrêt sur requête.

XXVI. Il ne pourra être taxé deux différens droits pour

une même fignification, encore qu'elle contienne fommation ou proteftation.

XXVII Les dioits du greffe feront taxés fuivant le tarif
qui fera arrêté par fa majefté, de l'avis des fieurs commiffaires à ce députés par arrêt de ce jour, & en attendant la
publication dudit tarif, fuivant ce qui a été obfervé jufques
ici pour la taxe defdits droits, & ce par forme de provifion
feulement.

XXVIII. Les droits du fceau feront pareillement taxés
fuivant les tarifs qui ont été ci-devant autorifes, ou qui le
feront dans la fuite par fa majefté.

XXIX. Les avocats au confeil ne pourront employer
dans les déclarations de Dépens, ni dans les mémoires de
frais, les voyages qu'ils auront faits pour leurs parties à la
fuite du confeil, & s'ils y étoient employés, ils feront rayés.

XXX. Les frais qui auront été faits pour des procédures contraires au préfent règlement, ne pourront être employés dans les déclarations de Dépens, fi ce n'eft de la
part dé celui qui aura fait déclarer lefdites procédures nulles,
& les avocats qui les auront faites ne pourront en aucun cas
en répéter les frais, même contre leurs parties, à peine de
reftitution du double des fommes qu'ils en auront exigées;
& en cas de contravention, lefdites parties pourront en porter leurs plaintes aux doyen & fyndics defdits avocats,
même fe retirer pardevers M. le Chancelier pour y être
pourvu ainfi qu'il appartiendra.

XXXI. Et à l'égard des procédures qui feront conformes au préfent règlement, défenfes très-expreffes font faites
auxdits avocats d'exiger de leurs parties d'autres ni plus
grands droits que ceux qui font réglés par le tarif ci-deffus,
ni plus grandes fommes que celles qui feront portées par les
arrêts pour les frais & Dépens qui y auront été liquidés, ou
celles qui auront été taxées par le fieur rapporteur, le tout
fous telles peines qu'il appartiendra, fuivant l'exigence
des cas.

XXXII. Toute action en payement de frais, honoraires
& débourfés faits par les avocats au confeil, demeurera
prefcrite par le temps & efpace de cinq années, à comp-

G iv

ter du jour de la révocation desdits avocats, ou du décès de la partie, ou du jour du jugement de l'inftance.

XXXIII. Les clercs des fieurs rapporteurs ne pourront exiger d'autres ni plus grands droits que ceux qui font compris dans le tarif ci-deffus, à peine de reftitution du quadruple ou autres qu'il appartiendra.

XXXIV. La taxe des Dépens, foit qu'elle ait été faite contradictoirement, ou que l'avocat du défendeur n'y ait pas affifté, ne pourra être attaquée par oppofition ni par appel, & fera feulement permis à la partie qui prétendra avoir été léfée par ladite taxe d'en demander la revifion; à l'effet de quoi elle pourra préfenter fa requête au confeil, tendante à ce qu'il plaife à fa majefté commettre tel des fieurs maîtres des requêtes qu'il lui plaira pour examiner ladite taxe & la réformer s'il y échet.

XXXV. Les articles dont la réformation fera demandée, & les moyens fur lefquels elle fera fondée, feront énoncés fommairement dans ladite requête, laquelle fera fignée d'un avocat au confeil, & la fignification qui en fera faite contiendra élection de domicile en la perfonne dudit avocat, le tout à peine de nullité.

XXXVI. Le demandeur en revifion de taxe remettra fa requête à l'un des fieurs maître des requêtes pour être à fon rapport rendu arrêt qui commettra tel nombre des fieurs maîtres des requêtes étant en quartier aux requêtes de l'hôtel qu'il fera jugé à propos, felon la nature de l'affaire, à l'effet de revoir ladite taxe, & de ftatuer définitivement & en dernier reffort, comme commiffaires de confeil fur la demande en réformation d'icelle.

XXXVII. Ledit arrêt fera obtenu & fignifié dans trois mois au plus tard, à compter du jour de la fignification de l'exécutoire de Dépens, finon la demande en revifion de taxe ne pourra être reçue, fous quelque prétexte que ce puiffe être.

XXXVIII. La fignification dudit arrêt fera faite à l'avocat qui aura occupé dans l'inftance pour la partie qui aura fait taxer les Dépens, lequel fera tenu pareillement d'occuper fur la revifion, fans qu'il ait befoin de nouveau pouvoir.

XXXIX. En cas que ledit avocat foit décédé lors de

l'obtention dudit arrêt, il fera fignifié à la partie même, à fon domicile, avec fommation de conftituer un nouvel avocat dans les délais prefcrits au titre premier de la feconde partie du préfent règlement; & faute d'y fatisfaire dans lefdits délais, il fera ftatué fur la demande en révifion de taxe, en la forme ci-après prefcrite, & le jugement qui interviendra ne pourra être attaqué par aucune autre voie que celle de la demande en caffation.

XL. Il ne pourra être accordé par ledit arrêt, aucune furféance à l'exécutoire de Dépens, fous prétexte de la demande en révifion, qu'à la charge de configner par le demandeur, la moitié au moins des fommes auxquelles monteront les articles conteftés, & fauf au défendeur à ladite révifion à continuer fes pourfuites ainfi qu'il avifera bon être, pour raifon des articles non-conteftés.

XLI. L'avocat qui voudra pourfuivre le jugement de ladite demande fera tenu de retirer du greffe la déclaration de Dépens, & de la remettre entre les mains des fieurs commiffaires nommés pour ftatuer fur ladite révifion de taxe.

XLII. L'avocat du défendeur à ladite révifion fera tenu de remettre audit fieur commiffaire les pièces juftificatives des articles conteftés, auxquelles il pourra joindre une feule requête qui n'entrera en taxe que pour dix rôles.

XLIII. Ladite requête fera répondue par ledit fieur commiffaire, & fignifiée à l'avocat du demandeur dans quinzaine pour tout délai, à compter du jour de la fignification de l'arrêt mentionné dans l'article 36 ci-deffus, ou du jour que l'avocat dudit défendeur fe fera conftitué dans le cas de l'article 39 fans qu'il puiffe être fait aucune autre requête ou procédure au fujet de ladite demande, à peine de nullité.

XLIV. L'avocat qui voudra pourfuivre le jugement de ladite révifion prendra une ordonnance dudit fieur commiffaire, pour faire affigner l'avocat de l'autre partie, à l'effet de fe rendre aux requêtes de l'hôtel devant lefdits fieurs commiffaires aux jour & heure qui auront été indiqués par ladite ordonnance pour y déduire fommairement fes moyens.

XLV. Faute par l'avocat du défendeur de fatisfaire à ce

voyées devant des commiffaires du confeil (*).

qui eft porté par les articles 41, 42 & 43 ci-deffus, ou faute par l'un des avocats des parties de fe rendre à l'affemblée des fieurs commiffaires aux jour & heure qui leur auront été indiqués, il fera ftatué définitivement par lefdits fieurs commiffaires fur la demande en révifion de taxe, fur ce qui leur aura été remis, fans qu'il puiffe être accordé aucun délai au défaillant; & leur jugement ne pourra être attaqué par aucune autre voie que celle de la demande en caffation.

XLVI. Ledit jugement contiendra la liquidation des Dépens faits au fujet de la conteftation, & le demandeur qui fuccombera dans tous les articles dont il aura demandé la révifion, fera condamné en cent livres d'amende, moitié envers fa majefté, & moitié envers la partie, même s'il y échet en tels dommages & intérêts qu'il appartiendra envers ladite partie.

(*) *Voici les articles de ce règlement qui concernent les Dépens.*

Article X. Les Dépens faits dans les inftances jugées par lefdits fieurs commiffaires feront liquidés par les jugemens qui les adjugeront, & ce en la forme prefcrite par l'article 11 du titre 16 de la feconde partie du règlement général, & conformément au tarif porté par l'article 21 dudit titre, à l'exception feulement de ce qui fera dit ci-après.

XI. Il ne fera employé dans ladite liquidation aucun droit de vin de meffager, ni de préfentation, ni aucuns frais de voyage, féjour ou retour, & les écritures feront réduites au nombre de rôles qui fera réputé fuffifant pour l'inftruction de l'inftance.

XII. Lorfqu'il fera néceffaire de procéder à un ordre ou à une diftribution de deniers entre des créanciers, les frais de l'avocat plus ancien feront liquidés par le jugement d'ordre ou de diftribution; & à l'égard des frais de pourfuite, l'avocat du pourfuivant fera tenu de remettre au fieur rapporteur après ledit jugement un mémoire defdits frais, figné de lui, & de faire en même temps une fommation par un fimple acte à l'avocat plus ancien & à celui du débiteur de prendre communication dudit mémoire fans déplacer & de fournir leurs observations sur icelui audit sieur rapporteur dans trois jours pour tout délai, après quoi lesdits frais seront liquidés par jugement des sieurs commissaires à la minute duquel lesdits mémoires & observations demeureront annexés, le tout sans autre procédure, & ne pourra ledit jugement être attaqué autrement que par la voie de la demande en cassation.

XIII. Lorsqu'il y aura lieu de subroger à la poursuite, les frais du poursuivant seront liquidés s'il se peut par le jugement même qui ordonnera la subrogation, sinon par un jugement subséquent, à l'égard duquel les dispositions de l'article précédent seront observées.

XIV. Il ne sera accordé par ladite liquidation qu'un seul droit de consultation en faveur de l'avocat du poursuivant, pour raison de l'instance d'ordre ou de distribution, & il ne pourra y être alloué aucunes autres significations du jugement d'ordre ou de distribution que celles qui auront été faites à l'avocat du débiteur, à l'avocat plus ancien & au séquestre, comme aussi à l'avocat des syndic & directeurs des créanciers, en cas qu'il y en ait, & qu'ils n'aient pas eu la poursuite, & sera tenu l'avocat dudit poursuivant, de remettre à chaque créancier à sa première réquisition une copie imprimée dudit jugement, signée dudit avocat, le tout sans signification & sans autres frais que ceux de l'impression qui lui seront alloués sur la quittance de l'imprimeur, & faute d'y satisfaire, le poursuivant pourra être contraint à la requête desdits créanciers de leur délivrer une expédition en forme dudit jugement dont il ne pourra répéter les frais.

XV. Il ne sera adjugé aucun droit aux notaires pour le simple dépôt d'argent qui aura été fait entre leurs mains, de l'autorité des sieurs commissaires ; & à l'égard des autres séquestres établis par arrêt du conseil, ou par jugement desdits sieurs commissaires, il ne leur sera passé que deux deniers pour livre des sommes qui leur auront été remises, & ce de quelque qualité qu'ils puissent être, sauf au cas qu'ils aient été chargés de la garde & conservation des titres & papiers, à leur être accordé telle somme modique qui sera réglée par lesdits sieurs commissaires suivant les circonstances.

la déclaration des Dépens, ou qu'elles n'ont pas été acceptées dans le délai fixé par l'ordonnance, la déclaration doit être remise entre les mains d'un procureur tiers, avec les pièces justificatives.

Le procureur tiers marque de sa main au bas de la déclaration, le jour qu'elle lui a été remise avec les pièces.

On signifie le tout au défendeur en taxe ; & après deux sommations qu'on lui fait de se trouver dans l'étude du procureur tiers, celui-ci arrête les Dépens, tant en présence qu'absence, & met ses arrêtés sur la déclaration.

Quand elle contient deux cens articles & au-dessus, le procureur tiers doit la régler dans la huitaine ; ou si elle est plus considérable, dans la quinzaine.

On paye un droit de contrôle pour chaque article de la déclaration de Dépens.

Le procureur du défendeur ne peut prendre aucun droit d'assistance, s'il n'a écrit de sa main sur la déclaration les diminutions, à peine de faux & d'interdiction.

S'il y a plusieurs procureurs pour les défendeurs en taxe, chacun ne peut prendre d'assistance que pour les articles qui le concernent ; & à l'égard des frais auxquels les parties ont un intérêt commun, le procureur plus ancien doit avoir seul un droit d'assistance : les autres peuvent néanmoins assister, mais sans prendre aucun droit.

Quand la déclaration est arrêtée par le tiers, on somme le procureur du défendeur en taxe de signer les arrêtés ; & faute par lui de le faire, le calcul est signé par le commissaire.

Le procureur tiers met fur chaque pièce qui est allouée, taxé & paraphe.

Les commiffaires fignent le calcul fans prendre aucun droit : leur clerc a feulement le droit de calcul, lorfqu'il eft fait & écrit de fa main.

S'il n'y a point d'appel de la taxe, le demandeur obtient un exécutoire conforme, où il comprend les frais faits pour y parvenir & la fignification de l'exécutoire.

Lorfque le défendeur appelle de la taxe, fon procureur doit croifer dans trois jours fur la déclaration, les articles dont il eft appelant ; & faute de le faire fur la première requête, il doit être déclaré non-recevable en fon appel.

Après que l'appelant a croifé les articles dont il fe plaint, l'intimé peut fe faire délivrer exécutoire des articles dont il n'y a point d'appel.

S'il n'y a que deux articles croifés, l'appel doit être porté à l'audience ; s'il y a plus de deux croix, on prend l'appointement au greffe.

L'appelant doit être condamné à autant d'amendes qu'il y a d'articles croifés dans lefquels il fuccombe, à moins que ces différens articles ne foient croifés par un moyen général.

Dans les bailliages, fénéchauffées & préfidiaux, les Dépens adjugés, foit à l'audience, foit fur procès par écrit, doivent être taxés comme il vient d'être dit, par les juges ou par les commiffaires examieateurs des Dépens dans les lieux où il y en a de créés à cet effet.

Mais dans les juftices fubalternes, foit royales ou feigneuriales, les Dépens adjugés, foit à l'audience ou fur procès par écrit, doivent être liquidés par la fentence même qui les adjuge, fans aucune déclaration de Dépens.

Lorsque la cour a confirmé une sentence dont étoit appel & qui portoit condamnation de Dépens, on ne doit point retourner au premier tribunal pour la taxe des Dépens adjugés par la sentence. Les Dépens des causes tant principales que d'appel, doivent se taxer en la cour sur une seule & même déclaration, ainsi qu'il a été formellement décidé par arrêt du 27 août 1735 qui a déclaré nulle toute la procédure faite au bailliage de Gien pour parvenir à la taxe des Dépens dont étoit question, & a ordonné que cette taxe seroit faite en la cour avec celle des Dépens de la cause d'appel.

Les procureurs au parlement ont d'ailleurs le privilége de demander la dixtraction à leur profit de leurs frais faisant partie des Dépens adjugés à leurs parties, pour en obtenir exécutoire en leurs noms contre les parties condamnées, nonobstant toutes conventions faites au contraire entre les parties, transports, saisies-arrêts & empêchement. C'est ce qu'ont jugé trois arrêts rendus, l'un au profit de Me. Tronchet le 27 mars 1727, l'autre en faveur de Me. Granget le 28 avril 1736, & le troisième pour Me. Mantel, le 21 août 1743.

Le droit de copie d'un jugement appartient au procureur qui occupoit lorsque le jugement est intervenu, quand bien même il auroit été révoqué avant la levée de l'arrêt. C'est ce qui a été jugé en faveur de Me. Louzeau procureur au parlement, par arrêt du 17 juillet 1734.

Il y a plus : comme ce droit de copie est très considérable, sur-tout pour les arrêts & sentences d'ordre, la jurisprudence le conserve au procureur poursuivant qui a instruit l'ordre, comme étant une récompense de son travail, quand bien même il auroit été révoqué avant le jugement de l'ordre. C'est l'espèce d'un arrêt rendu au profit de M^e. Hennequin, procureur, le 15 juillet 1748.

Les Dépens sont personnels en général, & non solidaires entre ceux qui y sont condamnés, si ce n'est en matière criminelle.

La division des Dépens en matière civile se fait par têtes, & non pas à proportion de l'intérêt que chacun avoit de contester.

Cette règle a fait naître la contestation suivante : Louise Buisson, séparée de biens d'avec le sieur Huart son mari, ayant fait assigner le sieur Pruseau relativement à une métairie dont elle avoit la propriété, l'assignation fut donnée tant à sa requête qu'à celle de son mari, & toute la procédure fut faite au nom de l'un & de l'autre. L'arrêt qui intervint sur la contestation condamna Huart & sa femme au quart des Dépens. Huart étant mort insolvable, Pruseau répeta à Louise Buisson la totalité du quart des Dépens prononcés contre elle & contre son mari : il se fondoit sur ce que Huart avoit été sans intérêt dans l'affaire qui n'avoit eu lieu que par rapport au bien de sa femme. Celle-ci prétendit que le quart des Dépens ayant été prononcé contre elle & contre son mari, on ne pouvoit lui demander que la moitié de ce quart, & cela fut ainsi jugé au parlement de Paris par arrêt du 19 juin 1730.

Ceux qui ne sont condamnés aux Dépens que comme agissant pour autrui, tels que les tuteurs, curateurs, séquestres, commissaires, héritiers bénéficiaires, &c. ne doivent pas les Dépens en leur nom, à moins que pour leurs mauvaises con-

teſtations ils n'y aient été condamnés perſonnel-
lement.

Celui qui reprend le procès au lieu d'un autre,
tel qu'un héritier ou un ſucceſſeur à titre univerſel, eſt tenu des Dépens faits par ſon auteur;
mais le ſucceſſeur à titre particulier qui intervient dans un procès, n'eſt tenu que des Dépens
faits contre lui, à moins qu'il n'y ait convention
au contraire entre lui & ſon prédéceſſeur.

Le garant ne doit les Dépens au garanti, que
du jour que la demande originaire lui a été dé-
noncée.

Les condamnations de Dépens obtenues contre
une communauté d'habitans, ne peuvent être
miſes à exécution contre chacun en particulier,
que ſuivant le rôle de répartition qui en eſt fait
par l'intendant. Quand le ſyndic entreprend une
conteſtation ſans y être autoriſé, on le condamne
aux Dépens en ſon nom. Il arrive auſſi quelquefois que, pour éviter l'embarras d'une répartition
ſur la paroiſſe, on condamne aux Dépens quatre
ou cinq des principaux habitans qui paroiſſent
avoir eu le plus de part à la conteſtation; ſauf
leur recours, comme ils aviſeront, contre les
autres habitans.

La contrainte par corps peut être obtenue
pour Dépens en matière civile, après quatre
mois, lorſque l'exécutoire excéde deux cens livres; mais cela n'a point lieu contre les femmes
ni contre les filles.

En matière criminelle, les Dépens ſont exigibles par corps, ſans attendre les quatre mois.

Une partie qui ſe déſiſte d'un procès, doit en
même-temps offrir les Dépens faits juſqu'au jour
du déſiſtement.

Les

Les condamnations de Dépens obtenues contre une femme en puissance de mari, soit pour son délit personnel ou en matière civile, pour une contestation qu'elle a soutenue comme autorisée par justice au refus de son mari, ne peuvent être pris du vivant du mari sur les biens de la communauté, ni même sur les propres de la femme, attendu que le mari a droit d'en jouir pour soutenir les charges du mariage.

* Voici ce qui s'observe au parlement de Flandres, touchant les Dépens.

Pour obtenir une taxe de Dépens, il faut en donner une déclaration détaillée, sur laquelle le rapporteur ordonne qu'elle sera communiquée à la partie adverse pour y fournir des diminutions dans la quinzaine ou autre délai péremptoire. Ce terme écoulé, le greffier fait la taxe au nom de la cour. S'il trouve des difficultés dans quelques articles, il se règle sur l'avis du rapporteur.

Quoique cette taxe faite au nom de la cour, soit qualifiée du nom d'arrêt, elle n'en a pas la force; car elle peut être réformée, comme le porte un arrêté du 23 juin 1689, inféré dans le recueil de M. de Baralle.

Pour obtenir cette réformation, il ne faut ni appel ni lettres de requête civile ou relief précis, quand même on auroit encouru le défaut de fournir des diminutions : il suffit de présenter une simple requête à la cour. C'est ce que jugea un arrêt du 27 février 1693, rendu de l'avis de toutes les chambres, & rapporté par M. Pollet. Au conseil de Brabant, la pratique est différente : pour se pourvoir contre une taxe il faut en consigner le montant & se faire restituer en entier, suivant un arrêté du 24 décembre 1624, rapporté par Anselme sur l'article 9 de l'édit perpétuel de 1611.

L'article 46 du chapitre 54 des chartes du Hainaut concernant l'appel interjeté au juge supérieur d'une taxe de Dépens faite par un juge subalterne, trouve naturellement ici sa place. » En matière de taxation de Dépens dont y aura » appel, si l'intimé déclare ne vouloir soutenir » ce qu'aura été taxé; ains qu'il s'en réfère à la » discrétion de ladite cour, il ne sera condamné » en aucuns Dépens, encore que ledit taux fût » modéré par la cour, sauf à icelle de condam- » ner le juge *à quo*, si ainsi elle trouve convenir.

Celui qui a obtenu contre son adversaire une condamnation de Dépens & de dommages-intérêts, peut faire une déclaration séparée pour chacun de ces deux objets; mais il peut aussi n'en faire qu'une seule, comme l'a décidé un arrêt du 24 décembre 1696, rapporté par M. Desjaunaux.

S'il fait deux déclarations, il ne peut porter dans celle des dommages-intérêts les articles qui ont été omis dans la taxe des Dépens, ou qui n'ont pu y entrer : tels sont les voyages extraordinaires & les honoraires d'avocats qui excèdent la taxe. C'est ce qu'ont jugé des arrêts des 14 juin 1676, 22 décembre 1694, *consultis classibus*, premier août 1697, & 6 avril 1702. Ils sont rapportés par MM. Desjaunaux, de Baralle, & de Ghewiet.

Lorsqu'un arrêt a été rendu en faveur de plusieurs consorts, ils doivent faire une déclaration générale de leurs Dépens, sans qu'ils puissent en faire chacun une particulière. C'est ce qu'a réglé un arrêt du 10 novembre 1696, que l'on trouve dans le recuil de M. Desjaunaux.

Les objets qui entrent en taxe sont à-peu-près les mêmes au parlement de Flandres qu'ailleurs : il faut cependant obferver que les factums fignifiés n'en font exclus que dans les révifions, au lieu qu'au parlement de Paris ils n'y entrent jamais, fuivant l'article 6 d'une délibération de la communauté des avocats & procureurs du 11 mai 1692.

Ce que l'on vient de dire des révifions eft fondé fur un arrêté du 22 novembre 1694, portant que les mémoires produits en révifion n'entreront point en taxe ; il eft rapporté par M. de Flines. Voyez l'article RÉVISION.

Pour que les voyages & féjours entrent en taxe, il fuffit qu'ils foient affirmés au greffe : il ne faut pas, comme en France, que l'acte d'affirmation foit fignifié à la partie adverfe auffitôt qu'il a été paffé.

Un arrêt rendu le 6 août 1723 fur les conclufions de M. Waimel du Parc avocat-général, a reformé l'ufage qui s'étoit introduit à Lille de taxer les voyages, fans qu'ils euffent été affirmés.

On ne taxe que trois voyages lorfqu'il y a une enquête dans la caufe, & deux lorfqu'il n'y en a point, à moins qu'une raifon particulière n'exige qu'on n'en taxe davantage, comme s'il y avoit dans l'inftruction d'une caufe plufieurs *comparutions* occafionnées par des demandes incidentes.

Un arrêté du 14 juin 1676, porte que lorfqu'un plaideur fe tranfportera avec un avocat & un procureur de la ville de fa réfidence, dans l'endroit affigné pour voir jurer les témoins de l'enquête de la partie adverfe, on ne taxera que fon voyage & celui du plus qualifié de ceux qui l'accompagneront.

Il eft de règle en Flandres, de ne taxer que les voyages faits par la partie même, & non ceux qu'elle a fait faire par des agens. On trouve cependant dans le recueil de M. Desjaunaux un arrêt du 14 octobre 1697, qui a jugé que les voyages qu'une veuve de qualité avoit fait faire par fon chapelain, devoient entrer en taxe, fur le fondement que fon fèxe & fa condition ne lui permettoient pas de folliciter elle-même fon procès.

Les chartes générales du Hainaut, chapitre 56, article 2, mettent au rang des chofes qui entrent en taxe les lettres miffives écrites par les avocats & procureurs pour avoir de leurs parties les inftructions néceffaires, y compris le port. Cette difpofition eft particulière au Hainaut; elle n'eft point fuivie au parlement de Flandres, même dans les procès qui y font portés par appel des juges de cette province.

Quand les Dépens font compenfés, *qui plus y a mis, plus y perd.* C'eft un axiome reçu au parlement de Douaï. Néanmoins celui qui a avancé les épices d'un arrêt interlocutoire ou définitif peut en répéter la moitié contre l'autre partie, en quoi la jurifprudence de cette cour diffère de celle du parlement de Paris.

On fuit en Flandres la maxime affez généralement reçue, que la peine de la plus-pétition eft abolie : de forte que quoique l'on n'obtienne qu'une partie de ce que l'on demande en juftice, le défendeur n'en doit pas moins être condamné à tous les Dépens, s'il n'a rien offert. M. de

Blye rapporte un arrêt du conseil souverain de Tournai qui l'a ainsi jugé.

Si le défendeur fait des offres suffisantes, il est condamné aux Dépens jusqu'au jour où il les a faites ; & si le demandeur refuse de les accepter, les Dépens postérieurs retombent sur lui. C'est ce qui résulte des articles 1 & 2 du chapitre 81 , & de l'article 3 du chapitre 3 des chartes générales du Hainaut.

Ce dernier article , & les deux précédens du même chapitre renferment une exception à ce que l'on vient de dire sur l'abolition des peines de la plus-pétition. Ils portent que si la demande est excessive , le demandeur doit être condamné aux Dépens à proportion de l'excès, pourvu que cet excès soit d'un quart dans les demandes fondées sur titres, & d'une moitié dans les dettes illiquides, quand même le défendeur n'auroit fait aucune offre. Cette disposition est absolument particulière au Hainaut.

Suivant l'article 23 du chapitre 52 de la même coutume , les Dépens d'un procès qui a pour objet une reddition de compte , doivent être adjugés à proportion des points contestés , accordés par le jugement à l'une ou à l'autre des parties.

De droit commun une taxe de Dépens n'est exécutoire contre plusieurs consorts que chacun pour leur portion virile. Cette jurisprudence fondée sur les loix romaines est exactement observée au grand conseil de Malines , & cela même a lieu dans le cas où tous les consorts sont débiteurs solidaires du principal , & ont été condamnés comme tels , parce que l'objet du procès n'a rien de commun avec les Dépens qui ne font adjugés à la partie victorieufe que pour punir la témérité de la partie qui fuccombe : tel eft le fentiment de Faber & de Voet : il fut adopté par un arrêt du grand confeil de Malines du 24 novembre 1714, rapporté par Dulauri.

Il en eft tout autrement au parlement de Flandres : les taxes de Dépens y font folidaires à la charge de tous ceux qui ont été condamnés par le même arrêt, fauf leur recours entre eux pour leur portion virile, à moins qu'ils n'aient fait chacun caufe diftincte & féparée. C'eft ce que porte l'article 7 du chapitre 12 du ftyle de cette cour.

Cette difpofition n'eft pas bornée aux caufes qui fe plaident au parlement, on la fuit encore dans tous les fiéges du Hainaut, tant parce que l'article 3 d'une déclaration du 17 novembre 1714 veut que l'inftruction des procès fe règle en cette province fur le ftyle du parlement, que parce que l'article 7 du chapitre 56 des chartes générales déclare auffi les taxes de Dépens exécutoires folidairement contre chacun des conforts condamnés.

Mais dans les fiéges inférieurs de la Flandres & du Cambrefis, on fe conforme au droit commun.

Un plaideur eft fouvent tenu de donner caution pour les Dépens. L'article 4 du titre 26 de la coutume du Cambrefis y affujettit tous les demandeurs *clercs ou forains*. La jurifprudence du parlement de Flandres eft d'y obliger tous les demandeurs qui ne font pas domiciliés dans le reffort du juge pardevant qui ils plaident ; mais il faut diftinguer les forains qui font regnicoles d'avec ceux qui ne le font pas. Les premiers ne font tenus de donner une caution réelle ou fidé-juffoire, que lorfqu'ils le peuvent : s'ils n'en trouvent pas, on fe contente de leur caution juratoire. Mais les étrangers, riches ou pauvres, ne font admis à plaider en demandant que moyennant une caution réelle ou fidéjuffoire.

Les gens de main-morte font affujettis à cette formalité comme les autres, lors même qu'ils poffedent des biens fous la jurifdiction du juge pardevant lequel ils forment leur demande. Un arrêt du 21 novembre 1695 l'a ainfi décidé.

Un défendeur quoiqu'étranger n'eft point obligé de donner caution pour les Dépens, & l'on doit confidérer comme tel celui qui fe pourvoit en nullité d'une faifie pratiquée à fa charge, parce que le faififfant eft demandeur originaire, & l'oppofant défendeur. C'eft ce qui a été jugé dans l'efpèce fuivante. Delfoffe & Haftelart firent pratiquer une faifie-arrêt fur des biens appartenans à Colmant dont ils fe préten-doient créanciers : ce dernier configna ce qu'ils lui demandoient, & fe pourvut en main-levée de la faifie ; mais on foutint qu'il devoit avant tout donner caution pour les Dépens, parce qu'il étoit étranger. Le premier juge le décida de la forte ; mais fa fentence fut infirmée par arrêt rendu à Douai le 4 janvier 1772, au rapport de M. Wacrenier.

Louet rapporte un arrêt du mois de novem-vembre 1530, par lequel il fut jugé qu'une cau-tion qui ne poffède que des meubles n'eft pas fuffifante, parce que ces fortes de biens n'ayant pas de fuite par hypothèque, il faudroit que l'on veillât toujours pour en empêcher le divertiffe-ment. Telle eft auffi la jurifprudence du Parlement

de Flandres, comme le font voir les arrêts qu'il rendit le 9 mars 1769, au rapport de M. Remy, entre Huon & le procureur Hary; le 30 mars 1771, au rapport de M. de la Viefville, entre la veuve de Pierre Bar & André Roussleau; & le 17 juillet 1773, au rapport de M. Malotan, entre le sieur Louette de Surhon & Pierre Hector. Ce dernier arrêt est conçu en ces termes: » La cour a ordonné & ordonne au deman-
» deur de fournir au défendeur une caution
» réelle de Dépens, jusques & à la concurrence
» de 2400 florins, en rapportant par devoirs de
» loi pertinens des biens immeubles de cette va-
» leur situés dans le ressort de la cour, dans le
» mois péremptoirement de la signification du
» présent arrêt; à faute de ce faire & ledit temps
» passé & sans qu'il soit besoin d'autre arrêt, il
» sera déchu de sa demande principale ».

Il résulte de cet arrêt que les cautions de Dépens que l'on donne pour plaider au parlement de Flandres doivent être domiciliées ou situées dans le ressort de cette cour. A l'égard des juges inférieurs, si l'on ne trouve pas de caution dans leur territoire, il suffit d'en donner une qui ressortisse au juge supérieur. Le parlement de Flandres l'a ainsi décidé le 27 octobre 1674, conformément à la loi 7, §. 1. D. *qui satis dare cogantur.*

Un décret du conseil privé de Bruxelles du 6 mars 1627 ordonne : » que tous les bourgeois
» & manans de Cambrai & pays de Cambresis,
» qui auront procès au grand conseil de Malines,
» soit en demandant ou défendant en première
» instance ès cas dont ledit grand conseil peut
» avoir la connoissance, soit en matière d'appel

»comme appelans ou intimés, feront tenus au-
»paravant être reçus à agir ou se défendre, aussi
»bien que leurs cautions pour l'amende, de
»comparoir pardevant les échevins de Cambrai,
»& s'obliger sous hypothèque de leurs biens
»meubles au payement & fournissement de tout
»ce qu'audit grand conseil sera jugé tant en
»principal que Dépens, dommages & intérêts,
»amendes & autrement ».

Comme le parlement de Flandres est subrogé
au grand conseil de Malines pour le Cambresis,
ce décret doit y être observé, comme l'ont
jugé deux arrêts des 10 novembre & 12 décembre 1713 rapportés par M. Desjaunaux.

Celui qui s'est rendu caution pour le jugé en
première instance, est-il tenu des Dépens de
la cause d'appel ? Il peut arriver deux cas,
où celui pour qui l'on s'est obligé à gagné son
procès en première instance & l'a perdu en
cause d'appel, ou il l'a perdu dans les deux tribunaux. Dans le premier cas, la caution n'est
tenue à rien, suivant la décision de la loi 21 D.
judicatum solvi. Le contraire a cependant été jugé
au grand conseil de Malines par arrêt du 15 octobre 1625 confirmatif d'une sentence du conseil provincial d'Artois. Il s'est rendu plusieurs
arrêts semblables au conseil de Naples, de Ca-
talogne, de Brabant & aux parlemens de Paris,
de Toulouse, de Bordeaux, de Rouen, &c. Ils
font rapportés par Vincent de Franchis, Peguera,
Kinskot, Papon, Dumoulin, Mainard, Carondas, &c. Dans le second cas, la plupart des auteurs s'accordent à dire que la caution répond
des Dépens des deux instances.

Quoi qu'il en soit de cette jurisprudence & de

l'autorité de ces auteurs, nous pouvons dire avec Bartole & Fachini qu'à s'arrêter au droit écrit, la caution ne répond pas des Dépens de la cause d'appel lorsque celui pour lequel elle s'est obligée a gagné son procès en première instance, & que lorsqu'il a été condamné par les deux juges, elle n'est tenue à rien ; car le cautionnement est borné aux Dépens de la première instance ; or l'appel fait regarder cette instance comme non avenue, & doit par conséquent éteindre le cautionnement qui en étoit l'accessoire. C'est ce que décide le paragraphe 4 des titres de *satis dationibus* dans les institutes. *Omnia dabit fidejuſſor quæ in condemnatione continentur, niſi fuerit provocatum.*

Dans les villes d'arrêts, celui qui est arrêté pour une dette dont il ne s'avoue pas redevable, peut obtenir sa liberté en donnant une caution réelle ou fidéjussoire pour le jugé ; car une caution juratoire ne suffit pas. De droit commun cette caution répond tant du principal que des Dépens, dommages & intérêts ; mais à Lille elle ne répond que du principal ; tel est l'usage, fondé sur l'esprit de l'article 2 du titre 9 de la coutume de cette ville, & il a été confirmé par le grand conseil de Malines en 1613, après une enquête tenue par turbes, & par deux arrêts du parlement de Flandres des 3 février 1696, & 18 mai 1707.

Celui qui s'est rendu caution pour faire exécuter une sentence dont il y a appel, ne doit pas répondre des Dépens de la cause d'appel, comme l'ont jugé le grand conseil de Malines par arrêt du 22 octobre 1696, & le parlement de Flandres, par arrêt du 23 décembre 1684.

Il en eſt de même de celui qui s'eſt rendu caution pour des clauſes d'inhibitions & défenſes, afin d'empêcher l'exécution d'une ſentence, comme l'a décidé le même parlement en 1710, quoiqu'on eut produit au procès un acte de notoriété du collége des praticiens de Gand, portant que l'uſage étoit contraire au conſeil provincial de cette ville.

Lorſqu'un juge a le droit de faire exécuter proviſionnellement ſes ſentences juſqu'à une certaine ſomme, l'exécution comprend auſſi bien les Dépens que le principal. Mais quand un demandeur dont les concluſions excèdent cette ſomme, eſt débouté, le défendeur peut-il, nonobſtant l'appel, le faire exécuter pour les Dépens, dans le cas où la taxe en eſt inférieure à la ſomme qui borne le pouvoir du juge ? M. Waimel du Parc, avocat général au parlement de Flandres, rapporte un arrêt rendu pour la négative, ſur ſes concluſions, le 6 août 1723. Le grand conſeil de Malines avoit jugé la même choſe quelque temps auparavant. Ces déciſions ſont fondées ſur l'égalité qui doit être obſervée entre le demandeur & le défendeur. Comme le demandeur en gagnant ſa cauſe ne pourroit exécuter proviſionnellement pour les Dépens, ne pouvant le faire pour le principal, le défendeur ne doit point avoir plus de droit que lui ; ainſi ce n'eſt point la quotité des Dépens qu'il faut conſidérer pour ſavoir s'ils ſont ſuſceptibles d'une exécution proviſionnelle, c'eſt la quotité du principal, ſuivant la maxime : *acceſſorium ſequitur principale.*

· Cette règle ſouffre une exception à Tournai, où l'appel des ſentences rendues par le magiſtrat n'eſt que dévolutif pour les Dépens, quoi qu'il ſoit ſuſpenſif pour le principal.

Les interprêtes ſont fort partagés ſur la queſtion de ſavoir ſi celui qui a ſoutenu un procès pour une choſe qui lui eſt commune avec d'autres, peut répéter de ſes conſorts leurs parts des frais qu'il a expoſés, lorſqu'ils partagent le gain de la cauſe avec lui. Cela eſt ſans difficulté quand il a été obligé de faire plus de dépenſes pour ſoutenir les intérêts communs qu'il n'en eût fait en ſe bornant à défendre les ſiens. Mais s'il lui a fallu expoſer autant de frais pour lui ſeul que pour tous ſes conſorts enſemble, la queſtion eſt plus problématique. La loi 39 D. *familiæ erciſcundæ* ſemble décider qu'en ce cas il ne peut rien répéter. Mais Dumoulin a fait voir clairement dans la quatrième leçon qu'il a donnée à Dole, que c'eſt une erreur groſſière fondée ſur une mauvaiſe interprétation de ce texte. Son ſentiment a été confirmé par un arrêt du parlement de Flandres du 28 mars 1708.

A l'égard des ſalaires dûs aux procureurs par leurs parties, la demande s'en fait au parlement de Flandres de la même manière que celle des Dépens : c'eſt-à dire que le procureur en donne un état à ſa partie avec ſommation d'y fournir des diminutions dans un certain terme, après lequel la taxe s'en fait par le greffier. Cette demande peut cependant auſſi ſe former par action ordinaire, comme l'a jugé le conſeil ſupérieur de Douai dans le temps où il étoit ſubrogé au parlement de Flandres.

Voyez *le ſtyle du parlement de Flandres ; de Ghewiet en ſes inſtitutions au droit belgique ; Dumées, en ſon traité des juriſdictions ; les chartes* *générales du Hainaut ; Anselme sur l'édit perpétuel de 1611 ; les arrêts de MM. Desjaunaux, Pollet, de Baralle, Dulauri, &c.* Voyez aussi les articles DOUAI, RELIEF PRÉCIS, REQUÊTE CIVILE, COMPARUTION, &c. *

Lorsque les avocats, procureurs ou autres, ont bien voulu travailler gratuitement pour une partie, cela n'empêche pas qu'elle ne puisse répéter dans la taxe ce qu'il en auroit coûté pour leurs honoraires & droits.

L'hypothèque des Dépens n'avoit lieu autrefois que du jour de la condamnation, suivant l'ordonnance de Moulins, article 32 & 35, & la déclaration du 10 juillet 1566 ; cela s'observe au parlement de Toulouse, & dans ceux de Bordeaux & de Bretagne.

Mais au parlement de Paris, & dans ceux de Grenoble & de Provence, l'hypothèque des Dépens est présentement du jour du contrat en vertu duquel la demande a été intentée.

En Normandie l'hypothèque des Dépens est du jour de la demande suivant l'article 595 de la coutume. Les intérêts d'un exécutoire de Dépens ne sont dûs que du jour de la demande. La quittance du principal n'emporte point décharge des Dépens.

Voyez *l'ordonnance du mois d'avril 1667 & les commentateurs ; le journal des audiences ; le recueil de Guillaume Blanchard ; l'ordonnance du mois d'août 1670 ; le praticien françois ; le traité de l'administration de la justice ; le règlement du parlement de Paris du 26 août 1665 ; le praticien & le style du châtelet ; les arrêts de Papon ; la bibliothèque de Bouchel ; les centuries de le Prêtre ; les arrêts de Catelan & de Basset ; Basnage, sur la coutume de Normandie ; le journal du palais ; Bouvot, en ses arrêts ; Bacquet, traité des droits de justice ; Févret, traité de l'abus ; le recueil de Bardet ; les mémoires du clergé ; Saint-Yon, en sa conférence des ordonnance des eaux & forêts ; les lois ecclésiastiques de France ; le procès-verbal de l'ordonnance ; les actes de notoriété du châtelet ; l'ordonnance du duc Léopold de Lorraine du mois de novembre 1707 ; l'arrêt du conseil du 6 mai 1690 ; la déclaration du roi du 16 mai 1693 ; les arrêts de Boniface ; le dictionnaire de Ferrières & celui de Brillon, &c.* Voyez aussi les articles ÉPICES, VACATIONS, GREFFIER, PROCUREUR, NOTAIRE, COMMISSAIRE, CONTRAINTE, DÉCLARATION, VOYAGE, TAXE, CONTRÔLE, JUGE, &c. (*Ce qui est dans cet article entre deux astérisques appartient à* M. MERLIN, *avocat au parlement.*)

DÉPENSE. C'est l'argent qu'on employe à quelque chose que ce soit.

Lorsqu'un héritier a fait des Dépenses concernant les biens de la succession, on examine si elles sont utiles ou nécessaires, ou si elles ne sont simplement que pour le plaisir, sans aucune utilité ni nécessité. C'est en conséquence de ces différences que l'héritier recouvre ses Dépenses ou qu'il les perd.

On regarde comme Dépenses nécessaires celles qu'exigent les biens pour empêcher qu'ils ne périssent ou qu'ils ne soient endommagés : telles sont les réparations qu'on fait aux bâtimens pour en prévenir la ruine. L'héritier qui a fait des Dépenses de cette nature doit en être remboursé.

Il faut en dire autant de celui qui a fait des

Dépenses utiles ; quoique sans nécessité. Telles seroient les augmentations faites à une maison pour en tirer un loyer plus considérable.

Mais si les Dépenses n'étoient ni nécessaires ni utiles & qu'elles n'eussent pour objet que le plaisir , comme seroit un jet d'eau , des peintures, des sculptures & autres choses semblables , l'héritier qui les auroit faites ne seroit pas fondé a les répéter à ses co-héritiers. Cependant il y auroit de l'équité à mettre dans son lot, si cela se pouvoit, le fonds où ces Dépenses auroient été faites.

Sur les fruits que des co-héritiers doivent se rapporter réciproquement , ils ont le droit de déduire les Dépenses occasionnées pour les cultiver , les recueillir & les conserver.

Les Dépenses faites par l'un des héritiers pour la culture des héritages. doivent aussi lui être remboursées , quand même elles seroient devenues inutiles par le défaut de récolte.

La même règle doit s'appliquer aux Dépenses faites par un héritier pour conserver quelque: bien de la succession , quand même elles n'auroient pas empêché ce bien de périr.

Il est de principe que dans une société universelle de biens, de profits & de Dépenses, chaque-associé ne peut disposer que de sa portion & ne doit prendre pour ses Dépenses particulières sur le fonds commun que celles qui concercent son entretien & celui de sa famille. Ainsi un associé de cette sorte ne pourroit pas employer le fonds commun à doter sa fille, parce qu'une dot est un capital que l'associé doit prendre sur sa portion, à moins qu'il n'y ait quelque convention ou usage qui ait établi une règle différente. C'eſt ce que décident les lois 68, 73 & 81 ff. pro ſoci.

L'ordre public & le bien commun d'un état demandent deux ſortes de Dépenſes : les unes regardent l'état entier ; telles ſont les Dépenſes de la guerre, celles de la ſubſiſtance des garniſons & des autres troupes en tems de paix, celles de la maiſon du prince, celles des gages des officiers, &c. Les autres ont pour objet les frais néceſſaires pour la police de chaque ville & des autres lieux, comme pour l'entretien des pavés, des fontaines, des maiſons de ville & autres choſes publiques ; & c'eſt pour ces deux ſortes de Dépenſes qu'on a l'uſage de deux ſortes de deniers public ; l'une de ceux qui ſont deſtinés aux Dépenſes qui regardent l'état, & dont le ſouverain ordonne la diſpenſation ; & ces deniers ſont levés & reçus par les officiers qu'il y a prépoſés, & l'autre, des deniers deſtinés pour les Dépenſes des villes qui n'entrent pàs dans les coffres des finances de l'état, mais qui ſont reçus par les perſonnes que les communautés des villes & autres lieux peuvent en charger.

Le 22 décembre 1776, le roi a fait, relativement aux Dépenſes de ſa maiſon, le règlement ſuivant :

» Le roi perſuadé que l'ordre & l'économie » dans l'adminiſtration des finances, forment » une des principales ſources du bonheur des » nations & de leur puiſſance, s'eſt fait rendre » compte des Dépenſes de ſa maiſon ; & ſa ma- » jeſté a reconnu que le retard dans les paye- » mens occaſionnoit le renchériſſement général » des fournitures & des entrepriſes de toute » eſpèce : en effet, chacun des contractans doit » naturellement

» naturellement exiger un intérêt proportionné
» au bénéfice de ses fonds dans son commerce ou
» dans sa profession , & chercher encore la
» compensation de l'inquiétude inséparable d'un
» long crédit ; quelquefois même cette inquié-
» tude exagérée pourroit occasionner des mar-
» chés abusifs ; & sa majesté verroit avec peine
» une façon de traiter également contraire à l'é-
» conomie & aux principes d'ordre & de morale
» qu'elle aura toujours à cœur de maintenir ».

» Sa majesté a de plus apperçu que la néces-
» sité où l'on étoit de ne payer les Dépenses or-
» dinaires & extraordinaires que trois ou quatre
» ans après qu'elles avoient été faites, pouvoit
» y déterminer avec plus de facilité, & ôtoit
» aux administrateurs de ses finances le moyen
» de comparer annuellement ses Dépenses avec
» ses ressources , & de l'avertir à temps de la
» disproportion qui pourroit se trouver en-
» tr'elles.

» Sa majesté, en conséquence , a pris la réso-
» lution de rapprocher le terme des payemens
» de l'époque des Dépenses ; mais elle a senti
» en même-temps la nécessité de prendre des
» mesures convenables pour liquider d'une ma-
» manière certaine les créances de ce genre qui
» se trouvent arriérées ; & sur l'apperçu qui lui
» en a été présenté, sa majesté a pensé qu'elle
» pourroit les acquitter dans l'espace de six an-
» nées , en y destinant pandant les trois pre-
» mières , à commencer de 1777 , un fonds de
» quatre millions , lequel sera augmenté pen-
» dant le cours des trois autres années, jusqu'à
» la concurrence du montant entier de ces
» créances.

» Sa majefté s'eft déterminée d'autant plus
» volontiers à cet arrangement, qu'il en réfu-
» tera un véritable avantage pour les entrepre-
» neurs & fourniffeurs de fa maifon, puifque de
» cette manière ils verront un terme à la liqui-
» dation parfaite de leurs créances, tandis que
» dans l'état actuel ils fe trouveroient obligés de
» remplacer chaque année un rembourfement par
» un nouveau crédit.

» Si fa majefté a cru devoir s'occuper d'abord
» de l'acquittement de cette nature de dettes,
» parce que c'eft l'objet qui produit ou entre-
» tient davantage le défordre, & qui met le plus
» d'obftacle à l'économie, elle ne perd point
» de vue les gages & appointemens de fa mai-
» fon qui font arriérés, & qui ont un droit égal
» à fa protection; elle fe propofe de les acquit-
» ter en entier auffitôt que l'état de fes finances
» pourra le permettre; & pour fe lier dès-à-
» préfent à l'exécution d'un plan fi conforme à
» l'équité, fa majefté a réfolu de deftiner à leur
» payement dès l'année 1777, un fonds extraor-
» dinaire de cinq cens mille livres, applicable
» par préférence à la liquidation des plus peti-
» tes parties, afin qu'il tourne au foulagement
» des perfonnes qui en ont le plus de befoin, &
» qui n'ont auprès de fa majefté d'autre appui
» que fa juftice.

» Après avoir ainfi rétabli l'ordre & la clarté
» dans une partie effentielle de fon fervice, fa
» majefté attend du zèle des ordonnateurs de fa
» maifon, qu'ils s'emprefferont de feconder fes
» vues, en lui remettant inceffamment un plan
» général d'économie fur la partie confiée à leur
» furveillance, afin qu'éclairée par leur expé-

» rience & par leurs lumières, elle faffe con-
» noître fes intentions à cet égard : & fa majefté
» veut que les Dépenfes ordinaires une fois
» fixées, tous les projets de Dépenfes extraor-
» dinaires foient accompagnés à l'avenir d'un
» état qui indique la fomme à laquelle elles pour-
» ront s'élever ; fon intention même eft de ren-
» voyer au commencement de chaque année à
» ftatuer fur toutes les parties de ces Dépenfes
» qui ne feront pas preffées, parce que c'eft l'é-
» poque où elle pourra juger plus fûrement de
» la fituation générale de fes finances.

» Sa majefté témoigne d'avance qu'elle rece-
» vra avec intérêt & fatisfaction les moyens qui
» lui feront préfentés pour concilier avec une
» fage économie les Dépenfes que l'éclat de fa
» couronne peut exiger ; mais voulant que la
» plus parfaite juftice foit la condition infépa-
» rable de toutes fes difpofitions, elle déclare
» qu'elle rejetteroit des plans d'économie où
» d'anciens ferviteurs ne recevroient pas la re-
» traite raifonnable qui leur feroit dûe, & où
» des charges feroient fupprimées avant qu'on
» eût affuré le remboursement comptant de leur
» finance.

» Par ces différentes confidérations, fa majefté
» a ordonné & ordonne ce qui fuit :

ARTICLE PREMIER.

» L'année révolue de toutes les Dépenfes de
» la maifon du roi, tant par entreprifes que par
» fournitures, fera à l'avenir payée comptant
» au tréfor royal, dans le courant de l'année
» fuivante, à raifon d'un douzième par mois, &
» ce, à commencer du premier de Janvier 1777,

» pour les Dépenses de 1776, & ainsi de suite
» d'année en année.

» II. Toutes les créances antérieures au pre-
» mier janvier 1776, pour ces mêmes objets de
» fournitures & entreprises, seront acquittées
» dans l'espace de six années, & il sera fait à cet
» effet un fonds de quatre millions pendant les
» trois premières années, à commencer en 1777,
» & ce fonds sera augmenté pour les trois der-
» nières jusqu'à la concurrence du montant en-
» tier de ces créances; sa majesté se réservant
» d'indiquer l'ordre des remboursemens d'après
» la connoissance précise qui lui sera donnée de
» la date de ces créances & de leur objet.

» III. Il ne sera délivré aucun effet négociable
» pour totalité ni partie des remboursemens indi-
» qués par l'article précédent; mais ils seront
» faits suivant l'usage sur des états de distribu-
» tion, à chacune des époques fixées pour le
» payement.

» IV. Indépendamment du fonds ordinaire des-
» tiné à payer chaque année une année des gages
» & appointemens de la maison de sa majesté,
» il sera fait, à commencer de l'année prochaine,
» un fonds extraordinaire de cinq cens mille li-
» vres applicable à la liquidation des autres ar-
» rérages de ces mêmes gages, & par préfé-
» rence, au payement des plus petites parties;
» se réservant sa majesté d'augmenter de fonds
» aussi-tôt que les circonstances pourront le per-
» mettre.

» V. Les diverses personnes qui prennent di-
» rectement les ordres de sa majesté pour les
» Dépenses de sa maison, lui remettront avant
» deux mois du jour de la publication du présent

» réglement, un projet général d'économie re-
» latif à leur département, fur lequel projet fa
» majefté fera connoître fes intentions.

» VI. A moins de circonftances particulières,
» tous les projets de Dépenfes extraordinaires
» ne feront préfentés à fa majefté qu'au mois de
» décembre de chaque année pour l'année fui-
» vante ; & dans tous les cas, il y fera joint
» un état des fonds que ces Dépenfes pourront
» exiger.

» Fait à Verfailles, &c. »

DÉPENSE D'UN COMPTE, Se dit du chapitre
d'un compte où l'on fait mention de l'emploi
qui a été fait de ce que l'on a reçu. Ce chapitre fuit celui de la recette : on ne doit point
allouer la Dépenfe, qu'elle ne foit juftifiée par
des quittances ou d'autres pièces fuffifantes.
Voyez COMPTE.

Voyez *les lois civiles ; les œuvres de Cujas ; le
traité des fucceffions de le Brun, & celui de Pothier ; les œuvres de Henrys*, &c. Voyez auffi les
articles IMPÔT, OCTROI, SUCCESSION, HÉRI-
TIER, SOCIÉTÉ, &c.

DÉPIÉ DE FIEF. Ce mot, dérivé du vieux
terme françois *dépiecer* ou *dépecer, mettre en pièces*, fignifie à la lettre la même chofe que *démembrement, ébranchement* ou *éclichement de fief*:
mais il eft particulièrement confacré par les coutumes d'Anjou, du Maine, de Tours & de Loudun (*) pour défigner une efpèce particulière

_____

(*) Ces quatre coutumes font les feules qui parlent du
Dépié de fief. La coutume de Poitou, fans employer ce
mot, permet auffi aux vaffaux de faire des aliénations par-
tiales du fief, fans le confentement du feigneur dominant ;

de démembrement qui a lieu lorfque dans ces coutumes le vaffal aliène une portion de fon fief, fans obferver les conditions qu'elles pref. crivent, ou fans fe tenir dans les bornes qu'elles fixent à l'aliénation partiaire des fiefs.

Pour mettre de l'ordre dans cette matière, qui préfente un grand nombre de difficultés, on donnera 1°. une idée générale du Dépié de fief; 2°. on examinera jufqu'à quel point on peut faire des diminutions de fief, fans donner lieu au Dépié; 3°. quels droits il faut retenir fur les portions diftraites d'un fief, pour en empêcher le Dépié; 4°. quels font les effets des diminutions de fief faites fans Dépié; 5°. quels actes par leur nature donnent ouverture au Dépié de fief; 6°. quelle eft la procédure qu'il faut tenir en cas de Dépié de fief; 7°. quels font les effets du Dépié de fief; 8°. quelles prefcriptions font admifes en matière de Dépié de fief; 9°. enfin, comment le Dépié de fief ceffe par la confolidation.

§. I. *Idée générale du Dépié de fief.*

Dans la coutume de Paris & dans le plus grand nombre de celles de France, qui fe fervent du mot *démembrement*, pour défigner la divifion du fief, le démembrement ne peut avoir lieu fans le confentement du feigneur dominant, & le jeu de fief ne peut tenir à fon préjudice. Dans les coutumes qui fe fervent du mot *Dépié*

mais comme ces aliénations y fuivent des règles communément différentes de celles des coutumes de Dépié, on en parlera particulièrement au mot *Empirer le fief de fon feigneur*, qui eft le terme par où la coutume de Poitou défigne ces fortes d'aliénations.

pour exprimer la division du fief, le vassal peut au contraire aliéner une portion du fief par sous-inféodation ou accensement, ensorte que la partie aliénée ne releve plus qu'en arrière-fief· du seigneur dont elle relevoit auparavant directement. Il peut être contraint de recevoir l'aveu par lequel son vassal déclare garantir sous son hommage ceux en faveur de qui il a fait les aliénations, en les employant au nombre de ses vassaux ou de ses tenanciers, avec les devoirs qu'il aura retenus sur eux. La division ou le Dépié du fief servant en autant de fiefs séparés, tous mouvant directement du même seigneur, bien loin d'y être prohibée, est la peine même des aliénations faites contre la disposition de ces coutumes.

Les principes essentiels du Dépié de fief se trouvent presque tous exposés dans l'article 216 de la coutume du Maine.

. « La coutume du pays est telle, porte cet
» article, que tout homme de foi peut bien don-
» ner, comme sera ci-après déclaré plus à plein
» en matière de donations, vendre ou aliéner
» la tierce-partie de sa terre tenue de son chef-
» seigneur à foi & hommage, & en ce cas,
» l'homme de foi fait de son domaine son fief,
» & en aura les ventes & autres droits féodaux,
» & garantira icelle tierce-partie en son hom-
» mage d'iceux droits féodaux, sauf les rachatz
» & prinses par défaut d'homme, dont ledit
» chef-seigneur jouira sur la tierce-partie pareil-
» lement que sur les deux parts ; & en celui
» cas, sera tenu celui qui tient lesdites deux
» tierces-parties dédommager celui qui tient de
» lui l'autre tierce - partie, sinon qu'il y ait

» trente ans paſſez : auquel cas, après leſdits
» trente ans paſſez, ledit chef-ſeigneur ne pourra
» prendre par défaut d'homme droit de rachapt
» ou autre émolument de fief, & néantmoins
» jouira celui qui tient leſdites deux tierces-
» parties des rachaptz, s'il y a retenu hommage
» & autres droits féodaux, ſur celui qui tiendra
» ladite tierce-partie, quand le cas y echerra
» qu'icelle tierce-partie cherra en rachapt, &
» ne ſuffiroit point pour garantir icelle partie,
» que ledit homme de foi qui la donne ou au-
» trement aliene, y retienne juſtice ſeulement,
» mais eſt requis qu'il y retienne expreſſémen
» foi & hommage, ou devoir annuel pour le
» moins, comme dit eſt ; autrement eſt quand
» le fief eſt dépecé par parage, comme ſera dit
» ci-après, où il n'eſt requis faire rétention de
» foi & hommage ou autre devoir ».

D'après cet article, auquel l'article 201 de
la coutume d'Anjou eſt conforme preſque mot
pour mot, on peut diſtinguer deux ſortes de
Dépié de fief ; la première eſpèce s'opère lorſque le vaſſal aliène plus du tiers de ſon fief, bien
qu'il y retienne un devoir ; la ſeconde eſpece a
lieu quand le vaſſal, en aliénant une portion de
ſon fief, même au-deſſous du tiers, a manqué
d'y retenir la foi & hommage, ou un devoir
annuel.

Pocquet de Livonnière prétend que dans ce
dernier cas il n'y a pas proprement de Dépié
de fief, parce que le vaſſal qui en aliène, ſans
rétention de foi ou de devoir, une portion
moindre du tiers, y compris les anciennes aliénations, ne perd pas ſes droits de fief & de juſtice ſur ſes anciens vaſſaux & ſujets, leſquels

reftent comme auparavant dans fa mouvance, mais feulement fur la portion ainfi nouvellement aliénée qui doit relever du chef-feigneur comme un fief féparé.

Cet auteur a même fait de cette décifion une de fes règles du droit françois : elle feroit tout-au-plus véritable, fi l'on admettoit la définition qu'il donne du Dépié de fief, lequel confifte, felon lui, *dans une diffolution & une extinction du fief fervant, dont la féodalité, la feigneurie & la juftice qui en dépendent, font dévolus au feigneur dominant.* Mais c'eft-là reftreindre trop l'étendue du mot *Dépié de fief.*

L'étymologie de ce terme, les derniers mots des articles 201 de la coutume d'Anjou, & 216 de celle du Maine, les articles 2 & 3 du titre du Dépié de fief dans les coutumes de Tours & de Loudun, qui difent formellement qu'*hommage eft dû par Dépié de fief, quand on tranfporte partie de la chofe hommagée fans rétention de devoir,* prouvent au contraire qu'il y a Dépié de fief toutes les fois que le fief fervant eft mis en plufieurs pièces, qui compofent des fiefs différens & mouvans féparément du chef-feigneur. Si plufieurs articles des coutumes qui traitent du Dépié ne fe rapportent qu'à la première efpèce, qui eft auffi la feule qui donne lieu à la dévolution, c'eft qu'elle eft & la plus fréquente, & la plus importante.

§. II. *Des diminutions ou diftractions de fief qui ne donnent point lieu au Dépié.*

Je me fers ici de ces mots *diminutions* ou *diftractions de fief,* pour défigner par des termes généraux les fous-inféodations, accenfemens &

partages des fiefs qui fe font fans donner lieu au Dépié, & qui ont des effets très-différens du jeu de fief permis par la coutume de Paris & plufieurs autres coutumes de France, quoique divers auteurs aient paru les confondre. Les coutumes d'Anjou & du Maine, article 208 & 223 fe fervent du mot *diminuer* dans un fens à-peu-près femblable.

Pour bien fixer jufqu'à quel point on peut diminuer un fief fans Dépié, il faut diftinguer entre les partages & les aliénations des fiefs.

1°. *Quant aux partages*. Les puînés nobles ont droit de tenir leurs portions à titre de parage, & quand le parage eft fini, à titre de fous-inféodation de leur aîné, ou de fes repréfentans, pourvu que cette portion des puînés n'excéde pas le tiers que les coutumes leur accordent dans les fiefs. Cette diminution de fief peut fe répéter fans Dépié, tant dans le tiers des cadets que dans les deux tiers reftés à l'aîné à chaque nouveau partage de fucceffion.

On parlera plus particulièrement de ces partages entre nobles au mot PARAGE : on fe contentera de remarquer ici que quand un fief a été une fois diminué d'un tiers par le parage, on ne peut rien en diftraire fans Dépié par aliénation.

Entre roturiers, quand les fiefs font parvenus à la tierce-foi, ils doivent fe partager des deux tiers au tiers, comme entre nobles : mais il n'y a point de parage en ce cas. Il faut donc pour empêcher le Dépié, que l'aîné retienne avec les deux tiers du fief un devoir noble ou roturier, fuivant les articles 280 & 282 de la coutume du Maine & les articles correfpondans de la cou-

tume d'Anjou. Lors même que le fief n'eſt pas
parvenu à la tierce-foi dans ces deux coutumes,
on ne peut en éviter le Dépié qu'en donnant
tout à un ſeul des héritiers, ou en partageant
des deux tiers au tiers avec rétention de devoir
ſur le tiers. On a ſouvent intérêt à le faire ainſi
lorſqu'il y a eu d'anciennes diminutions de fief
ſans Dépié, afin d'empêcher que la mouvance
de ces portions anciennement diſtraites du fief
ne ſoit dévolue au chef-ſeigneur.

Cette néceſſité de partager les fiefs des deux
tiers au tiers même entre roturiers & avant que
les fiefs ſoient venus à la tierce-foi, pour empêcher le Dépié, ſemble dériver des principes
communs à toutes les coutumes de Dépié, leſquelles n'admettent point de parage entre bourgeois, & qui exigent d'ailleurs dans les parages
que l'aîné ou l'aînée ait une portion plus forte
que les cadets, afin de les pouvoir garantir ſous
ſon hommage.

Cependant la coutume de Tours dit indiſtinctement dans l'article 120, que *Dépié de fief n'a*
point lieu en partage fait de droits ſucceſſifs. « Et
» parce que cedit article eſt conçu en termes
» indéfinis, dit Pallu, l'on a jugé qu'il n'y avoit
» aucun Dépié de fief en partage de droits ſuc-
» ceſſifs également entre roturiers, contre M. des
» Fontaines - Marans, conſeiller au préſidial de
» cette ville, par ſentence du préſidial confir-
» mée par arrêt que je n'ai pu recouvrer, quel-
» que recherche que j'en aie faite, ayant été
» donné avant que je fuſſe au palais. Mais comme
» cedit arrêt avoit été rendu public, ſur le fon-
» dement d'icelui, il a été jugé en plus forts
» termes, par ſentence rendue à mon rapport,

» du 25 juin 1621, confirmée par arrêt du 1
» juillet 1625, au rapport de M. Hillerin, en la
» cinquième des enquétes, au profit de Michel
» Courtois & conforts, contre dame Françoise
» d'Achon, veuve de Meffire Jacques de Senne-
» terre, fieur de la Grollière & de la Jaille, qu'il
» n'y avoit point de Dépié de fief en partage de
» communauté d'une terre noble entre la veuve
» & les héritiers de fon mari, nonobftant que
» notre article ne difpofe que du partage de
» droits fucceffifs, d'autant que la néceffité eft
» égale d'un partage de biens de communauté,
» qui eft de droit public entre conjoints par ma-
» riage en pays coutumier, comme celui qui fe
» fait de fucceffion ».

Pallu cite encore une fentence de fon fiége du
mois d'août 1632, à laquelle on acquiefça, &
qui a jugé qu'il n'y avoit point de Dépié de fief
en un partage égal entre nobles, d'une fucceffion
collatérale fait entre héritiers de diverfes fouches pa-
ternelle & maternelle d'une terre noble.

Cependant le favant de Laurière s'élève beaucoup contre cette décifion de Pallu dans fon
gloffaire du droit françois au mot *Dépié.*

» Il y a lieu d'efpérer, dit-il, de la juftice de
» la cour qu'elle réformera cet abus, & à dire
» vrai, il y a lieu de s'étonner qu'aucun des com-
» mentateurs de la coutume de Touraine n'ait
» pris le véritable fens de cet article, & qu'en-
» core aujourd'hui cet article ne foit pas en-
» tendu. Quand on dit donc que *Dépié de fief n'a*
» *point lieu en partage fait de droits fucceffifs,* cela
» ne fignifie pas & n'a jamais fignifié que de quel-
» que manière qu'un fief foit partagé ou divifé
» entre cohéritiers, il n'y a point de Dépié de

»fief, ainfi qu'on le juge à Tours, au rapport
»de Pallu : mais cela fignifie que quand un fief
»a autrefois été partagé entre cohéritiers avec
»garentie en parage, que la partie fous l'hom-
»mage de laquelle les autres font garantis peut
»être enfuite divifée non par vente ou autre
»aliénation femblable (*), mais par partage fait
»fait entre les cohéritiers avec garentie en pa-
»rage, fans que pour cela tout le fief foit dé-
»membré, & fans que l'hommage des parties
»du fief qui étoient garenties fous l'hommage de
»l'autre foit par ce nouveau partage dévolu au
»feigneur fuzerain par Dépié de fief, ce qui a
»été introduit avec raifon contre la règle géné-
»rale, parce que les partages font néceffaires,
»au lieu que les ventes font volontaires; & fi
»les commentateurs de la coutume de Touraine
»s'étoient donné la peine de lire la coutume
»d'Anjou, d'où celle de Touraine a été puifée,
»ils auroient appris des deux articles fuivans,
»qui font les 203 & 214 de celle d'Anjou, que
»c'eft ainfi que cet article de leur coutume doit
»être entendu ».

De Laurière rapporte ces deux articles, après
quoi il ajoute : « en un mot, quand un fief eft
»divifé par partage, il y a toujours Dépié ou
»démembrement de fief, à moins qu'il n'y ait
»garentie en parage; or il n'y a point de garentie
»en parage quand les fiefs font partagés par têtes
»entre roturiers, & par conféquent dans les par-
»tages faits par têtes entre roturiers, il y a toujours
»Dépié; à plus forte raifon, quand un fief acquis
»pendant une communauté eft divifé entre la

(*) C'eft auffi mal-à-propos que Pallu dit le contraire
fur l'article 264 de la coutume de Touraine.

» veuve & les héritiers de fon mari ». Voyer
» Beaumanoir, chap. 47, page 262, ligne 27.

Enfin de Laurière obferve « que les ancien
» commentateurs de la coutume (de Touraine)
» ont écrit que cet article doit être entendu
» quand les fiefs font partagés par les deux part
» & par le tiers, comme le porte expreffémen
» l'article 3 de la coutume de Loudunois, au titre
» du Dépié de fief ».

Cette dernière obfervation que Pallu a auff
faite, & les raifons frappantes données par de
Laurière, paroiffent abfolument convaincantes;
cependant Jacquet, dernier commentateur de la
coutume de Touraine, mais qui peut forr bien
n'avoir pas connu ces objections, fuit le fentiment de Pallu. Il ajoute à fes raifons qu'il y a de
la différence entre la coutume de Tours & celle
de Loudun, en ce que dans celle-ci la fille aînée,
à défaut de mâles, prend autant qu'auroit pri
le fils aîné dans les fucceffions partagées noblement, c'eft-à-dire les deux tiers, tandis que dan
celle-là, la fille aînée n'a d'autre avantage que
l'hôtel principal & le chézé, pour garentir fe
fœurs en parage.

Mais cette différence ne fait rien à la queftion. Beaumanoir, cité par de Laurière, dit auff
que le fils aîné a les deux tiers du fief, mais que
» quant fereurs partiffent fiés, qui viennent en
» defchendant, & l'aifnée emporte l'oumage de
» fes fereurs mainfnées, tout foit che que chaf-
» cune emporta autant comme l'aifnée, excepté
» le maître manoir, que le fuer aifnée emporte
» hors part des autres, il convient que li fire
» fueffre, que toutes les parties des mainfnées,
» qui eftoient tenues de li à un viegnent en fon

» arrière-fief, par le reſon de ce que couſ-
» tume en donne les oumages à l'aiſnée ſereur,
» & par telles parties qui ſont faites de deſchen-
» dement de fié, apetiche moult le fié, qui eſt
» tenu nu à nu de ſeigneur ».

Et néanmoins Beaumanoir dit dans le même
chapitre : « Bien ſe gart li frères qui fait partie
» à ſes mainſnées, qu'il ne leur baille de chef-
» cun fié que le tiers : car s'il leur en bail plus
» dou tiers, il pert l'oumage de ſes frères, &
» en cheſte manière, puéent venir li mainſnés à
» l'oumage dou ſeigneur. Doncques ſe li aiſné
» vient faire ſainement les parties, à che que li
» oumages li en demeurt, il doit fere priſier tout
» le fié par bonnes gens, & dou pris qui ſera
» ſes baillier le tiers à ſes mainſnés & auſſint en-
» tre ſereurs doivent eſtre les parties omnies ; &
» ſe laiſnée voloit plus donner que ſe part à l'une
» des mainſnées, il convinroit que ele en veniſt
» à l'oumage dou ſeigneur ».

Pour finir ſur ce qui concerne cette queſtion,
il ſe pourroit fort bien que Pallu & Jacquet euſſent commis un abus de termes, & que les jugemens qu'ils rapportent euſſent ſeulement décidé qu'un partage égal d'un fief ne donnoit point
lieu aux droits ſeigneuriaux, ſans examiner ſi
les portions du fief données à chaque cohéri-
tier ne formoient pas des fiefs diſtincts relevans
tous d'un même ſeigneur. Ce qui me le feroit
ainſi croire, c'eſt 1°. que cette queſtion paroiſ-
ſoit alors problématique, & que Pallu ajoute que
pour juger de même, on ſe fonda ſur pluſieurs
arrêts *rapportés par M. Louet & ſon commenta-*
teur en la lettre L, queſtion 9, par leſquels on a
jugé que l'article 80 de la coutume de Paris, qui

difpofe qu'en licitation faite entre cohéritiers il n'e[t]
dû lods & ventes, lorfque l'adjudication eft fai[t]
à l'un d'iceux, doit auffi avoir lieu en partage [de]
bien de communauté. 2°. Que la queftion des droit[s]
feigneuriaux étoit la feule qui importât réelle[-]
ment au feigneur & même aux héritiers, s'il e[t]
vrai, comme l'attefte le même Pallu, que l'o[n]
tient dans fa province que le Dépie de fief n'o[-]
père point de dévolution. 3°. Que rien n'indi[-]
que que l'un des copartageans eût retenu la di[-]
recte fur les portions des autres dans les partage[s]
qui furent jugés valables, comme il l'auroit fall[u]
du moins à défaut de parage, pour empêche[r]
que le fief ne fût démembré en plufieurs autre[s]
4°. Que fans cela Pallu fe contrediroit lui-même
comme on peut le voir dans ce qu'il dit fur l'ar[-]
ticle 266.

II°. *Quant aux aliénations.* Elles ne doiven[t]
pas non plus excéder le tiers du fief, & cela pro[-]
vient de ce que les lois fur le Dépié de fief
même par aliénations, font une fuite des lois éta[-]
blies pour les parages (*). Mais il y a de la di[f-]

___

(*) On avoit déjà fuppofé ce principe, en traçant l'hi[f-]
toire de l'aliénation des fiefs, au mot *Démembrement de fi[ef]*
§. 1. On le regarde de plus en plus fondé, quoique les cou[-]
tumes d'Anjou & du Maine difent au contraire *que la ma[-]
tiere du paraige dépend du Dépié de fief,* & que tous leu[r]
commentateurs l'ayent répété. L'on a cru depuis découvri[r]
la fource de cette erreur en confultant l'ancien coutumi[er]
des deux provinces, imprimé en 1486 & 1493. Ces deu[x]
éditions portent également dans l'article qui correfpond
l'article 212 de la nouvelle coutume d'Anjou, les mots q[ui]
fuivent : » Pour ce que la matiere des paraiges *dépend* dép[ié]
» de fief, & *en eft la principalle caufe,* & pour entreten[ir]
» la matière eft raifon qu'on en traite, &c. «

Le mot *dépendre* eft ici pris dans une fignication active
ficult[é]

ficulté à déterminer ce que les coutumes entendent par le tiers qu'elles permettent d'aliéner.

Les coutumes d'Anjou & du Maine difent *la tierce-partie de la terre.* Dupleffis, dans fon traité du Dépié de fief fur la coutume du Maine, Chopin & Dupineau, fur les coutumes d'Anjou, en prenant le mot *terre* à la lettre, paroiffent croire qu'il faut retenir les deux tiers du domaine ou fonds de terre pour fervir de corps au fief réfervé.

D'autres auteurs difent qu'il fuffit de retenir la valeur des deux tiers du fief en cens, rentes ou autres preftations, fans qu'il foit befoin de conferver aucun domaine, enforte que celui qui a fait un fief en l'air ne donnera point ouverture au Dépié, à moins que les devoirs par lui retenus n'égalent pas la valeur des deux tiers du fief. Les coutumes de Tours & de Loudun fembleroient favorifer cette opinion. Elles déclarent au titre du Dépié de fief, article 2, qu'*hommage eft dû par Dépié de fief, quand on tranfporte partie de la chofe hommagée fans rétention de devoir, & auffi quand on tranfporte plus du tiers avec devoir ou fans devoir, pourvu que ledit devoir précompté, il y ait néanmoins plus du tiers aliéné.*

Cependant Pallu eftime que dans la coutume

Il fignifie *avoir pour dépendance.* Ces mots *& en eft la principale caufe,* ne permettent pas d'en douter. C'eft donc par inadvertance, ou plutôt faute d'avoir entendu cette fignification du mot *dépendre,* & d'avoir bien approfondi la matiere, qu'on a converti ce verbe actif en verbe neutre dans la rédaction de 1509, en y ajoutant la particule *du,* & en fupprimant les mots fuivans *& en eft la principalle caufe,* comme renfermant une contradiction.

de Tours même, on ne peut pas retenir un fim
ple fief en l'air, en aliénant tout le domaine. Po
quet de Livonière eſt du même avis.

Pour concilier toutes ces difficultés, il ob
ſerve très-bien que par le mot *terre* les coutume
d'Anjou & du Maine n'ont pas ſeulement en
tendu comprendre les fonds de terre, mais tou
ce qui compoſe le corps d'une terre féodale
dont les cens, rentes & féodalité font partie.
penſe donc que tous ces droits doivent entre
dans la computation des deux tiers qu'il eſt né
ceſſaire de retenir, & qu'ainſi l'aliénation d
plus du tiers des fonds de terre ſera permiſe ſan
donner lieu au Dépié de fief, ſi le ſurplus de
fonds de terre que l'on réſerve, joint aux cens
rentes & féodalités, équivaut aux deux tiers d
la totalté du *fief* ou *terre ſeigneuriale:* car ces deu
mots lui paroiſſent ſynohimes. Mais il ajout
qu'on ne peut pas néanmoins conſtituer un fim
ple fief en l'air, & qu'il faut retenir néceſſaire
ment un fonds de terre, *ſuivant l'ancienne inſti*
tution des fiefs, dans laquelle les rentes étoient pe
connues.

Cette opinion paroît en effet la plus con
forme aux principes de la matière & aux texte
mêmes des coutumes. Celle d'Anjou, dans l'ar
ticle 208, dit que les abonnemens font *diminu*
tion & aliénation de ſeigneurie, & feront compri
avec les autres contrats d'aliénation pour montre
Dépié de fief, & avoir hommage des acquéreurs
& ne peut l'homme de foi abonner ſes cens, rentes
devoirs & hommages que juſqu'à la tierce-partie
c'eſt à ſavoir à la valeur de la tierce-partie de la
terre tenue à foi, & ſi plus en aliénoit, le fief ſeroi
dépiécé, comme dit eſt.

Les coutumes de Tours, de Loudun & du Maine ont des dispositions semblables ; elles supposent toutes que l'abournement des cens, rentes & devoirs peut excéder la valeur du tiers du fief, & cela ne pourroit être, si les terres autrefois données à cens, rentes & devoir, sans Dépié de fief, ne faisoient pas plus du tiers des fonds dont le fief étoit originairement composé. Mais d'un autre côté, l'esprit des coutumes de Dépié ne paroît point être qu'on aliene la totalité du domaine du fief. Les fiefs en l'air ont été réprouvés par divers arrêts rendus dans un grand nombre de coutumes.

Cela a été ainsi jugé, suivant deux arrêts cités l'un par Pocquet de Livonnière, dans son traité des fiefs, l'autre par Valin, dans son commentaire sur la coutume de la Rochelle, pour la coutume de Poitou, quoique dans l'article 130 elle n'oblige à retenir *que la valeur du tiers du fief ou domaine*, lorsqu'il n'y a plus de chef d'hommage ou principal manoir.

Il faut néanmoins convenir qu'il y a dans toutes les coutumes de Dépié des fiefs en l'air qui peuvent avoir été ainsi constitués, soit par le chef-seigneur, soit de son consentement, par prescription ou autrement, en aliénant tout le domaine du fief servant, avec rétention d'un devoir noble au-dessus : à plus forte raison trouve-t-on un grand nombre de fiefs composés d'un domaine médiocre & de mouvances considérables depuis un temps immémorial. Dans ce cas, ou même simplement quand les anciennes mouvances, déduction faite du devoir auquel elles sont tenues, égalent le tiers de la valeur du fief en total, l'on a agité la question de savoir si le seigneur ne pou-

K ij

voit plus diftraire par fous-inféodation ou accenfement aucune autre portion du fief, fans opérer
le Dépié.

Dupineau décide que non. Il fe fonde fur la
préfomption naturelle, que tout ce qui relève
actuellement d'un fief a dû faire autrefois partie
du domaine de ce fief, d'où il fuit qu'une nouvelle aliénation qui entameroit les deux tiers que
la coutume ordonne de réferver, donneroit lieu
au Dépié.

Pocquet de Livonnière ne peut fe rendre à
cet avis qui lui femble trop dur. Il obferve fort
bien que tous les fiefs n'ont pas été formés par
conceffion, que plufieurs fe font auffi formés par
protection, & par la converfion des alleux en
fief. Dans l'incertitude raifonnable que cela produit fur l'origine des fiefs, lorfque les titres de
leur conceffion ne font point repréfentés, il veut
qu'on les regarde tous comme des fiefs de *pro-*
tection ou des alleux convertis en fief, tant qu'on
ne prouvera pas par le titre même qu'ils proviennent d'une fous-inféodation : autrement, dit-il,
ce feroit ufer d'extenfion & d'interprétation rigoureufe dans une matière odieufe & pénale.

Quoi qu'il en foit de ce dernier argument, le
texte des coutumes paroît autorifer l'opinion de
Dupineau. Cela réfulte de l'article 203 de la
coutume d'Anjou, & 214 de celle du Maine, qui
s'énoncent de la manière la plus générale.

Les articles 208 de la coutume d'Anjou, &
223 de celle du Maine, portent auffi fans exception, que les contrats d'abournement *font*
diminution & aliénation de feigneurie, & ne peut
l'homme de foi abournèr fes cens, rentes, devoirs
& hommages que jufqu'à la tierce - partie. Cela

prouve bien que ces coutumes n'admettent point au préjudice du chef-seigneur la présomption qu'un fief ancien est un fief de protection, ou que cette qualité le puisse exempter des lois générales sur le Dépié : sans cela, les abournemens ne devraient entrer en ligne de compte pour produire le Dépié qu'autant qu'on prouveroit par le rapport du titre primitif, que les fiefs abournés proviennent d'une concession du vassal.

On ne voit pas trop même pourquoi cette distinction de Pocquet de Livonnière mettroit une différence dans les règles de l'aliénation des fiefs entre ces deux cas ; car sitôt que le vassal immédiat a lui-même porté dans l'aveu qu'il rend au chef-seigneur l'alleu pour lequel on lui a rendu la foi & hommage, comme dépendant de son ancien fief, l'alleu devenu arrière-fief, & la directe que le vassal immédiat a acquise dessus, ont été mis aussi sous la protection du chef-seigneur, & pour prix de cette protection, le vassal immédiat & l'arrière-vassal sont censés consentir à ce que cet arrière-fief suive les lois générales du fief immédiat. S'ils ne trouvoient pas leur compte à cet arrangement, il falloit faire de la mouvance sur ce nouveau fief un alleu, au lieu de le comprendre dans les aveux & dénombremens comme une dépendance du fief immédiat, où du moins il falloit faire de cette mouvance un fief distinct dont le seigneur auroit fait l'hommage, soit à un autre chef-seigneur, soit au même chef-seigneur, mais séparément de l'hommage qu'il lui devoit pour l'ancien fief qu'il tenoit déja de lui. Il y a lieu de croire que cela se faisoit ainsi autrefois, & ce peut être

K iij

l'une des caufes des fiefs en l'air qu'on trouv
dans les coutumes de Dépié & ailleurs.

Enfin l'on peut ajouter à tant de raifons, qu
fuivant les coutumes de Dépié, le feigneur e
obligé de fouffrir que fes vaffaux portent dan
leurs aveux les fous-inféodations en leur qua
lité d'arriére-fiefs. On fent que cet ufage rédui
roit au bout d'un certain temps le chef-feigneu
à l'impoffibilité de prouver que ces arriére
fiefs ont été diftraits autrefois de fon fief imm
diat..

Le but des coutumes, en ne permettant d
diftraire que le tiers du fief fervant par partag
fous inféodation ou accenfement, étoit autre
fois d'empêcher que le vaffal immédiat ne fû
hors d'état de faire le fervice du fief; leur obje
eft aujourd'hui de conferver au chef-feigneur l
directe fur la majeure partie du fief & les pro
fits qui en font la fuite. Il femble donc que l
chef-feigneur n'a aucun droit de critiquer le
arrangemens de fon vaffal ou de fes héritiers
tant qu'ils n'excedent pas les bornes fixées pa
les coutumes à ces diminutions de fief. La plu
part des auteurs ont conclu de là que dans le
partages il étoit libre aux cohéritiers de divif
le fief des deux tiers au tiers, fans qu'il fût né
ceffaire de donner les deux tiers précifément
l'aîné. L'énonciation des coutumes qui atti
buent ordinairement les deux tiers à l'aîné, &
le tiers au puîné, à la charge de tenir ce tie
en parage, s'ils font nobles, ou de le relev
noblement ou roturièrement de lui, s'ils ne fo
pas nobles, a été regardée comme fimplemen
démonftrative & non pas comme taxative & li
mitative.

L'on a demandé fur ce fondement s'il ne feroit pas également permis au vaffal d'aliéner
fans Dépié les deux tiers de fon fief, en s'en
réfervant le tiers, à condition que ce tiers rele-
veroit des deux tiers aliénés. Pocquet de Livonnière affure, d'après Dupineau, que cela ne
peut être toléré, & que ce feroit aller directement contre les difpofitions des coutumes fur
le Dépié de fief.

Il me femble que ces auteurs n'ont pas bien
faifi le nœud de la difficulté. Il eft bien certain
qu'un pareil acte ne peut pas nuire au chef-feigneur à l'effet de l'empêcher d'exiger fes droits
fuivant la nature de l'aliénation, & c'eft la raifon fur laquelle ces auteurs appuyent leur décifion : mais fi l'on offroit ces droits au feigneur,
je ne vois pas trop fous quel prétexte il pourroit s'oppofer à cet arrangement pour l'avenir,
& réclamer à titre de Dépié la mouvance fur le
tiers réfervé par l'ancien yaffal.

Puifque les coutumes de Dépié ne font point
coutumes de danger, puifqu'il y eft permis au
nouveau vaffal, comme dans le refte de la France, d'aliéner fon fief en tout ou en partie avant
d'être reçu en foi & hommage, l'ancien vaffal
auroit bien le droit d'aliéner la totalité du fief,
& de s'en faire immédiatement rétrocéder le
tiers à titre de fous-inféodation ou d'accenfement. Ce feroit exiger une formalité bien vaine
que de l'obliger à recourir à tous ces détours
pour fe conferver le tiers du fief.

Les coutumes ne défendent d'aliéner plus du
tiers fans encourir la peine du Dépié, qu'à
l'homme de foi. Mais par l'aliénation du fief même

K iv

pour les deux tiers, & de la mouvance fur l'au tre tiers, l'ancien vaffal ceffe incontinent d'être l'homme de foi du feigneur : l'acquéreur eft fubf titué à fa place. Il a *avenant* pour conferver la mouvance fur le tiers du domaine réfervé à l'an cien vaffal. Il faut d'ailleurs faire prononcer la peine du Dépié de fief en jugement, comme on le verra bientôt. On fatisfait donc à la fois à la lettre & à l'efprit des coutumes de Dépié par une femblable aliénation.

§. III. *Des droits qu'il faut retenir fur les portion diftraites du fief principal, pour empêcher l Dépié.*

Hors les parages, dont on parlera dans un article particulier, tout ce que l'on va dire s'ap plique à toutes les efpèces de diminutions d fief, faites foit par partage, foit par aliénation Suivant les coutumes d'Anjou & du Maine il faut néceffairement retenir foi & hommag ou devoir annuel. *Il ne fuffiroit point*, ajouten les articles 203 & 216 de ces coutumes, *pou garentir icelle tierce-partie, que ledit homme de fo qui l'a donné ou autrement aliéné, y retienne juf tice feulement; mais il eft requis qu'il y retienne ex preffément foy & hommage, ou devoir annuel pou le moins, comme dit eft.* Ce paffage eft d'autant plus remarquable, qu la baffe-juftice ou jurifdiction foncière, eft tou jours attachée au fief dans les coutumes d'Anjo & du Maine : mais il eft important de remar quer que ce verfet ne fe trouve point dans l'an cien coutumier des deux provinces. L'on croyo fans doute alors que la rétention de la juftic

suppofoit bien la rétention de la foi & hommage : mais comme la maxime contraire étoit
déja établie dans notre jurifprudence au feizième
fiècle, les réformateurs inférèrent cette addition peu conforme à l'efprit général de ces coutumes dans la rédaction de 1509. Cette obfervation n'eût pas dû échapper à leurs commentateurs.

Quel fera donc l'effet de la rétention de la
juftice fans aucun autre devoir dans l'aliénation
partiaire d'un fief ? Confervera-t-elle au moins
au vaffal les dégrés de juridiction au-deffus de
la baffe-juftice, s'il les avoit fur la portion
aliénée ? Je dis les dégrés *au-deffus de la baffe
juridiction*, parce qu'encore aujourd'hui la baffe
juridiction eft une dépendance néceffaire du fief
dans ces deux coutumes.

Les auteurs n'ont point traité cette queftion.
Mais les coutumes d'Anjou & du Maine décident
que dans l'aliénation de plus du tiers, le fief, *la
juftice* & la feigneurie font tous dévolus au feigneur ; & quoique dans le droit commun on
puiffe aliéner le fief fans la juftice, ou la juftice
fans le fief, il paroît conforme à l'efprit des
coutumes d'Anjou & du Maine, de croire que
la fimple rétention de juftice fur le tiers aliéné
ne ferviroit de rien au vaffal, à moins que cette
juftice ne reffortît en une juridiction qui ne feroit
pas annexée au fief dominant ; ce qui n'eft pas
ordinaire dans ces coutumes.

On ne fauroit fe refuser à cette exception,
puifque dans ce cas la haute & moyenne juftice
ne feroient pas partie du fief dépécé. La même
décifion doit s'appliquer aux coutumes de Tours

& de Loudun, qui paroiſſent également attacher la juridiction au fief (*).

Poquet de Livonière (**) pour fixer les droits qu'il faut réſerver ſur les portions aliénées, afin d'empêcher le Dépié de fief, prétend que *de droit commun, & principalement dans la coutume de Paris, il y a deux ſortes de ſeigneuries, l'une féodale & l'autre cenſuelle, & deux ſortes de ſeigneurs, les uns féodaux, les autres cenſuels ; mais que dans les coutumes d'Anjou & du Maine, on ne reconnoît qu'une eſpèce de ſeigneurie, qui eſt la féodale, bien qu'il y ait néanmoins deux ſortes de mouvances ou deux manières de relever à un même fief à foi & hommage ou cenſivement.* Il a fait de cette diſtinction une de ſes règles de droit françois.

Mais les derniers termes de ce paſſage prouvent aſſez que la diſtinction qu'on y veut établir ne peut être d'aucun uſage.

Chopin penſe que la ſimple rétention d'une rente foncière ſuffit pour empêcher le Dépié de

(*) Pallu ſemble d'un avis contraire dans ſa préface ſur le titre des fiefs de la coutume de Tours. Il ſuppoſe que la baſſe juſtice n'eſt point un acceſſoire néceſſaire du fief dans ſa coutume, parce que l'article 18 dit que le ſeigneur qui a baſſe juſtice peut uſer de la ſaiſie féodale. Mais les coutumes les plus formelles ſur la connexité de la baſſe juſtice & du fief en diſent autant. Voyez celle de Poitou & les premiers articles de la coutume de Tours même. Enfin dans l'article dernier elle énonce quelques ſeigneuries du bailliage de Touraine, mais *du diocèſe de Berry*, où comme dans cette dernière province fief & juſtice n'ont rien de mêlé enſemble. Cette coutume locale ſuppoſe bien que dans le reſte de la Touraine, le fief ſuppoſe au moins la baſſe juridiction.

(**) Traité des fiefs, livre 1. chap. 1. ſect. 1. page 71.

fief. Poquet de Livonière & les autres auteurs s'élèvent avec raison contre cette opinion. Quoique la rente foncière se paye annuellement, elle ne peut tenir lieu du devoir annuel dont les coutumes exigent la rétention, quand on ne se réserve pas la foi & hommage. Le mot *devoir* indique un droit féodal qui emporte nécessairement avec lui l'idée de la directe. Mais la rente foncière suppose si peu la directe, qu'elle peut être imposée sur le fonds aliéné par le simple censitaire.

On peut proposer une question plus embarrassante & que les commentateurs n'ont fait qu'effleurer. Toutes les coutumes de Dépié de fief admettent les abonnemens ou abournemens, c'est-à-dire, la commutation de la foi & hommage en un devoir quelconque, ou la diminution des anciens devoirs dûs par le censitaire, pourvu qu'on ne diminue pas la valeur du fief de plus d'un tiers. La coutume d'Anjou déclare nettement dans l'article 418, que cet abournement peut se faire pour un devoir annuel *ou autre devoir ;* & il y a des exemples fréquens d'abonnemens de fief, moyennant une paire d'éperons, une maille, &c. à chaque mutation, sans aucun devoir annuel (*). Le vassal encourra-t-il la peine

(*) Dupineau va jusqu'à dire que le vassal *peut entierement abolir & éteindre tous les devoirs par un abournement,* pourvu que cet abournement ne diminue pas le fief au-delà du tiers de sa valeur. Mais cela paroît excéder les termes de l'abournement, qui suppose toujours la rétention de quelque devoir, & qui n'est qu'un *appétissement & diminution,* mais non pas une extinction des droits seigneuriaux, suivant l'article 208 de la coutume d'Anjou.

Il en est de même du mot de franc-devoir, que Dupineau

du Dépié de fief, fi lors de l'aliénation d'une portion de fon fief il fe contente d'impofer un devoir femblable fans rétention de cens ou de foi hommage ?

L'efprit de la coutume femble être favorable au vaffal dans ce cas. Mais le têxte eft fi précis pour la rétention d'un devoir annuel ou de la foi & hommage lors de l'aliénation, qu'on ne peut guères s'empêcher de regarder le contrat dont il s'agit ici, comme donnant lieu au Dépié de fief, bien qu'il foit certain que le vaffal qui auroit d'abord aliéné à la charge d'un devoir annuel ou de la foi & hommage & fes héritiers, pourroient dans la fuite abourner les droits pour un devoir cafuel & non annuel.

§. IV. *Des effets des diminutions de fief qui ne donnent point lieu au Dépié.*

Les coutumes de Dépié de fief ont pris des tempéramens pour concilier les intérêts du feigneur & ceux du vaffal, lorfqu'il ne diminue pas fon fief au-delà du tiers, & qu'il a foin d'y réferver la foi & hommage ou un devoir annuel. Comme le vaffal immédiat conferve ainfi la directe, il fuit de là qu'il eft feul fondé à exercer tous les droits feigneuriaux fur la portion aliénée ; il y percevra donc feul à l'avenir les droits de fief, tels que les rachats & les loyaux aides

---

paroît confondre avec le franc-aleu, quoique ce ne foit rien autre chofe qu'un devoir qui tient lieu de tous les autres droits, ou qu'un devoir dû par les hommes de franche condition. Dupleffis dans fon traité du Dépié de fief, obferve très-bien que la faculté d'abourner ne donne pas au vaffal le droit d'aliéner fans reftriction tous les devoirs qui lui font dûs.

s'il y a retenu foi & hommage, & ceux relatifs à la nature de la cenfive, s'il y a feulement retenu un devoir cenfuel.

Il n'eft dû aucun droit pour le changement de propriétaire, lors même que la diminution de fief fe fait à titre de vente, foit au vaffal immédiat, foit au chef-feigneur, à la différence de ce qui fe pratique quand l'acte donne lieu au Dépié de fief. C'eft-là une règle commune à toutes les coutumes de Dépié.

Le vaffal peut obliger le chef-feigneur à recevoir fon aveu, dans lequel il ne portera plus les domaines même aliénés, comme cela doit fe faire en cas de jeu de fief dans la coutume de Paris & dans toutes celles qui défendent le démambrement, mais la foi & hommage, ou le devoir qu'il aura retenu fur les portions diftraites du fief fervant, en déclarant qu'il garantit fous fon hommage ceux qui tiennent ainfi de lui, c'eft-à-dire qu'il fait hommage pour eux, & qu'il fe charge de les garantir de tous les devoirs qui font dûs au chef-feigneur, à raifon des fonds qu'ils poffédent.

Les coutumes ont pourvu à l'indemnité du feigneur par une forte de compenfation. Elles lui accordent d'abord le droit de faifir & d'exploiter en pure perte les portions diftraites par fon vaffal, toutes les fois qu'il aura lieu de faire ces exploits du fief fur les deux tierces parties qui reftent à fon vaffal.

De même lorfque pour quelque mutation le chef-feigneur aura droit de prendre le rachat fur le fief de fon vaffal, il comprendra dans l'exercice de ce droit les portions même que le vaffal auroit données à titre de cens, quoiqu'il n'y eût eu aucune mutation à leur égard, fauf aux arrière-vaffaux leur recours contre le vaffal, pour fe faire dédommager par lui. Mais il n'en eft pas ainfi des droits de vente & de tous les autres émolumens de fief, de quelque efpèce qu'ils foient, que le vaffal immédiat peut devoir. Les portions diftraites de fon fief en font garanties par les droits qu'il a retenus fur elles. Voyez les articles 201 de la coutume d'Anjou & 116 de la coutume du Maine.

Il y a beaucoup de difficultés à décider fi ces droits accordés par forme d'indemnité au chef-feigneur, doivent auffi avoir lieu dans les coutumes de Tours & de Loudun.

Il femble d'abord que les coutumes d'Anjou & du Maine ayant traité la matière du Dépié de fief avec plus d'étendue que les deux autres, on peut foutenir qu'elles y forment le droit commun dans tout ce qui n'eft pas contrarié par des difpofitions particulières.

Pallu eft néanmoins d'un avis contraire pour fa coutume. Il rapporte une confultation de plufieurs anciens avocats de Tours qui l'ont ainfi décidé. Voici les raifons fur lefquelles ils fe font déterminés. La coutume de Tours eft beaucoup moins rigoureufe que les coutumes d'Anjou & du Maine fur les Dépiés de fief. Elle n'admet point la dévolution (*) quand la diminution du fief excéde les deux tiers. L'hommage que doit l'aîné pour fes cadets qui tiennent de lui en parage, ou que doit le vaffal immédiat pour les portions qu'il a diftraites de fon fief, ne peut

_____

(*) Voyez l'examen de cette queftion au mot *Dévolution en matière féodale.*

tirer à conséquence pour les rachats, puisqu'il y a beaucoup de cas où l'hommage est dû sans rachat, comme dans les mutations à titre de succession en ligne directe & même en collatérale au premier degré, dans la première foi dûe par parage failli, & dans quelques autres cas.

L'article 264 de la coutume de Tours, ajoutent-ils, dit que *l'aîné noble pour le droit qu'il prend plus que ses puînés, est chargé de faire les foi & hommages, & garantir en franc parage sous son hommage à ses puînés, leur tierce partie franche de tout devoir féodal ordinaire. . . . . mais que lesdits puînés contribueront pour leur regard avec ledit aîné, aux charges du ban, arrière-ban & loyaux aides.* Or, le rachat n'est point un droit féodal ordinaire dans la coutume de Tours. Il est casuel comme les lods & ventes, puisqu'il y a tant de mutations où il n'est point dû. L'article 264 n'en a donc pu entendre parler sous le nom de *devoir ordinaire.* Ce mot ne comprend sans doute que de petites redevances dues à mutation de vassal ou de seigneur, les roussins de service & les droits de garde dont parle la coutume dans les articles 98 & 99. C'étoit l'avis de M. Sainxon, commentateur de l'ancienne coutume, & le mot *ordinaire* a même été ajouté à la nouvelle coutume lors de la réformation de 1559. Enfin l'article 132 porte que le mari doit rachat pour les fiefs de sa femme, *si ce n'étoit durant le parage d'elle & des siens,* auquel cas le mari ne doit aucun rachat, & cela a été ainsi jugé par un arrêt rapporté par Boulay. Si la coutume eût entendu que le seigneur eût eu le rachat sur les portions des puînés, elle n'auroit pas manqué de le déclarer & de déterminer qui.

en eût supporté la perte, & si l'aîné en doit ré compenser les puînés ou non.

Il est évident que les jurisconsultes cités par Pallu ont fait ici une confusion sur ces mots, *franche de tout devoir féodal ordinaire.* 1°. Leur coutume exempte les puînés de contribuer à ces devoirs féodaux ordinaires, puisqu'elle en fait affranchir leur tierce partie par leur aîné ; 2°. il est déraisonnable d'appeler *droits ordinaires* les roussins de service & les droits de garde, & de refuser ce nom au droit de rachat. On doit re connoître pour droits ordinaires tous ceux qui sont dûs lors de certaines mutations ou dans de certains cas, en vertu de la seule force de la coutume.

Il faut donc dire avec Pallu, que les puînés ne doivent aucun rachat pour leur tiers. La cou tume les en affranchit expressément sous ce nom de devoirs ordinaires, dont elle n'excepte que l'arrière-ban & les loyaux aides. Mais l'aîné doit payer ce rachat pour eux tous, c'est-à-dire non feulement pour ses deux tiers, mais aussi pour le tiers échu à ses puînés. C'est ce que la cou tume de Tours indique par ces mots, *garantir en franc parage fous fon hommage à fes puînés leur tierce partie franche de tout devoir féodal ordi naire.*

Quoique la restriction mise à cette garantie relativement *aux charges de ban, arrière-ban & loyaux aides* foit de nouvelle coutume, fa nature femble indiquer qu'elle étoit conforme à un an cien usage. Les établissemens de faint Louis exemptent expressément les puînés du droit de rachat, en chargeant l'aîné de les en garantir ; c'est-à-dire c'eft-à-dire de les payer pour eux (*). Béchet décide à-peu-près la même chofe dans fon traité du parage, chapitre 2 & 5. C'eft par un excès de faveur pour le droit d'aîneffe, que les coutumes d'Anjou, du Maine & de Loudunois ont changé l'ancien droit à cet égard, en faifant contribuer les puînés au droit de rachat. Mais plufieurs expreffions reftées dans le texte de ces coutumes, femblent indiquer qu'elles fuivoient autrefois le même droit que la coutume de Tours a confervé d'après les établiffemens de faint Louis.

Il feroit donc peut-être plus conforme à l'efprit de la coutume de Tours en particulier, & des coutumes de Dépié en général, d'exempter du rachat les acquéreurs des portions qui ont été diftraites d'un fief fans Dépié, en chargeant néanmoins le vendeur de payer ce droit pour eux, comme dans les coutumes du Maine & d'Anjou, avec cette différence que dans ces deux dernières coutumes, les portions diftraites d'un fief font directement & par elles-mêmes, fujettes au droit de rachat & à la faifie féodale, quand le fief immédiat dont elles relèvent y eft fujet.

Il femble au contraire que la coutume de Loudunois dans les articles 10 & 15 du titre 27, affujettiffant directement les portions des puînés au rachat & à la faifie féodale envers le chef-feigneur, quand les portions retenues par l'aîné y font fujettes (fauf leur recours contre lui en certains cas), les portions diftraites du fief

(*) Voyez les chapitres 22 & 42 du premier livre des établiffemens de St. Louis dans le premier volume des ordonnances du Louvre, avec les notes de Me. de Lauriere.

principal doivent, comme dans la coutume d'Anjou, être aussi directement sujettes aux droits de saisie féodale & de retrait, quand le fief immédiat y est sujet. On peut voir au mot EMPI RER *le fief de son seigneur*, combien il est conforme à l'esprit des coutumes de parage, d'accorder une indemnité au chef-seigneur, même pour les aliénations faites sans Dépié de fief.

De ce que le seigneur n'a pas droit de prendre les droits de lods & ventes sur les portions distraites du fief immédiat par sous-inféodation, accensement ou autrement, lorsque ce fief est vendu, comme on l'a dit ci-dessus, il s'ensuit à plus forte raison, que lorsqu'au lieu de prendre les lods & ventes, il opte le retrait du fief immédiat, il ne peut pas comprendre dans ce retrait les domaines qui en ont été distraits dans les bornes fixées par les coutumes. Il ne réunit pas non plus ces domaines en cas de confiscation ou de commise du fief immédiat, quoique Chopin soit d'un avis contraire. Cette décision admise dans la coutume même de Paris, pour les portions dont le vassal s'est joué, peut encore moins souffrir de difficulté dans les coutumes de Dépié de fief, où la diminution réelle du fief préjudicie au seigneur à tant d'autres égards.

Mais de tous les effets de la diminution du fief, le plus préjudiciable au chef-seigneur est que, suivant l'article 216 de la coutume de Maine, le chef-seigneur ne peut plus prétendre sur les portions distraites du fief immédiat aucun droit de rachat ou autre émolument de fief, de quelque espèce que ce soit, au bout de trente ans, lors même qu'il perçoit ces droits sur le fief immédiat. Cela provient peut-être de ce que la prescription trentenaire est admise entre le seigneur & le vassal respectivement dans cette coutume.

On a douté si cette disposition devoit s'étendre aux autres coutumes de Dépié de fief, lesquelles n'ont point la même disposition. Le silence de la coutume d'Anjou surtout est d'autant plus remarquable à ce sujet, que dans l'article 201 elle est absolument conforme, à cela près, à l'article 216 de la coutume du Maine, qui parle de cette sorte de prescription après beaucoup d'autres dispositions. Mais quoique d'anciens commentateurs de la coutume d'Anjou prétendent qu'elle s'écarte de la coutume du Maine en ce point, Dupineau, Poquet de Livonière, & l'auteur des notes imprimées en 1751, sont d'un avis contraire ; & ce qui est bien plus important, ils assurent que l'usage est certain là-dessus. Dans un cas qui doit revenir si souvent, un usage si constant est le meilleur interprête des coutumes. L'on sent bien que cette espèce de prescription doit aussi avoir lieu dans les coutumes de Tours & de Loudun, si l'on y conserve au chef-seigneur quelques droits sur les portions distraites du fief servant immédiat, ou quelques droits sur le fief servant, immédiat à raison de ces portions.

Les droits que le vassal immédiat retient sur la portion qu'il a distraite de son fief, l'obligent à garantir celui à qui il a transporté cette portion, de tous les droits féodaux qui pourroient être dûs au chef-seigneur. A l'exception des parages où le parageur ne doit aucune garantie aux parageaux, pour les rachats que le chef-seigneur prend sur leurs portions, lorsque le fief

du parageur est ouvert, parce que les parageau,
ne doivent payer ni rachat, ni aucun autre de
voir au parageur, tant que le parage dure : le
dédommagement dont il s'agit ici doit avo,
lieu dans tous les cas, soit que la diminution d,
fief ait été faite à titre d'arrière-fief ou de cen,
sive, par aliénation ou par partage, puisque l,
coutume parle indistinctement.

La coutume du Maine, suivie par celle d'Ar,
jou, dit néanmoins dans l'article 280, que dan,
les partages des deux tiers au tiers entre rot,
riers, pour un héritage noble venu à la tier,
foi, le seigneur jouira des droits de rachat,
de saisie féodale sur le tiers des puînés dura,
trente ans ; & il n'astreint l'aîné à dédommag,
sesdits puînés, qu'autant que l'exercice de s,
droits seigneuriaux auroit été occasionné *par s*,
fait & coulpe, comme s'il vendoit son fief ou s,
refusoit d'en faire la foi & hommage, tand,
qu'en cas d'aliénation, les mêmes coutumes,
dans l'article premier du titre du Dépié, obl,
gent indéfiniment le vassal immédiat à dédom,
mager ceux auxquels il a transporté quelqu,
portions de son fief, en les garantissant sous so,
hommage, toutes les fois que le chef-seigneur,
jouit du droit de saisie féodale ou de rachat, so,
qu'il y ait ou non de la faute du vassal.

Duplessis, a proposé plusieurs moyens po,
concilier ces deux articles. Enfin il se détermi,
à dire que, quand la coutume parle ainsi da,
» l'article 280, elle a eu son respect au cas,
» la *sub-infeudation* (*) par partage s'est fai

(*) Par *sub infeudation*, il faut entendre ici dimin
tion de fief par accensement.

» avec devoir cer... retenu fur le tiers & non
» point féodal , & qu'ainfi ledit tiers a été mis
» en roture ; auquel cas , comme les poffeffeurs
» du tiers ne payent jamais de rachat au poffef-
» feur des deux tiers , & ne font point fujets à
» la prife par défaut d'homme envers lui , parce
» que les chofes en roture ne font jamais fu-
» jettes à l'un ni à l'autre ; ils ne fe peuvent pas
» plaindre , fi pendant les premiers trente ans
» le chef-feigneur lève le rachat fur eux aux
» mutations ordinaires des deux tiers, puifqu'ils
» n'en payent point au poffeffeur des deux
» tiers. . . . . . Ou bien, ajoute Dupleffis , fi
» l'on ne veut pas recevoir cette interprétation,
» il faut néceffairement dire que depuis la fub-
» infeudation faite par partage ou par aliénation,
» les poffeffeurs du tiers ne doivent à leurs mu-
» tations aucun rachat au poffeffeur des deux
» tiers pendant les premiers trente ans , quoique
» ce foit un devoir feodal qui ait été retenu ,
» parce que la fub-infeudation n'eft parfaite qu'a-
» près les trente ans, & que dans ces premiers
» temps , il fuffit qu'ils en foient chargés en-
» vers le chef-feigneur aux mutations des deux
» tiers ».

Ces deux explications également ingénieufes peuvent être adoptées : l'une quand par le par-tage les portions des puînés font chargées d'un devoir roturier ; l'autre , quand leurs portions font tenues à foi & hommage. Il faut feulement reftreindre cette dernière opinion au cas de conf-titution d'arriè-fief par partage , & ne pas l'éten-dre à celles qui fe font par aliénation , parce qu'alors les coutumes dans l'article premier du ttre du Dépié , les affujettiffent expreffément

aux droits feigneuriaux , tant envers le chef-fei
gneur aux mutations du vaffal immédiat , qu'en
vers le vaffal immédiat aux mutations des arrière
vaffaux , auxquels elles accordent par cett
raifon un recours indéfini dans le premier cas. O
peut dire qu'en cas de partage noble entre rotu
riers, la coutume femble leur permettre de fair
une efpèce de parage conventionnel durant le
trente années que dure le droit du chef - fei
gneur.

§. V. *Des actes qui par leur nature peuvent donn
lieu au Dépié de fief.*

Outre les partages entre co-héritiers , do
la nature eft facile à déterminer, les coutum
veulent que toutes les efpèces d'aliénations pai
tiaires , forcées ou volontaires , donnent lieu
Dépié de fief lorfqu'elles excédent le tiers o
qu'on ne retient pas un devoir annuel ou la f
& hommage fur les portions aliénées. Sous
terme *d'aliéner*, les coutumes comprennent to
les contrats tranflatifs de propriété , & ceux q
tendent à diminuer le domaine ou les droits rée
du fief fervant ; tels que les contrats de vent
d'échange, de donation, les abournemens de f
& hommage, le rembourfement des rentes fo
cières, & les baux emphythéotiques , fuiva
l'avis de Chopin.

Les coutumes d'Anjou & du Maine mette
auffi expreffément au nombre des aliénations l
conftitutions de rente. Mais le Dépié de fief
peut avoir lieu pour les conftitutions de rente
quelque confidérables qu'elles puiffent être
quoique Chopin cite un ancien arrêt au contrai
Depuis que les rentes conftituées ne s'impofe

plus par affiette , & qu'elles ont ceffé d'être une charge du fonds , on ne peut plus les réputer des aliénations , & leur conftitution même ne donne plus ouverture aux lods & ventes ni aux retraits dans ces coutumes & dans plufieurs autres , qui comme celles - ci les y affujettiffent expreffément.

Il en eft autrement des contrats pignoratifs & des ventes à faculté de réméré , qui font à-peu-près aujourd'hui ce que les rentes conftituées étoient autrefois. Ils peuvent donner lieu au Dé-pié de fief , mais feulement lorfque le terme de l'engagement ou de la faculté de réméré excéde le terme de neuf années. On doit ainfi le décider par analogie de ce que difent les coutumes d'An-jou & du Maine , article 362 & 372 fur le droit de lods & ventes en pareil cas.

Boulay fur l'article 119 de la coutume de Tours, cite un arrêt qui a jugé que la vente des bois de haute-futaie , même lorfqu'ils font la valeur de la majeure partie du fief , ne donne point lieu au Dépié. Poquet de Livonière dit auffi dans fon traité des fiefs , » que fi le vaffal avoit trouvé » dans fon fonds une mine d'ardoife , de tuffeau, » de charbon de terre ou d'autres matières même » plus précieufes , & qu'il en eût vendu pour des » fommes excédant la valeur du tiers de fon » fief , il n'y auroit point de Dépié , pourvu que » les carrières faites pour fouiller ces matières » & qui rendent dans la fuite l'efpace où elles » font inutiles , n'excédaffent point le tiers du » fonds. *Car* , ajoute-t-il, *le produit des mines eft* » *étranger au Dépié , qui n'a lieu que pour l'alié-* » *nation de la fuperficie ou furface de la terre* ».

Cette reftriction eft très-équitable. Dès que

le fief perd une valeur intrinféque, qu'il ne pourra plus recouvrer, il y a aliénation, & le feigneur peut même s'oppofer à une telle exploitation, fuivant quelques auteurs. Ainfi Coquille dans fa queftion troifième, & M. Salvaing dans fon ufage des fiefs, après avoir établi généralement qu'il n'eft point dû de quint ou de lod pour la vente d'un bois de haute futaie, ajoutent que fi le fief confifte *en une feule pièce d'héritage qui foit forêt ou moindre bois de haute-futaie, ou bien que tel bois faffe la meilleure partie du fief, & qu'après la coupe du bois, le feul (fol) & fond foient inutiles ou à labourage, ou à revenue de bois taillis, le feigneur peut empêcher la coupe, en tant que par icelle le fief en fa principale effence fe perd & s'éteint.* Il y a lieu de croire néanmoins que l'oppofition du feigneur à l'exploitation d'un bois qui feroit parvenu à toute fa beauté, feroit difficilement admife, non-feulement parce que la fuppofition faite par ces deux auteurs eft peu vraifemble, mais auffi parce que le dépériffement de la forêt feroit inutilement tort au vaffal fans apporter aucun avantage au feigneur.

§. VI. *De la procédure qu'il faut tenir pour conftater le Dépié de fief.*

Le démembrement du fief fervant n'étant point défendu dans les coutumes de Dépié, & la diminution de fief y étant même permife juf qu'à un certain point au préjudice du chef-feigneur, il fuit delà que le feigneur ne peut procéder par faifie fur les portions dépécées; il doit avant tout, fe pourvoir par action & faire conftater le Dépié par un jugement; autrement courroit rifque de faifir des fonds qui ne for

plus dans fa mouvance. C'eft-là une règle générale de toutes les coutumes de Dépié. Mais,
ajoutent les coutumes d'Anjou & du Maine,
articles 206 & 221, *le feigneur du fief, en exé-*
cutant la fentence, peut après la huitaine qu'icelle
fentence a été faite à favoir au condamné, prendre
par défaut d'homme & affigneé fon fief.

Si celui à qui on a tranfporté une portion du
fief fervant n'a été chargé ni de la foi & hommage, ni d'aucun devoir annuel envers le vaffal
immédiat, il ne peut, fur la demande du chef-
feigneur, refufer de faire la foi & hommage,
quelque petite que foit la portion qui lui a été
tranfportée. Mais s'il avoit été chargé par le
vaffal immédiat d'un devoir annuel, ou de la foi
& hommage envers lui, il doit lui dénoncer la
demande du chef-feigneur, avec fommation de
l'en garantir. Car ne pouvant refufer la foi &
hommage au chef-feigneur, qu'autant qu'il tient
fon domaine noblement ou roturièrement du
vaffal, il faut pour juftifier cette exception,
qu'il fe faffe révendiquer.

Par une conféquence du même principe, fi
les arrière-vaffaux ou les cenfitaires du vaffal,
au lieu de dénoncer au vaffal immédiat l'action
du chef-feigneur, avoient fait hommage par
Dépié de fief au chef-feigneur, foit parce qu'il
foutenoit que le vaffal n'avoit pas *avenant*, c'eft-
à-dire une portion fuffifante du fief pour les
garantir, foit parce qu'il prétendoit que les
droits retenus par le vaffal n'étoient pas de nature à empêcher le Dépié de fief, le vaffal ne
fouffriroit aucun préjudice de cet acquiefcement.
& il pourroit à fon tour agir contre le chef-
feigneur, & prouver que la diminution qu'il a

faite de fon fief n'a point donné lieu au Dépié.
Les coutumes le décident expreffément dans le
cas où le chef-feigneur prétend que le vaffal n'a
pas retenu avenant ; cas qui donne le plus fouvent lieu à des conteftations. La même raifon fe
rencontre quand le chef-feigneur fonde fon action fur le défaut de rétention d'un devoir annuel.

§. VII. *Des effets du Dépié de fief.*

Le principal effet du Dépié de fief, de quelque
manière qu'il ait eu lieu, eft que la mouvance
de la portion dépécée appartient au chef-feigneur à l'exclufion du vaffal. La portion dépécée
forme déformais un fief diftinct, fur lequel le
chef-feigneur a droit de demander la foi & hommage & tous les droits féodaux dûs à chaque
mutation ou dans d'autres cas, fuivant la coutume des lieux, & fous les modifications & les
extenfions que les titres particuliers du fief fervant dont dépendoit la portion dépécée peuvent
donner à la coutume.

Lorfque le Dépié de fief s'opère par l'aliénation de plus des deux tiers, non-feulement la
mouvance des objets compris dans la dernière
aliénation qui a donné lieu au Dépié ; mais auffi
celle des portions qui avoient été données en
parage ou précédemment diftraites par le vaffal
avec rétention de foi & hommage ou d'un devoir annuel, appartient au chef-feigneur, fuivant les coutumes d'Anjou & du Maine. C'eft
ce qu'on appelle *DÉVOLUTION en matière féodale*. Voyez ce mot.

Il ne faut pas conclure avec quelques auteurs
de ce que le Dépié de fief tombe en action, que

les effets n'en font pas acquis de plein droit au
feigneur. Les commentateurs les plus eftimés
décident au contraire que fuivant l'efprit des
coutumes , les profits de fief échus depuis l'acte
qui a donné lieu au Dépié , jufqu'à la fentence
qui prononce fa validité , appartiennent au chef-
feigneur , qui peut toujours les demander dans
les trente ans , à moins qu'ils n'euffent été payés
à fon vaffal. La raifon de cette exception eft
qu'alors ils font préfumés avoir été payés de
bonne foi. Le chef-feigneur ne peut pas même
les répéter du vaffal en vertu de l'axiome établi
par la coutume de Paris , qui fait droit commun
à cet égard, *tant que le feigneur dort le vaffal*
veille.

§. VIII. *De la prefcripeion de Dépié de fief.*

Le vaffal qui a donné lieu au Dépié de fief ,
prefcrit par la poffeffion trentenaire la mouvance
fur les portions qu'il avoit diftraites de fon fief.
C'eft-là une fuite de ce que le Dépié de fief
tombe en action, & que la prefcription de trente
ans eft réciproquement admife entre le feigneur
& le vaffal par plufieurs articles des coutumes
d'Anjou & du Maine. Cette prefcription eft auffi
admife par extenfion dans les coutumes de Tours
& de Loudun.

Si l'on fait attention à la nature de l'action du
du Depié, l'on verra que ce terme de trente
années eft bien court, & qu'il eft affez facile que
le feigneur n'ait aucune connoiffance des faits
qui donnent lieu au Dépie, puifque dans cet intervalle de temps il peut fort bien arriver qu'il
n'y ait aucune mutation dans le fief immédiat. Si
néanmoins le vaffal retenoit la jouiffance des

portions qu'il auroit diftraites de fon fief par des clauſes de conftitut , de précaire ou d'autres clauſes femblables , la prefcription ne courroit contre le chef-feigneur qu'à compter du jour où il auroit pu avoir connoiſſance de cette diminution de fief , foit par la ceſſation de la jouiſſance de fon vaſſal , foit par un aveu & Dénombrement qui l'auroit inftruit de cette diminution de fief.

Quand il s'eft écoulé trente ans depuis l'ouverture du Dépié , il fuffit que le vaſſal aliène enfuite de nouveau une portion quelconque de fon fief , pour que l'action de Dépié de fief renaiſſe pour le tout , lorſque le Dépié a lieu pour des diminutions de fief qui excédent le tiers.

Il eft de la nature de tout ce qui tombe en action de pouvoir être acquis , comme de pouvoir être éteint par la prefcription. Ainfi lorf-qu'un chef-feigneur , en vertu d'un acte qui donnoit lieu au Dépié de fief ; mais fans avoir fait prononcer en jugement , comme l'ordonnent les coutumes , s'eft fait reconnoître comme feigneur direct par les détempteurs des portions dépécées , le vaſſal , fuivant Poquet de Livonière , ne pourra plus au bout de trente ans , redemander au chef feigneur la mouvance fur ces portions , en foutenant qu'il ne peut pas la retenir par Dépié de fief , faute par lui de s'être pourvu dans les trente ans auxquels les coutumes ont limité la durée de fon action.

Je penferois néanmoins que pour raifonner précifément , il faut diftinguer deux cas.

Ou le chef-feigneur n'a pas joui de la mouvance fur les portions dépécées , quoique le Dépié de fief eût eu lieu depuis ce nombre d'an

nées, & dans ce cas les chofes font dans leur entier. Le vaſſal peut ſoutenir au ſeigneur que l'acte
par lequel il avoit diminué ſon fief n'avoit point
donné ouverture au Dépié, & réclamer la mouvance ſur ce fondement. Le ſeigneur ne peut s'y
refuſer qu'en ſoutenant le contraire, & pour
lors il faut néceſſairement un jugement pour
aſſurer le Dépié de fief. Le ſeigneur ne peut point
oppoſer la preſcription au vaſſal, parce qu'il n'a
pas joui de la directe durant trente ans. Le vaſſal
ne peut pas l'oppoſer davantage au ſeigneur,
parce que la preſcription n'a lieu que pour celui
qui poſſéde, contre celui qui ne poſſéde pas, &
que la révendication même du vaſſal doit auſſi
s'exercer par action, ſuivant l'article 6 du titre
du Dépié de fief dans les coutumes de Tours &
de Loudun.

Ou bien le chef-ſeigneur a joui de la mouvance
immédiate ſur les portions dépécées, & alors il
a inconteſtablement en ſa faveur la preſcription
trentenaire, admiſe réciproquement entre le ſeigneur & ſon vaſſal par les coutumes de Dépié de
fief. Dès-lors il eſt indifférent d'examiner ſi le
Dépié de fief avoit été bien véritablement opéré,
parce que l'action qu'avoit le vaſſal pour révendiquer la mouvance eſt pareillement preſcrite.

§. IX. *De la réunion ou conſolidation des portions*
du fief dépécé.

Le Dépié de fief ceſſe par la réunion de ſes
parties. On ne ſe propoſe point ici de traiter de
la conſolidation des fiefs en général. On en donnera les règles au mot RÉUNION FÉODALE. On
ſe contentera ſeulement ici d'examiner ce qui
concerne la réunion des portions dépécées au

fief principal dont elles faisoient autrefois partie. Elle est par elle-même très-différente des réunions ordinaires. Celles-ci ne se font qu'en faveur du seigneur dominant, pour les domaines qui relèvent de son fief noblement & roturièrement, tandis que celle-là se fait au profit du vassal & au préjudice du seigneur dominant, pour les parties même qui ont été distraites du fief servant par le Dépié, pour former autant de fiefs séparés.

Les principes de cette matiére sont tracés dans les articles 205 & 220 des coutumes d'Anjou & du Maine. « Pour ce que la consolidation » & réintégration des fiefs, c'est à savoir qu'ils » demeurent entiers, est bien favorable chose(*), » il est ainsi que si aucun fief estoit despiécé, & » depuis le Despié ou Despiez de fief, foy & » hommage, ou foys & hommages eussent été » faicts ; pour raison d'iceux Despiez de fief, » dès-lors que la chose sera retournée à sa premiére nature & consolidée avecque le lieu » dont elle est partie, le tout demeurera à la foi » & hommage où ils estoient devant, nonobstant procès, condemnation ou possession qui » pourroient être intervenus au contraire avant » ladite consolidation ».

Les coutumes de Tours & de Loudun ont

(*) L'ancienne coutume d'Anjou, dans l'article correspondant à celui-ci, ajoutoit *pour la cause que les droits écrits traitent*, & au bas de l'article, on trouve la note suivante dans l'Edition de 1493 seulement : *ne debita servitia amittantur, ne honor imperii & felicis expeditionis minuatur*, avec un renvoi aux constitutions des empereurs Frédéric & Lothaire sur l'inaliénation des fiefs.

Cette explication peut donner des idées sur l'origine de la consolidation des fiefs dépecés.

des difpofitions à-peu-près femblables ; ce qui prouve que dans toutes les coutumes de Dépié, les portions du fief ne ceffent pas d'être confidérées à quelques égards comme un feul tout, même après le Dépié.

La nouvelle acquifition que produit cette réunion donnera-t-elle lieu à la foi & hommage & aux droits feigneuriaux ? La raifon de douter eft que puifque c'eft une confolidation de la portion nouvellement acquife, il femble qu'elle doive être tenue fous la foi de la portion à laquelle elle fe réunit, laquelle a déja été faite, & qu'il n'eft point befoin de faire une nouvelle foi, ni de payer de droits pour cette acquifition qui n'eft qu'une forte d'acceffion & de confufion. On peut dire que les coutumes appuient cette opinion, en difant que depuis cette confolidation le tout demeure à la foi dont il étoit devant. Dupineau paroît pencher pour le même avis. Il nous apprend que la queftion s'étant préfentée en la fénéchauffée d'Angers, elle partagea le barreau ; qu'après une longue plaidoirie, elle fut appointée, mais que depuis, le vaffal tranfigea avec le feigneur pour une modique fomme.

Dupleffis eftime néanmoins que le vaffal doit la foi & hommage & les droits feigneuriaux pour cette acquifition, parce que dès-lors que le Dépié de fief avoit été jugé & exécuté, dès que la foi avoit été faite par ancien propriétaire de la portion dépécée, c'étoit à l'égard du feigneur un fief immédiat, diftinct & féparé, qui lui devoit les droits à toutes mutations. Quand donc le vaffal réacquiert cette même portion, il y a une mutation véritable. Il ne doit pas moins

être tenu de la foi & hommage & des droi
feigneuriaux, que tout autre étranger qui l'ei
acquife. Sainxon eft du même avis fur la coi
tume de Tours.

J'ajouterai à ces raifons, que bien que l
mutation de vaffal & la réunion s'opèrent pa
le même acte, la réunion eft du moins poft
rieure intellectuellement, c'eft-à-dire fubordo
née à la mutation. Le vaffal doit donc les droi
de cette mutation, & peut-être pourroit-on di
que la réunion n'eft confommée à la rigueur
que par la réception en foi & hommage, ou d
moins par l'option que fait le feigneur de f
droits pécuniaires au lieu du retrait féodal
quand la nature de l'acte y donne ouverture (*)

On a tiré du même article une conféquen
bien plus favorable au vaffal, qui par plufieu
aliénations fucceffives auroit donné lieu au D
pié de fief & à la dévolution. Si depuis l'actio
de Dépié intentée, mais *avant qu'elle foit jug*
il réacquiert une portion du fief fuffifante po
avoir en main au moins les deux tiers du fie
Dupleffis, & le plus grand nombre des auteur
penfent qu'il anéantit l'action du feigneur & f
ceffer le Dépié & la dévolution, tant à l'égar
de la partie qu'il a confolidée à fon domaine
qu'à l'égard des autres portions qu'il avoit pr
cédemment diftraites de fon fief avec rétentio
de devoir ou de foi & hommage, & qu'il n
point réacquifes.

Il eft vrai que quelques autres auteurs tie
nent l'opinion contraire, parce, difent-il, qu

(*) La confolidation du fief n'exclut point le ret
lignager fuivant Dupineau.

fa

faut plus pour rétablir un fief dépécé que pour le conserver dans son intégrité. Mais où ont-ils pris ce principe ? Ce n'est assurément pas dans les coutumes, qui disent *que la consolidation & réintégration des fiefs est bien favorable chose*, & que le Dépié de fief tombe en action. N'est il pas de la nature de toutes les actions d'être jugées, non pas dans l'état où elles étoient lors de l'action intentée, mais dans l'état où elles se trouvent au temps du jugement ; ensorte que les tribunaux ne doivent pas moins avoir d'égard aux exceptions nées depuis l'action, qu'à celles qui existoient au temps de la demande ? Ils condamnent seulement dans ce cas le défendeur aux dépens légitimement faits, jusqu'au jour où il a instruit le défendeur des exceptions qui viennent de naître en sa faveur.

Poquet de Livonière, d'après Dupineau, va beaucoup plus loin que Duplessis. Il estime que le vassal qui réacquiert une des portions qu'il avoit distraites de son fief, *même après le Dépié & la dévolution jugés*, est encore à temps de revendiquer la mouvance des autres portions dépecées qu'il n'a point réunies à son domaine, pourvu qu'il se trouve avoir en main les deux tiers du fief, & qu'il puisse prouver qu'il avoit retenu originairement sur ces portions la foi & hommage ou un devoir annuel. Il convient bien que le vassal ne pourra réclamer la mouvance sur les portions qu'il a aliénées sans rétention de devoir ou de foi & hommage, & cela ne peut souffrir de difficultés, puisqu'il n'y a point perdu la mouvance faute d'avoir avenant, & qu'il n'y auroit pu rien prétendre quand bien

même il n'auroit jamais fait d'aliénations ulté-
rieures.

On ne trouvera rien dans les coutumes de
Dépié qui favorise cette opinion de Poquet de
Livonière. Celle de Duplessis paroît la plus conforme à leur esprit. Le vassal & le seigneur y
prescrivent mutuellement l'un contre l'autre, &
dans ce cas il ne pourroit plus y avoir lieu à
la consolidation. Un jugement qui prononce le
Dépié doit avoir au moins autant de force que
la prescription.

Duplessis, ni ceux qui suivent son opinion ne
décident point s'il faut que le jugement soit souverain, pour empêcher le vassal de jouir du bénéfice résultant de la réunion qu'il a faite depuis
ladite demande, où si le vassal peut prouver
l'exception naissante d'une nouvelle acquisition
en cause d'appel. A suivre les principes féodaux
dans leur rigueur, il suffiroit que le Dépié de
fief eût été jugé valable dans la cour du seigneur, ou du moins que le seigneur eût fait signifier la sentence de Dépié à domicile & qu'il s'
fût depuis écoulé une huitaine, puisqu'après ce
délai de huitaine, les coutumes d'Anjou & de
Maine, permettent au seigneur *de prendre par
défaut d'homme & assigner son fief.* Mais la faveur
de la consolidation feroit sans doute rejetter aux
tribunaux une telle rigueur, sur-tout si le vassal
avoit interjeté appel de la sentence dans la huitaine de la signification, & avant qu'elle eût été
mise à exécution.

Remarquez bien que lorsque la consolidation
du fief se fait ainsi avant le jugement ou son exécution, le vassal ne doit point de foi & hommage, ni de droits seigneuriaux pour son acquisi-

tion. Il n'en eft pas même dû pour l'aliénation qui avoit donné ouverture au Dépié de fief. Car ces droits ne peuvent être dûs qu'en conféquence du Dépié. Mais au moyen de la réunion, les chofes font rétablies dans leur leur premier état. La foi ou le devoir que le vaffal avoit retenues fur les portions aliénées, lui donnoient la faculté de les garantir fous fon hommage, tant que le feigneur ne feroit point juger le Dépié de fief fuivant la maxime, *tant que le feigneur dort le vaffal veille.* Or il ne peut plus y avoir lieu au jugement du Dépié de fief, au moyen de la confolidation.

Qu'on ne dife point que les droits feigneuriaux étoient acquis au feigneur dès le moment de l'aliénation qui avoit confommé le Dépié, & qu'il eft généralement reconnu que le jugement de Dépié a un effet rétroactif qui affure au feigneur les droits réfultans des mutations qui ont eû lieu même avant la demande en Dépié de fief. Il fuffit que ces droits feigneuriaux ne fuffent jamais exigibles qu'après le Dépié jugé, pour qu'ils ne foient jamais exigibles, dans ce cas puifqu'il ne peut plus y avoir de jugement de Dépié. C'eft par des raifons peu différentes que l'on décide fuivant le droit commun de la France, que dans les aliénations faites dans la mouvance d'un feigneur, les droits qui peuvent en réfulter ne lui font point dûs incommutablement pour les aliénations, & qu'il n'en eft dû d'aucune efpèce pour leur réfolution, fi la réfolution eft faite avant qu'il y ait eu tradition & *démiffion dee foi.* Voyez ce mot.

Lorfque le vaffal après que le Dépié de fief a été jugé & exécuté une première fois, aliène encore plus du tiers de ce qui lui reſte & donne lieu à un nouveau Dépîé de fief, ſi après l'action intentée, mais avant ſon jugement ou ſon exécution, il acquiert quelque domaine qui avoit été diſtrait de ſon fief par une aliénation antérieure au jugement qui avoit déja été rendu ſur le Dépié de fief, enſorte que par cette réacquiſition ou conſolidation, il ſe trouve avoir au moins les deux tiers du fief, eu égard à l'état où il étoit après le jugement de Dépié & avant ſes dernières aliénations, l'action de Dépié eſt ſemblablement éteinte, & tous les acquéreurs contre leſquels elle avoit été nouvellement intentée redeviennent les vaſſaux ou les ſujets roturiers du vaſſal immédiat, parce qu'il a avenant ou la portion que la coutume exige pour les garantir ſous ſon hommage.

Si le vaſſal, après avoir donné lieu au Dépié de fief par une aliénation exceſſive quoiqu'avec rétention de foi & hommage, ou de devoir annuel, fait des améliorations au domaine qui lui reſte, & lui donne du moins ainſi une valeur double des portions qu'il a aliénées, Dupineau décide que ces améliorations ne peuvent tenir lieu de réunion, à l'effet de faire ceſſer le Dépié de fief, parce que, dit-il, l'eſtimation des deux tiers doit ſe faire eu égard à l'état où étoient les choſes au temps de la dernière aliénation.

Cette déciſion ſeroit douteuſe, même dans le ſyſtême de Dupineau, où le vaſſal par une acquiſition partiaire, peut faire ceſſer le Dépié de fief après qu'il a été prononcé en jugement & exécuté. Dans la ſuppoſition contraire, tout ſemble indiquer que le vaſſal ſur la demande en Dépié de fief intentée par le chef-ſeigneur, a le droit d'exiger que l'estimation se fasse suivant la valeur actuelle, pourvu que ces améliorations soient durables : car si elles eussent été faites avant l'aliénation, elles auroient sans contredit empêché qu'elle n'eût opéré le Dépié; & le jugement de Dépié, comme tous les autres, doit se rendre suivant l'état où sont les choses, lors de sa prononciation.

Tout ce que l'on a dit jusqu'ici sur la consolidation des fiefs, est dans la supposition où le Dépié de fief a eu lieu, parce que le fief a été diminué de plus d'un tiers, & où le vassal avoit eu soin d'y retenir la foi & hommage ou un devoir annuel. Mais si le vassal en faisant des aliénatios partiaires, n'avoit retenu aucun devoir sur les portions aliénées, lui ou l'un des détempteurs de ces portions aliénées qui acquerroient la totalité du fief dans la suite, ou simplement quelques autres portions, pourroient-ils prétendre qu'il y a eu consolidation des portions qu'ils ont acquises avec celle qu'ils avoient antérieurement ?

Chopin & Dupineau tiennent pour la négative. Mais le même Chopin assure que dans un cas semblable où le vendeur, après avoir fait diverses aliénations sans réserve d'aucun droit, avoit racheté depuis la totalité, la cour appointa les parties à faire enquêtes par turbes de l'usage. Duplessis ne balance pas à dire qu'il y a consolidation dans ce cas. L'article 205 de la coutume d'Anjou ci-dessus rapporté, & les articles des autres coutumes de Dépié de fief, qui parlent de la consolidation, confirment cette opinion, puisqu'ils s'expriment généralement, & qu'ils

n'exceptent aucuns Dépiés de fief de l'avanta[ge]
de la confolidation.

L'effet de la confolidation doit être de re[-]
mettre les domaines & les mouvances confol[i-]
dées dans le même état où elles auroient ét[é]
s'il n'y eût jamais eu de Dépié de fief. Ain[si]
lorfque depuis l'aliénation originaire jufqu'à l[a]
confolidation, il ne s'eft pas écoulé trente ans[,]
le feigneur fuzerain continuera à comprendr[e]
dans la faifie féodale & dans la perception de[s]
rachats du fief immédiat, les arrière-fiefs & le[s]
domaines de fon vaffal ; au contraire, le vaff[al]
feul y percevra ces mêmes droits fi les tren[te]
ans font révolus depuis l'aliénation, & ainfi d[u]
refte.

Rien ne s'oppofe, au furplus, à ce qu'o[n]
n'empêche, la confolidation comme toutes le[s]
autres efpèces de réunion féodale, par une dé[-]
claration contraire, inférée dans l'acte mêm[e]
d'acquifition faite par le vaffal. Lors même qu[e]
la confolidation a été confommée, fi la caufe qu[i]
y a donné lieu ceffe d'elle-même ; comme fi l[e]
vaffal eût contracté mariage avec une femm[e]
qui lui auroit apporté en dot l'une des portion[s]
dépécées de fon fief, la mort de l'un des con[-]
joins fans enfans feroit évanouir la confolidation[,]
fans qu'il fût néceffaire au feigneur de faire pro[-]
noncer le Dépié de fief par un nouveau juge[-]
ment. Dans ce cas, & dans tous les autres du
même genre, il n'y a aucune différence entre la
confolidation des portions du fief dépécé, & la
réunion ordinaire des fiefs.

Voyez *les anciennes & les nouvelles coutumes*
d'Anjou, du Maine, de Touraine & de Loudunois,
avec leurs commentateurs ; le traité du Dépié de

*fief par Dupleſſis ; les établiſſemens de ſaint Louis ;
les coutumes de Beauvoiſis , par Beaumanoir ; le
gloſſaire du droit françois ; le traité des fiefs , de
Poquet de Livonière.* Voyez auſſi les articles
ABOURNEMENT , DÉMEMBREMENT DE FIEF ,
DÉMISSION DE FOI, DÉVOLUTION EN MATIÈRE
FÉODALE, EMPIRER LE FIEF , ÉCLICHEMENT ,
GARIMENT , JEU DE FIEF , PARAGE , PART-
PRENANT, RÉUNION FÉODALE , &c. (*Article
de M.* GARRAN DE COULON , *avocat au par-
lement*).

DÉPORT. Ce mot a pluſieurs acceptions.
Le déport en matière bénéficiale eſt une eſpèce
d'annate : en matière civile le nom de Déport,
ſe donne à l'abdication d'un juge qui ceſſe de
connoître une affaire , & à la garde ſeigneuriale
que quelques coutumes accordent des biens des
mineurs.

Nous traiterons ſucceſſivement de ces différentes eſpèces de Déport.

LE DÉPORT en matière bénéficiale, eſt comme on vient de le dire , une eſpèce de droit
d'annate dont les évêques , les archidiacres , les
archiprêtres , les grands vicaires & les chapitres jouiſſent en quelques endroits , ſur les bénéfices qui dépendent d'eux.

Ce droit paroît avoir la même origine que les
annates, dont on attribue l'invention à Jean XXII.
Cependant on ne trouve aucune preuve préciſe
& certaine de l'origine de ce droit. Il exiſte
depuis pluſieurs ſiècles ; mais cette ancienneté
ne l'a pas mis a l'abri de la critique. En effet,
on a dans tous les temps prétendu que c'étoit
un droit odieux , & on le regarde encore aujourd'hui , dans les diocèſes où il a lieu, comme

défavorable. Mais malgré ces clameurs, il
continué d'être perçu dans plusieurs diocèses
du royaume & sur-tout dans ceux de la province
de Normandie.

Dans cette province, il attribue aux évêques
& aux archidiacres les fruits & les revenus des
cures pendant l'année de la vacance ; à charge
par les prélats & leurs archidiacres de commettre des prêtres pour desservir les bénéfices
vacans.

Le nouveau titulaire est en divers endroits préféré pour la desserte, & il a le droit d'exiger la
portion congrue. Cette préférence, qui devroit
être généralement accordée aux nouveaux titulaires des bénéfices sujets au Déport, n'est fondée que sur l'usage local & particulier. Car il
y a plusieurs diocèses en Normandie tels que
ceux de Bayeux, d'Evreux & de Séez, où l'on
suit un usage contraire. Dans ces diocèses les
évêques peuvent choisir les desservans qu'ils jugent à propos, & leur fixer arbitrairement une
somme pour leurs honoraires.

Les fruits du Déport sont ordinairement vendus par adjudication, & le prix qui en provient
se divise en deux portions, dont l'une appartient
à l'évêque & l'autre à l'archidiacre. La portion
de l'évêque consiste dans les deux tiers, & celle
de l'archidiacre dans l'autre tiers.

Après avoir ainsi donné une idée générale du
Déport & de ses effets, nous allons discuter
successivement les diverses questions qui peuvent naître de la perception de ce droit ; mais
avant nous pensons qu'il est indispensable de
rapporter le sentiment des jurisconsultes qui on
écrit sur cette matière. Plusieurs auteurs disen

que le Déport eſt auſſi ancien que l'égliſe ; d'autres l'aſſimilent au droit que le ſeigneur féodal lève ſur ſon nouveau vaſſal mineur.

Ragueneau , *dans ſon gloſſaire du droit François* , au mot Déport , dit » que pluſieurs évêques & archidiacres du royaume appellent , » *Déport* , l'annate qu'ils prennent par privilège » ſur le revenu de la première année d'un béné- » fice cure.

D'autres canoniſtes penſent avec plus de vraiſemblance » que le Déport , eſt la-répréſen- » tation de l'ancien droit que les évêques avoient » dans les premiers ſiècles de l'égliſe & qui leur » accordoit la libre diſpoſition de tous les reve- » nus de l'égliſe.

C'eſt l'opinion de Jean de Filleſac dans ſon traité de l'autorité des évêques. Cet auteur dit » que les évêques ayant été reſtreints à la qua- » trième partie des revenus de l'égliſe , ont con- »ſervé la première ou la ſeconde année du re- » venu des cures vacantes & qu'ils en ont attri- » bué le tiers à leurs archidiacres. «

Dumoulin dans ſa note ſur le chapitre 4 *cum vos* aux décrétales *de officio jud.* prétend que l'origine du Déport » vient de la garde qu'a- » voient les archidiacres des égliſes vacantes » dans leurs archidiaconés & qu'au lieu de re- »ſerver au futur ſucceſſeur ou à l'égliſe ſuivant » la diſpoſition du concile de Calcédoine tenu » en 451 , les fruits des cures dont ils ne jouiſ- »ſoient que par forme de dépôt , ils ſe les ſont » appropriés. » Il parle encore du Déport de la même manière dans la ſeptième partie du ſtyle du parlement & il le regarde comme un droit abſolument abuſif.

M. Dupineau dans ses annotations sur les not
de Dumoulin dit, » que son opinion n'est po
» suivie sur ce point & que ce droit loin d'êtr
» abusif est confirmé non seulement par la co
» tume, mais encore par l'autorité des arrêts do
» cours souveraines.

L'établissement de ce droit n'a rien de co
traire au droit canonique romain, ni à l
disposition des canons des conciles, & surto
de celui de Constance, comme plusieurs aureu
l'ont prétendu, puisqu'il paroît fondé sur tr
textes formels de ce concile; savoir, le can
prohibemus dist. 63. *bonnæ memoriæ 51. X.*
apella. & le chap. *cum venissent. X. de instit*e
paroît a la vérité par le chap. *tua de verb. sign*m
des décrétales qui est du pape Honoré III, & p
le chap. *si propter de res.* in 6°. de Boniface VII
que ces papes accordoient quelquefois aux év
ques & aux autres prélats inférieurs, tous lo
fruits des bénéfices dépendans de leur collati
qui vaquoient pendant un certain temps po
leur fournir les moyens d'acquitter les det
de leurs églises. Delà plusieurs auteurs ont c
clu que ces prérogatives n'étant point perp
pétuelles, elles n'avoient pas pu se changer
un droit irrévocable; mais Boniface VIII reco
noît dans sa décrétale que les Déports ou ann
tes des bénéfices peuvent être fondés non seu
ment sur le privilège apostolique, mais enc
sur la coutume. » ou sur un statut; & dans
» cas il declare que ces titres peuvent être lég
» times; & qu'il n'y veut pas déroger par
» décrets. «

Il ne désaprouve pareillement point la co
duite des évêques & des autres prélats inférieu

qui jouiſſent de l'annate ou droit de Déport, pourvu que ce ne ſoit pas une entrepriſe nouvelle de leur part, mais un uſage établi par la coutume, par des privilèges, ou par quelque raiſon ſolide & canonique.

Cette décrétale veut en outre » que les évêques n'aient cette jouiſſance qu'à condition de payer les dettes s'il y en a & de fournir aux charges & aux dépenſes néceſſaires juſques aux nouveaux fruits, & de manière que le titulaire deſſervant puiſſe avoir ſa ſubſiſtance. «

Le concile de Vienne & Clément V ſucceſſeur de Boniface VIII, ne s'oppoſèrent pas formellement à l'exercice de ce droit. On voit en effet, par le chapitre premier §. *preterea de exceſſ. prela.* des clementines qu'ils blâmèrent ſeulement le mauvais uſage que les abbés en faiſoient en dépoſant injuſtement des prieurs & autres bénéficiers qui dépendoient d'eux, afin de faire vaquer leurs bénéfices & de s'emparer de leurs dépouilles.

Le droit de Déport paroît encore établi par l'extravagante *ſuſcepti regiminis de electione.* On trouve trois moyens de prouver ce droit.

1°. Par ſtatuts pour les chapitres.

2°. Par privilèges pour les évêques.

3°. Par la coutume pour les archidiacres qui à l'exemple des évêques ont prétendu le droit de Déport, ſur le fondement que leur charge les oblige à deſſervir ou à faire deſſervir les cures qui n'ont point de titulaires.

Il eſt important d'obſerver que cette *extravagante* limite le droit de Déport, à la même taxe que celle qui eſt réglée pour les décimes,

fi le bénéfice vacant paye les décimes, finon
la moitié du revenu s'il n'a jamais payé l
décimes.

Plufieurs canoniftes ont prétendu que le co
cile de Conftance & le pape Martin V avoie
aboli les Déports ; mais cette opinion n'eft p
fondée puifqu'il paroît au contraire par la feffi
43 de ce concile qu'il décide que les fruits d
églifes vacantes doivent être attribués à ce
qui ont droit d'en jouir fuivant la coutume
en vertu des priviléges particuliers, & qu'il d
fend formellement à la chambre apoftolique
fe les appliquer. Il réfulte de cette feffion que
Déport a été confirmé dans tous les lieux où
étoit établi par une coutume légitimement pr
crite ou par un privilège particulier.

Cependant il faut convenir que le Déport
contraire au droit commun parce que les bén
fices doivent être conférés fans aucune dimin
tion, & qu'il eft injufte d'enlever les fruits
un titulaire paifible & fur-tout de le contraind
à fe demettre pour un temps de l'exercice
fon bénéfice.

C'eft en conféquence de ces principes que
concile de Bafle a formellement condamné l
annates & les Déports, & qu'il a défendu d'avo
aucun égard à l'avenir aux privilèges, aux co
tumes & aux ftatuts.

La pragmatique fanction au titre des anna
s'eft également élevée contre ce droit, mais
eft important d'obferver que la glofe, qui n
été rendue publique par Guymier que plus
47 ans après la publication de la pragmatiqu
porte que nonobftant cette défenfe de la pa
du concile & de la pragmatique, les Dépor

nt toujours eu lieu notamment dans la province de Normandie.

Le commentateur *Probus* dans ses additions à cette glose marque son étonnement de ce qu'un si grand abus s'est soutenu malgré la prohibition de ce concile & de la pragmatique ; mais la surprise de cet auteur auroit cessé s'il avoit su que les décrets du concile de Basle n'ont pas été universellement reçus , & que la Normandie en 1438 lors de la publication de la pragmatique , étoit soumise aux anglois & qu'elle ne fut réduite que 12 ans après ; d'ailleurs le concordat a dérogé à la pragmatique en rétablissant les annates. On ne doit donc pas être surpris que cet usage se soit maintenu dans diverses provinces du royaume.

Le Déport est tel en Normandie que pendant l'année qu'il dure les fruits de la cure vacante ne peuvent être saisis même pour les réparations de l'église paroissiale : c'est ce qui a été jugé le 3 août 1620 en faveur de M. l'évêque de Bayeux. Cet arrêt est cité par Brodeau sur Louet lettre *D* som. 62. Le droit de Déport est si solidement établi dans cette province qu'on n'a pu jusqu'ici l'abolir malgré les atteintes qu'on y a portées. L'existence en a même été formellement reconnue par un arrêt rendu au parlement de Rouen le 20 mars 1661 , lors de la vérification de l'ordonnance d'Orléans. Cet arrêt porte » qu'outre le contenu du second « article de ladite ordonnance concernant la suppression des annates , » le roi sera supplié de faire cesser & supprimer » les Déports qui se prennent sur les bénéfices » cures en Normandie. »

On ne peut citer aucune loi postérieure qui

ait aboli cèt ufage ; il paroît même avoir é
confirmé comme une louable coutume par l'o
donnance de Blois article 51, & par l'edit
Melun article 27.

Nous devons ajouter qu'on voit dans
concile provincial de Rouen tenu en 1521
§ *des Déports*, qu'on propofa de donner po
ce droit une penfion aux évêques, afin de l
engager à y renoncer, ou du moins pour les d
terminer à laiffer une partie du revenu pour,
fubfiftance du bénéficier ; mais on ne trouv
aucune preuve que ce projet ait été adopté. O
ordonna feulement dans ce concile que le tit
laire qui defferviroit le bénéfice pendant l'an
du Déport auroit une portion congrue. Ai
on peut dire que le droit de Déport eft fond
fur une poffeffion immémoriale, & que cet
poffeffion a toujours été refpectée.

On trouve dans les archives de l'archevêch
de Rouen plufieurs titres qui établiffent l'ancie
ufage de jouir par les prélats & leurs archidia
cres du Déport des cures vacantes.

» Le premier de ces titres eft un acte fait e
» 1227 lors de l'union de l'églife des creu
» doyenné de Meulan par Thibaut archevêqu
» de Rouen, à l'abbaye de Sery ordre des Pré
» montrés diocèfe d'Amiens, par lequel il e
» démontré, que les religieux & l'abbé de ladu
» abbaye s'obligent de payer le Déport, le ca
» arrivant de la vacance de la cure, ou par l
» mort, ou par la démiffion du titulaire, foi
» enfin par réfignation, permutation & autremen
» Dans un autre titre de l'année 1249, portan
» union de l'églife de Fauville au prieuré de l
» Magdelaine de Rouen confirmé par *odo rigau*

alors archevêque, il eſt dit que la coutume du dioceſe étant que l'archevéque & l'archidiacre euſſent le Déport des cures vacantes, les deux tiers appartenoient à l'archevêque & l'autre tiers à l'archidiacre afin de les indemniſer l'un & l'autre & de la remiſe qu'il faiſoient de leur droit de Déport ſur ladite cure, le prieur & le couvent s'obligent de leur payer douze livres de rente annuelle, ſavoir huit livres à l'archevêque & quatre livres à l'archidiacre.

»Un autre titre eſt le concordat fait entre l'archevêque de Rouen & l'abbé & les religieux de ſaint Ouen en 1257 : cet acte fait mention du Déport comme d'un droit ancien & uſité dans tout le dioceſe. Par ce concordat il paroît que le pape ayant accordé un indult à cette abbaye pour qu'il fût permis aux religieux & à l'abbé pour l'acquit de leur dettes de prélever ſur les bénéfices vacants qui dépendent de l'abbaye juſques à la concurrence de 500 mars *ſterling*, l'abbé & les religieux conſentirent que leur indult ne pût avoir lieu qu'après l'année du Déport perçue par l'archevêque & ſon archidiacre.

»L'archevêque de Rouen conſentit de ſa part que leſdits abbés & religieux de ſaint Ouen priſſent ſur l'égliſe paroiſſiale de l'abbaye & ſur la cure de ſaint Vivien une penſion annuelle de cent livres, ſavoir, trente livres ſur la paroiſſe & ſoixante-dix livres ſur la cure.

»Un autre titre eſt l'acte d'union de la cure de Fréville doyenné de ſaint Georges au prieuré de Mont-aux malades de ſaint Auguſtin, faite par guillaume de Flavacour, archevêque de Rouen en 1281, dans lequel on parle du Dé-

» port comme d'un droit établi & perçu depuis
» un. temps immémorial dans l'archevêché de
» Rouen. L'archevêque & l'archidiacre du lieu
» pour la ceffion & la remife de ce droit, re-
» tiennent fept livres dix fous de rente annuelle
» fur la cure de Fréville que le prieur & le cou-
» vent s'obligent de payer tous les ans aux deux
» fynodes.

   » Il exifte dans la facriftie de l'églife métro-
» politaine de Rouen un ancien manufcrit dans
» lequel on trouve une déclaration du chapitre
» datée du lendemain de la fête de faint Martin
» de l'année 1299 , qui fournit une nouvelle
» preuve de l'ancienneté du droit du Déport.

   Voici le fujet de la querelle qui donna lieu à
cette déclaration. Pierre de Nonancourt , archidiacre , avoit joui du tiers du Déport des cures
qui avoient vaqué fous fon prédéceffeur. Cet ancien titulaire repéta les fruits du Déport que
Pierre de Nonancourt prétendit lui appartenir fur
le fondement que la perception des Déports de
cures vacantes fous fon prédéceffeur ne pouvoit
avoir lieu en faveur de l'ancien titulaire dans le
temps où il ne poffédoit plus l'archidiaconé. Sur
cette conteftation il intervint un acte du chapitre
qui affigna à l'archidiacre les fruits du Déport
des cures vacantes depuis le temps feulement
qu'il étoit revêtu de cette dignité.

   En l'année 1327, Guillaume de Durfort, archevêque de Rouen , lors de l'union de l'églife
de Bléville , doyenné de faint Romain , au
prieuré du Val-aux-malades confirma l'ancienneté de l'ufage du Déport; puifqu'en déclarant
cette cure exempte de ce droit, il fe réferve
douze livres de rente annuelle, favoir huit livres
                         pou

pour lui & quatre livres pour l'archidiacre du
feu.

En l'année 1333 , Roger archevêque de
Rouen en uniffant l'églife paroiffiale de Forme-
ot (doyenné du Ponteau-de-mer) à l'abbaye
de Jofaphat-lès-Chartres ordre de faint Benoît,
teint pour fe dédommager dé la perte du droit
de Déport fur cette cure pour lui & fes fucceffeurs une rente annuelle de quinze livres , & il
déclara que la vicairie perpétuelle feroit fujette
au droit de Déport comme les églifes de la ville
& diocéfe de Rouen.

Dans l'acte d'union de la cure de Notre Dame
des Champs, doyenné de Gamaches , au chapitre de Bayeux faite en 1391 , le chapitre de
Bayeux s'obligea de payer tous les ans pour tenir
lieu du Déport, la fomme de quatre livres à l'archevêque & de deux livres à l'archidiacre, & de
fournir au vicaire perpétuel une portion des
fruits & revenus de la cure.

Lorfqu'il fut queftion de réunir l'églife de
Linneville doyenné de faint Romain au collège
de M. Gervais , *Emery* , évêque de Paris , après
information ne put paffer outre à l'exécution
de la bulle d'union fans avoir traité pour le droit
de Déport. L'arrangement fut fait à condition
que l'archevêque de Rouen perceveroit à l'avenir fix livres de rente annuelle fur la cure de
Linneville pour tenir lieu du Déport & l'archidiacre trois livres. L'acle qui contient ces conditions eft du 10 avril 1374.

Dans l'acte d'union de l'églife de faint Eufta-
che en la Forêt, doyenné de faint Romain, au
prieuré du Val-aux-malades, qui a pour date le
8 avril 1387 , Guillaume de Leftranges , arche-

Tome XVIII. N

vêque de Rouen, se réserva au lieu du Dépor
une pension annuelle de neuf livres, savoir, po
lui six livres & trois livres pour l'archidiacr

.On trouve la même condition dans l'a
d'union de l'église paroissiale de saint Martin
la Poterie, doyenné de saint Romain, au prieu
de Notre-Dame Duboscq ordre de saint Ben
de l'année 1387. Le même archevêque de Rou
fut commis pour l'exécution de la bulle de C
ment VII, & l'abbé & les religieux de Valmo
donnèrent pouvoir au prieur & aux religi
de saint Martin de consentir la réserve de tr
livres de pension, savoir, deux livres pour l'
chevêque & une livre pour l'archidiacre po
tenir lieu du droit de Déport, & à la charge
la vicairie perpétuelle demeureroit sujette
Déport comme les autres bénéfices du dioc

Après la mort de Guillaume de Lestrange
s'éleva une contestation entre ses héritiers,
exécuteurs de son testament, Guillaume
Vienne son successeur, & les collecteurs
annates de Clément VII pour la perception
Déports des cures qui avoient vaqué dans
temps où Guillaume de Lestranges étoit enc
vivant. Chaque partie prétendoit avoir le dr
d'en percevoir les fruits. Charles VI donna
1389 des lettres patentes par lesquelles il ma
tint les héritiers & les exécuteurs testamentai
Ces lettres sont en original dans les archives de
chevêché de Rouen : il est important d'obser
qu'on y a rappelé tous les titres qui établissent l'
cien usage du Déport en Normandie & les dif
rens actes qui l'ont confirmé. L'archevêque
Narbonne écrivit & même de l'ordre exprès
Clément VII, une lettre aux collecteurs & so

collecteurs des annates sur les plaintes que Guillaume de Vienne avoit portées contre eux, parce qu'ils vouloient prendre les annates du pape dans la première année de la vacance des bénéfices & avant le Déport ; par cette lettre l'archevêque de Narbonne leur déclara que la volonté du pape étoit que l'archevêque de Rouen jouît de son droit pendant la premiere année de la vacance des bénéfices, & qu'ils ne perçuffent l'annate de la chambre apostolique que l'année suivante & après la perception du droit de Déport dû à l'archevêque. Cette lettre est du 8 mars 1394.

Après avoir rapporté les titres qui établissent l'ancien usage du Déport dans la province de Normandie avant la publication de la pragmatique, il nous reste à rappeler ceux qui attestent que ce droit a toujours été perçu depuis cette époque.

Les archives de l'archevêché de Rouen sont remplies de *cartulaires* qui contiennent les comptes rendus d'année en année depuis un temps immémorial. On voit dans ces comptes que la recette des Déports fait la portion la plus considérable des revenus de l'archevêché. On trouve aussi dans les registres des officialités une multitude de sentences d'adjudication de Déports.

Si le Déport a pour base une foule de titres particuliers & une possession qui se perd dans la nuit du temps, il a encore été confirmé par la jurisprudence.

Forget dans son traité des personnes & des choses ecclésiastiques chapitre 41 ; Blondeau dans sa bibliothèque canonique au mot *Déport* ; Tournet dans son recueil d'arrêts lettre D n°. 80 ;

Chopin dans sa police ecclésiastique liv. prem
tit. 8 n°. 9 & 10 & liv. 3 n°. 5 rapport
plusieurs arrêts ; mais comme Brodeau sur Lo
lettre D som. 62 n°. 6 en a fait un précis, n
croyons quil suffit de transcrire les expressi
dont cet auteur se sert : » en toute la Norma
» die (dit il) le Déport a lieu & se leve indist
» tement, non seulement en cas de décès, m
» même de résignation en faveur & démiss
» pure & simple, comme il est remarqué
» la glose de la pragmatique sanction, titre
» annates.

» Cet auteur ajoute, que ce droit de Dép
» en Normandie qui se leve par les évêques d
» césains pour les deux tiers, & par les archid
» cres pour l'autre tiers a été confirmé par ar
» du parlement de Paris, donné au profit de
» Jacques Dangennes, évêque de Bayeux, co
» tre M. Taron, prieur curé de saint Vigor-
» Grand, le 7 mars 1617 sur les conclusions
» M. l'avocat général Servin, par lui inférées
» cinquième volume de ses plaidoyers, pl
» doyer 5. Ce magistrat allégua pour fondeme
» de ces conclusions quatre arrêts, deux du pa
» lement de Rouen, l'un de l'an 1517 porta
» que le fermier des terres dépendantes d'un b
» néfice cure, situé dans le diocèse de Rou
» tombé en Déport seroit tenu d'en laisser
» jouissance au déportuaire en lui rendant l
» labours & semences ; l'autre du 19 févri
» 1576, au profit de M. Bernardin de sar
» François, évêque de Bayeux, demandeur po
» raison du Déport de la cure de saint Oue
» des Perriers en Bessin, vacante par la ré
» gnation d'un sieur Aubert, contre le sie

»Jean de la Loude son successeur, & cita deux
»autres arrêts rendus au grand conseil le pre-
»mier du 20 février 1585 en faveur de M. l'é-
»vêque de Seez, l'autre du 13 novembre 1586
»en faveur de M. l'archevêque de Rouen.

» Le même auteur ajoute encore qu'en Nor-
»mandie les bénéfices tant cures qu'autres sont
»d'un bon revenu, c'est pour quoi, (dit-il) le
»droit de Déport y a été favorablement reçu
»pour aider à entretenir la dignité des évêques,
»lequel droit est fondé en usage & possession
»immémorial. Ce droit en Normandie est si fa-
»vorable que pendant l'année d'icelui les fruits
»de la cure ne peuvent être saisis même pour
»les réparations de l'église paroissiale, comme
»il a été jugé au profit de M. l'évêque de Bayeux
»par arrêt infirmatif de la sentence du bailli de
»Caen le 3 août 1620.

Parcourons maintenant les différens genres de
vacance des bénéfices qui peuvent donner ouverture au droit de Déport.

La glose, sur la pragmatique sanction, au mot
Permutation, titre des *Annates*, examine si le
Deport doit avoir lieu dans la vacance pour
cause de permutation. Après avoir traité l'affirmative & la négative de cette proposition, elle
décide qu'il ne doit point, selon l'exacte équité,
avoir lieu dans ce cas, & elle cite à l'appui de
cette décision plusieurs dispositions du droit canonique qui ont déchargé de l'annate les bénéfices; mais elle ajoute *que le contraire est observé
en Normandie.*

La jurisprudence du parlement de Paris n'est
pas conforme à celle du parlement de Rouen.
Soëfve rapporte en effet un arrêt du 3 décembre

1664, qui a jugé qu'il n'y avoit pas lieu au droit de Déport réclamé par le chapitre de Lizieux, à cause d'une permutation faite par un chanoine de cette église, quoique le chapitre soutînt être fondé en privilége & en possession de prétendre ce droit lors de la vacance des bénéfices qui dépendoient de lui.

On trouve un autre arrêt du parlement de Paris du 17 décembre 1652 dans le journal des audiences, par lequel les archidiacres de Soisson ont été maintenus dans la jouissance du droit de Déport sur toutes les cures régulières & séculières, excepté celles dont les titulaires auroient été pourvus par permutation ou résignation.

Hévin, dans ses remarques sur le recueil des arrêts du parlement de Bretagne par Frain, tome premier, page 184, dit, « qu'en Bretagne il n'y » a point d'autres annates ou Déports que ceux » qui sont dûs à quelques fabriques des églises » cathédrales, pour être employés aux répara » rations desdites églises; & que le motif des » bulles qui autorisent ce droit, est fondé sur ce » que ces églises sont situées dans le voisinage de » la mer; ce qui les expose à de fréquentes ré » parations. C'est aux églises ainsi situées qu'on » doit attribuer ce que dit M. Louët lettre D » N. 62, qu'en Bretagne la plupart des chapitres » sont fondés à percevoir les droits d'annates ».

Cependant la perception n'y est pas uniforme & elle n'a pas lieu pour tous les genres de vacances, à moins que le titre ne le porte expressément. Le même auteur ajoute que cette espèce de Déport ne se lève qu'après avoir laissé la portion congrue au pourvu. C'est ce qu'a jugé le parlement de Rennes par un arrêt du 17 août

1657, rendu entre le chapitre de Saint-Malo &
le vicaire perpétuel de Migni, qui avoit joui jufqu'alors par un concordat, d'une fomme plus
confidérable que la portion congrue. Les prélats
voulant étendre leurs droits de Déport, ont
prétendu qu'ils devoient jouir de ce droit à toute
vacance. Ils ont même foutenu que lorfqu'une
cure vaquoit plufieurs fois pendant une année
par différentes réfignations ou permutations, il
leur étoit dû autant de Déports qu'il y avoit eu
de vacances ; mais c'eft un principe certain qu'on
ne peut percevoir deux Déports pendant deux
années confécutives, parce qu'il n'eft dû qu'un
feul Déport, quoique dans une même année &
même avant la fin de celle du Déport, le bénéfice ait vaqué plufieurs fois. Ce principe eft fondé
fur la pragmatique au titre des annates, & la
glofe au mot *Solvatur*, le décide formellement.
C'eft auffi le fentiment de Pinfon dans fes annotations fur cette glofe. Plufieurs auteurs, entr'autres *Pontanus* fur la coutume de Blois, font
du même avis. Ainfi quoiqu'un bénéfice ait vaqué deux fois dans une année, l'évêque ne peut
prétendre qu'un feul Déport. C'eft encore l'avis
de Forget dans fon traité *des perfonnes & des
chofes eccléfiaftiques ;* & de Blegnian *dans fa pratique bénéficiale.*

On trouve dans les nouveaux mémoires du
clergé, tome premier, page 1859, un arrêt du
10 décembre 1675, par lequel il a été jugé que
dans le cas d'une double vacance d'une même
prébende de l'églife de Paris, l'abbé de Saint-
Victor ne peut prendre qu'un feul droit de vacance ; & qu'à l'égard de l'annate, il n'en eft

point dû deux dans le cas de double vaca[n]
durant le cours d'une année.

Les deniers des annates du chapitre de Rou[en]
appartiennent à la fabrique & doivent être e[m]
ployés aux réparations & aux ornemens [de]
l'église, & non à groffir le revenu des cano[ni]
cats.

L'annate ne fe paye à Rome qu'une fois ; [en]
forte que fi le titulaire mouroit dans la mê[me]
année, il n'y auroit qu'une annate ; & s'il [y]
avoit des bulles expédiées, le fecond pour[roit]
feroit affranchi de cette dépenfe ; il n'y aur[oit]
que les frais des *regiftrateurs, fcripteurs & au[tres]*
officiers qu'il faudroit payer.

On a agité la queftion de favoir fi l'adjudi[ca]
taire du Déport étoit obligé d'exécuter les ba[ux]
du domaine de la cure faits par le curé décéd[é]
& cette queftion a été décidée en faveur de l'a[d]
judicataire. Forget, dans fon traité des perfon[nes]
& des chofes eccléfiaftiques, chapitre 41, n. [7]
rapporte en effet un arrêt du parlement de Rou[en]
du 12 mai 1517, par lequel « il a été jugé ap[rès]
» des informations faites fur l'ufage allégué, q[ue]
» le fermier des terres ou domaine des bénéfi[ces]
» en Déport dans le diocèfe de Rouen, éto[it]
» tenu de laiffer la terre & l'ufufruit au dépo[r]
» tuaire, quoique le fermier eût fait les labou[rs]
» & employé les engrais & femences fur la ter[re]
» & que le déportuaire feroit tenu feulement [de]
» rendre au fermier fes cultures, labours, f[e]
» mences & engrais.

« Mais, (dit Routier), comme cette juri[f]
» prudence n'eft fondée que fur l'ufage établi [au]
» diocèfe de Rouen, il femble qu'elle ne d[oit]
» point tirer à conféquence pour les autres di[ocèfes]

» cèfes de la province, à moins que le même
» ufage n'y foit établi, 1°. en ce que le proprié-
» taire même n'eft pas recevable à dédommager
» fon fermier pour les héritages de la campagne ;
» 2°. parce que le fucceffeur par mort, qui n'eft
» point obligé d'entretenir le bail de fon prédé-
» ceffeur, s'y trouve obligé pour l'année cou-
» rante ; 3°. parce que par les édits portant
» création des économes fequeftres des mois de
» décembre 1691, & mars 1708, il eft porté
» qu'ils feront obligés d'entretenir les baux faits
» par le dernier poffeffeur du bénéfice pour l'an-
» née courante ».

On a fouvent élevé des difficultés pour favoir
devant quels juges on devoit porter les conteftations concernant les Déports ; mais c'eft un
principe certain que la compétence de ces diffé-
rends appartient au juge royal & non à l'official,
quoique l'adjudication puiffe être faite devant le
juge eccléfiaftique (*). Le curé titulaire ne peut

(*) Lorfque l'adjudication eft faite en Normandie, après
la faint-Jean-Baptifte qui fuit l'ouverture du Déport, on ne
l'envifage que comme un marché, parce qu'alors les fruits
font réputés meubles par la coutume, c'eft pourquoi la
ceffion en peut être faire fous fignature privée, & le droit
de contrôle n'en peut être exigé que conformément à l'article 61 du tarif du 29 feptembre 1722. C'eft ce qui réfulte
d'une décifion du confeil du 18 feptembre 1728.

Mais fi cette ceffion a lieu avant la faint-Jean, on la
confidère comme un bail & le droit du contrôle en eft dû
fur le pied réglé par l'article 15 du tarif.

Quand l'adjudication fe fait devant l'official ou le vice-
gérent, c'eft un acte volontaire du genre de ceux qui peuvent être faits par devant notaires : ainfi le greffier eft obligé
de la faire contrôler dans la quinzaine. Le confeil l'a ainfi

pas prétendre la préférence du Déport après le
bail ou l'adjudication, quoiqu'il offre le tierce-
ment, parce que la léfion n'a point lieu dans ces
fortes de baux, quand elle feroit *ultra dimidiaire*.

---

décidé le 29 juillet 1747 contre le fieur Philippe, greffier
de l'officialité de Seez.

Une ordonnance de l'intendant de Rouen du 15 novembre 1749 a enjoint au greffier de l'officialité d'Evreux de
remettre au fermier du domaine un état des adjudications
de Déport faites devant l'official, pour en être les droits de
contrôle acquités : il a d'ailleurs été ordonné au même greffier de faire contrôler à l'avenir ces adjudications dans la
quinzaine & d'en payer les droits fous peine de nullité & de
200 livres d'amande pour chaque contravention : la même
ordonnance a en outre fait défenfe fous les mêmes peines,
an greffier des infinuations eccléfiaftiques d'infinuer ces fortes d'actes avant qu'ils aient été contrôlés.

Deux arrêts du confeil des 8 juin 1706, & 10 février
1711 ont déchargé les adjudicataires des fruits & droits de
Déport dans les diocèfes de Rouen & de Séez, du payement
des fommes auxquelles ils avoient été impofés aux rôles
des tailles ou autres impofitions pour raifon de leurs adjudications. Et par un autre arrêt du 19 feptembre 1724, revêtu de lettres-patentes du 14 janvier 1725, enregiftrées à
la cour des aides de Normandie, la même chofe a été décidée en faveur des adjudicataires du droit de Déport dans
le diocèfe d'Evreux, à condition que l'adjudication n'auroit
lieu qu'après la faint-Jean-Baptifte poftérieure à l'ouverture
du Déport, attendu que ce jour les fruits font réputés meubles en Normandie, & qu'il ne s'agit par conféquent que
d'adjudications purement mobilières.

Il réfulte par conféquent de ces arrêts que l'adjudication
d'un Déport faite après que les fruits font réputés meubles,
eft un fimple marché ; & que quand elle a lieu avant cette
époque, on doit la confidérer comme un bail qui affujettit
le preneur aux règles ordinaires établies pour les baux des
revenus des gens de main-morte. *Voyez* BAIL. (*Note de
l'éditeur.*)

C'eſt ce qui a été jugé le 3 avril 1664, par un arrêt que rapporte Baſnage ſur l'article 3 de la coutume de Normandie. Par cet arrêt, il fut ordonné que le bailli connoîtroit de la conteſtation & non l'official, dont la procédure fut caſſée ; il fut dit en outre, que le curé ne pouvoit demander la préférence, & qu'il avoit ſeulement le droit d'être préféré pour la deſſerte.

Quant à la durée du Déport, elle dépend de l'uſage particulier des diocèſes. A Paris les archidiacres prétendent le droit de Déport ſur toutes les cures qui vaquent depuis le jour des Cendres juſqu'au jour de ſainte Croix.

Dans la plupart des autres diocèſes où le Déport a lieu, il ne commence qu'au mois d'avril, mais il ne ſubſiſte que pendant la vacance, c'eſt-à-dire, juſqu'à ce que le bénéfice ſoit rempli & que le titulaire ait pris poſſeſſion. Quand il y a un litige ſans fraude, le Déport ne ſubſiſte que juſqu'à la recréance.

En Normandie, dans tout genre de vacance indiſtinctement, le Déport dure un an ; c'eſt-à-dire que l'évêque pour les deux tiers, & l'archidiacre pour un tiers, jouiſſent pendant une année entière de toutes les dixmes, profits, fruits, revenus & émolumens des bénéfices-cures qui deviennent vacans & qui ſont ſujets à ce droit. Les cures de la ville & des fauxbourgs d'Evreux ſont exceptés de cette règle. Le Déport n'y a lieu que pendant ſix ſemaines.

Le commencement de la jouiſſance de l'année du Déport ſe règle en Normandie ſur les différens uſages des diocèſes. L'année du Déport commence dans le diocèſe de Rouen la veille de Noël, & finit le même jour de l'année ſuivante.

Il faut excepter de cette règle les cures de la
ville de Rouen & du Vexin françois, où le Déport commence le jour même de la mort du titulaire.

Dans le diocèse d'Evreux, l'usage est de fixer
l'ouverture du Déport au dimanche appelé *La-
sare*, & de le finir le même jour de l'année suivante.

A l'égard des autres diocèses, tels que Bayeux
Séez, Lizieux, Coutances, Avranches, le Déport commence & finit la veille de la Circonci-
sion dans les uns, & la veille de Pâques dans
les autres.

C'est un principe certain que les fruits des bénéfices-cures sont acquis aux héritiers des titulaires décédés après le dimanche de Pâques,
jour auquel ces titulaires gagnent les fruits de
leurs bénéfices ; mais dans ce cas, leurs héritiers
sont obligés de faire desservir les bénéfices jusqu'à la veille de Noël. Si le curé décéde entre
Noël & Pâques & avant d'avoir acquis les fruits
de son bénéfice à ses héritiers, dans ce cas
l'année du Déport est ouverte du jour de sa
décès au profit de l'évêque & de son archidiacre
& ce sont eux qui sont obligés de faire desservir
le bénéfice-cure.

En matière de vacance par démission pure &
simple, dès l'instant qu'elle est admise par le supérieur, le titulaire n'a plus ni titre ni possession
& il est privé de fait & de droit de son bénéfice
c'est le sentiment de Flaminius dans son traité des
résignations, livre premier, question 5 & 6
Ainsi dès ce moment le Déport est ouvert, &
l'archidiacre est obligé de le faire desservir.

On suit la même règle dans le cas de la rési-

nation en faveur & de la permutation, quand
le réfignataire ou le co-permutant a pris poffeffion du bénéfice réfigné ou permuté.

En Normandie, le droit de Déport fe donne
à l'encan au plus offrant & dernier enchériffeur ;
ce qui s'appeloit autrefois *fubhaftation*. On trouve
ce terme fréquemment employé dans les anciennes provifions, pour fignifier l'exemption du droit
de Déport.

Dumoulin, dans fes notes fur le chapitre 4
des extravagantes, propofe la queftion fuivante :

» Lequel, du titulaire ou de l'adjudicataire
du Déport, doit payer pendant l'année du Déport les charges ordinaires des bénéfices, telles
que les décimes, &c. Ce jurifconfulte célèbre
décide que toutes ces charges doivent être payées
par l'adjudicataire du Déport.

En effet, quoique le droit de perception du
Déport foit plus ancien que celui de la penfion,
ce n'eft pas une raifon d'en décharger le déportuaire ; car une penfion canonique créée par le
fupérieur légitime, eft confidérée comme une
charge du fruit du bénéfice : c'eft ce qui a été jugé
par un ancien arrêt du parlement de Rouen du
24 mars 1628, rendu contre le receveur des
Déports de ce diocèfe. Ainfi ceux qui ont le droit
de Déport ne doivent pas prétendre être déchargés de la penfion, puifque les fruits de l'année du
Déport ne leur appartiennent qu'aux conditions
de payer les décimes, le don gratuit & les autres
charges impofées fur le bénéfice. Auffi dans le bail
ou dans l'adjudication du Déport a-t-on foin de
charger le fermier déportuaire de toutes les impofitions. Si l'on n'a pas inféré cette claufe dans
le bail, l'adjudicataire eft pareillement obligé de

payer ; mais il a le droit d'imputer fur le prix de fon bail ce qu'il a payé.

Par arrêt du parlement de Rouen du 29 juillet 1627, il a été jugé que le Déport étoit dû à celui qui étoit fermier lors du Déport échu, & non à celui qui l'étoit en l'année où les fruits ont été perçus.

Par un autre arrêt du même parlement du 20 mars 1696, rendu entre M. l'évêque de Bayeux & madame l'abbeffe de la Sainte - Trinité de Caen, la cure féculière de faint Gilles, (fur laquelle M. l'évêque de Bayeux prétendoit le Déport,) fut déclarée exempte de ce droit conformément aux conclufions de M. l'avocat général de Ménibus. Ce magiftrat obferva, « que le Déport n'étant fondé en Normandie que fur l'ancien ufage, il falloit que l'évêque pour y être maintenu, eût joui de ce droit fur l'églife qui le lui conteftoit ; car on n'acquiert point de prefcription fans poffeffion ».

Par arrêt du parlement de Paris du 17 mars 1617, l'évêque de Bayeux a été maintenu dans le droit de Déport fur la cure de Saint-Vigor.

Par un autre arrêt du même parlement du décembre 1664, il a été jugé qu'il n'y avoit pas lieu au droit de Déport prétendu par le chapitre de Lizieux, à caufe d'une permutation faite par un chanoine de ce chapitre contre un autre bénéfice.

Il y a en Normandie plufieurs cures régulières exemptes du droit de Déport. Nous allons rappeler les arrêts qui établiffent ce privilége.

Par arrêt du parlement de Rouen du 17 janvier 1603, rendu entre D. Antoine Belanger, religieux de Sainte-Barbe en Auge, prieur de Bray, & le sieur Jean Longuet, receveur des Déports du diocèse de Bayeux, une sentence de l'official qui avoit déclaré ce religieux soumis au droit de Déport, fut infirmée.

Par un autre arrêt du même parlement du 6 février 1632, rendu entre Julien Pegat, chanoine régulier de Saint-Augustin, appelant comme d'abus de la saisie & adjudication du Déport du prieuré de Précorbin, faite en l'officialité de Bayeux le 13 octobre 1629, renvoyé en ce parlement par arrêt du conseil d'état privé du 27 juin 1631, & Jaques d'Angennes, évêque de Bayeux, on prononça « qu'il avoit été mal, abu-»sivement & nullement procédé par l'official de »Bayeux ; cassant & annullant l'adjudication du »Déport par lui faite, & déclarant ledit dom »Pegat exempt du Déport ».

Par un autre arrêt du parlement de Paris du 6 mai 1634, entre le sieur Jacques Chalot, pourvu du prieuré de Saint-Front, appelant d'une sentence rendue par le bailli d'Alençon, le sieur Noël Goupil, & le sieur Nicolas Hairol, le premier official, & le second archidiacre au Mans, l'appellation fut mise au néant, & le sieur Chalot fut déchargé du Déport.

Par un autre arrêt du parlement de Rouen du 5 décembre 1689, rendu en faveur de dom Guillaume Auffray, religieux régulier de Saint-Augustin, curé de Tourville, appelant comme d'abus de l'ordonnance de M. l'evêque de Coutances du dernier décembre 1688, « il fut dit »qu'il avoit été mal, nullement & abusivement »jugé par l'ordonnance dudit sieur évêque ; ce

» faifant, ledit Auffray, curé de Tourville, fut
» déchargé du droit de Déport & renvoyé des-
» fervir ladite cure ».

« Enfin par un arrêt du grand confeil du 23
novembre 1708, rendu en faveur du fieur Jac-
» ques Morel, prieur-religieux de l'abbaye de
» Belle-Etoile, commis par le chapitre général
» de fon ordre pour pourfuivre l'exemption des
» droits de Déport fur tous les bénéfices dépen-
» dans de l'ordre des Prémontrés de l'ancienne
» obfervance, demandeur en requête & com-
» miffion du confeil du 17 mai 1706, à ce que
» les bénéfices dudit ordre, diocèfe de Séez,
» fuffent déclarés exempts de tous droits de Dé-
» port ; que les baux à ce contraires fuffent dé-
» clarés nuls, comme contraires à l'exemption
» immémoriale de fon ordre ; qu'enfin les infti-
» tutions & collations de l'évêque de Séez &
» des grands vicaires, portant que les pourvus
» des bénéfices de l'ordre ne pourroient, fous
» peine de fufpenfe, les deffervir fans une com-
» miffion fpéciale de lui évêque de Séez ; le grand
» confeil faifant droit fur l'inftance, caffa, ré-
» voqua & annulla les baux & traités faits pour
» les prétendus droits de Déport, fit défenfe au
» fieur d'Aquin évêque de Séez, ainfi qu'à l'ar-
» chidiacre, d'exiger les fommes mentionnées
» dans lefdits baux, & renvoya fur les autres
» demandes de Jacques Morel les parties hors
» de cour & de procès ».

Cette jurifprudence du grand confeil n'eft pas
conforme à celle du parlement de Paris. En effet
cette queftion s'étant préfentée le 17 décembre
1652, elle fut jugée en faveur des archidiacres de
Soiffons, fur les conclufions de l'avocat général
Bignon

» Bignon. L'arrêt maintint & garda les archidia-
» cres dans la jouissance & la possession du droit
» de Déport sur les cures tant séculières que
» régulieres, à l'exception de celles dont les
» titulaires seroient pourvus par résignation en
» faveur & par permutation ».

Cet arrêt se trouve au tome premier, partie
première, titre premier, chapitre 3, numéro 14
des anciens mémoires du clergé. Il est rapporté
également par Pinson dans ses notes marginales
sur la glose de la pragmatique, page 112; dans
le journal des audiences, tome premier, livre 7,
chapitre 12; & dans Leprêtre, centurie 2, chapitre 6.

Suivant l'usage de la province de Normandie,
tous les bénéfices-cures séculiers sont soumis à
ce droit, s'il n'y a titre contraire émané de l'é-
vêque & de l'archidiacre, ou à moins qu'ils
n'aient une possession immémoriale d'exemption.
Mais ce droit n'a point lieu pour les chapelles,
ni pour les bénéfices simples, ni pour les hôpitaux. Les titulaires de ces bénéfices jouissent des
fruits du bénéfice, à compter du lendemain du
décès de leurs prédécesseurs. C'est ce qui a été
jugé par le parlement de Rouen le 20 janvier
1541, au profit du sieur de la Boissiere, nouvellement pourvu de la chapelle de Notre-Dame,
fondée en l'autel de l'abbaye de Saint-Amand
de Rouen.

Il y a cependant plusieurs bénéfices-cures du
diocese de Rouen qui sont exempts du droit de
Déport; tels que Déville, Fresne-l'Archevêque,
les cures d'Alliermont & de Sainte-Agathe : l'archevêque étant seigneur temporel de ces pa-

roiffes, leur fait remife du droit de Dépor

Enguerrand de Marigny, fondateur de l'égli d'Écour, a donné aux archevêques de Rouen & aux archidiacres du Vexin, un dédommagemer en fonds de terre, pour l'exemption de cette cure

Les quatre filles de Saint-Vandville ; favoir Caudebec, Saint-Vandville, Vençon & Sainte Gertrude font auffi exemptes du droit de Dépor Ces églifes étoient autrefois des chapelles deffer vies par les religieux de l'abbaye de Saint-Vand ville.

Les églifes d'Andelly & celle de Vefillon dont les archevêques étoient feigneurs tempore avant l'échange qu'ils ont fait avec le roi, joui fent de la même exemption.

Les cures dépendantes de la juridiction chapitre, & celles de l'exemption de St.-Claud le-Viel, ont le même privilége.

Il y a auffi quelques cures qui font exempt du Déport moyennant une rente annuelle qu'ell payent à l'archevêque ainfi qu'à l'archidiacre canton. Telles font les cures de Fauville, Fr ville, Sainte-Marie-des-Champs & autres.

Les cures qui font de l'exemption de Fécamp & dont nous allons rappeler les noms, ne fo point non plus fujettes au Déport. Les dix p roiffes qui font dans Fécamp, Saint-Léger, Sain Nicolas, Saint-Léonard, Sainte-Croix, Sain Fromond, Saint-Etienne, Saint-Thomas, Sain Ouen, Saint-Valery, Saint-Benoît. Les autr font, Notre-Dame d'Elletot, Saint-Martin-de Paluel, Saint-Martin de Ville-Fleurs, Saint-V quier-aux-Plaines, Ingruville, Saint-Valler aux-Plaines, Ventes-P.-R.-Portion, Vente Sec-Por., Maneville-aux-Plaines, Notr

Dame-de-la-Gaillarde, Saint-Pierre-le-Viel, Saint-Pierre-le-Petit, Plaine-Seve, Saint-Aubin-sur-Sye, Saint-Gervais-les-Rouen, Tourville-la-Chapelle, Fontaine-le-Bourg, Trémanville, Limpiville, Evefquemont, Doyenne-de-Meulan.

Il y a auffi des cures de l'exemption de Fécamp, diocèfe de Bayeux, qui jouiffent de ce privilége ; favoir, Saint-Patrice-d'Argenies, Saint Jean, Sainte-Fermentilles-d'Amondeville, Saint-Paër, fauxbourg de Caën, Saint-Thomas-de-Saint-Gabriel, Hainqueville, diocèfe de Lifieux.

Le Déport n'a point lieu pour les cures de l'exemption de Montivilliers ; favoir, les trois paroiffes de la ville, Saint-Sauveur, Saint-Germain, Sainte-Croix. Les autres font, Epouville, Fontenay-en-Caux, Gournay-en-Caux, Gueuleville-ès Plains, Harfleur, Lille-Bonne, Sainte-Marie-Aubofcq, Saint-Martin-du-Manoir, Ocleville, Rolleville, Rouelle, Sanvic & Saint-Paul-les-Rouen.

Il y auffi dans le diocèfe d'Evreux quelques bénéfices exempts du droit de Déport. Il ne dure d'ailleurs, comme nous l'avons obfervé, que fix femaines pour les cures de la ville & des fauxbourgs.

Les cinq appariteurs de l'évêque ; favoir, Reuilly, Broville, Sac, Conde, Angerville.

Les fix cures de Verneuil & de Nonnancourt ; les cures de la Croix, Scandaville, Cailly, Fontaine, Lebourg, la Croix de Saint Leuffroy, ont le même privilége. Les cures de Cefleville, Harcourrouge, Perriers, Cardanville, Bray, Sainte-Colombe-du-Tilleul, Dame-Agnès, Saint-Au-

bin, la Haye, le Comte, font également exemptes. Il y a encore dans les autres diocèfes de
cures qui jouiffent de l'exemption.

Nous finirons par obferver qu'en matière de
Déport on ne peut point tirer de conféquence
de ce qui fe pratique dans un diocèfe, pour établir une règle dans un autre diocèfe. La raifon en
eft que la poffeffion qui peut varier dans les di-
férens diocèfes & même dans les diverfes paroiffes d'un diocèfe, eft le feul principe à fuivre
fur l'objet dont il s'agit. C'eft par conféquent la
poffeffion qui fixe à tous égards le fort du Déport.

DÉPORT DE MINORITÉ. C'eft un droit particulier dans les coutumes d'Anjou & du Maine.
Il attribue la jouiffance des fruits d'une année au
feigneur dominant pour fon droit de rachat du
fief d'un mineur.

Le Déport de minorité a été introduit pour
recompenfer le feigneur du foin qu'il doit prendre de faire nommer un curateur à fon vaffal mineur, lorfque fon père & fa mère, auxquels la
coutume défère la garde, s'en abftiennent ou
s'en déportent ; ainfi le feigneur ne peut prétendre le droit de Déport de minorité, fi le père
& la mère de fon vaffal mineur ont fait la foi &
hommage & accepté la tutelle ; parce que (dit
Brodeau fur l'article 119 de la coutume du
Maine), l'hommage ayant été fait, le fief eft
couvert.

Ce droit eft fondé fur l'article 107 de la coutume du Maine, & fur l'article 119 de la coutume
d'Anjou.

Quelques feigneurs ont voulu l'étendre & ob-

prétendu qu'il devoit avoir lieu pour tous les héritages qui étoient échus par succession aux mineurs ; mais les commentateurs de ces coutumes décident le contraire.

Dupleffis & les autres commentateurs penfent qu'il faut le concours de plufieurs circonftances pour que le Déport de minorité puiffe avoir lieu.

1°. Il faut que le vaffal foit mineur, c'eft-à-dire qu'il n'ait pas atteint l'âge de vingt ans, fi c'eft un garçon, & celui de quatorze ans fi c'eft une fille ; parce que la minorité féodale finit à ces deux époques.

2°. Il faut que fon père ou fa mère n'aient pas accepté la garde.

3°. Il faut que le tuteur du mineur ait rendu la foi & hommage au feigneur du fief.

Le feigneur peut forcer le tuteur de fon vaffal mineur à lui rendre la foi & hommage, & ce n'eft que de l'inftant qu'elle lui a été rendue qu'il y a ouverture à fon droit de Déport ; car fi le feigneur négligeoit de fe faire rendre la foi & hommage pendant la durée de la tutelle, & que le vaffal mineur eût atteint fa majorité fans avoir été forcé de fatisfaire à cette obligation dans la perfonne de fon tuteur, le feigneur feroit privé du droit de Déport.

Suivant l'article 119 de la coutume du Maine, le feigneur, en vertu de fon droit de Déport, jouit de tous les fruits du fief qui n'eft point tombé en garde noble, *à charge par lui*, (porte cet article), *de bailler provifion au mineur à l'ordonnance de juftice, tout ainfi qu'eût été tenu de faire le bail* (c'eft-à-dire le gardien) *s'il eût accepté & recueilli la garde.*

Suivant l'article 107 de la coutume d'Anjou
le Déport de minorité n'attribue au seigneur féo
dal que *les deux parts d'un an* ; *l'autre est réservé*
pour la nourriture du mineur ; c'est-à-dire que le
seigneur ne peut jouir que des deux tiers des
fruits d'une année du fief, & que l'autre tiers
doit être employé pour la nourriture & l'entre
tien du mineur.

D'après la disposition de cet article, il ne peu
y avoir aucune difficulté sur la somme que le
seigneur est obligé de fournir pour la nourriture
du mineur. Elle est fixée au tiers du revenu
mais il n'en est pas de même de l'article 119 d
la coutume du Maine. Cet article laisse à l'arbi
trage du juge la fixation de la provision. Delà
résulte que si le seigneur refuse de fournir un
somme suffisante, le tuteur peut s'adresser à
justice & lui demander de fixer la provision q
est due suivant le vœu de la loi.

Après avoir rappelé les principes particulie
au Déport de minorité, il convient de rapporte
les différens arrêts qui ont été rendus sur cet
matière.

« Brodeau, sur l'article 119 de la coutum
» du Maine, cite un arrêt sans date, qu'il d
» avoir été rendu en faveur du sieur de Charm
» cé, curateur des demoiselles de Feuillée. Voi
» l'espèce de cet arrêt. Le sieur du Coudray avo
» laissé deux filles mineures ; sa veuve en avo
» accepté le bail, (c'est-à-dire la garde),
» ensuite elle se remaria. On nomma un curate
» aux deux filles mineures ; la demoiselle de
» Fougére à qui appartenoit la châtellenie
» Saint-Denis, dont relevoit la terre du Cou

» dray, prétendit droit de Déport ; le sieur de
» Charnacé, curateur des mineures, soutint que
» le Déport n'étoit point dû en ce cas, & obtint
» arrêt en sa faveur. Cet arrêt (ajoute le com-
» mentateur) est suivant l'intention de la cou-
» tume ».

Chopin, sur la coutume d'Anjou, cite un
arrêt dont il ne rapporte ni l'espèce ni la date,
qui a jugé que les seigneurs pouvoient prétendre
le droit de Déport sur tous les héritages féodaux
échus à leurs vassaux mineurs. Cet auteur dit
seulement que cet arrêt a été rendu en faveur
de Charles de Lorraine, duc de Mayenne, contre
Ivonne le Pore. Mais cet arrêt dont nous igno-
rons les circonstances, est contraire au sentiment
de tous les commentateurs.

» Cependant Brodeau cite un arrêt rendu le
3 avril 1635, qui a confirmé une sentence des
» requêtes du palais, qui avoit condamné Jac-
» ques Héraut, marquis de Vibrais, tuteur des
» mineurs de Henri de Groignet de Vassé, suc-
» cesseur de la terre de Vassé-Roussé, a payer
» le droit de Déport au baron de Sillé, dont la
» terre de Vassé étoit mouvante. Par cet arrêt
» (dit le commentateur), on ne voit pas bien le
» fait. Comme il est opposé au texte de la cou-
» tume, on doit suivre cette loi & lui donner la
» préférence sur des arrêts isolés ».

Par arrêt du grand conseil du 30 mars 1695,
rendu en faveur du duc de Mazarin, il fut ordonné « qu'il seroit payé des revenus des terres
» relevantes de son duché, déduction faite des
» charges réelles & foncières, si aucunes étoient
» dûes ».

Plusieurs auteurs ont prétendu que le droit de Déport de minorité étoit tombé en désuétude, & qu'il avoit été abrogé par l'usage contraire; mais des arrêts recens ont prouvé que cette opinion étoit une erreur. En effet par arrêt rendu le 22 juillet 1729, le droit de Déport a été confirmé en faveur de M. d'Armaillé, seigneur de l'Ile Toison, dans le territoire de la baronie de Craon en Anjou.

Par arrêt du 19 février 1745, M. le duc de la Trèmoille a été condamné à payer ce droit au receveur des domaines de la généralité de Tours, pour les fiefs qu'il possède dans la coutume du Maine.

Par autre arrêt du 15 décembre 1747, les fermiers des domaines du roi ont obtenu une condamnation semblable contre madame la duchesse de Mazarin.

Enfin par arrêt du 22 janvier 1756, le tuteur des mineurs de M. d'Armaillé, a été condamné à payer ce droit pour la baronie de Craon, au receveur des domaines de la généralité de Tours.

On lit dans les arrêtés de M. de Lamoignon, « que le droit seigneurial de Déport devroit être » abrogé; & que par le refus du père ou de la » mère survivant d'accepter la garde, les en- » fans ne devroient plus tomber en la garde du » seigneur ».

DÉPORT D'UN JUGE. On appelle ainsi l'acte par lequel un juge déclare qu'il n'entend point connoître de l'affaire portée devant lui à cause de quelque raison particulière qui l'en empêche & pourquoi il pourroit être récusé.

« Tout juge, (fuivant l'article 17 du titre 24
» de l'ordonnance de 1667), qui fait caufes de
» récufation valables dans fa perfonee, eft tenu,
» fans attendre qu'elles lui foient propofées, d'en
» faire la déclaration qui doit être communiquée
» aux parties ».

Suivant la difpofition de l'article 18 du même
titre, « aucun juge ne peut fe déporter du
» rapport & jugement des procès, qu'après avoir
» déclaré en la chambre les caufes pour lef-
» quelles il ne peut demeurer juge, & que fur
» fa déclaration il n'ait été or donné qu'il s'ab-
» ftiendra ».

Il réfulte des articles que nous venons de rapporter, deux vérités que les juges ne doivent
jamais perdre de vue. La première eft qu'ils ne
peuvent connoître d'une affaire lorfqu'ils favent
qu'ils peuvent être légitimement récufés. Ils
ne doivent pas même attendre que les parties
propofent contre eux des moyens de récufation ;
l'ordonnance leur impofe l'obligation de fe déporter eux-mêmes, quand même les caufes légitimes de leur Déport feroient inconnues aux
parties.

La feconde vérité eft que les juges ne peuvent
fe déporter que lorfqu'ils ont des motifs légitimes, & qu'ils ont fait décider par leur compagnie qu'ils doivent s'interdire la connoiffance de
l'affaire. Ainfi tout juge qui croit avoir des moyens
de recufation, doit les propofer à fa compagnie,
& fe conformer à fa décifion.

Nous avons fur cette matière plufieurs arrêts
qu'il eft important de connoître.

L'un du 26 avril 1701, enjoignit au lieu-

tenant-criminel de Fontenay-le-Comte, de
se déporter lorsqu'il se trouveroit débiteur de
l'une des parties ; & faute par lui de s'être déporté dans l'affaire jugée par cetarrêt, la procédure qu'il avoit faite fut déclarée nulle.

En 1754, les juges de la sénéchauffée de
Montmorillon se récusèrent pour cause de pa-
renté. Le sénéchal seul prétendit avoir le droit
de connoître de l'affaire ; mais ayant été récusé
par une des parties, il se déporta. Tous les juges
de cette jurisdiction ne pouvant connoître de la
contestation, c'étoit aux avocats à les remplacer.
Le procureur d'une des parties adressa en conséquence une requête au plus ancien des avocats.
Quelques-uns des juges jaloux de leurs prérogatives, s'assemblèrent & rendirent une sentence
le 26 juin 1754, « par laquelle ils firent défense
» aux avocats de faire aucune fonction de juge,
» d'appointer des requêtes, à moins qu'elles ne
» fussent adressées au sénéchal, & qu'il n'y eût
» un Déport de tous les officiers du siége ; ils
» firent même défense aux procureurs de se con-
» tituer sur les demandes qui seroient formées en
» vertu d'une ordonnance rendue par un avocat,
» & ils interdirent le procureur qui avoit signé
» la requête ».

Les avocats de Montmorillon & le procureur
interdit, regardèrent cette sentence comme un
abus d'autorité, & ils en interjeterent appel au
parlement de Paris ; ils prirent même à partie les
juges qui l'avoient rendue. Cette cause portée
en la grand'chambre, il intervint arrêt le 7 février 1756, sur les conclusions de M. l'avocat
général Seguier, par lequel la sentence fut infir-

mée, les juges furent condamnés en deux cens livres de dommages & intérêts envers le procureur qu'ils avoient interdit, & aux dépens envers toutes les parties.

Le 10 mars de la même année (1756), il fut rendu un autre arrêt sur les conclusions de M. l'avocat général Joly de Fleury, dans une cause de Déport dont nous allons rapporter les circonstances d'après un arrêtiste moderne.

« Le lieutenant criminel d'Abbeville, (dit-il), » s'étoit déporté de la connoissance de l'affaire » d'un notaire nommé Pilate, accusé de crime » de faux. Il ne s'étoit pas expliqué sur les motifs » qu'il avoit eus de se déporter ; & comme il con- » tinuoit d'instruire les autres affaires du siége & » de tenir l'audience sans faire juger son Déport, » les autres juges ne pouvoient juger à sa place » l'affaire de Pilate ; celui-ci se plaignit. Ses » plaintes occasionnèrent différentes significations » que M. le procureur général qualifia d'indé- » centes dans une requête qu'il présenta à la cour, » pour, attendu la mésintelligence que cette af- » faire avoit occasionnée dans le siége d'Abbe- » ville, la faire renvoyer au bailliage d'Amiens. » L'arrêt qui intervint sur la requête de M. le » procureur général, renvoya en effet le procès » de Pilate au bailliage d'Amiens, pour y être » instruit aux frais des officiers du bailliage d'Ab- » beville. Ces derniers attaquèrent cet arrêt par » la voie de l'opposition. Le lieutenant criminel » disoit qu'il n'y avoit pas de sa faute ; qu'il s'étoit » déporté, & que c'étoit aux autres juges, sui- » vant l'ordre de leur réception, à le remplacer. » Les autres officiers répondoient qu'il n'avoit ni

» expliqué, ni fait juger fon Déport ; que par
» conféquent ils n'avoient pas pu prendre con-
» noiffance de l'affaire de Pilate , le lieutenant
» criminel venant habituellement au fiége rem-
» plir fes autres fonctions.

» Par l'arrêt qui intervint le 10 mars 1756,
» les uns & les autres furent déboutés de l'oppo-
» fition qu'ils avoient formée à l'arrêt de renvoi
» au bailliage d'Amiens ; mais faifant droit fur la
» demande des officiers du bailliage d'Abbeville,
» le lieutenant criminel fut condamné à les ac-
» quitter , garantir & indemnifer des frais de
» l'inftruction ordonnée par l'arrêt de renvoi au
» bailliage d'Amiens ».

Le motif de cet arrêt eft fenfible. Le parlement fe détermina à prononcer la condamnation
contre le lieutenant criminel, parce qu'il avoit
enfreint la difpofition de l'ordonnance , qui veut
que les juges faffent juger la légitimité de leur
Déport avant de s'abftenir de la connoiffance
d'une affaire.

Les arbitres peuvent également fe déporter,
& les parties dans ce cas, font obligées d'en
choifir d'autres, fi elles veulent être jugées par
arbitrage : autrement elles peuvent porter leurs
conteftations devant les juges ordinaires.

DÉPORT, fignifie quelquefois délai. On fait
ufage de ce terme dans les jugemens qui prononcent une condamnation qui doit être exécutée
fur le champ.

Par exemple ; fi un particulier fe rend coupable d'un délit dans l'auditoire, & que le juge
le condamne à une amende , on ordonne qu'il
fera tenu de la payer *fans Déport* ; c'eft-à-dire
fans délai & fans défemparer.

Ainſi toutes les fois qu'une ſentence ou un arrêt prononcent une condamnation d'une ſomme *payable ſans Déport*, la partie condamnée ne peut s'abſenter ſans s'expoſer à être conduite en priſon juſqu'à ce qu'elle ait exécuté la ſentence.

Il eſt d'uſage d'ajouter dans les jugemens où l'on inſère une condamnation *ſans Déport*, qu'ils ſeront exécutés ſur le champ; *faute de quoi faire, la partie ſera conduite dans les priſons de la juridiction.*

Cette prononciation n'a lieu que dans des cas extraordinaires, qui exigent célérité ou un exemple prompt & frappant qui en impoſe au peuple.

Voyez *les mémoires du clergé ; d'Héricourt ; dans ſes lois eccléſiaſtiques ; Wan-Eſpen ; le dictionnaire des arrêts de Brillon ; Lacombe , dans ſon recueil de juriſprudence canonique ; Dumoulin; le concordat ; la pragmatique ; Louet , ſur Brodeau ; Fuet , des matières bénéficiales ; Fevret , traité de l'abus ; Baſnage , ſur la coutume de Normandie ; Routier , dans ſa pratique bénéficiale ; Forget ; Tournet ; Duperray ; les coutumes d'Anjou & du Maine , & les commentateurs ; le journal du palais ; Brodeau , ſur Louet ; les œuvres de Renuſſon, &c.* Voyez auſſi les articles AN-NATE, BÉNÉFICES, GARDE-NOBLE, MINEUR, FIEF, SEIGNEUR, MAJORITÉ. (*Cet article eſt de M. DESESSARTS, avocat au parlement*).

DÉPORTER. (ſe) C'eſt ſe départir ſe déſiſter.

Il y a dans la juriſprudence des pays-bas une particularité remarquable ſur la faculté de ſe

Déporter d'un instance avant le jugement, pour en intenter une nouvelle , soit sous une autre forme , soit par devant un autre juge. Cette faculté est accordée à tout demandeur en tout état de cause, comme l'a jugé le parlement de Flandres par arrêt du 26 mai 1691 , confirmatif d'une sentence de la gouvernance de Douai, entre le sieur Tourtois & le chapitre de saint-Amé de la même ville : il ne faut pas même que les dépens soient payés , il suffit que l'on offre de les acquiter après qu'ils seront taxés, suivant un arrêt du conseil souverain de Tournai rapporté sans date par M. de Blye : mais si le demandeur après s'être Déporté reste dans l'inaction & remet à un temps éloigné l'exercice de ses droits, le défendeur peut le poursuivre du chef de la loi *diffamari* , pour le faire condamner à faire valoir ses prétentions & fournir ses preuves dans un certain temps, ou à garder un silence perpétuel. Stockmans rapporte que le conseil souverain de Brabant l'a ainsi jugé plusieurs fois , & entre autres par arrêt du 22 décembre 1651 , entre le baron de Boulers & la comtesse de Woensem. Voyez l'article DIFFAMARI.

Il s'est rendu le 23 février 1772 un arrêt qui ne paroît pas bien foudé. Antoine la Bricque ayant appellé d'une sentence, se déporta de son appel, avant de l'avoir relevé , & le premier juge décréta son *déport*. La veuve Hufty qui avoit obtenu gain de cause, prétendit que ce *déport* étoit insuffisant, parce que l'appel avoit, suivant elle, saisi le juge supérieur de la cause, de manière que lui seul pouvoit recevoir le *déport*. Elle anticipa l'appel , & le conseil supérieur de Douai déclara par l'arrêt cité, rendu au rapport de M. Remy d'Evin, le *déport* insuffisant, le décrétement nul & irrégulier, & ordonna aux parties de contester au principal.

Le mal-jugé de cet arrêt est sensible : le premier juge est toujours saisi de la cause tant que l'appel n'est pas relevé, ainsi il peut valablement en recevoir & décréter le *déport*. C'est même ce qui résulte des articles 51 & 52 du chapitre 10 du stile du parlement de Flandres auquel le conseil supérieur de Douai étoit alors subrogé. Ces textes décident formellement qu'un appelant avant de relever son appel peut s'en Déporter au greffe du premier juge ; mais qu'après le relief, le *déport* doit se faire au greffe de la cour. Les articles 20 & 21 du chapitre 54 des chartes générales du Hainaut renferment la même disposition.

Au parlement de Flandres & aux conseils de Mons & de Malines un appelant qui se déporte de son appel après l'avoir relevé, ne doit que la moitié de l'amende, suivant les différens articles que l'on vient de citer. Sil se déporte avant le relief, il ne doit rien, si ce n'est en Hainaut où l'on paye aux juges dont on avoit appelé *six florins carolus d'amende* (*), *ne soit que telles renonciations se fassent paravant les premiers plaids après l'appellation interjettée, auquel cas n'y aura aucune amende.* Ce font les termes de l'article 20. (*Article de M. MERLIN avocat au parlement.*)

(*) Le florin Carolus vaut cinquante-cinq sous.

DÉPORTATION. C'étoit chez les Romains une forte de banniffement perpétuel. Ceux qui y étoient condamnés étoient morts civilement

DÉPORTUAIRE. On appelle ainfi celui qui jouit du droit de déport. Voyez DÉPORT.

DÉPOSITAIRE. C'eft celui qui eft chargé d'un dépôt. Voyez DÉPÔT.

DÉPOSITION. Ce mot à plufieurs acceptions : il s'applique aux eccléfiaftiques que l'on prive pour toujours de leurs bénéfices & de l'exercice de leurs fonctions : il fe dit auffi du témoignage que rend dans une enquête ou dans une information le témoin affigné pour cet effet. Ainfi nous diviferons cet article en deux parties : dans la première, nous traiterons de la Dépofition d'un eccléfiaftique, & dans la feconde il fera queftion de la Dépofition d'un témoin.

PREMIÈRE PARTIE.

De la Dépofition d'un eccléfiaftique.

Les eccléfiaftiques ne peuvent être dépofés que pour des fautes graves, & leur Dépofition doit être prononcée par un jugement canonique émané de leurs fupérieurs.

La Dépofition eft une peine eccléfiaftique. Elle différe des cenfures en ce qu'elle eft perpétuelle & que les cenfures ne font au contraire que pour un temps.

Dans les premiers fiècles de l'églife la Dépofition étoit très-commune. Toutes les fois qu'un prêtre avoit commis quelque grand crime ou qu'il en étoit convaincu, on le dépofoit & on le condamnoit à faire pénitence dans un monaftère pendant le refte de fes jours.

Les évêques ont toujours eu le droit de déposer les clercs ; mais pour procéder à la Déposition d'un prêtre ou d'un clerc constitué dans les ordres sacrés l'opinion la plus commune est qu'il faut un certain nombre d'évêques.

Les évêques, dit un concile tenu en Espagne en 590, peuvent donner seuls les honneurs ecclésiastiques ; mais ils n'ont pas le droit d'en priver ceux auxquels ils les ont accordés ; parce que *ce n'est point une injure que de n'être pas nommé à une dignité, & que c'est un affront que d'en être dépouillé.*

La Déposition des bénéficiers appartient suivant le droit commun à celui qui a le droit de les instituer. Ce principe regarde l'évêque & non les collateurs particuliers, parce que ces derniers n'ont le droit de collation que par exception au droit commun. D'ailleurs la collation d'un bénéfice est un acte de juridiction volontaire que toute personne peut exercer. La Déposition d'un bénéficier au contraire est un acte de juridiction contentieuse, & l'évêque seul peut exercer cette juridiction. Suivant ce principe les archidiacres à moins qu'ils ne soient délégués par les évêques, ne peuvent prononcer la Déposition des bénéficiers.

Rappelons maintenant les causes qui peuvent donner lieu à la Déposition.

Un canon du dixième concile de Châlons porte que si un prêtre a été pourvu d'une église, il ne peut en être dépouillé que lorsqu'il a commis quelque grand crime, tel que l'assassinat, l'adultère, &c. & qu'il en a été convaincu en présence de son évêque.

Dans les commencemens de l'église on ne

connoissoit point de crime, qui fît vaquer de plein droit les bénéfices, sans un jugement. Dans la suite les excommunications, les suspenses & les interdits de plein droit, étant devenus très-communs, on y joignit la privation des bénéfices. On en trouve plusieurs exemples dans le corps du droit canonique.

Les jugemens qui intervenoient autrefois en matière de Déposition étoient exécutés par provision : en conséquence l'évêque qui avoit déposé un bénéficier pouvoit nommer à son bénéfice. On permettoit seulement aux bénéficiers déposés de se pourvoir au concile de la province.

Aujourd'hui les Dépositions sont très-rares. Les évêques font usage de la suspense, & par cet adoucissement ils laissent aux bénéficiers l'espoir de rentrer dans l'exercice de leurs fonctions après un temps plus ou moins long.

La Déposition des évêques est mise par l'église au rang des causes majeures. Les plus anciens monumens que nous ayons sur la manière de juger les évêques se trouvent dans l'épître 55, de saint Cyprien, ad Cornel. dans les canons 14 & 15 du concile d'Antioche & dans les canons 3, 4 & 7 du concile de Sardique tenu en 347.

Le concile d'Antioche dit que, si un évêque est accusé & que les voix de ses comprovinciaux soient partagées, le métropolitain en appellera quelques-uns de la province voisine. Il n'est point parlé dans ce concile de l'appel au pape. Cet appel ne paroît avoir été introduit que par Ozius dans le concile de Sardique tenu en 347.

Le premier concile de Carthage tenu en 349 exige le concours de 12 évêques pour prononcer à la Dépofition d'un évêque.

L'ufage reçu en France pour la Dépofition des évêques eft qu'elle ne peut être faite directement par le pape , mais feulement par le concile provincial , fauf l'appel au pape. Cet ufage exiftoit avant le concordat & il a toujours été obfervé depuis.

Outre la Dépofition qui a lieu contre les eccléfiaftiques en général, les bénéficiers & les prélats, il exifte encore une autre efpèce de *Dépofition* qui concerne les religieux.

» La Dépofition d'un abbé, d'un fupérieur de » monaftère , dit M. Gibert , eft foumife à des » règles différentes , parce qu'il y a plufieurs » fortes d'abbés. Les uns font exempts , les au- » tres ne le font point. Parmi ceux qui font » exempts il y en a qui font foumis immédiate- » ment au faint fiége, & d'autres qui font foumis à » des fupérieurs réguliers. Il faut encore obferver » qu'il y a des abbés nommés par le roi , d'au- » tres qui font promus par élection faite avec » la permiffion expreffe du roi , & enfin des » abbés électifs fans que leur élection dépende » du confentement du Roi.

Suivant M. Gibert toutes ces différences exigent des formes particulières ; mais fon opinion n'eft pas fuivie ; on obferve le chapitre 8 de *ftatu monachor*. Il veut que dans le cas où les abbés exempts ont commis quelque faute qui mérite la peine de la Dépofition , les vifiteurs généraux & les préfidens du chapitre général informent contre les coupables & envoient au pape les informations & autres actes de la procédure afin qu'il prononce la Dépofition s'il la croit jufte. Le chapitre 8 *de ſtatu monachor* n'ayant reſervé au pape que la Dépofition des abbés & des religieux exempts, il en réſulte que les évêques ont le droit de dépofer les abbés & les ſupérieurs réguliers qui ne ſont point exempts (*).

Quant à la Dépofition des abbés & ſupérieurs exempts, il eſt important d'obſerver leur élection a été faite avec la permiffion du roi, ou en préſence d'un des commiffaires de ſa majeſté ; parce que dans l'un & l'autre cas on ne peut procéder à leur Dépofition que du conſentement du roi.

M. Gibert examine la queſtion de ſavoir le juge royal peut prendre connoiffance de ces ſortes de Dépofitions. Il fait dépendre la ſolution de cette queſtion de la nature du délit qui donne lieu à la Dépofition. »il faut (dit il) diſ-»tinguer, ſi c'eſt un cas privilégié ou un délit »ſimplement commun : dans la première hypo-»theſe le juge royal peut intervenir, par la rai-»ſon que les abbés ne jouiffent pas du privilège »des évêques. Dans la ſeconde au contraire, »ne peut prendre connoiffance de la Dépofition »des abbés, parce qu'elle eſt attribuée à leurs »ſupérieurs eccléfiaſtiques ſoit au pape ou aux »évêques.

(*) L'édit de 1695 attribue aux évêques le droit de vifite & de correction dans les communautés exemptes, lorſqu'il y a ſcandale ou des abus qui intéreffent la diſcipline l'églife, & que les ſupérieurs de ces communautés ne puniſ-ſent pas les coupables & n'arrêtent pas les progrès du déſordre.

DEUXIÉME PARTIE.

De la Déposition d'un témoin.

Les Dépofitions des témoins font une des formalités les plus importantes de la procédure tant civile que criminelle.

En effet, en matière civile les Dépofitions des témoins fervent quelquefois à conftater l'état des hommes, & à fuppléer dans une foule de circonftances aux preuves écrites.

En matière criminelle la réputation, l'honneur & la vie des hommes dépendent des Dépofitions des témoins. Ainfi fous quelque point de vue qu'on envifage tout ce qui eft relatif à cette matière, il ne peut être regardé avec indifférence, ni comme un objet d'une légère importance.

Nous diviferons cette partie en trois fections:

Dans la première nous rappellerons les formalités & les principes que les témoins & les juges doivent obferver pour rendre les Dépofitions légales.

Dans la feconde nous examinerons quelles font les perfonnes qui font obligées de dépofer, & celles qui peuvent en être difpenfées.

Enfin dans la troifième nous rappellerons les règles que les juges doivent obferver pour apprécier les Dépofitions.

SECTION PREMIÈRE.

Des formalités requifes pour la validité des Dépofitions.

C'eft un principe fondé fur la difpofition formelle de l'ordonnance de 1670 (*) que les té-

___
(*) Article 4, titre 6 de l'ordonnance de 1670.

moins ne peuvent dépofer en matière criminelle
à moins qu'ils n'aient été affignés. Cette règle
fouffre cependant une exception dans le cas de
flagrant délit ; car le juge peut , fuivant la loi
que nous venons de citer (*), recevoir les Dépofitions des témoins fur le champ & fans qu'ils
aient été affignés.

Cette loi veut encore que les témoins avant
d'être entendus en Dépofition, repréfentent au
juge l'exploit qui leur a été donné , & il doit
être fait mention de cette préfentation dans les
Dépofitions.

Les Dépofitions des témoins doivent être
reçues fecretement & féparément. Ce principe
eft également fondé fur deux difpofitions de l'ordonnance de 1667 & de celle de 1670 (**) &
fur la loi 3 §. 3 *de teftibus*.

La Dépofition des témoins doit être écrite
par le greffier en préfence du juge.

Il n'appartient qu'au juge feul de rédiger la
Dépofition. Cette fonction eft interdite au greffier, fon miniftère fe borne à écrire fous la
dictée du juge.

Le juge de fon côté ne peut écrire la Dépofition. Le greffier feul en a le droit (***).

Lorfqu'on attaque la Dépofition d'un témoin fur le fondement qu'elle n'a pas été
écrite en préfence du juge , & qu'on en de-

_____

(*) L'article 15 du titre 22 de l'ordonnance de 1667
porte que les témoins ne pourront dépofer en préfence des
parties ni en la préfence des autres témoins.
(**) Article 11 du titre 6 de l'ordonnance de 1670.
(***) Article 9 , titre 6 de l'ordonnance de 1670.

mande la nullité, il faut prendre la voie de l'inscription de faux : c'eſt la ſeule que les lois aient introduite pour prouver que les actes émanés d'officiers publics contiennent de fauſſes énonciations.

Les Dépoſitions doivent être reçues *par la bouche des témoins.* Les lois interdiſent aux témoins la faculté de ſe faire ſuppléer par un fondé de procuration. Elles leur défendent auſſi de donner leur Dépoſitions par écrit aux juges, & à ces derniers de les recevoir.

Cependant ſuivant *Covarruvias & Airault*, les témoins peuvent écrire leurs Dépoſitions pour aider leur mémoire ; mais ils doivent depoſer de vive voix.

Si le témoin étoit muet, Farinacius décide qu'il peut écrire ſa Dépoſition & la donner au greffier pour la tranſcrire. Mais il ajoute que la Dépoſition doit être écrite par le témoin muet en préſence du juge.

La Dépoſition d'un témoin étranger qui ne ſait pas la langue françoiſe ſe reçoit par le moyen d'un interprête, & il doit en être fait mention dans la Dépoſition, à peine de nullité. Non-ſeulement le témoin eſt obligé de prêter ſerment avant de faire ſa Dépoſition, le juge doit encore faire prêter ſerment à l'interprête ; & chaque Dépoſition de cette eſpèce doit être également ſignée du témoin & de l'interprête.

La Dépoſition doit être la déclaration du témoin & non celle du juge. Ce dernier ne peut donc rien changer ni altérer dans la rédaction qu'il fait de la Dépoſition ; pluſieurs arrêts ont même défendu aux juges d'interroger les témoins (*). Cependant les juges peuvent fi l[a] Dépofition du témoin leur paroît obfcure l'interroger pour éclaircir la vérité ; mais il[s] doivent prendre garde de défigurer le fens d[e] la déclaration du témoin & furtout de lui fair[e] des queftions qui peuvent l'embarraffer & l[ui] faire oublier de rendre hommage à la vérité.

Les Dépofitions doivent contenir un réci[t] exact & circonftancié des faits.

Les Dépofitions doivent être à charge & [à] décharge ; c'eft-à-dire , que les témoins doiven[t] rendre compte dans leurs Dépofitions des fait[s] qui peuvent fervir à prouver le crime ou l'in[-]nocence de l'accufé.

Les Dépofitions doivent être énoncées e[n] termes clairs & précis. On doit auffi éviter d[e] fe fervir de termes équivoques ; enfin les or[-]donnarces (**) veulent que les Dépofitions foien[t] motivées ; c'eft-à-dire que les témoins rende[nt] raifon de la manière dont ils fcavent ce qu'i[ls] déclarent.

Si le témoin, lors de fa Dépofition repréfent[e] quelque chofe qui puiffe fervir à conviction o[u] à décharge , le juge doit en dreffer procès[-]verbal ou en faire mention dans la dépofition.

<hr/>

(*) Arrêt du 23 juillet 1658 rendu dans l'affaire du fie[ur] de la Pivardiere contre le lieutenant particulier de Châ[tel]lon-fur-Indre; autre du 16 janvier 1716 contre le gard[e] marteau de Chatellerault; autre du 8 juin 1721 ; autre d[u] 15 mars 1723 contre un officier du préfidial de Mantes; au[-]tre du premier mars 1728 contre le juge d'Etampes.

(**) Voyez l'ordonnance du mois de mars 1498 , artic[le] 15 ; l'ordonnance *Caroline* , chapitre 65.

Les Dépofitions doivent contenir le nom, le furnom, l'âge, la qualité & la demeure du témoin, a peine de nullité. On doit auffi y faire mention fi le témoin eft parent, allié, ferviteur ou domeftique des parties.

Ces termes *ferviteur ou domeftique* ne font point fynonimes. Ils doivent être inférés tous deux dans la Dépofition, à peine de nullité. C'eft ce qui a été jugé par un arrêt du 8 avril 1702 rendu fur les conclufions de M. l'avocat général Portail, & par un autre arrêt du 31 mars 1711. Le premier eft rapporté par Bornier fur l'article 9 du titre 6 de l'ordonnance de 1670, & le fecond fe trouve dans le journal des audiences.

Quoique le témoin foit revêtu d'une dignité ou d'une charge qui excluent toute idée de domefticité dans fa perfonne, il eft indifpenfable d'inférer dans fa Dépofition qu'il n'eft ni ferviteur ni domeftique des parties ; parce que l'ordonnance ne fait aucune diftinction à cet égard entre les perfonnes élevées en dignité & les fimples citoyens.

La Dépofition du témoin doit être fignée par le juge, par le greffier & par le témoin. Il doit y être fait mention que ce dernier a figné après que *lecture lui a été faite de fa Dépofition & qu'il a déclaré qu'il y perfifte.* Si le témoin ne fait pas figner, le juge doit en faire faire mention dans la Dépofition.

C'eft auffi une formalité indifpenfable que le juge doit parapher & figner chaque page de la Dépofition.

L'omiffion d'une feule de ces formes effen-

tielles suffit pour rendre une Déposition nulle
& la faire rejeter de la procédure.

Quoiqu'un témoin déclare qu'il ne sait rien
il ne faut pas moins faire mention dans sa Déposition, qu'il lui en a été fait lecture & qu'il
déclaré qu'il y persiste : c'est ce qui a été jugé
par un arrêt du 4 mars 1712 rapporté par
Lacombe dans son traité des matières criminelles.

L'ordonnance veut que les Dépositions soient
écrites sans interligne, & que le greffier fasse
approuver les ratures & signer les renvois tant
par le témoin que par le juge. Par arrêt du
avril 1742 il a été ordonné qu'une Déposition
déclarée nulle par ce défaut de formalité, sera
recommencée aux dépens du juge.

Quand la Déposition d'un témoin est close
& que le témoin s'est retiré, il ne peut plus
l'augmenter ni la diminuer sous quelque prétexte que ce soit. Il faut absolument qu'il attende
le récolement.

Les Dépositions sur un même fait ne peuvent
être réitérées : c'est ce qui a été jugé par plusieurs arrêts : entr'autres par arrêt du 26 février
1701 rendu sur un appel comme d'abus de
l'official de Lyon ; par un second arrêt du 1
septembre 1711 ; par un troisième du 26 juillet
1727, & par un quatrième du 21 mars 1736.

Cependant Julius Clarus & Farinacius sont
d'avis que les juges peuvent ordonner lorsque
la Déposition est obscure, qu'elle sera réitérée.

Suivant l'article 14 du titre 6 de l'ordonnance
de 1670 les Dépositions qui sont déclarées nulles, peuvent être réitérées ; mais il faut que la
nullité ait été prononcée par le siège entier &

non par le juge d'inftruction. Ce dernier même ne peut recevoir la nouvelle Dépofition. Elle doit être recommencée par un autre juge ou commiffaire aux frais du juge d'inftruction.

DEUXIÉME SECTION.

Quelles font les perfonnes qui font obligées de dépofer, ou qui ne peuvent y être contraintes.

C'eft une règle générale que tout particulier eft obligé de dépofer ce qu'il fait toutes les fois qu'il eft affigné; cette maxime eft fondée fur l'intérêt public qui exige que tout citoyen fans diftinction de rang & de qualité rende hommage à la vérité quand il en eft requis.

Cependant il y a plufieurs exceptions à cette règle.

1°. Les confeffeurs ne font point tenus de dépofer ce qu'ils favent fous le fecret de la confeffion, excepté lorfqu'il s'agit d'un crime de leze-majefté au premier chef. Voyez à cet égard ce que nous avons dit aux articles, CONFESSEUR & CONFESSION.

2°. On a prétendu que celui qui n'avoit connoiffance d'un crime que parce qu'on le lui avoit confié fous le fecret, n'étoit pas tenu de dépofer; mais cette affertion n'eft pas vraie fi ce n'eft dans les cas dont on va parler.

3°. Les avocats & procureurs ou autres perfonnes qui font les confeils ordinaires d'une partie ne font point tenus de dépofer les faits qui leur ont été confiés dans le fecret de leur cabinet. Ainfi jugé par arrêt du 12 février 1672 qui eft rapporté au journal du palais.

Robert en parlant du fecret que les avocats doivent garder lorfqu'ils font affignés pour dépofer dans la caufe de leurs parties, dit, que l'avocat qui dépofe contre fon client, *rem facit perfidam, nefariam & fceleratam.*

Cet auteur cite l'exemple d'Eufebe de Samozate qui ayant été chargé du dépôt d'un décret, & ayant été averti par l'empereur Conftance de lui remettre ce même décret fous peine d'avoir la main droite coupée, répondit avec fermeté qu'il étoit prêt à perdre non feulement la main mais encore la vie plutôt que de violer le fecret & le dépôt qui lui avoient été confiés.

Cependant lorfque les avocats & procureurs n'ont point été confultés, quoiqu'ils foient les confeils ordinaires d'une partie, ils peuvent être contraints de dépofer.

C'eft ce qui a été jugé par arrêt du parlement de Paris du 19 janvier 1743, & par un autre arrêt du 6 février de la même année qui a décidé que les notaires font obligés de dépofer les faits qui fe font paffés en leur préfence lors de la rédaction des actes qui ont donné lieu à des pourfuites criminelles.

4°. Les médecins, chirurgiens, aporicaires & fages femmes ne peuvent être forcés à dépofer les faits relatifs aux maladies qu'ils ont traitées, & pour lefquelles on leur a recommandé le fecret.

5°. Le tuteur & le mineur ne peuvent être contraints de dépofer l'un contre l'autre : il en eft de même à plus forte raifon du pere & du fils, du mari & de la femme, &c.

SECTION TROISIÈME.

Règles que les juges doivent observer pour apprécier le mérite des Dépositions.

Pour juger du mérite des Dépositions on doit avoir égard à l'âge des témoins, à leur caractère, à la réputation d'honneur & de probité dont ils jouissent ; parce que ces circonstances peuvent donner du poids aux Dépositions ou les rendre suspectes. (*)

C'est une règle certaine en matière de Dépositions de témoins qu'on doit ajouter plus de foi à deux témoins qui affirment, qu'à mille dont les Dépositions sont négatives.

Cependant cette règle n'est pas sans exception ; car la Déposition d'un témoin qui contient la dénégation d'une chose peut contenir l'affirmation du contraire. D'ailleurs une dénégation qui est restrainte par les circonstances du lieu, du temps & des personnes peut cesser d'être vague ; & dans ce cas, elle doit avoir autant de force qu'une affirmation.

Il est de maxime qu'une Déposition fausse dans un point est censée fausse dans tout le reste, parce qu'un témoin qui est convaincu d'avoir fait une fausse Déposition, est prouvé coupable de corruption, de dol & de parjures.

Guy Pape dit que si des passans & des idiots disent, dans leurs Dépositions, des choses qui annoncent beaucoup d'esprit, on doit penser qu'ils ont été instruits & subornés, & par cette

---

(*) *Cum per rerum naturam factum negantis probatio nulla sit.* Leg. 23 , cod. de probat.

raison regarder leurs Dépositions comme suspectes.

Les Dépositions se détruisent elles mêmes, quand elles renferment des contradictions, ou quand elles ne s'accordent pas avec les autres Dépositions : dans ce dernier cas les juges doivent s'en rapporter à ce qui est déposé par le plus grand nombre de témoins, à moins que leurs Dépositions ne méritent aucune foi par des circonstances particulières.

Une Déposition qui est seule sur un fait, ne forme point une preuve complette, suivant l'axiome de droit *testis unus testis nullus*. Il faut au moins le concours de deux Déposition sur un même fait.

Voyez *le dictionnaire des sciences ; le traité de la discipline ecclésiastique par le père Thomassin, Gerbois*, de causis majoribus ; *les mémoires du clergé ; le dictionnaire des arrêts ; le commentaire de Bornier sur l'ordonnance de 1667 & celle de 1670 ; le commentaire de M. Jousse sur l'ordonnance de 1667 & son traité de la justice criminelle ; le journal des audiences ; le journal du palais ; Lacombe, dans son traité des matières criminelles ; Guy Pape, Bardet, Mornac, Papon, Imbert, Bouvot, Bodin, Fantanon, Robert, Ferrière dans son dictionnaire de droit.* Voyez aussi les articles DÉGRADATION, DESTITUTION, ENQUÊTE, INFORMATION, PREUVE, TÉMOIN, &c. (*Cet article est de M. DESESSARTS, avocat au parlement.*)

DÉPÔT. C'est ce qu'on a donné, en garde à quelqu'un pour être rendu à la volonté de celui qui l'a donné.

Cette convention eſt du nombre de celles qui ſe régiſſent par le droit naturel, & par conſéquent elle eſt fort ancienne : la foi du Dépôt a toujours été ſacrée chez toutes les nations : les romains avoient mis ce contrat dans la claſſe des contrats de bonne foi, & ils étoient ſi jaloux de la fidélité du Dépôt, qu'ils vouloient qu'on le rendît ſans examen à celui qui l'avoit fait, quand même il auroit paru être une choſe volée.

Cette convention eſt auſſi au rang des contrats de bienfaiſance ; car elle n'a lieu que pour l'utilité de l'une des parties qui eſt le dépoſant.

Le contrat de Dépôt eſt d'ailleurs un contrat réel, puiſqu'il ne peut être formé que par la tradition de la choſe, qui fait l'objet du Dépôt.

Le contrat de Dépôt eſt encore un contrat ſynallagmatique, puiſqu'il ſoumet chacun des contractans à des obligations réciproques : mais c'eſt un contrat ſynallagmatique imparfait, attendu qu'il n'y a d'obligation principale que celle du dépoſitaire, & que les obligations de l'autre partie, qui eſt le dépoſant, ne ſont que des obligations incidentes.

Il faut que le Dépôt ſoit gratuit, car autrement ce ſeroit un louage, puiſque le dépoſitaire loueroit ſes ſoins.

Quoiqu'ordinairement on ne mette en Dépôt que des meubles, on peut néanmoins donner en garde des immeubles & les fruits qui en proviennent : mais cette garde n'eſt pas proprement un Dépôt. Et nous ne croyons pas fondée l'opinion des juriſconſultes qui ont prétendu qu'un immeuble pouvoit être le ſujet d'un Dépôt ſimple. En effet, ce qui en caractériſe particuliÈre-

ment le contrat de Dépôt, est que le déposant
confie la chose déposée afin de la retrouver chez
le dépositaire lorsqu'il le jugera à propos. Or on
ne peut pas dire qu'un immeuble soit de nature
à pouvoir être mis en Dépôt pour qu'on puisse
le retrouver quand on voudra, puisqu'il ne peut
pas être déplacé.

Non seulement on peut donner en Dépôt ce
qu'on a en propre, mais encore ce qui appartient à autrui, soit qu'on l'ait en sa puissance
de bonne foi, ou qu'on le possède de mauvaise
foi. Ainsi des voleurs peuvent mettre en Dépôt
ce qu'ils ont volé : mais dans ce cas le dépositaire n'est point obligé de rendre le Dépôt au
voleur : il faut au contraire qu'il le rende au
légitime propriétaire.

S'il y a du doute dans le droit de celui qui
se dit propriétaire, ou que ce droit lui soit con-
testé par celui qui a fait le Dépôt, le dépositaire devient alors une sorte de dépositaire de
justice, & il doit attendre que la contestation
ait été règlée pour rendre la chose à celui que
le juge aura déclaré légitime propriétaire.

Il n'est pas permis au dépositaire de faire usage
de la chose déposée, ni de la prêter, louer, ou
aliéner, parce qu'il n'a que la garde du Dépôt.
Ainsi ce seroit une infidélité de la part du dépositaire s'il se servoit du Dépôt ou s'il s'en
désaisissoit ; il doit toujours être en état de rendre la chose même qui lui a été confiée ; les
mêmes espèces, le même grain, le même vin, &c.

Le dépositaire ne répond pas des cas fortuits
qui peuvent détériorer ou détruire la chose déposée ; il n'est même pas tenu des suites d'une
légère

légère négligence, mais il doit répondre de ce qui arrive par son dol ou par une négligence si grossière, qu'elle approche du dol.

Ce seroit par exemple, une faute inexcusable si le dépositaire ne prenoit pas les précautions que tout autre prendroit : ainsi dans le cas où on lui auroit confié de l'argent, ou des diamans, & qu'il les laissât dans un vestibule ou dans une antichambre de sa maison sans les mettre sous la clef, il seroit tenu d'en répondre s'ils venoient à être volés.

Si le dépositaire étoit une personne peu sensée, ou un mineur sans expérience, ou un homme négligent dans ses propres affaires, tel qu'un prodigue ; celui qui auroit choisi un pareil dépositaire ne pourroit pas en exiger le soin d'un père de famille soigneux & vigilant : c'est pourquoi si le Dépôt venoit à périr par quelque faute que ce dépositaire n'auroit pas été capable d'éviter, le propriétaire du Dépôt seroit tenu d'en supporter la perte attendu qu'on auroit à lui imputer son mauvais choix.

Les conditions sous lesquelles la chose a été déposée, sont ce qu'on appelle la loi du Dépôt; & que le dépositaire doit suivre exactement : mais s'il n'y en a point de preuve par écrit, il en est cru à son serment.

Le Dépôt produit deux actions : l'une par laquelle celui qui a fait le Dépôt, peut obliger le dépositaire à le rendre ; & l'autre, par laquelle ce dernier peut répéter les dépenses qu'il a été obligé de faire pour la conservation de la chose déposée.

Il est défendu aux juges d'admettre la preuve vocale du Dépôt volontaire excèdent cent livres, à moins qu'il n'y en ait un commencement de preuve par écrit.

Mais si l'acte de Dépôt étoit perdu, la preuve vocale de ce fait seroit admise, à quelque somme que montât le Dépôt.

Quelques-uns ont pensé que pour prouver un Dépôt nié par le dépositaire, on pouvoit prendre la voie de l'information, parce qu'en ce cas la conduite du dépositaire étoit une espèce de vol & de perfidie ; mais cette opinion n'est point suivie au Parlement de Paris. On y pense qu'il seroit dangereux d'autoriser les voies obliques telles qu'une procédure extraordinaire, pour acquérir des preuves que la loi civile défend. Divers arrêts dont un du mois de Mars 1724 ont consacré cette maxime. L'espèce de ce dernier Arrêt est ainsi rapportée dans la collection de jurisprudence :

« Le sieur Triol, négociant, avoit emprunté
» du nommé Fayard, 14565 livres, & soutenoit
» avoir donné sans reconnoissance, un certificat
» de cinq actions en nantissement du prêt. Triol
» ayant redemandé son certificat, Fayard nia le
» Dépôt ; Triol rendit plainte, & accusa Fayard
» de larcin : le premier juge avoit instruit la
» procédure, jusqu'à sentence qui condamna
» Fayard au blâme. L'appel relevé, la cour jugea
» gea que s'agissant d'un Dépôt volontaire, dont
» l'ordonnance défend la preuve par témoins,
» on n'avoit pas dû se la procurer indirectement
» par une procédure extraordinaire : l'informa-
» tion étoit concluante ; mais l'arrêt n'y eut au-
» cun égard.

Cependant par un jugement souverain que rendit le 27 Novembre de la même année à le lieutenant de police & plusieurs conseillers du Châtelet, commissaires du conseil en cette partie, le notaire Bellot qui nioit le Dépôt vólontaire tant de vingt-cinq actions que lui avoit confiés le sieur de Varennes que d'un écrit qui contenoit les conditions de ce Dépôt, fut condamné solidairement avec le sieur Belafaire, à restituer au dire d'agens de change, la valeur de ces actions, en conséquence d'une preuve testimoniale acquise par la voie de la procédure extraordinaire, & en quinze cens livres de dommages intérêts, avec défenses de récidiver, & user de pareilles voies.

Dans l'espèce de ce jugement que rapporte pareillement l'auteur de la collection de jurisprudence, le sieur de Varennes avoit emprunté du sieur Belafaire une somme de quatre-vingt-cinq mille livres : pour sûreté de l'emprunt, il avoit remis à Belafaire vingt-cinq actions, & en avoit déposé vingt-cinq autres entre les mains du notaire Bellot, avec un billet signé tant du créancier que du débiteur, qui expliquoit ce que le notaire devoit faire des actions.

Le notaire avoit violé le Dépôt en remettant les actions à Belafaire qui en convint dans ses interrogatoires. La preuve en étoit acquise d'ailleurs par les dépositions des témoins : mais le notaire soutenoit qu'on ne lui avoit jamais confié ni actions, ni écrit, & il prétendoit que conformément à l'ordonnance & à la jurisprudence observées au parlement, on devoit s'en rapporter à sa déclaration : mais les juges n'eurent point égard à ces moyens.

Le Dépôt n'obligeant qu'à la simple garde, il est de la nature de ce contrat, que la chose

Q ij

dépofée foit rendue dans le lieu où elle e
gardée : c'eft pourquoi le dépofitaire n'eft p
obligé de la tranfporter pour la délivrer à moi
qu'il ne l'ait mife de mauvaife foi dans un aut
lieu que celui où il devoit la garder. C'eft c
qui réfulte de la loi *12, part. 1. ff. depof.*

Le Dépôt ne s'étend pas feulement à ce q
a été dépofé ; c'eft pourquoi fi la chofe dépofé
produit des fruits ou revenus, ils entrent au
dans le Dépôt, & le dépofitaire eft chargé d
ces acceffoires comme du principal. Ainfi cel
qui prend en garde un troupeau de moutons
de brebis doit rendre la laine & les agnea
que le troupeau a produits. C'eft ce que décid
la loi, *38, par. 10, ff. de ufur.*

Lorfque la chofe mife en Dépôt appartient
plufieurs particuliers, & qu'elle eft divifible
comme une fomme d'argent, le dépofitaire do
donner à chacun fa portion, lorfque tous fo
convenus de leurs portions ; mais fi la chof
n'eft pas divifible, le dépofitaire ne peut l
rendre qu'à tous enfemble. Si le Dépôt eft ca
cheté, il ne peut être ouvert qu'en préfenc
de tous les intéreffés pour leur être remis. E
s'il y a des abfens ou des conteftations entr
les préfens, le dépofitaire ne doit rendre l
Dépôt qu'en prenant fa fureté à l'égard de tou
foit en demandant fa décharge en juftice, ou e
confignant le Dépôt dans les formes pour êtr
enfuite pourvu par le Juge à l'ouverture & a
partage du Dépôt, avec les furetés convenable
pour ceux qui font abfens.

Si dans le cas d'un Dépôt appartenant à plu
fieurs héritiers, l'un d'entre eux retire fa por
tion, & que le dépofitaire devienne enfuite in

folvable, les co-héritiers n'auront rien à répéter à celui qui aura eu fa part. La raifon en eft que la diligence de celui qui a reçu ne doit profiter qu'à lui, & que les autres doivent fupporter l'infolvabilité du dépofitaire ou comme un effet de leur négligence, ou comme un cas fortuit qui ne peut tomber que fur eux.

Lorfque deux ou plufieurs perfonnes reçoivent un même objet en Dépôt, chacune d'elles eft obligée de rendre le tout. La raifon en eft qu'on ne reud pas le Dépôt fi on ne le rend entier : elles doivent par conféquent répondre l'une pour l'autre, même de leur dol commun, fans que la demande contre une feule empêche qu'on ne puiffe enfuite agir contre les autres, jufqu'à ce que le tout foit reftitué.

Lorfque le dépofitaire fait ufage de la chofe dépofée contre la volonté du propriétaire, il commet une forte de larcin pour lequel il doit être refponfable des dommages & intérêts qui peuvent en réfulter.

Si le Dépôt eft fait pour l'intérêt du dépofitaire, comme lorfqu'on lui confie un meuble pour le vendre & en garder le prix à titre de prêt ; ou qu'on lui remet une fomme d'argent à condition que s'il fait une acquifition il s'en fervira, & qu'il arrive que ce qui eft ainfi confié périt avant l'emploi, le dépofitaire eft tenu de la perte, quand même elle feroit arrivée par cas fortuit. La raifon en eft qu'il ne s'étoit rendu dépofitaire que pour vendre ou employer à fon profit la chofe dépofée, ce qui change la nature & l'effet du Dépôt.

Le privilége du Dépôt eft tel qu'on ne peut y oppofer le bénéfice de ceffion, ni les lettres de répi, ni d'autres exceptions de ce genre.

La contribution, qui se fait entre plusieu
créanciers saisissans & opposans, n'a pas lieu
le Dépôt, lorsqu'il se trouve en nature:

La prescription n'a pas lieu pour le Dép
public ; mais le Dépôt particulier peut êt
prescrit par trente ans, à moins qu'on ne
trouve encore le Dépôt en nature, avec
preuve du Dépôt.

Lorsque le Dépôt est fait sous le sceau du
cret, les héritiers créanciers ou autres intér
sés, ne peuvent obliger le dépositaire à déc
rer l'usage qu'il en a fait ; il lui suffit de déclar
qu'il s'est acquitté ou qu'il s'acquittera du D
pôt qui lui a été confié, selon les intentions
la personne dont il l'a reçu.

La compensation ne peut pas être opposée
le dépositaire, même, de liquide à liquide,
cause de la bonne foi qu'exige le Dépôt.

Les Dépôts nécessaires, tels que ceux
ont lieu en cas d'incendie, de naufrage, &
peuvent être prouvés par témoins, même
la voie civile. C'est ce qui résulte de l'artic
3 du titre 20 de l'ordonnance de 1667.

Et suivant l'article 4 du titre 34, la co
trainte par corps doit être prononcée cont
tout dépositaire qui refuse de rendre un Dép
nécessaire.

Cette disposition de l'ordonnance a fait naî
la question de savoir si la contrainte par co
devoit avoir lieu pour faire restituer à un pr
cureur les deniers que son client lui avoit co
fiés pour faire des offres réelles ; & le parl
ment de Paris a jugé l'affirmative par arrêt
20 Mars 1767. L'annotateur de Denisart a c

tiqué cet arrêt fur le fondement que dans cette
efpèce , le Dépôt étoit volontaire ; & qu'il n'y
a fuivant l'ordonnance , que le Dépôt néceffaire
ou judiciaire qui doive faire prononcer la contrainte par corps : mais cette critique eft mauvaife : l'argent remis à ce procureur pour être
employé dans un acte de la procédure, doit avoir
le même privilège que les pièces confiées à cet
officier : or il eft conftant que tout procureur
peut être condamné par corps à rendre les
pièces que fon client lui a confiées. Cela a été
ainfi jugé par un arrêt du 31 Août 1682 , rapporté au journal des audiences.

A l'égard du Dépôt fait dans une hôtellerie ,
le juge peut en admettre la preuve par témoins
ou la refufer felon les circonftances. C'eft ce
qui réfulte de l'article 4 du titre 20 de l'ordonnance de 1667.

Si les chofes données en Dépôt par un voyageur à l'aubergifte viennent a être volées dans
l'auberge , l'aubergifte doit en répondre quand
même le vol auroit été fait par d'autres perfonnes que les domeftiques de l'auberge. La
raifon en eft qu'on préfume que le vol eft arrivé
par le défaut de foin de l'aubergifte. Mais il en
feroit différemment fi l'aubergifte juftifioit que
le vol n'a eu lieu que par quelque accident de
force majeure.

La même décifion doit avoir lieu à l'égard
du dommage occafionné aux effets donnés en
Dépôt à l'aubergifte.

L'ordonnance du duc Léopold de Lorraine ,
du mois de Novembre 1707 , contient fur le
Dépôt des difpofitions femblables à celle de
l'ordonnance de 1667, fi ce n'eft qu'elle n'auto-

Q

rife la preuve vocale du Dépôt volontaire que lorfqu'il n'excède pas la valeur de deux cent francs barrois (*) , au lieu que cette preuve eft autorifée jufqu'à 100 livres de France par l'ordonnance de 1667.

Comme un acte de Dépôt produit une action contre le dépofitaire pour l'obliger à rendre le Dépôt, le droit de contrôle en eft dû fur le pied de la valeur des chofes dépofées & doit être perçu conformément aux articles 3 & 4 du tarif du 29 Septembre 1722. Cela eft ainfi prefcrit par l'article 37 du même tarif.

Le Confeil a décidé en conféquence le 11 Août 1733 , que le droit de contrôle d'un acte de Dépôt de Diamans non évalués, devoir être payé fur le pied de l'article 4 du tarif.

L'article 38 du même tarif fixe à dix fous le droit de contrôle du Dépôt d'actes fous fignature privée de quelque nature qu'ils foient ; & cet article ajoute « que lefdits actes fous figna-

___

(*) *Voici ce que portent les articles 1 & 2 du titre 5.*

I. Voulons en ajoutant à l'ordonnance de l'an mil fix cent vingt-huit, qu'il ne foit reçu aucune preuve par témoins pour chofes excédantes la valeur ou fomme de deux cens francs, même pour Dépôts volontaires ; mais qu'il foit paffé des actes par devant tabellions, ou fous fignature privée, fans exclure néanmoins la délation de ferment de partie à l'autre, ni la preuve du dol & de la fraude, fuivant les circonftances du fait, ni lorfqu'il y aura commencement de preuve par écrit.

II. Pourra néanmoins être fait preuve par témoins du Dépôt néceffaire fait en cas de ruine, tumulte, incendie, naufrage, ou autres accidens imprévus qui auroient ôté la liberté de faire des actes par écrit, comme auffi du Dépôt d'argent, nippes & hardes, fait dans une hôtellerie par le paffant ou voyageur, fuivant les circonftances du fait & la qualité des perfonnes.

» ture privée ne peuvent être déposés ou an-
» nexés aux minutes des notaires , greffiers &
» autres personnes qui les recevront en Dépôt ,
» qu'ils n'aient été préalablement contrôlés , &
» les droits payés , suivant leur nature , dont
» mention doit être faite dans les actes de
» Dépôt ».

Cette disposition du tarif est conforme à l'article premier de l'arrêt du conseil du 6 Août
1715 , confirmé par celui du 28 Novembre
1716.

Les actes passés en pays étranger , ou dans
les lieux où le contrôle n'est pas établi , sont
dans le même cas que les actes sous signatures
privées : ils doivent pareillement être contrôlés avant de pouvoir être reçus en Dépôt par
de officiers publics.

Si le Dépôt est fait au greffe , en vertu d'un
jugement , c'est un acte judiciaire forcé , qui
n'est point sujet au contrôle ; on ne peut pas
même exiger que les actes déposés au greffe par
autorité de justice , soient préalablement contrôlés : il suffit qu'ils le soient avant qu'on s'en
serve pour en tirer des inductions actives , &
avant que le greffier en délivre des expéditions.
Le conseil l'a ainsi décidé le 10 Juillet 1731 sur
les représentations du procureur général au parle Paris , & le 13 Juillet 1734 , il a rendu un
arrêt conforme à cette décision en faveur du
sieur Rousseau , greffier de la sénéchaussée de
Lyon.

Les Dépôts des testamens des personnes vi-
vantes ne sont pareillement pas sujets au contrôle non plus que les testamens. C'est ce que
le conseil a décidé le 29 Août 1720.

Par arrêt du 2 Août 1740, le conseil a or
donné que les étrangers feroient tenus de dé
pofer chez les notaires de Paris leurs titres po
recevoir leurs rentes fur la ville fans être af
jettis à faire préalablement contrôler ces titre
mais il a décidé le 10 Septembre fuivant que le
procurations données par ces étrangers à l'eff
de recevoir pour eux les arrérages ou les cap
taux de ces rentes, devoient être contrôlées

DÉPÔT PUBLIC, fe dit d'un lieu deftiné
mettre les Dépôts ordonnés par la juftice. Le
dépofitaires publics font ceux qui ont la gar
de ces Dépôts, comme les commiffaires a
faifies - réelles, les receveurs des confign
tions, &c. *Voyez* COMMISSAIRE, CONSIGN
TION, &c.

On appelle auffi *Dépôt public*, tout lieu d
tiné à conferver les actes publics, comme l
greffes, les bureaux du contrôle, l'étude d'
notaire, &c.

Suivant l'article 10 du titre 3 de l'ordo
nance des eaux & forêts, les grands maîtres do
vent dépofer au greffe de chaque maîtrife
procès-verbal de vifite de la vente à adjuge
contenant la défignation du triage où doit ê
affife la vente de l'année fuivante. Et l'artic
26 du même titre veut que les mêmes officie
dépofent pareillement aux greffes des maîtri
les jugemens, & les ordonnances qu'ils ont re
dus, ainfi que les autres actes qu'ils ont fa
dans le cours de leurs vifites.

L'article 4 du titre 16 ordonne aux officie
des maîtrifes en général de dépofer en leu
greffes les procès-verbaux des récolemens da
les vingt-quatre heures après qu'ils font faits.

Les procès-verbaux des visites faites dans les bois tenus en grurie, grairie, tiers & dangers doivent aussi être déposés aux greffes des maîtrises immédiatement après qu'ils ont été faits, sous peine, contre les officiers, de privation de leurs charges, & de répondre personnellement des délits, abus & malversations. C'est ce qui résulte des articles 19 & 21 du titre 23.

Suivant les articles 3 & 5 du titre 7, les gardes-marteaux doivent déposer au greffe dans trois jours les procès-verbaux des visites qu'ils ont faites dans les forêts, & des chablis & arbres de délits qu'ils ont découverts.

L'article 5 du titre 11 veut que l'arpenteur qui est à la suite du grand maître dépose au greffe de la maîtrise les plans, figures, procès-verbaux d'assiette, d'arpentage, de récolement, & de toutes les autres opérations concernant son office, huit jours au plus tard après chaque opération, à peine d'interdiction pour la première fois & de privation de sa charge en cas de récidive.

Les arpenteurs ordinaires sont obligés sous les mêmes peines, de déposer aux greffes des maîtrises les procès-verbaux des visites des fossés & bornes des forêts dans lesquelles le roi a intérêt, ainsi que les procès-verbaux d'assiette, avec les plans & figures des ventes trois jours après qu'ils ont été faits. C'est ce qui résulte de l'article 7 du titre 11 & de l'article 6 du titre 15.

Les sergens à garde doivent, selon l'article 9 du titre 10, déposer au greffe leurs procès-verbaux deux jours au plus tard après les délits commis, à peine d'être condamnés à l'amende,

& aux dommages & intérêts, comme l'auroient été les délinquans.

Le conseil a néanmoins jugé par arrêt du septembre 1749, que ce défaut de Dépôt dans deux jours n'opéroit rien au profit de celui qui étoit chargé par le procès-verbal.

.. Au surplus ce Dépôt doit être fait sans frais, comme l'a décidé le conseil par arrêt du 19 janvier 1700.

Les sergens à garde sont pareillement obligés de déposer au greffe les procès-verbaux des chablis qu'ils ont reconnus, trois jours après les avoir trouvés, à peine de cinquante livres d'amende. C'est ce qui résulte de l'article premier du titre 17 de l'ordonnance.

L'article 24 du titre 15 veut que les adjudicataires des bois du roi comparoissent aux greffes des maîtrises dans les huit jours au plus tard après les adjudications pour déclarer les noms de leurs associés & déposer les expéditions de leurs traités, à peine de mille livres d'amende & de nullité des sociétés. Et suivant l'article 3, du même titre ils doivent aussi déposer au greffe l'empreinte de leurs marteaux, à peine de cent livres d'amende.

Les facteurs ou gardes-ventes établis par les adjudicataires sont obligés de déposer au greffe les procès-verbaux des délits commis dans les réponses de leurs ventes trois jours au plus tard après qu'ils ont été commis, sinon les adjudicataires demeurent responsables des évènemens C'est ce qui résulte de l'article 39 du même titre.

Et suivant l'article 50, les procès-verbaux des souchetages faits sur les réquisitions des adjudicataires avant les usances, doivent aussi être déposés au greffe pour y avoir recours lors des récolemens.

Les procès-verbaux d'arpentage & autres actes concernant les visites, estimations, devis, permissions, assiettes, martelages, adjudications, & récolemens des bois des gens de main-morte doivent être déposés au greffe de la maîtrise. Telles sont les dispositions de l'article 10 du titre 24.

L'article premier du titre 25 établit la même règle à l'égard des procès-verbaux d'arpentage, & des plans & figures des bois appartenans aux communautés d'habitans.

Et l'article 16 du titre 27 veut pareillement que les cartes, plans & figures des bois du roi ou dans lesquels sa majesté a intérêt soient déposés aux greffes des maîtrises à la diligence des maîtres particuliers & des procureurs du roi, à peine de radiation de leurs gages.

Il en doit être usé de même à l'égard des empreintes des marques destinées à marquer les bestiaux des usagers & les porcs des adjudicataires des glandées. Cela est ainsi prescrit par l'article 3 du titre 18 & par l'article 6 du titre 19.

Il faut encore conformément à l'article 14 du titre 27, observer la même formalité au sujet des étalons des mesures des bois de chauffage.

On appelle *Dépôt civil*, le greffe où l'on porte les productions des parties dans les affaires civiles. Et *Dépôt criminel*, le greffe où l'on dépose les procédures criminelles. Voyez GREFFE.

DÉPÔT DES CHARTRES DES COLONIES. L'expérience a fait connoître que les papiers publics des colonies françoises de l'Amérique, de l'Afrique & de l'Afie étoient expofés par l'effet du climat à plufieurs caufes de deftruction ; enforte que les actes d'une génération s'y confervoient à peine, fans être altérés pour la génération fuivante. C'eft envain qu'on a voulu en différens temps parer à cet incovénient ; tous les moyens employés à cet effet ont été inutiles. Ainfi l'état civil de même que les propriétés des fujets du roi dans ces pays devoient fe trouver fréquemment compromis. Ces confidérations ont déterminé fa majefté à donner au mois de juin 1776 un édit pour établir en France un Dépôt où non feulement on conferveroit les titres qui intéreffent le repos & la fûreté des familles, mais où l'on trouveroit encore fur l'exiftence des perfonnes qui paffent dans les colonies, les renfeignemens que le grand éloignement ne permet de fe procurer qu'avec peine, & dont le défaut arrête fouvent des arrangemens intéreffans pour les familles. Nous allons rapporter les difpofitions de cette loi importante que la chambre des comptes a enregiftrée le 15 avril 1777.

ARTICLE PREMIER.

» Il fera établi à Verfailles, pour la confervation & fûreté des papiers publics de nos colonies, un Dépôt fous le nom de *Dépôt des chartres des colonies*, dont la forme fera déterminée » par le préfent édit.

» II. Il fera fait inceffamment par les greffiers » des confeils fupérieurs un relevé fommaire » des enregiftrémens faits avant cet édit, des » lois émanées de notre autorité, & des expéditions, tant des règlemens faits par les gou-

verneurs généraux & intendans, avec mention
fommaire de leurs enregistremens, que des
règlemens faits par les conseils supérieurs. On
remontera à un temps aussi reculé que l'état
des registres pourra le permettre. Ces relevés
& expéditions feront signés par lesdits greffiers
& visés par le président de chaque conseil.

» III. Les curés ou desservans les paroisses
feront aux frais des paroisses un double signé
d'eux & légalisé par le supérieur ecclésiastique des registres de baptêmes, mariages &
sépultures dont ils feront dépositaires; & les
préposés aux hôpitaux civils, un double des
registres d'inhumations qui auront précédé
l'enregistrement du présent édit, pour être remis ainsi qu'il fera dit ci-après.

» IV. Les curés & desservans les paroisses
feront en cas de refus ou de négligence contraints, à la pourfuite de nos procureurs,
par la faisie de leur temporel ou de celui des
missions dont ils relèvent, à la remise desdits
registres. Les préposés aux hôpitaux civils feront contraints par des amendes qu'ils ne pourront répéter fur les biens desdits hôpitaux.

» V. Les greffiers feront aussi incessamment
expéditions signées d'eux & visées par le premier officier du siége, sans frais, des registres
de baptêmes, mariages & sépultures déposés
en leurs greffes, dont le premier double ne se
fera pas trouvé ès-mains du curé ou desservant de la paroisse, avec lequel ils vérifieront
le nombre & les années des registres dont il
se trouvera dépositaire; à quoi les greffiers
feront contraints par interdiction à la pourfuite de nos procureurs.

» VI. Enjoignons aux gouverneurs généraux
» & intendans, aux conseils supérieurs, & à nos
» procureurs généraux, de tenir la main à ce
» que les expéditions ci-dessus prescrites se fas-
» sent avec le plus de diligence & d'exactitude
» qu'il sera possible ; & soient tous les trois mois
» remises aux greffes des intendances & subdé-
» légations, suivant les résidences, avec des états
» dans la forme de ceux mentionnés ci-après.

» VII. Les parties intéressées à des actes, ju-
» gemens ou arrêts de date antérieure à l'enre-
» gistrement du présent édit, pourront pour leur
» sûreté remettre à leurs frais aux greffiers des
» conseils supérieurs ou des juges des lieux des
» expéditions desdits actes, jugemens ou arrêts
» signées & collationnées par les notaires ou
» greffiers dépositaires des minutes, & visées
» par le président du conseil ou par le juge or-
» dinaire sans frais. Il sera fait sommairement
» mention du Dépôt par lesdits greffiers sur un
» regiftre tenu à cet égard, coté & paraphé par
» le président du conseil ou par le juge des lieux
» sans frais ; & pour ladite mention il sera payé
» pour chaque Dépôt aux greffiers un droit de
» cinq sous monnoie de France dans les colo-
» nies où les payemens se font en cette mon-
» noie, & de sept sous six deniers dans les au-
» tres colonies.

» VIII. Les officiers des classes dans les colo-
» nies françoises feront incessamment un relevé
» des passagers arrivés de France ou autres
» lieux, & de ceux qui seront partis desdites
» colonies soit pour France soit pour une autre
» colonie depuis l'année 1749 inclusivement,
» autant que l'état des regiftres tenus & des
» rôle

» rôles d'équipages expédiés au bureau jufqu'à ce
» jour pourra le permettre. Il fera pareillement
» adreffé par le fecrétaire d'état ayant le départe-
» ment de la marine, des ordres aux officiers des
» claffes des ports de France où fe font les em-
» barquemens pour les colonies, de faire un re-
» levé par année depuis & compris 1749 des rôles
» d'équipages en ce qui concerne feulement les
» paffagers qui y font portés foit en allant foit en
» revenant ; lefquels relevés feront vifés tant
» dans les colonies que dans les ports de France
» par les officiers fupérieurs d'adminiftration, &
» adreffés par ces derniers au fecrétaire d'état
» ayant le département de la marine.

» IX. Après l'enregiftrement du préfent édit
» les greffiers des confeils fupérieurs feront ex-
» pédition des lois qui émaneront à l'avenir de
» nous, & des règlemens qui feront faits par
» les gouverneurs généraux & intendans, avec
» mention des arrêts d'enregiftrement ainfi que
» des arrêts de règlement faits par les confeils
» fupérieurs ; & ces expéditions feront vifées
» des préfidens de chaque confeil fupérieur.

» X. Les curés ou deffervans les paroiffes
» tiendront à l'avenir aux frais de la paroiffe un
» troifième regiftre pour les baptêmes, maria-
» ges & fépultures dans la forme prefcrite par
» les ordonnances, & leur fignature fera léga-
» lifée au bas de la dernière page par le fupé-
» rieur eccléfiaftique. Les prépofés aux hôpi-
» taux civils tiendront auffi un troifième regif-
» tre des inhumations faites auxdits hôpitaux ;
» & leur fignature fera légalifée au bas de la
» dernière page par le juge des lieux fans frais.

» XI. Les notaires retiendront aux frais des

» parties deux minutes des différens actes qu'il
» recevront, dont l'une fera deftinée pour l...
» Dépôt & vifée fans frais par le juge des lieu...
» Exceptons néanmoins de la nécefficé de la fe...
» conde minute les actes d'inventaire, de par...
» tages ou de ventes fur inventaire, fauf au...
» parties à remettre à leurs frais expédition de...
» dits actes aux termes de l'article 7 lorfqu'elle...
» le croiront néceffaire pour leur füreté.

» XII. Exceptons pareillement de la néceffi...
» des deux minutes la rédaction des teftame...
» fi les circonftances ne permettent pas de dre...
» fer fur le champ une feconde minute : voulo...
» en ce cas que la feconde minute foit remp...
» cée aux frais des parties par une expéditi...
» faite & fignée dans les quinze jours de l'o...
» verture & publication defdits teftamens & v...
» fée par les juges des lieux fans frais.

» XIII. Les greffiers des confeils fupérieurs...
» des fiéges inférieurs retiendront par-deve...
» eux, auffi aux frais communs des demandeu...
» & des défendeurs, des expéditions des arrê...
» & jugemens définitifs rendus contradictoir...
» ment ou par défaut en matière civile feul...
» ment; lefquelles expéditions feront vifées p...
» les préfidens des confeils & par les juges d...
» lieux fans frais : exceptons de la difpofition...
» préfent article les jugemens rendus fur actio...
» purement perfonnelle entre parties préfente...
» ou domiciliées dans la colonie.

» XIV. Les greffiers du tribunal-terrier re...
» tiendront également aux frais des parties d...
» expéditions des jugemens définitifs rend...
» contradictoirement ou par défaut; lefquell...
» expéditions feront vifées par le préfident d...
» tribunal.

» XV. Pourront les parties intéreſſées aux
» conceſſions des terreins dans les campagnes,
» & des emplacemens en ville, & aux procès-
» verbaux d'arpentage & placement deſdités
» conceſſions antérieures ou poſtérieures à l'en-
» regiſtrement du préſent édit, dépoſer aux
» greffes des lieux de leur réſidence aux termes
» de l'article 7, des expéditions deſdits actes,
» leſquelles feront ſignées par les dépoſitaires
» des minutes & viſées; ſavoir les conceſſions
» par les gouverneur général & intendant, &
» les procès-verbaux d'arpentage ou de place-
» ment, & tous autres actes de cette nature par
» le juge des lieux ſans frais.

» XVI. Les greffiers des intendances ou ſub-
» délégations retiendront pareillement, aux frais
» des parties, une ſeconde minute des actes
» d'affranchiſſemens qui ſera viſée par les gou-
» verneur & intendant ; & il ſera permis aux
» libres & aux affranchis de remettre aux ter-
» mes de l'article 7, expédition des actes d'af-
» franchiſſemens accordés précédemment à eux
» ou à leurs auteurs, ſignée du greffier de l'in-
» tendance ou ſubdélégation dépoſitaire de la
» minute & viſée par les gouverneur & inten-
» dant.

» XVII. Les curés ou deſſervans les paroiſſes,
» les prépoſés aux hôpitaux civils, les greffiers
» des différens tribunaux & les notaires feront,
» à la diligence de nos procureurs généraux &
» de leurs ſubſtituts, tenus de remettre dans le
» premier mois de chaque année au greffe de
» l'intendance ou de la ſubdélégation le plus
» prochain de leur réſidence les doubles des re-
» giſtres de baptêmes, mariages & ſépultures,

» les doubles des regiftres d'inhumations fait
» aux hôpitaux civils, les expéditions des lo
» & des règlemens, les doubles minutes o
» expéditions des actes ou jugemens retenus o
» reçus par eux dans le cours de l'année préc
» dente. Chacun de ces dépofitaires dreffera e
» même-temps trois états fommaires des regi
» tres & pièces qu'il aura à dépofer contenant
» nombre & l'année des regiftres, la date de
» arrêts & jugemens, la nature & la date de
» actes avec les noms des parties.

» XVIII. Ces états feront certifiés par les d
» pofans & vifés fans frais : ceux des deffervai
» des paroiffes, des prépofés aux hôpitaux c
» vils & des greffiers des fiéges royaux, civi
» & d'amirauté par les juges des lieux ; ceu
» des greffiers des intendances ou fubdélég
» tions, du tribunal-terrier & des confeils fi
» périeurs par les préfidens refpectifs.

» XIX. Deux de ces états feront remis a
» greffe de l'intendance ou de la fubdélégatio
» fuivant la réfidence du dépofant ; l'un fera e
» voyé en France ; le fecond reftera en Dép
» au greffe de l'intendance ou de la fubdélégatio
» pour y avoir recours en cas de befoin ; le tro
» fième demeurera ès-mains du dépofant po
» lui fervir de décharge ; à l'effet de quoi
» greffier de l'intendance ou de la fubdélégatio
» certifiera fans frais au bas de ce troifième ét
» que remife lui a été faite des pièces y mei
» tionnées.

» XX. Les officiers des claffes tiendront
» l'avenir un regiftre coté & paraphé par l'of
» cier fupérieur de l'adminiftration qui contie
» dra les noms & qualités des paffagers arriv

» de France ou d'autres lieux dans la colonie,
» les noms des navires sur lesquels ils auront
» passé & la date de leur arivée, ainsi que les
» noms & qualités des passagers qui partiront
» des colonies, le nom des navires sur lesquels
» ils passeront, & la date de leur départ, avec
» mention de leur destination pour France, pour
» une autre colonie ou autre lieu quelconque :
» duquel regiftre il sera fait un relevé qui sera
» visé par l'officier supérieur de l'administration
» & déposé dans le premier mois de chaque
» année au greffe de l'intendance pour être en-
» voyé en France. Il sera également tenu dans
» les ports de France par les officiers des claffes
» pareil regiftre contenant les noms & qualités
» des paffagers allant aux colonies ou venant
» d'icelles, dont le relevé fait en la même for-
» me fera adreffé tous les ans au fecrétaire d'état
» ayant le département de la marine.

» XXI. Le greffier de l'intendance ou de la
» subdélégation dreffera un état général fom-
» maire des papiers qui lui auront été remis ou
» envoyés par chapitres féparés où feront dif-
» tingués les regiftres de baptêmes, mariages
» ou fépultures, les arrêts & jugemens, les ac-
» tes paffés devant notaires, les actes remis
» par les parties, les affranchiffemens, les con-
» ceffions, la qualité & la réfidence du dépo-
» fant, & la date de la remife en fon greffe ; &
» cet état général fera vifé de l'intendant.

» XXII. Les relevés, doubles minutes & ex-
» péditions ordonnés par les articles précédens
» feront écrits fur papier à la Tellière en écri-
» ture courante, & feront payés à raifon de
» vingt fous le rôle dans les colonies où les

» payemens fe font en monnoie de France, &
» de trente fous dans les autres colonies, le rôle
» contenant deux pages de vingt-quatre lignes
» chacune & la ligne au moins quinze fyllabes:
» les pièces marquées par les articles 7, 11
» 13, 14, 15 & 16 feront payées par les partie
» intéreffées. L'intendant pourvoira fur ce pied
» aux frais du domaine au payement des relevé
» & expéditions ordonnés par les articles 2, 5
» 9, & fur un pied modéré au payement de
» états & frais de tranfport marqués par les ar
» ticles 17 & 21, & aux dépenfes néceffaire
» pour l'exécution des articles ci-après; def
» quels payemens il fera annuellement par l'in
» tendant envoyé un état au fecrétaire d'ét
» ayant le département de la marine.

» XXIII. Tous lefdits papiers avec les éta
» généraux & particuliers d'iceux feront mis
» emballés avec foin dans une ou plufieurs cai
» fes fcellées du fceau de l'intendant, & chargé
» par les ordres dudit intendant fur un ou plu
» fieurs navires avec connoiffement : le procé
» verbal de fcellé & le connoiffement feront e
» voyés par l'intendant au fecrétaire d'ét
» ayant le département de la marine. Les clés de
» caiffes feront confiées à l'officier d'adminiftra
» tion embarqué fur l'un de nos vaiffeaux
» aux capitaines des navires marchands qui a
» ront figné les connoiffemens : enjoignons a
» dit officier d'adminiftration & auxdits cap
» taines de veiller avec la plus grande attentio
» à la confervation de ces papiers, & à ce qu
» les caiffes les contenant, foient placées da
» l'endroit le plus fain ; à peine contre les of
» ciers d'adminiftration, d'interdiction, & co

» tre les capitaines des bâtimens marchands,
» d'être privés de commandement pendant une
» année pour la première fois, & pour toujours
» en cas de récidive. Leur permettons en cas de
» néceffité, d'ouvrir les caiffes pour en déplacer
» les papiers ; de quoi il fera dreffé un procès-
» verbal figné par les officiers de l'état-major de
» nos vaiffeaux ou par les officiers des navires
» marchands , & envoyé au fecrétaire d'état
» ayant le département de la marine.

» XXIV. Ces caiffes feront remifes avec les
» clés au premier officier d'adminiftration du
» port de l'arrivée, lequel en déchargera le
» connoiffement après avoir vérifié les fcellés ;
» & s'ils ne paroiffent pas entiers ou fi les évè-
» nemens ont donné lieu à quelques avaries ou
» déplacement pendant la traverfée, il en fera
» donné avis au fecrétaire d'état ayant le dé-
» partement de la marine , fur les ordres du-
» quel il fera dreffé dans le port, s'il y échet,
» procès - verbal de l'état des caiffes , & de la
» nature & des fuites des avaries.

» XXV. L'officier d'adminiftration adreffera
» lefdites caiffes par la meffagerie au fecrétaire
» d'état ayant le département de la marine , le-
» quel ordonnera la levée des fcellés après qu'ils
» auront été reconnus fur les procès - verbaux
» faits dans les colonies , dans les bâtimens de
» tranfport ou dans les ports du débarquement,
» & la vérification du contenu defdites caiffes,
» par confrontation des états ordonnés par les
» articles 17 & 21 du préfent édit ; de quoi il
» fera dreffé procès-verbal , au pied duquel &
» fur l'ordre du fecrétaire d'état ayant le dé-
» partement de la marine , le directeur du Dé-

» pôt que, nous commettrons par un breve
» particulier prendra charge des papiers y con
» tenus, dont il lui fera remis un double fou
» crit dudit fecrétaire d'état.

» XXVI. Ceux qui auront intérêt à demande
» expédition de quelques pièces faifant partie d
» Dépôt s'adrefferont au directeur d'icelui, t
» lui juftifiant de leur droit ou qualité, foit p
» des titres, foit par le certificat en bonne form
» des juges de leur domicile.

» XXVII. Les expéditions vifées par le d
» recteur du Dépôt, feront foi en juftice; ell
» feront délivrées fans frais fur papier commu
» & ne feront fujettes au contrôle, comme éta
» repréfentatives de titres & actes paffés & r
» çus dans des pays où le papier timbré ni
» contrôle n'ont pas lieu, à moins qu'il n'e
» foit fait ufage en juftice réglée; auquel c
» lefdites expéditions feront contrôlées, & l
» droits acquittés dans les bureaux les plus pr
» chains conformément à la déclaration du
» décembre 1707, & à l'article 97 du ta
» du contrôle du 29 feptembre 1722. Si do
» nons mandement &c. »

DÉPÔT DES SELS. On donne ce nom aux e
droits où le fel eft mis en Dépôt dans les pro
vinces qui ne font pas fujettes aux droits d
gabelles.

Afin d'empêcher les habitans des pays exemp
de gabelles de verfer leur fel dans les pays q
y font fujets, il a fallu établir une régie & d
formalités qui puffent reftreindre les premiers
la quantité de fel qui leur eft néceffaire pou
leur ufage, & affujettir les autres à en prendr
au grenier la quantité à la quelle on a eftim

que pouvoir aller leur confommation. On a en conféquence établi des Dépôts dans les cinq lieux de la frontière des pays rédimés, & l'on a réglé la police qui devoit être obfervée à cet égard. C'eft à quoi ont pourvu différentes loix & particulièrement le titre 16 de l'ordonnance des gabelles du mois de mai 1680, la déelaration du 22 novembre 1722, & les arrêts du confeil revêtus de lettres-patentes des 10 juin 1749, & 9 juin 1761.

Les difpofitions de ces loix avoient paru infuffifantes au feu roi pour empêcher le fauxfaunage dans les provinces voifines des Dépôts & dans lefquelles la vente exclufive du fel a lieu au profit de fa majefté : c'eft pourquoi il fut rendu le 3 octobre 1773 un arrêt de règlement fur cette matière, lequel fut enfuite interprêté & modifié par un autre arrêt du 18 avril 1774, rendu en conféquence des reclamations de différentes villes. Mais ce nouvel arrêt ayant encore laiffé fubfifter différentes difpofitions du précédent qui portoient atteinte aux privilèges des villes des provinces redimées des droits de gabelle, les officiers municipaux & habitans de ces villes & provinces ont fait de nouvelles repréfentations au roi, en conféquence defquelles fa majefté a revoqué par un arrêt du 14 octobre 1774, (*) celui du 3 octobre 1773.

(*) *Voici cet arrêt.*

Vu par le roi, étant en fon confeil, les mémoires refpectivement préfentés à fa majefté par les officiers municipaux de la ville de Riom, chef-lieu du duché d'Auvergne; par les ville de Riom & Clermont, pour ladite province d'Auvergne; par la ville de Châtelleraut & la province de Poitou; par celle d'Aubuffon & autres villes & pays de la

Par un autre arrêt du confeil d'état du 1[...]

haute marche; par les maires, échevins & autres offici[...]
municipaux de la ville de Gueret, capitale de la province [...]
la haute Marche; par les habitans de la ville du Blanc [...]
Berri, & de tous fes environs; par ceux de la ville [...]
Touars & paroiffes reffortiffantes du Dépôt à fel de ladi[...]
ville; & par ceux de la ville de faint-Vaulry, généralité [...]
Limoges, d'une part; & par l'adjudicataire des fermes géné[...]
rales, d'autre part; ceux defdits officiers municipaux [...]
Riom & autres villes ci-deffus nommées, contenant leu[...]
repréfentations contre un arrêt du confeil du 3 octob[...]
1773, portant règlement pour la fourniture des fels a[...]
Dépôts limitrophes au pays de gabelle, lequel a accordé [...]
l'adjudicataire des fermes le droit exclafif d'approvifion[...]
de fel lefdits Dépôts, avec défenfes aux habitans des vill[...]
d'Aubuffon & de Riom d'en continuer le commerce, lefd[...]
mémoires expofitifs, entr'autres chofes: que la provin[...]
d'Auvergne étoit du nombre de celles qui ont été ancien[...]
ment rédimées des droits de gabelle, qu'il y avoit cela [...]
particulier pour cette province qui rendoit fon privilége d'a[...]
tant plus favorable que ce n'étoit point par un prix par[...]
comptant qu'elle s'étoit rédimée, que c'étoit fous u[...]
charge annuelle & perpétuelle, par une augmentation [...]
la taille, qui a fuivi la même progreffion que la taille ell[...]
même, que c'étoit ce que l'on pouvoit voir dans les édi[...]
des mois d'août 1547, juillet 1549, avril 1550 & octo[...]
bre 1557; qu'autant d'édits fe trouvoient encore conf[...]
més par des lettres-patentes de 1560, 1563 & 1578; q[...]
de-là venoit qu'il n'y avoit nulle proportion pour l'impo[...]
tion de la taille entre les autres provinces du royaume [...]
l'Auvergne, où elle eft beaucoup fupérieure: que les [...]
mandes des fermiers généraux fur lefquelles étoit interve[...]
l'arrêt du 3 octobre 1773, étoient le complément du fy[...]
tême d'envahiffement des priviléges des provinces rédimée[...]
qu'ils avoient conçu depuis plus d'un fiècle; qu'en effet po[...]
peu qu'on y fît attention, on reconnoîtroit par combien[...]
degrés cet évènement avoit été préparé: que la vente éto[...]
totalement libre, au moyen des conventions faites av[...]
elles & des fommes dont elles avoient contribué, lorfqu'e[...]

mai 1772, il a été permis à l'adjudicataire des

---

imposa la formalité gênante des Dépôts à l'extrémité des pays rédimés, par laquelle ils touchent au pays de gabelle : qu'il étoit vrai que cet établissement étoit antérieur à l'ordonnance de 1680 ; mais que quoique cette ordonnance en eût fixé irrévocablement les règles & la discipline, cependant en 1722, au lieu de laisser approvisionner les Dépôts indifféremment par tout le monde, on avoit exigé que les marchands prissent des commissions des juges ; qu'ensuite elles étoient devenues des commissions du fermier, révocables selon sa volonté, au moyen de quoi il ne restoit plus que d'établir en sa faveur, la vente exclusive du sel, & que c'étoit ce qu'avoit fait l'arrêt du 3 octobre 1773 : qu'à la vérité il y étoit bien dit que le prix seroit fixé sur celui des salorges les plus voisines, mais que cette vente exclusive une fois établie, il étoit difficile de rassurer les habitans des provinces rédimées, sur la crainte que ce prix ne fût successivement augmenté, soit par des sous pour livre établis par le gouvernement, soit par des prétextes que trouveroient les fermiers généraux eux-mêmes : que d'ailleurs se trouvant maîtres de la totalité de la denrée dans une partie de la province, qui est plus d'un cinquième de l'Auvergne, il étoit vraisemblable qu'ils influeroient aisément sur le prix du sel dans les salorges du pays libre ; que cette règle s'étendroit petit-à-petit dans la province où les dépôts n'ont pas été établis : que la faculté de vendre du sel, ôtée par ledit arrêt du 3 octobre 1773, aux villes de Riom & d'Aubusson, étoit une preuve convaincante de leurs vues : qu'enfin ce fournissement fait par les fermiers généraux, de sels qu'ils tiroient directement des marais salans par la Loire & l'Allier, détruiroit une branche de commerce très-utile, non-seulement aux provinces où les Dépôts sont établis, mais encore à toutes celles qui se trouvent entre ces provinces & la mer, lesquelles trouvoient dans le trafic & voiturage de ces sels, des ressources très-avantageuses : que la rupture de la communication établie pour le transport de cette denrée entre le pays entièrement libre & la partie approvisionnée par les dépôts, & sur-tout la destruction du commerce du sel dans les villes de Riom & d'Aubusson,

fermes générales de faire vendre dans les Dé-

portoient le préjudice le plus notable à ces deux villes, &
principalement à la dernière, dont les manufactures exiger
une infinité de convois de toutes les parties de la province,
convois dont le prix étoit diminué par l'espérance des voi-
turiers de trouver à charger du sel en retour : que c'étoit
enfin causer un préjudice très-grand à ces provinces dans le
moment présent, & leur en faire envisager de bien plus
grands pour l'avenir, sans que ces maux pussent être ba-
lancés par un avantage notable pour les finances de l'état.
A ces causes lesdits habitans des villes de Riom, Clermon
& autres ci-devant nommées, auroient très-humblement
supplié sa majesté de révoquer ledit arrêt du 3 octobre
1773, & tout ce qui pouvoit s'en être suivi, s'en rapportant au surplus à ce qu'il plairoit à sa majesté d'ordonner,
tant par rapport à la destination des sels que les fermiers
généraux pouvoient avoir approvisionnés en vertu dudit
arrêt, qu'eu égard aux frais de ces approvisionnemens. Les
mémoires des fermiers généraux en réponse, par lesquels
ils auroient de leur côté représenté entr'autres choses : qu'ils
n'avoient eu d'autre part à tout ce qui avoit été fait sur cet
objet que d'avoir répondu à un mémoire qui leur avoit été
communiqué, & d'avoir énoncé ce qui leur avoit paru le
plus utile pour la régie des droits du roi : que comme la
proposition par eux faite, l'avoit été à l'expiration de leur
bail, & qu'ils n'avoient pas caché que la faculté d'approvisionner eux-mêmes les dépôts, opéreroit une augmentation
de produit sensible, c'étoit pour le roi que cette augmentation avoit lieu, & qu'ils n'avoient pas manqué de la
faire entrer en considération dans le prix qu'ils ont donné
du bail ; que la preuve de ce fait se trouveroit établie par
les calculs qu'on avoit faits pour en régler le prix ; qu'on
leur a fait valoir cette augmentation ; & qu'enfin cette faculté est énoncée dans le résultat du conseil qui leur porte bail ;
ce qui prouvoit, ont-ils dit, qu'elle a été regardée comme
faisant partie des conditions de ce bail, & que c'étoit le roi
qui par-là devoit jouir du bénéfice qui en pouvoit résulter,
puisque l'effet ne devoit commencer qu'en même-temps que
le nouveau bail, d'où ils induisoient qu'ils étoient absolu-

pôts de l'Auverge, de la Marche & du Poitou,

ment fans intérêt pour l'obtention de l'arrêt du 3 octobre
1773 ; & que s'ils ont donné lieu par les éclairciffemens
qui leur avoient été demandés, à ce qu'il fût rendu, ils ne
l'avoient fait qu'en l'acquit de leur devoir pour le maintien
& pour la bonification des droits dont la régie leur eft confiée ; ajoutant que cette bonification fe trouveroit principalement dans la facilité que cet établiffement leur procureroit
pour arrêter les verfemens que les reffortiffans des Dépôts
font fur le pays de gabelle, des fels furabondans à leur confommation : qu'indépendamment de la plus grande vigilance
qu'ils emploieroient dans le débit des fels fournis par eux,
ils fe procureroient encore un moyen très-facile de les empêcher de circuler dans le pays de Gabelle, en les fourniff-
fant en fel blanc, pendant que les greniers de gabelle le
font en fel gris ; que cette feule précaution fans violences,
fans jugemens, fans condamnations, feroit une barriere
plus utile contre le faux-faunage, que toutes les faifies
qu'ils pourroient faire faire, & tous les commis armés, qui
ne pourroient s'oppofer qu'imparfaitement à des fraudeurs
actifs & induftrieux, & qui ne peuvent arrêter leurs entreprifes téméraires que par la force, & quelquefois aux dépens de la vie des fujets de fa majefté : qu'enfin c'étoit-là
le grand avantage qu'ils trouveroient à l'exécution de l'arrêt
dont on demandoit la révocation, & qu'il étoit de beaucoup préférable au bénéfice cependant très-réel qu'ils trouveroient dans les moyens économiques de faire eux-mêmes
ces fourniffemens ; foutenant au furplus que les provinces
rédimées de gabelle, avoient très-grand tort de fe plaindre
des difpofitions de l'arrêt du 3 octobre 1773, qui bien loin,
ont-ils dit, de porter atteinte à leurs privilèges, les confirme
au contraire authentiquement : que la régie des Dépôts
pouvoit être en effet regardée comme gênante, mais qu'elle
étoit depuis long-temps établie & abfolument néceffaire
pour préferver le pays de vente excluſive, des verfemens
frauduleux qui détruiroient en peu de temps cette branche
des revenus de l'état : que cette régie une fois établie, il
devoit être abfolument indifférent aux reffortiffans de bonne
foi, que le fel qu'ils confommeront, leur foit délivré par

sans en demander la permission aux officiers d

---

les minotiers ou par le fermier, pourvu qu'il ne soit p
plus cher; à quoi, ont ajouté les fermiers généraux, il
été pourvu en ordonnant que ce prix sera toujours réglé p
le juge sur celui des salorges les plus prochaines : qu
étoit même vraisemblable que le sel y seroit de meilleu
qualité, parce qu'eux fermiers généraux ont pour cela b
plus de facilités que les minotiers dont le débit se rédui
cent soixante-quinze minots chacun par an; qu'ils en o
la preuve dans les quatre Dépôts qu'ils fournissent dep
dix ans, qui n'ont donné lieu à aucune plainte, ni sur
qualité ni sur le prix du sel; que les prix y ont même
au-dessous de ce qu'ils étoient dans les autres Dépôts v
sins : ils ont de plus représenté que par la vigilance de l
régie ils se trouveroient dans le cas de donner aux ress
tissans des Dépôts, des facilités dont ils ne peuvent jo
dans la position actuelle des choses; & ajouté que ces fa
lités se trouvent établies par l'arrêt du 18 avril de ce
année, rendu sur les représentations même des habitans
ont depuis porté leurs plaintes à sa majesté contre celui
3 octobre 1773 : quant à la disposition de ce dernier arr
dont on se plaint, qui a privé les villes de Riom & d'A
busson du droit de faire le commerce du sel, ils ont ass
que cette facilité auroit les plus grands inconvéniens po
la ville de Riom; que d'ailleurs l'intérêt de cette ville à co
server cette faculté étoit médiocre, puisque le nombre
marchands de cette denrée est actuellement réduit à qua
dans cette ville; à l'égard de celle d'Aubusson, ils convie
nent que les choses peuvent être envisagées sous un po
de vue différent, & ne contredisent pas la vérité de la pl
part des raisons alléguées par les habitans de cette ville :
ces raisons, eux fermiers généraux supplioient très humb
ment sa majesté de considérer que dans la crainte de co
promettre son autorité, ils avoient fait arrêter les sels qu
avoient demandés, dans les endroits où ils se trouvoien
ce qui leur avoit occasionné des frais d'emmagasinage,
loyers & de voitures extraordinaires; que ces dépenses
toutes les autres qu'ils avoient déjà faites, sur la foi d
deux arrêts du conseil du feu roi, des 3 octobre 1773 &

ces Dépôts, les sels de saisie dont la confiscation

avril dernier, leur faisoit espérer que sa majesté ne voudroit pas les dépouiller d'un droit qui paroît leur être acquis par ces arrêts & par leur bail, sans les indemniser de toutes ces dépenses, & de la somme dont ils comptoient bénéficier sur le fournissement dont il s'agit, & sur-tout de l'avantage inestimable pour eux de diminuer la fraude considerable qui nuit au produit des droits de gabelle qui leur sont affermés : & sa majesté, après s'être fait le tout fait représenter ledit arrêt du 3 octobre 1773, il lui auroit paru que son exécution, si elle avoit lieu, causeroit un préjudice notable à ses provinces d'Auvergne, du Limosin & autres rédimées des droits de gabelle ; & qu'il étoit de sa justice de les maintenir dans leurs priviléges, & d'avoir en même-temps égard aux demandes en indemnité formées par les fermiers généraux. A quoi voulant pourvoir : vu sur ce l'article premier du titre 16 de l'ordonnance des gabelles du mois de mai 1680, par lequel il auroit été ordonné que les habitans du Poitou & de ses anciens ressorts, Limosin, Auvergne, haute & basse Marche, Combrailles, Francaleux & autres provinces non sujettes aux droits de gabelle, jouiroient de leurs franchises en la manière accoutumée ; les articles 2 & 4 du même titre 16 de l'ordonnance des gabelles, portant le premier, que l'adjudicataire des fermes tiendroit des entrepôts dans les villes & lieux dénommés dans cet article ; & l'article 4, que les dépôts seroient fermés à deux serrures, sous deux clefs différentes, dont l'une seroit remise entre les mains du commis de l'adjudicataire des fermes, & l'autre en celles du particulier qui seroit élu par les habitans, à la pluralité des voix, dans une assemblée générale, ou nommé d'office par les juges des Dépôts, à leur refus, après une simple sommation faite aux habitans, à la diligence du commis : la déclaration du 22 novembre 1722, enregistrée en la cour des aides de Paris le 27 février suivant, par laquelle, entr'autres dispositions, toutes les permissions qui avoient été données jusqu'alors aux ressortissans des pays rédimés de gabelle, pour amener du sel aux Dépôts, auroient été annullées & révoquées ; & qu'en vertu de ladite déclaration il seroit donné de nouvelles par les juges desdits Dépôts,

& la vente auroient été ordonnées par le com

avec défenses auxdits juges d'en accorder à l'avenir qu'à d
personnes solvables, domiciliées & connues pour telles,
du consentement du fermier ou des commis aux Dépôts p
lui préposés, à peine d'interdiction : l'arrêt du conseil du
juin 1749 & lettres patentes expédiées sur icelui le mê
jour, enregistrées dans les cours des aides de Paris &
Clermond-Ferrand, les 28 juillet & 22 août suivant, p
l'article premier desquels arrêt & Lettres patentes, & po
les causes y énoncées, il auroit été ordonné que toutes
survivances ou expectatives qui avoient été accordées à
sujets de l'un & de l'autre sexe, tels qu'ils pussent êt
pour des places de fournisseurs ou marchands de sel en dé
dans les Dépôts, demeureroient annullées & révoquée
par l'article 2, que les fournisseurs & marchands de sel
détail, lors en fonctions dans les Dépôts, seroient tenu
peine de destitution, de prendre des commissions de l'ad
dicataire des gabelles, ainsi qu'il est plus au long expliq
par ledit article; & par l'article 5 des mêmes arrêt & lettr
patentes, les habitans des paroisses ressortissant aux Dép
établis dans les pays limitrophes de ceux des gabelles, a
roient été maintenus dans les priviléges dont ils jouissoie
ledit article 5 auroit en outre ordonné l'exécution du ti
16 de l'ordonnance du mois de mai 1680 & de la déclar
tion du 22 novembre 1722, concernant la police & adm
nistration des Dépôts : autre arrêt de conseil du 9 juin 17
& lettres-patentes expédiées sur icelui le même jour, ef
registrées en ladite cour des aides de Clermont Ferrand
31 juillet de la même année; par lesquels, en interprétan
en tant que de besoin, l'article 2 des arrêt & lettres-patent
du 10 juin 1749, ci devant visés, il auroit été ordonn
que les places de Fournisseurs aux Dépôts établis dans
pays rédimés, ne pourroient être exercés qu'en vertu
commissions de l'adjudicataire des fermes, & que ceux q
en auroient été pourvus, pourroient être par lui révoqu
comme tous les autres commis & employés des ferm
Ouï le rapport du sieur Turgot, conseiller ordinaire, &
conseil royal, contrôleur général des finances; le roi éta
en son conseil, a révoqué & révoque ledit arrêt du 3 oct

missa

missaire du conseil à Saumur, ses subdélégués
ou les officiers des greniers.

Voyez *les loix civiles ; l'ordonnance du mois*
d'avril 1667 & les commentateurs ; les arrêts d'Au-
guard ; le journal des audiences ; le traité du con-
trat de Dépôt ; le dictionnaire raisonné des domai-
nes ; l'ordonnance des eaux & forêts du mois
d'Août 1669 , & les commentateurs ; l'édit du mois
de mai 1716 ; l'ordonnance des gabelles du mois

bre 1773 : veut sa majesté qu'il demeure comme non
venu, & tout ce qui s'en est ensuivi ; ordonne en conséquence que les fournisseurs & Minotiers des Dépôts établis
dans les provinces rédimées des droits de gabelle ; continueront d'approvisionner lesdits Dépôts comme avant ledit
arrêt ; & qu'à cet effet ils seront tenus de se charger des approvisionnemens en sels, faits par l'adjudicataire des fermes,
à la destination desdits Dépôts, & de lui en rembourser les
prix, ainsi & de la même manière que cela s'est pratiqué par
le passé, & relativement au prix auquel il a été vendu dans
les salorges les plus voisines, & à celui de la voiture desdites salorges dans les Dépôts, en accordant auxdits minotiers un bénéfice de vingt sous par minot. Ordonne en outre,
sa majesté que ledit adjudicataire des fermes sera pareillement
remboursé par qui & ainsi qu'il sera par elle ordonné, des
frais par lui faits pour loyers de greniers ou Dépôts ; & autres frais extraordinaires, relatifs aux approvisionnemens
par lui faits pour la fourniture desdits Dépôts, & ce suivant
la liquidation qui en sera faite par sa majesté, sur les états
que ledit adjudicataire des fermes sera tenu d'en remettre
incessamment au sieur contrôleur général des finances ; se
réservant au surplus sa majesté de statuer s'il y a lieu sur
l'indemnité qui peut être dûe audit adjudicataire des fermes,
à raison de la non-jouissance du fournissement desdits Dépôts, & ce, après la vérification qui en sera faite pendant
la durée ou à la fin de son bail. Fait au conseil d'état du
roi, sa majesté y étant, tenu à Fontainebleau le quatorze
Octobre mil sept cent soixante-quatorze. *Signé*, Phelypeaux.

Tome XVIII. S

de mai 1680 ; la déclaration du 22 novembre 1721
les arrêts du conseil & les lettres-patentes des
juin 1749 & 9 juin 1761 ; &c. Voyez aussi les
articles PREUVE, CONTRAINTE, GREFFE, NO-
TAIRE, CONSIGNATION, GABELLE, SEL,
FAUXSAUNAGE, &c.

DÉPOUILLE. On appelle *droit de Dépouille*, le droit de recueillir certains biens
après la mort d'un ecclésiastique. Ce droit a
commencé par les monastères, où les prieurs
& les bénéficiers n'ayant un pecule que par
tolérance, tout revenoit à l'abbé après leur mort.
Les évêques se le sont attribués sur les prêtres
& les clercs. Clément VII, pendant le schisme,
l'attribua au pape sur tous les évêques, dont il
est seul héritier en Italie & en Espagne : mais
en France on ne connoît que la Dépouille qui
appartient à l'abbé ou aux religieux.

Cependant ce droit a bien lieu dans quelques
diocèses. Par arrêt du parlement de Paris, du
20 juillet 1684, l'archidiacre de Josas de l'é-
glise de Paris, fut maintenu dans le droit de
prendre après le décès des curés de son archidiaconé, tant de la ville que de la campagne,
le meilleur meuble, comme lit garni, surplis,
aumusse ; ou le meilleur animal, comme cheval,
mulet, &c. Par l'arrêt du 28 mai 1711, il a été
jugé en faveur des archidiacres, que ces droits
devoient être regardés comme frais funéraires,
& être préférés aux dettes du curé.

La Dépouille ou succession mobilière des
évêques, étoit autrefois comprise dans les fruits
qui appartenoient au roi par droit de régale.
Cet usage a été longtems suivi en France : plusieurs églises avoient obtenu l'exemption de

droit ; & dans celles qui y étoient sujettes , les évêques disposoient ordinairement par leur testament de leurs effets mobiliers ; c'est ce qui a fait qu'insensiblement ce droit s'est aboli : il a passé de nos rois aux parens des évêques.

Quelques jurisconsultes ont prétendu que dans le temps de la rédaction de la coutume de Paris, on forma des doutes sur ce droit des héritiers des évêques , & des autres bénéficiers séculiers ; & que c'est pour lever toute difficulté que l'on en a mis une disposition dans cette coutume.

DÉPRÉDATION. Vol , ruine , pillage fait avec dégat.

Ce mot s'entend particulièrement en jurisprudence , des malversations commises dans l'administration des finances.

Les receveurs , financiers & autres qui ont le maniment des deniers publics doivent s'acquitter de leurs fonctions avec toute la fidélité possible ; la moindre soustraction de leur part est regardée comme un crime. Ceux qui connoissent l'histoire de Louis XIV , n'ignorent pas que Fouquet , sur-intendant des finances fut accusé de Déprédations ; qu'il fut jugé & condamné à un bannissement qui fut ensuite commué en prison perpétuelle. Voyez à l'article DENIER , en parlant des *deniers royaux* , les lois qui sont intervenues depuis contre ceux qui malversent dans les finances. (*Article de M. DAREAU , Avocat, &c.*)

DÉPRI. Terme usité dans les matières féodales , & dans celles qui concernent les aides.

Dans les matières féodales , le *Dépri* est une déclaration faite au seigneur qu'on est sur le point d'acquérir quelque héritage dans sa mou-

vance ,, & une demande en modération d
droits qui feront dûs pour cette acquifition (*[

Quand on acquiert volontairement & qu'e
eft certain de fes faits avant de paffer le co
trat , on va déprier , c'eft-à-dire , compofer d
droits de lots & ventes avec le feigneur ou av[e] le
fon fermier ou enfin avec l'ufufruitier de la f[ei]
gneurie ; car lorfque le feigneur a cédé fes dro[its]
de compofition au fermier , ou qu'ils appa[r]
tiennent à un ufufruitier , le feigneur ne p[eut]
faire aucune compofition au préjudice de l'[un]
ni de l'autre. C'eft avec ceux-ci qu'il faut co[m]
pofer pour le faire valablement.

Quand le feigneur a compofé des droits f[ei]
gneuriaux par un Dépri , il ne peut plus exer[cer]
le retrait des objets vendus ; telle eft la ju[ris]
prudence reçue conformément à l'article 20 [de]
la coutume de Paris. Mais on verra plus par[ti]
culièrement à l'article RETRAIT ; s'il eft par[eil]
lement déchu de cette faculté , lorfque le D[é]
pri ne s'eft fait qu'avec le fermier ou a[vec]
l'ufufruitier.

Comme rien n'eft plus ordinaire que les [re]
mifes qui fe font de la part des feigneurs fu[r le]
montant des droits qui leur reviennent lorf[que]
s'agit d'acquifition , les chapitres , les com[mu]
nautés , les adminiftrateurs des maifons de c[ha]
rité font en poffeffion de les faire ; & l'on [ne]
peut pas revenir contre ces fortes de remi[fes]
lorfqu'elles ne font pas de plus de la moitié [du]

(*) Il y a des coutumes où le mot *Chévi* a la m[ême]
fignification que *Dépri*. On prétend que *Dépri* vien[t du]
mot latin *deprecari* , qui fignifie *prier*. Il peut venir auf[fi du]
mot *depretiare* , qui dans la baffe latinité fignifie dim[inuer]
de prix.

Un tuteur peut faire aussi des remises de cette sorte sans y être formellement autorisé ; mais il doit les borner au tiers quoiqu'il y ait des auteurs qui prétendent qu'il peut les porter jusqu'à moitié (*). Le mineur émancipé peut de même lui seul composer, parce qu'on regarde un acte pareil comme un fait d'administration.

Lorsque le seigneur a reçu les droits de composition avant que la vente ait été faite, doit-il les remettre si le projet d'acquisition vient à manquer ? Nous ne croyons pas qu'il y soit obligé, dès qu'il n'a pas dépendu de lui que l'acquisition n'eut lieu. La modération accordée par le seigneur est une espèce de forfait qui rend sa cause favorable : il peut dire que l'incertitude de la vente a été un motif pour se relâcher ; ce qui doit paroître encore plus vraisemblable si la remise a été considérable. Il ne faut point parce qu'un acquéreur change de résolution ou parce qu'il éprouve des difficultés de la part de son vendeur, que le seigneur souffre de ces variations ; & il en souffriroit s'il étoit obligé de rendre une somme qu'il croyoit avoir reçu irrévocablement & dont il a cru pouvoir disposer sans inquiétude; au surplus c'étoit à l'acquéreur qui payoit, à stipuler que la somme seroit rendue si la vente venoit à ne pas avoir lieu.

La remise d'une partie des droits seigneuriaux est personnelle à celui à qui elle est faite ; de sorte que s'il est évincé de son acquisition

(*) Voyez Brodeau sur l'article 23 de la coutume de Paris, numéro 5 ; & Dupineau sur l'article 156 de celle d'Anjou.

par le retrait lignager, le retrayant est oblig
de lui rembourser tout ce que le seigneur au
roit été en droit de percevoir à la rigueur por
ses droits s'il n'avoit point voulu s'en relâche
Cette jurisprudence ne souffre aucune diff
culté (*).

Le Dépri peut avoir lieu aussi dans la ferm
des domaines du roi pour obtenir des remis
sur les droits domaniaux casuels, & sur ce
d'amortissemens & de francs-fiefs. Mais po
que ces remises produisent leur effet, il fa
que toutes les conditions sous lesquelles ell
sont promises, soient effectuées; que la prop
sition soit en tout véritable, & que le paieme
soit fait dans le terme fixé; autrement on pe
poursuivre pour le tout, sans être même obli
de mettre le débiteur en demeure par un co
mandement. C'est ce qui a été jugée au par
ment de Grenoble, le 6 Février 1652.

Le Dépri en Bretagne n'est pas nécessaire po
jouir de la remise du quart sur les droits dom
niaux dûs au roi ou à d'autres seigneurs à ca
des acquisitions faites par des contrats volont
res, pourvu que l'on paye dans les trois mo

Quand il s'agit de droits d'amortissement po
des constructions ou reconstructions de bâtime
les Dépris doivent être passés devant notair
pour assurer le droit au fermier pendant le b
duquel les bâtimens auront été commencés.

Le Dépri pour droits de francs-fiefs n'est po

(*) Voyez l'article 354 de la coutume de Poitou; l'
ticle 12 du chapitre 14 de celle de Berri; Dumoulin & D
plessis sur la coutume de Paris; Chopin sur celle d'Anjo
Brodeau sur Louet. Voyez aussi *Loyaux-coûts*.

sujet à restitution de la part du fermier, lorsque l'acquéreur est évincé par un retrayant noble ou privilégié. C'est ce qu'ont jugé un arrêt du 23 juillet 1697, une décision du 20 octobre 1726, & un arrêt du conseil du 24 novembre 1739. Ce dernier arrêt sans avoir égard à une ordonnance de l'intendant de la généralité d'Auvergne, déboute le sieur Bouchet d'une demande en restitution de la somme de huit cens livres & des deux sous pour livre, payée pour Dépri de franc-fiefs au sujet d'une acquisition faite dans le domaine du roi, sur laquelle le sieur Planchol, exempt de ce droit, avoit exercé un retrait féodal. Ce dernier alléguoit avoir remboursé ce même droit à l'acquéreur ; mais cette allégation ne servit de rien ; elle fut regardée comme une collusion, par la raison que le retrayant qui étoit privilégié, avoit pu se dispenser de le rembourser.

C'est sur ce même principe qu'il a été jugé par une autre décision du 16 Novembre 1752, qu'un droit de contrôle de dépens, dommages & intérêts, payé par composition, n'étoit point dans le cas d'être restitué quoique la sentence qui prononçoit les condamnations eût été réformée sur l'appel. C'est dans ce même esprit qu'on peut soutenir la décision que nous avons portée sur la question ci-dessus, qui est de savoir si le seigneur qui a reçu ses droits de composition avant le contrat de vente est dans le cas de les restituer, lorsque cette vente n'a pas été consommée.

Dépri signifie encore dans quelques coutumes une notification faite au seigneur de ce que l'on a acquis dans sa censive, afin d'éviter l'amende qui feroit encourue après un certain tems par l'acquéreur, faute par lui d'avoir fait cette notification au feigneur (*).

Cette notification, dit Ferrières, doit fe faire par l'exhibtion du contrat, & il ne fuffit pas l'acquéreur de faire fignifier au feigneur qu'il fait telle acquifition par contrat paffé tel jour pardevant tels notaires. Ainfi la notification & l'exhibition du contrat fignifient la même chofe.

L'effet du Dépri dont il s'agit eft donc d'empêcher l'amende faute de notification ; ce que n'ôte point aux feigneurs après le tems marqué par la coûtume, la liberté de contraindre l'acquéreur par action ou par faifie pour le payement de fes droits.

Mais pour que le Dépri en cette occafion produife fon effet, il doit être fincère ; car fi dans l'acte une partie du prix étoit diffimulée, l'amende feroit encourue, comme s'il n'y avoit point eu de Dépri, attendu que l'amende eft une peine indivifible. Voyez NOTIFICATION.

Dépri en matière d'aides, eft une déclaration qu'on fait au bureau des aides du lieu d'où l'on veut faire tranfporter fon vin pour le vendre ailleurs, avec foumiffion d'en venir payer le droit de gros felon le prix qu'on l'aura vendu.

Dépri fe dit encore des autres déclarations qu'on fait au bureau où les droits de douane font dûs, des marchandifes qu'on veut tranfporter ailleurs, ou des beftiaux qu'on fait paffer debout dans les villes, fans payer l'entrée, &c. (Article de M. DAREAU, avocat, &c.)

_____

(*) Voyez l'article 46 de la coutume de Dourdan & l'article 48 de celle d'Orléans.

DÉPRIER. C'eſt en termes de juriſprudence féodale, compoſer avec un ſeigneur de fief ou de cenſive pour les lods & ventes ou autres droits d'une terre qu'on veut acquérir dans ſa mouvance.

Le même mot ſignifie encore dans quelques coutumes, notifier au ſeigneur une acquiſition pour éviter l'amende qui ſeroit la ſuite d'un défaut de notification ſi elle n'étoit pas faite dans le temps preſcrit.

Déprier a de plus la même ſignification que *déclarer*, quand il s'agit des bureaux des cinq groſſes fermes ou de ceux des aides auxquels on eſt obligé de faire une déclaration des marchandiſes qu'on veut faire tranſporter d'un lieu dans un autre avec ſoumiſſion d'en payer les droits.

Toutes les acceptions du mot *Déprier* ſont expliquées au mot DÉPRI. (*Article de M. DA-REAU, avocat, &c.*)

DÉPUTATION. Envoi de quelques perſonnes d'un corps, d'une communauté ou d'une compagnie avec commiſſion.

Ce mot ſe dit auſſi du corps des députés.

Quand il s'agit d'affaires concernant une communauté d'habitans, les maire & échevins, les ſyndics, jurats & conſuls ne peuvent ordonner de Députation ſous quelque prétexte que ce ſoit, ſans en avoir auparavant obtenu le conſentement des habitans dans une aſſemblée générale dont l'acte de délibération doit être confirmé & autoriſé d'une permiſſion par écrit de l'intendant de la généralité. C'eſt ce qui réſulte de deux déclarations l'une du mois d'avril 1683, & l'autre du 2 août 1687. Pour empêcher que

ceux qui font à la tête de ces communautés n'a
bufent de leur afcendant pour fe faire nomme
députés, il eft dit qu'ils ne pourront non plu
que les officiers de juftice de l'endroit, êm
nommés députés, qu'à condition par eux d'exe
cuter gratuitement leur Députation, fans rie
prétendre ni recevoir pour les frais de voyage
à peine de reftitution du quadruple. Lorfque l
Députation tombe fur d'autres membres de l
communauté, il refte à l'intendant de voir fi c
que l'on paffe aux députés par la délibération
eft jufte & raifonnable; ou de le regler lui m
me foit pour la dépenfe foit pour la durée de l
Députation.

Les Députations qui fe font par des cor
eccléfiaftiques & des communautés particulière
doivent s'arrêter & fe regler en plein chapitt
Ceux qui font nommés députés font cenfés pr
fens pour les droits utiles de leur bénéfice.

Lorfqu'une compagnie fait une Députation
cette Députation doit être arrêtée dans une co
vocation générale de tous les membres de l
compagnie, & à la pluralité des voix.

Obfervez que lorfqu'il s'agit de porter d
repréfentations aux pieds du trône, la Députa
tion ne doit point avoir lieu qu'on n'en a
obtenu auparavant la permiffion de fa majeft
Voyez DÉPUTÉS. (*Article de M. DAREAU
avocat*, &c.)

DÉPUTÉS. C'eft le nom qu'on donne à ce
qui font envoyés par une cour, par une com
munauté ou par une compagnie pour s'acquitte
de quelque commiffion.

Il y a en France plufieurs fortes de Députe
les Députés des états, les Députés du comme
ce, les Députés du clergé.

Députés des états: ces Députés font de deux fortes, les uns font ceux qui repréfentent la province affemblée, & les autres, ceux qui font chargés de préfenter au roi les cahiers des délibérations. Comme l'affemblée des états ne peut être formée que d'un certain nombre de membres de chaque état, ceux qui font choifis pour former cette affemblée font les Députés de la province. Ceux qui font chargés de préfenter au roi les cahiers des états, font les Députés de l'affemblée ; & ces Députés font toujours au nombre de trois, l'un pour le clergé, l'autre pour la nobleffe & le dernier pour le peuple ou le tiers-état. C'eft le Député du clergé qui porte la parole.

Députés du commerce: ces Députés font des négocians habiles & verfés dans la fcience du commerce qui réfident à Paris de la part des principales villes maritimes & commerçantes du royaume, pour en foutenir les intérêts & pourfuivre les affaires au confeil du commerce. Ces Députés font au nombre de treize : il y en a deux pour la ville de Paris, un pour la province de Languedoc, & un pour chacune des villes de Lyon, de Bordeaux, de Marfeille, Bayonne, Rouen, Nantes, la Rochelle, Lille Dunkerque & faint Malo.

Députés du clergé: ce font des eccléfiaftiques tirés du premier ou du fecond ordre, qui dans les affemblées de ce corps repréfentent les provinces eccléfiaftiques & en ftipulent les intérêts.

Tout ce qui concerne ces fortes de Députés fe trouve fuffifamment expliqué à l'article As-SEMBLÉE *du clergé* : nous ajouterons feulement ici que ces Députés commencent par faire le

ferment dans l'assemblée de donner leur avis
de bonne foi, de ne point trahir les intérêts
du clergé, & de garder la plus grande discrétion sur ce qui se sera passé dans l'assemblée (*).
Voyez DÉPUTATION. (*Article de M. DAREAU,
avocat*, &c.)

DERNIER-ÉTAT. C'est en matière bénéficiale, ce qui caractérise la dernière possession
d'un bénéfice.

Ce dernier état se considère soit par rapport
à la nature du bénéfice pour savoir s'il est séculier ou régulier, sacerdotal ou non, simple ou
à charge d'âmes ; soit par rapport aux collateurs
& patrons, pour savoir s'il est en patronage ou
en collation libre, & à qui appartient le patronage & la collation ; soit enfin par rapport
à la manière de le posséder, pour savoir s'il est
en règle ou en commende libre ou décrétée.

Qnand il y a du doute sur le véritable état
d'un bénéfice relativement à tous ces objets, &
que ce doute produit un concours de contendans
pourvus par différens collateurs & à différens
titres, on a recours alors à la règle du dernier

_____

(*) *Formule du serment prêté par les députés aux
assemblées du clergé.*
» Nous jurons & promettons de n'opiner ni ne donner
» avis qu'il ne soit selon nos consciences à l'honneur de
» Dieu, bien & conservation de son église, sans nous laisser
» aller à la faveur, à l'importunité, à la crainte, à l'intérêt particulier, ni aux autres passions humaines ; que
» nous ne révélerons directement ni indirectement pour
» quelque cause ou considération, ni pour quelques personnes que ce soit, les opinions particulieres des délibérations & résolutions prises en la compagnie, sinon en
» tant qu'il sera permis par icelle. «

état , *tunc attenditur ultimus beneficii status* , &
ce dernier état se rapporte à la dernière collation qui a été faite du bénéfice , soit qu'il s'agisse
de patronage , de commende ou de la qualité de
ce même bénéfice.

Mais observez que comme cette règle du dernier état n'est pas toujours une règle certaine ,
elle ne sert que pour décider sur le possessoire
& pour les bénéfices à charge d'ames , parce
que l'intérêt public doit l'emporter sur celui des
particuliers ; les lois ont mieux aimé dans le
doute avoir égard au dernier état qui annonce
le droit le plus apparent quoiqu'il puisse être
le moins réel , que de laisser une cure vacante ,
& des fidèles sans pasteur ; mais quand il s'agit
uniquement de bénéfices simples qui n'exigent
point de résidence , on ne s'arrête pas au dernier état , lorsqu'il y a des présomptions que ce
dernier état n'est pas l'état véritable du bénéfice ; on ne risque rien alors de prendre le tems
propre à éclaircir la question : c'est pourquoi
on met le bénéfice en séquestre quoique cependant il vaudroit beaucoup mieux comme le
remarque fort bien l'auteur du *recueil de juris-*
prudence canonique , en accorder la jouissance
provisoire à celui des contendans en faveur
duquel il s'élève le plus de présomptions , & à
sa caution juratoire , aux termes de l'article 9 du
titre 15 de l'ordonnance de 1667 , que de le
livrer entre les mains d'un séquestre , plus propre à en dissiper les revenus qu'à les conserver.

Quand il s'agit au fond d'examiner le véritable état d'un bénéfice , ce n'est plus à la dernière nomination qu'on s'attache uniquement.
Une simple nomination qui peut être clandes-

tine, ne fuffit pas, il en faut trois ; la dernière
furtout doit être accompagnée de tous les ca-
ractères de la bonne foi. Voyez à ce fujet les
articles BÉNÉFICE, COLLATION, COMMENDE
& PATRONAGE.

Le dernier état d'un bénéfice eft d'une telle
confidération qu'il a lieu même contre le roi ;
le grand confeil l'a ainfi jugé par plufieurs arrêts
cités par Brillon ; l'un du 3 feptembre 1642,
pour le prieuré de Cornillon ; un autre du
février 1700, pour le prieuré de Port-Dieu,
& un troifième du 15 janvier 1707, pour le
doyenné de Carignan auquel M. le prince de
Carignan avoit préfenté.

Lacombe obferve qu'au parlement de Paris,
la jurifprudence a établi que le roi conférant en
régale les bénéfices, eft en droit de les conférer
dans l'état où il les trouve, c'eft-à-dire qu'il
peut conférer en commende à des féculiers les
bénéfices réguliers qui étoient déjà en commende lors de la vacance ; & le même auteur
ajoute que la chofe a été ainfi jugée par un arrêt
du 19 janvier 1724 fur les conclufions de M.
Daguelfeau avocat général.

La règle du dernier état du bénéfice, quelque fage qu'elle foit, ne s'applique qu'aux collateurs ordinaires qui par nombre d'actes & de
provifions peuvent fe maintenir dans leurs droits
& même en acquérir de nouveaux, & non au
pape, parce que ce collateur qui prime tous
les autres ayant droit fur tous les bénéfices, ce
feroit en confondre la nature fi l'on fe régloit
par le dernier état à fon égard ; c'eft ce qui
fut obfervé par M. l'avocat général Bignon lors
d'un arrêt du 13 juillet 1734, qu'on trouve
dans Bardet.

Lorſque deux patrons ont préſenté chacun de
ſon côté un ſujet pour un bénéfice , le dernier
état de ce bénéfice doit ſe déterminer par la
poſſeſſion de celui qui en a joui , malgré la réclamation de l'autre patron, ſi cette réclamation
n'a point été ſuivie d'un jugement ; parce que le
dernier état d'un bénéfice ſe règle par le fait
plutôt que par le droit.

Voyez *les lois eccléſiaſtiques de d'Héricourt &
le traité des collations de M. Piales.* Voyez auſſi
les articles ÉTAT & RECRÉANCE. (*Article de
M. DAREAU*, &c.)

DÉROGATION. C'eſt un acte par lequel on
déroge à une loi, à une convention , &c.

Le ſouverain peut ſans contredit déroger aux
lois qui n'émanent que de ſa puiſſance. Tous les
jours le roi déroge à des ordonnances, à des
édits, & à des déclarations par des lois poſtérieures. Il peut auſſi déroger aux coutumes &
aux uſages , parce que ces coutumes & ces
uſages ne ſe ſoutiennent que par la ſanction
expreſſe ou tacite qu'il veut bien y donner.

Les particuliers peuvent-ils de même déroger
aux lois & aux coutumes ? Quant aux lois il faut
diſtinguer entre celles qui ſont de droit de public & celles qui ne ſont que de droit particulier : les lois qui ſont de droit public ne ſont
point ſuſceptibles de Dérogation. Ainſi dans un
contrat on ne peut point déroger à la loi des
preſcriptions pour donner à une obligation plus
de durée que ne lui en donne la loi. On ne peut
pas non plus ſtipuler qu'en dérogeant à l'édit du
prince qui fixe le taux des rentes conſtituées ,
on pourra porter ce taux à un denier plus fort
que celui qui eſt réglé ; en un mot tout ce qui

est de police publique n'est point susceptible de Dérogation de la part des particuliers.

A l'égard des lois de droit privé, quoique ces lois soient aussi en quelque façon de droit public, en ce que tous ceux qu'elles intéressent peuvent en faire usage, cependant comme chaque particulier peut y déroger sans nuire au public, cette Dérogation est permise. Ainsi quoi-que la loi *æde* qui est une loi romaine ait parmi nous la même autorité que si c'étoit une loi émanée de nos souverains, on convient néan-moins qu'on peut y déroger par un bail, parce que cette Dérogation ne nuit qu'à celui qui le fait. Par la même raison quoiqu'un acte passé devant notaire imprime une hypothèque sur les biens des obligés, on peut néanmoins dé-roger à cette loi & stipuler que la créance n'aura point d'hypothèque.

Pourquoi, dira-t-on, ne peut-il point être stipulé de même qu'une créance ne sera point sujette à la loi de la prescription ? c'est parce que cette loi n'intéresse pas seulement ceux qui contractent, elle intéresse ou peut intéresser aussi des tiers ; vous avez voulu étendre votre obligation au delà du terme porté par la loi, mais je puis avoir intérêt que cette obligation se trouve prescrite pour faire valoir celles que j'ai contre vous. Il en est de même de la loi des do-nations & de celle des testamens : en vain le donateur & la femme mariée qui reçoit la do-nation sans être autorisée de son mari, deroge-roient-ils aux dispositions de cette loi pour ce qui concerne le défaut d'autorisation ; en vain un testateur dérogeroit-il pareillement aux solennité lemnités que l'ordonnance prescrit pour la régularité d'une disposition à cause de mort, ces personnes ne sont pas les seules qui peuvent être intéressées à ces sortes d'actes, des tiers peuvent y avoir également intérêt ; au surplus il suffit que ces lois aient pour objet une certaine police publique, pour qu'il ne soit pas permis d'y déroger.

Quant aux coutumes, on peut aussi quelquefois y déroger, & d'autrefois on ne le peut point. A cet égard il faut distinguer, dit Boullenois, deux sortes de statuts, les uns purement *négatifs*, & les autres *négatifs-prohibitifs*. Quand le statut est purement négatif, la disposition de l'homme, selon lui, peut faire cesser celle de la loi ; mais quand il est négatif-prohibitif, l'homme ne peut y contrevenir à cause de la défense que la loi prononce.

Mais comment distinguer les statuts simplement négatifs des statuts prohibitifs ? Il auroit été plus simple de dire que les statuts prohibitifs, c'est-à-dire ceux qui portent une défense de faire telle chose, sont les seuls auxquels on ne peut pas déroger, & prendre simplement pour statuts prohibitifs ceux qui s'expliquent par ces termes *ne peut*, ou qui sont conçus en termes qui ont une signification équivalente.

Ainsi dans les coutumes qui disent qu'il n'y aura point de communauté entre conjoints il est permis de déroger à ce statut qui ne signifie autre chose si ce n'est qu'il n'y aura point de communauté en vertu de la loi à moins que ses conjoints ne la stipulent. Par là même raison qu'il est dit que les conjoints seront *uns & communs*, on peut également déroger à cette dispo-

fition qui ne fignifie autre chofe fi ce n'eft q
y aura une communauté à moins que les par
ne conviennent qu'il n'y en aura pas.

Mais s'il étoit dit par la coutume, con
dans celle de Normandie, qu'il *ne pourra* y a
de communauté entre les conjoints, c'eft a
une prohibition de la ftipuler, & l'on ne p
en ce cas déroger à la loi municipale. On
pourroit pas non plus y déroger. fi le ftat
quoique fimplement négatif, renfermoit a
lui une prohibition implicite tirée des au
difpofitions de la coutume. Ainfi quoique l
ticle 266 de la coutume de Poitou fe conte
de dire que la femme fe tenant au don à
fait par fon mari *ne jouira de don & douaire*
femble, cette difpofition ne laiffe pas d'être
au rang de celles qui font prohibitives, n'é
pas permis dans cette coutume de ftipuler
& douaire par quelque convention que ce

Quand la coutume s'explique donc en ter
prohibitifs ou pour mieux dire quand elle
clare qu'il ne doit point être fait telle ou
chofe, fans entrer dans l'examen fi cette c
eft de droit public ou particulier, nul ne
déroger au ftatut porté à cet égard.

Pour ce qui eft des autres ftatuts fur lefc
la coutume ne s'explique point en termes
hibitifs, il ne faut pas croire non plus qu'il
toujours permis d'y déroger : ceux qui fc
comme nous l'avons dit en parlant des lois
droit public-municipal, tels que ceux qui
cernent les donations, les retraits, les fu
fions, ne font point fufceptibles de Déroga
Ceux auxquels il eft permis de déroger,
ceux qui ne regardent que l'intérêt des perfo

veulent en profiter. Dans les coutumes par
emple, où il eſt dit, comme dans celle de la
rche, qu'en fait de partage de ſucceſſion
eête l'enfant le plus âgé fera les lots & donnera
autres à choiſir, on peut fort bien déroger
e ſtatut en faiſant faire les lots par experts
ur les tirer au ſort ; parce que les diſpoſitions
ce ſtatut ne concernent que les co-parta-
ns qui peuvent s'arranger autrement entr'eux
ant que bon leur ſemble ; ſtatut néanmoins
eroit prohibitif & auquel il ne feroit point
mis de déroger s'il étoit conçu en ces termes
artage de ſucceſſion directe *ne pourra* ſe faire
utrement que de cette manière, c'eſt-à-dire
ue l'aîné des enfans fera les parts, &c. «

Pour ce qui eſt de la Dérogation aux con-
tions, il eſt ſans difficulté que les contrac-
s peuvent y déroger en tout ou en partie
mme bon leur ſemble. Rien n'eſt plus natu-
que cette liberté entre les parties qui ſont
es intéreſſées, à changer, à modifier, ou
me à ſupprimer de premieres ſtipulations
d'autres ſtipulations différentes, ſoit par les
mes actes ou par des actes ſubſéquens.

Cette Dérogation aux lois, aux coutumes &
conventions dans les cas où il eſt permis
déroger, peut ſe faire expreſſément ou
tement. Elle eſt expreſſe quand il eſt dit,
exemple, qu'on déroge à telle diſpoſition
telle loi, de telle coutume ou de telle con-
tion ; elle eſt tacite, lorſque ſans dire expreſ-
ent qu'on déroge à telle loi ou à telle con-
tion, on inſére dans l'acte une clauſe, une
ulation entièrement oppoſée aux diſpoſitions
cette loi ou de cette convention, & cette

Dérogation est suffisante pour que les dispo-
tions de l'acte l'emportent sur celles de la
ou de la première convention.

Observez que lorsque dans un seul & m
contrat les dernières dispositions sont inco
liables avec les précédentes, on en conje
que les parties ont entendu déroger à ce
ci, & c'est dans ce sens qu'est reçue la ma
posteriora derogant prioribus.

Le continuateur de la collection de juris
dence ne s'est donc pas expliqué d'une ma
exacte quand il a dit « que pour que les D
» gations soient considérées en justice il ne
» pas qu'elles soient faites en termes géné
» mais au contraire en termes formels & s
» fiques «. Il étoit plus vrai de dire que
tous les cas où la volonté de l'homme
faire cesser la volonté de la loi, lorsque l'
me a marqué la sienne & que cette vol
ne peut pas se concilier avec celle de la lo
en résultoit naturellement une Dérog
expresse ou tacite à la loi ; Dérogation
sante, puisque la volonté de la loi ne peu
produire son effet quand elle est contraire à
de l'homme qui doit l'emporter.

Le même auteur a dit immédiatement a
on ne peut déroger au droit de patronage,
droit d'autrui. Il est bien certain qu'on ne
nuire ni déroger au droit d'autrui ; mais o
sait pas trop comment il entend cette ma
isolée qu'on ne peut déroger au droit de
tronage : il a voulu dire sans doute qu'u
néficier ne peut pas déroger aux droits de
tron pour faire passer son bénéfice à un
ecclésiastique sans le consentement de ce pa

la eſt vrai ; mais c'eſt dire ſimplement qu'on
ne peut pas déroger au droit d'autrui : ainſi le
patronage devoit plutôt ſervir à donner un
exemple qu'à établir une maxime dont on ne
ſait pas le ſens.

En matière canonique & bénéficiale il y a des
décrets & des règles auxquelles le pape peut,
déroger & d'autres où il ne peut faire aucune
Dérogation. C'eſt ce qui ſera expliqué à l'article LIBERTES, en parlant des libertés de l'égliſe
gallicane , & à l'article RÈGLE, en parlant des
règles de chancellerie romaine. Obſervez que
dans les points auxquels le pape peut déroger ,
il faut que la Dérogation ſoit expreſſe pour
produire ſon effet ; une Dérogation interpréta-
tive ne ſuffiroit pas. En liſant les preuves des
libertés des égliſes de France on voit qu'il ne
peut déroger aux conciles généraux ni aux anciens canons, non plus qu'aux fondations , aux
droits de patronage , ni aux ſtatuts des différens
corps eccléſiaſtiques , contre le gré des parties
intéreſſées. (*Article de M. DAREAU, avocat,&c.*)

DÉROGATOIRE, ſe dit de ce qui dé-
roge à quelque acte , à quelque édit , à quelque
ſtatut , &c.

En matière de teſtament, on appeloit autrefois
clauſe *Dérogatoire*, celle par laquelle un teſtateur
déclaroit nuls tous les teſtamens qu'il pourroit
faire dans la ſuite , à moins que certains mots
joints à cette clauſe n'y fuſſent expreſſément
inſérés. L'article 76 de l'ordonnance de 1735
concernant les teſtamens , a abrogé ces ſortes
de clauſes. Voyez l'article CLAUSE *Déroga-*
toire.

En matière eccléſiaſtique , on appelle auſſi

clause Dérogatoire, une clause qui n'est propre
ment que de style, & dont le pape use ordinai
rement dans les rescrits qu'il accorde aux pa
ticuliers. Les clauses de cette espèce signifi
simplement que les lettres où elles sont con
nues seront exécutées, nonobstant tout au
contraire. On verra en parlant des règles
chancellerie romaine, quelles sont celles au
quelles le pape peut ou ne peut pas déroger.

On appelle en style de chancellerie, Déro
toire des Dérogatoires, une clause qui déroge
des dérogations précédentes. Voyez DÉROG
TION. (*Article de M.* DAREAU, *avocat au p*
lement, &c.)

DÉROGEANCE Action par laquelle
déroge à un privilége.

Un ecclésiastique qui fait un commerce pro
bé par les canons ou par les lois du royaum
déroge à ses priviléges de cléricature. Il y
roge aussi dans tous les actes où il déguise
caractère ; mais cette Dérogeance n'est que
lative aux faits qui y donnent lieu. Ainsi supp
qu'il se soit déguisé en séculier pour commet
plus librement une action défendue ; il ne p
point lorsqu'il est traduit devant le juge laï
réclamer la juridiction de son official, parce q
a dérogé à son privilége en se travestissant ; m
cette Dérogeance ne s'étend point à un au
fait particulier qui n'a rien de commun av
celui par lequel il a dérogé ; de sorte que
dans le même temps il est assigné devant le ju
laïc pour le payement d'une dette personnell
il ne laisse pas d'avoir la liberté de deman
son renvoi devant le juge ecclésiastique.

Il n'en est pas de même d'un gentilhomme

déroge en s'aviliſſant , comme en tenant , par
exemple , un cabaret. Dès ce moment il perd
tous ſes priviléges , il tombe dans la claſſe des
roturiers & peut être impoſé à la taille ſans qu'il
ſoit néceſſaire d'obtenir un jugement contre lui
pour faire juger la Dérogeance auparavant.

Les gentilshommes doivent reſpecter leur état;
ils ſont même amendables aux termes d'une déclaration du 8 mai 1583 lorſqu'ils y dérogent.
Cette déclaration veut que lorſqu'ils obtiennent
des lettres de réhabilitation , ils ſoient condamnés par les juges devant leſquels l'entérinement
en eſt demandé , à une amende pour leur Dérogeance , eu égard à leur qualité & à la nature de
la Dérogeance. C'eſt auſſi ce que porte une
autre déclaration du 8 février 1661 , concernant
les uſurpateurs de nobleſſe. On peut voir encore
ſur ce ſujet deux arrêts du conſeil d'état , l'un du
13 janvier , & l'autre du 10 octobre 1668.

Obſervez que la Dérogeance ne fait point
perdre la nobleſſe aux enfans nés avant que le
père ait dérogé ; la Dérogeance eſt perſonnelle
à celui qui déroge ; quand la nobleſſe eſt acquiſe
aux enfans auparavant , ils peuvent la conſerver
quoique le père y ait en quelque façon renoncé
par ſa Dérogeance ; mais les enfans qui viennent
pendant cette Dérogeance ne ſont point nobles ,
parce que leur père eſt regardé comme n'ayant
pu leur tranſmettre ce qu'il n'avoit plus ; il leur
faut des lettres de relief de nobleſſe , leſquelles
pour l'ordinaire s'obtiennent facilement.

On demande ſi l'omiſſion de prendre la qualité d'*écuyer* eſt une Dérogeance? Il eſt décidé
qu'un noble contre lequel on rapporteroit des
actes où il auroit omis cette qualité , ne lui ſe-

T iv

roient point préjudiciables si d'ailleurs il avo
des titres qui justifiassent sa noblesse. Mais faut
de ces titres, on le présumeroit roturier, parc
qu'on sait que les nobles ne négligent pas ord
nairement de se dire *écuyers* quand ils le font
& en ce cas il faudroit des lettres de relief d'o
mission de cette qualité.

Lorsqu'on a persévéré dans l'état de Déro
geance pendant cent ans, la noblesse est total
ment éteinte ; il faut au lieu de lettres de réh
bilitation de nouveaux titres de noblesse ; par
raison que de même que la noblesse s'acquier
par cent années de possession de la quali
d'*écuyer* & de noble, elle se perd totalemer
aussi après le même temps de durée de Dé
rogeance : c'est ce qui fit qu'en 1684, de
lettres de relief de noblesse adressées à la cou
des aides de Paris, furent déclarées obreptice
sur ce que la Dérogeance n'y étoit exprimé
qu'au dessous de cent années, quoiqu'il y eï
plus de cent ans que les auteurs de l'impétrar
eussent dérogé ; cet impétrant fut par-là en m
mê-temps déclaré roturier..

Vous observerez encore qu'autre chose e
de déroger à la noblesse, & autre chose de dé
roger à quelques priviléges de la noblesse. Dé
roger à la noblesse, c'est comme renoncer
l'état même de noble ; c'est se mettre dans l
classe des roturiers ; on perd dès ce momer
tous les avantages attachés à la noblesse : déro
ger simplement à quelques priviléges, ce n'e
point renoncer pour cela à son état ; c'est sim
plement s'exposer à ne pas jouir de son privilég
pendant qu'on n'observe point les condition
sous lesquelles il est accordé. Ainsi lorsqu'un gentil

homme qui a la faculté d'exploiter ses terres juſqu'à concurrence de quatre charrues ſans payer de
taille, emploie à cette exploitation des gens qui
ne ſont point de la qualité requiſe par les réglemens, il perd ſon privilége ſans perdre ſa nobleſſe; il payera à ce ſujet une cote d'exploitation, mais ſans ceſſer d'être noble; il reprendra
ſon privilége quand il voudra, en ſe conformant
ſimplement aux conditions qui lui ſont preſcrites
pour en jouir, & il ne lui faut point pour cela
de lettres de réhabilitation. Par la même raiſon,
ſi ce gentilhomme excédoit les quatre charrues
de ſon privilége, il ne payeroit de taille que pour
l'excédent.

Il en eſt ainſi des officiers de la maiſon du roi
& des bourgeois privilégiés; mais avec cette
différence, que ſi ces officiers ou bourgeois faiſoient valoir le bien d'autrui, cette Dérogeance
qui emporteroit la perte du privilége des eccléſiaſtiques & des nobles, n'aſſujettiroit les officiers
& les bourgeois qu'à payer la taille pour tous
leurs biens pendant que la Dérogeance dureroit.
C'eſt ce qui eſt préſenté comme une maxime par
l'auteur du mémorial des tailles. Voyez au ſurplus
à l'article NOBLESSE, différens cas où l'on déroge, & d'autres où l'on ne déroge point.

Quant à la Dérogeance qui concerne certains
priviléges accordés à quelques officiers de police, de judicature ou de finance par le titre de
leur office ou de leur commiſſion, cette Dérogeance a lieu toutes les fois qu'on y réunit des
fonctions incompatibles; & cette incompatibilité peut ſe conſidérer du côté de la décence ou
de la nature de ces fonctions. Il y a incompatibilité du côté de la décence, lorſqu'on ravale

l'état qui donne des priviléges par des fonctions avilissantes ; il y a incompatibilité du côté de la nature des fonctions, lorsque ces fonctions quoique non avilissantes, ne peuvent point se concilier avec celles qu'exige l'état qu'on a embrassé, à moins qu'on n'ait obtenu des lettres de compatibilité, lesquelles peuvent s'accorder lorsque cette incompatibilité n'est point absolue.

Il en est de même des priviléges attachés à certaines professions, comme à celles de l'avocat, du médecin, du chirurgien, &c. ; aussitôt qu'on y réunit des fonctions contraires aux vues publiques dans l'esprit desquelles ces professions jouissent de certains priviléges, on déroge à ces priviléges & en y dérogeant on les perd. Mais pour reprendre ces mêmes priviléges, il suffit de se mettre en règle & de se conduire suivant l'esprit dans lequel ils ont été accordés. (*Article de M. DAREAU, avocat au parlement, &c.*)

DÉROGER. Faire quelque chose de contraire à une loi, à une convention, à un privilége, &c. Voyez DÉROGATION ET DÉROGEANCE. (*Article de M. DAREAU, avocat au parlement, &c.*)

DÉSAVEU DU SEIGNEUR. C'est l'acte par lequel un vassal dénie son seigneur & déclare qu'il ne tient pas son fief de sa concession. Un tel Désaveu rompt tout lien de féodalité : dès lors plus de seigneur, plus de vassal, plus de puissance féodale. La justice s'empare en quelque sorte du domaine, accorde les fruits à celui qui désavoue, mais il n'a plus le droit ni de le vendre, ni d'hypothéquer, ni de faire aucun acte de propriétaire. Ensorte que tout ce qu'il aura pu faire à cet égard pendant la durée de l'inſtance ſeroit déclaré nul, dans le cas où le Déſaveu ſeroit reconnu mal fondé.

La commiſe ou confiſcation irrévocable du fief, eſt la peine que le vaſſal encourt ; par ſon Déſaveu il eſt exproprié, il doit même reſtituer au ſeigneur tous les fruits qu'il a perçus depuis l'époque de ſon Déſaveu.

Le Déſaveu peut ſe faire de trois manières, ou ſur la perſonne du ſeigneur, ou ſur le fief, ou ſur la perſonne & le fief en même-temps.

1°. Le Déſaveu de la perſonne du ſeigneur, *perſonæ tantum*, ne donne pas lieu à la commiſe, parce qu'il n'attaque point l'eſſence du fief : car l'eſſence du fief eſt la choſe même & non les perſonnes. *Non perſona perſonæ, ſed res rei ſubjicitur.* Si cependant le vaſſal accompagnoit ſon Déſaveu de circonſtances outrageantes pour le ſeigneur, il pourroit encourir la commiſe, mais ce ſeroit moins pour Déſaveu que pour crime de félonie qu'il ſeroit condamné.

2°. Le Déſaveu de la choſe, *rei tantum*, ne donne pas lieu à la commiſe ; c'eſt-à-dire, lorſque le vaſſal reconnoît ſon ſeigneur, mais dénie qu'il relève de lui en vertu de tel fief, & qu'il ne s'agit que de décider s'il relève du fief A ou du fief B, cette eſpèce de Déſaveu ne donne pas lieu à la commiſe.

3°. Le Déſaveu qui tombe & ſur la perſonne & ſur la choſe, emporte la commiſe. Par exemple, ſi le ſeigdeur demandoit la foi en ſon nom, & que le vaſſal la lui refuſât, ou la lui offrît ſeulement à raiſon des fiefs ou de ſa femme, ou du bénéfice dont il ſeroit titulaire, alors la com-

mife auroit lieu, parce que le Défaveu frappe-
roit la chofe & la perfonne ; car ce n'eft pas
avouer férieufement un feigneur, que de le reconnoître pour une feigneurie qui ne lui appartient pas.

Ainfi pour donner lieu à la commife, il faut
que le vaffal dénie la mouvance elle-même, &
qu'il la dénie d'une manière précife, formelle &
judiciaire. Il faut, en un mot, que ce foit fciem-
ment & frauduleufement.

Le Défaveu n'opère point la commife de plein
droit ; elle doit être prononcée par le juge. La
raifon en eft que le vaffal ne peut être dépouillé
de fa chofe que pour un délit ; or il n'y a que les
tribunaux qui puiffent conftater & punir un délit.
Tant que l'inftance dure, le vaffal refte en poffeffion. Quand même le feigneur auroit faifi féodalement pour des caufes légitimes, mais étrangères au Défaveu, il feroit obligé de lui donner
mainlevée de la faifie par provifion, parce qu'a-
lors il s'agit de l'effence du fief ; la propriété étant
en litige, le feigneur ne peut exercer aucun des
droits qui fuppofent une propriété reconnue. Le
roi feul eft excepté de cette règle ; il plaide toujours *les mains garnies*.

Nous avons dit que le Défaveu pour donner
lieu à la commife, devoit être fait judiciairement : cependant Dumoulin penfe qu'un Défaveu perfévérant & fait avec une grande publicité, emporteroit la même peine. Il faudroit
toujours qu'il intervînt fentence du juge pour
déclarer la commife encourue. Mais s'il arrivoit
pendant le cours de l'inftance, que le vaffal fe
repentît & reconnût fon feigneur, Billecoq eftime qu'il n'y auroit plus lieu à la commife &

qu'il en feroit quitte pour les frais de procédure. La plupart des auteurs prétendent même qu'un Défaveu fait en jugement pendant une conteftation relative à la mouvance du fief, n'emporteroit pas la peine de commife, fi le vaffal révoquoit fon Défaveu avant que le feignenr eût demandé la confifcation du fief.

Le vaffal qui défavoueroit fon feigneur fuzerain n'encourroit pas la commife, pourvu toutefois que ce feigneur fuzerain ne fût pas en même-temps feigneur immédiat.

Le vaffal peut former un Défaveu conditionnel qui ne feroit pas fujet à la commife. Il peut même dire au feigneur que fans prétendre ni l'avouer, ni le défavouer, il requiert l'exhibition de fes titres : en ce cas, point de commife. Le vaffal pourroit dire encore, que bien qu'il reconnoiffe fon domaine pour un fief fervant, il ignore néanmoins s'il relève de tel ou de tel ; & qu'avant d'acquitter les droits, il requiert que ces téls ou tels prouvent leur mouvance ; en ce cas, point de commife à encourir.

Lorfqu'on dit que tout vaffal eft obligé d'avouer ou de défavouer fon feigneur, il faut reftreindre cette maxime au cas où le feigneur auroit faifi féodalement, & que le propriétaire du fief faifi voudroit avoir main-levée. Mais s'il s'agiffoit de contefter la mouvance en elle-même, fi le vaffal faifi confentoit à laiffer jouir de fa chofe le feigneur faififfant, alors fans défavouer ni avouer, il peut demander le rapport des titres qui établiffent la mouvance conteftée, & lui-même peut y oppofer fes titres d'allodialité.

Une telle demande n'eft pas un Défaveu, &

le vaſſal qui ſuccombe en cas pareil, n'eſt cor-
damné qu'à reconnoître qu'il tient en fief du ſeigneur, & à lui payer les droits ordinaires. Mais
ſi le ſeigneur eſt débouté, il eſt tenu après le
jugement définitif, de reſtituer les fruits de la
ſaiſie à celui qu'il vouloit rendre ſon vaſſal.

Lorſqu'il y a Déſaveu formel de la part du
vaſſal, c'eſt au ſeigneur à mettre ſa mouvance
dans le plus grand jour; parce que le Déſaveu
étant un délit, le délit ne ſe préſume point. Cependant un ſimple ſerment de la part du ſeigneur
ſuffiroit pour établir ſa mouvance, ſi le vaſſal
conſentoit à s'en référer à ſon affirmation. Ce
ſeroit une ſorte de tranſaction entre le vaſſal &
le ſeigneur. Tout le monde ſait qu'il eſt permis
de tranſiger ſur un fait de propriété.

Le vaſſal qui déſavoue ſon ſeigneur, mais qui
déclare relever immédiatement du roi, n'encourt
point la commiſe, pourvu toutefois que le procureur général ou ſes ſubſtituts, prennent fait
& cauſe dans la conteſtation. Sans cela, le Déſaveu entraîneroit la confiſcation du fief.

Nous devons obſerver que la confiſcation n'a
lieu que pour la partie du fief ſur lequel tombe
le Déſaveu; enſorte que ſi le vaſſal déclare ne
relever de ſon ſeigneur que pour les deux tiers
de ſon fief, le ſeigneur ne pourra demander la
commiſe que d'un tiers du fief ſeulement.

Le vaſſal qui a déſavoué ſon ſeigneur peut
preſcrire la libération de la peine qu'il a encourue.
Cette preſcription s'acquiert ou par la mort du
ſeigneur, ou par la mort du vaſſal lui-même, ſi
toutefois le ſeigneur n'a exercé aucune pourſuite
de ſon vivant. Enfin le vaſſal preſcrit par le laps
de trente ans ſelon Dumoulin. Mais la plupart

des autres feudistes prétendent qu'un long silence
de la part du seigneur, c'est-à-dire un silence de
quelques années, suffiroit pour acquérir cette
prescription, parce qu'alors on doit raisonna-
blement présumer que le seigneur a voulu par-
donner l'offense à son vassal & se désister de ses
droits contre lui. Si les héritiers après la mort
du seigneur, venoient réclamer en justice un
droit de commise de cette espèce, il est plus que
vraisemblable que leur demande seroit rejetée,
sur-tout si le seigneur étoit mort sans laisser aucun vestige de plainte.

On demande si le Désaveu d'un tuteur, d'un
curateur, d'un administrateur quelconque, ne
peut donner lieu à la commise? On répond qu'il
ne le peut, parce que le mineur lui-même autorisé par son tuteur ne l'encourt point. Dumoulin prétend que le mineur parvenu à la majorité féodale, encourt la commise si le seigneur
prouve qu'il l'a désavoué à dessein prémédité &
malicieusement ; parce qu'alors il y a dol, &
que le dol ne se pardonne point. Brodeau combat
cette opinion, & soutient que le majeur féodal
n'a de capacité que pour l'exercice des actes
féodaux, & non pour la perte ou l'aliénation de
ses fiefs. Ferrière, Charondas, Pothier, Bourjon
sont du même avis.

Le Désaveu du bénéficier ne donne lieu à la
commise de son fief que pour tout le temps qu'il
en est titulaire. Cependant le seigneur est obligé
de lui donner des alimens, dans le cas où il seroit
démontré qu'il n'a que ce bénéfice pour toute
subsistance.

Si ce bénéficier vouloit résigner il le pourroit,
& en ce cas la commise cesseroit, le seigneur

seroit obligé d'abandonner le fief confisqué
d'en investir le nouveau titulaire. Mais si l'ancie
titulaire venoit à rentrer dans le bénéfice, alo
le crime de Désaveu n'ayant pas été effacé,
seigneur pourroit refuser l'investiture au co
pable.

Le Désaveu de la femme à l'égard de ses pr
près ne donne pas ouverture à la commise,
moins qu'elle ne soit autorisée dans ce Désav
par son mari ou par le juge ; & dans ce derni
cas, la confiscation ne pourroit avoir lieu qu
près la mort du mari ou après la dissolutio
de la communauté : la raison en est que le m
est le maître des fruits du fief, & n'en peut ê
dépossedé par aucun fait de la part de sa femm
qui est sous sa tutelle.

Le Désaveu de la femme, à plus forte raiso
n'entraîne point la commise des fiefs conqué
de la communauté : une pareille peine détruir
absolument la faculté qu'a le mari d'aliéner c
objets & d'en disposer à son gré ; faculté qu'a
cun fait de sa femme ne peut restreindre.

Il en est bien autrement du mari qui désavo
le seigneur d'un fief appartenant à sa femme.
seigneur a le droit de confisquer le fief jusqu'à
dissolution du mariage, à moins que par le co
trat la femme ne se soit réservé l'administrati
de ses biens.

A l'égard des conquêts, Dumoulin préten
que le Désaveu du mari peut donner lieu à
commise irrévocable du fief tont entier. Mais
grand nombre d'auteurs sont d'un avis contrair
ils tiennent que dans le cas où la femme n'aur
pas participé au Désaveu, il n'y auroit lieu qu
la confiscation de moitié du fief. Livonière
positivemen

pofitivement *que le mari ne commet que la moitié des conquêts de fa communauté.* Brodeau affure de même, qu'*on ne peut confifquer le conquêt de la communauté au préjudice de la moitié apparte-nante à la femme.* Et Guyot prétend que l'opi-nion de Livonière ne peut avoir lieu que dans les coutumes du Maine & d'Anjou. Louet a fur ce point un fentiment tout particulier. Litt. D. fumm. 3 1.

La commife doit-elle avoir lieu dans les cou-tumes muettes ? L'opinion du plus grand nom-bre des jurifconfultes eft pour l'affirmative. Selon eux, la conceffion des fiefs dans fon origine, eft une donation que les feigneurs ont faite d'une partie de leur terre. Ils n'ont donné ces do-maines qu'à la condition expreffe que leurs vaf-faux les ferviroient en guerre & s'y engageroient fous la foi du ferment. Les feigneurs en rece-vant la foi de leurs vaffaux, promettoient à leur tour de les défendre envers & contre tous. Cette promeffe mutuelle, cette foi donnée de part & d'autre, conftitue effentiellement ce qu'on appelle un fief.

Or, dès que le vaffal défavoue en jugement fon feigneur, il manque à la fidélité qu'il lui a promife, il ruine & détruit la fubftance du fief, diffout la relation qui fe trouvoit entre lui & le feigneur. Cette rupture opère le retour & la réunion du fief fervant au fief dominant, & la conceffion que le feigneur avoit faite eft révo-quée *ipfo facto ;* parce que fuivant l'axiome de droit, toute donation eft révoquée pour caufe d'ingratitude. En eft-il une plus odieufe que celle de l'homme qui déclare juridiquement qu'il mé-

connoît fon bienfaiteur ! Brodeau prétend que
la commife dérive de la loi falique. Il cite une
difpofition tirée des établiffemens de faint Louis
qui porte ces mots : *Si aucun défavoue mauva-*
fement le fief de fon feigneur liége, & il en fo
atteint, il perdera fon fié.

Jean Demarais, décifion 134, dit que, *fel*
le droit & raifon, fi un vaffal avoue tenir fon fi
d'un autre feigneur que du propre feigneur féod
dont le fief meut, il doit perdre ledit fief, & pr
le droit feigneur le mettre & appliquer à fa main
comme commis forfait & acqùis.

C'eft d'après ces confidérations qu'on eftim
que la commife pour Défaveu doit avoir lic
même dans les provinces régies par des co
tumes qui n'en parlent pöint. Ce qui doit s'o
ferver fur-tout à l'égard du roi ; 1°. parce q
les difpofitions des coutumes ne préjudicient
mais aux droits de fon domaine ; 2°. parce q
la commife pour Défaveu eft établie non-feule
ment par le droit commun ; mais encore par le
anciennes ordonnances. Elle doit donc avoir li
généralement dans toutes les coutumes du roya
me. D'ailleurs la réunion d'un fief fervant
domaine du roi femble moins odieufe que le
autres, en ce qu'elle produit l'extinction tot
de la féodalité.

Ces principes n'ont pas empêché les conte
tations dans différentes coutumes muettes. V
guier fur l'article 24 de la coutume d'Ango
mois, prétend que la commife pour caufe
Défaveu ne doit pas s'exécuter dans cette pr
vince ; il fe fonde fur un privilége donné par
roi Jean au peuple d'Acquitaine en 1353 ; p
vilége qui les exempte de toute confifcation

leurs biens, fi ce n'eft pour crime de lèfe-ma-
jefté au premier chef. On pourroit oppofer à
cette autorité, 1°. que le privilége cité par Vi-
gier ne parle point de la commife du fief pour le
Défaveu du vaffal ; il ne contient aucune dérogation aux ordonnances qui l'établiffent ; 2°. que
la confifcation de biens & la commife de fiefs
font deux droits abfolument différens : car la
confifcation eft un droit qui n'appartient qu'au
feigneur haut-jufticier ; elle n'a lieu qu'en manière criminelle : au contraire, la commife, foit
pour Défaveu ou félonie, appartient au feigneur
dont le fief eft mouvant, quoiqu'il n'ait point de
juftice. Quand un vaffal perd fon fief pour Défaveu, il ne le perd pas par droit de confifcation, mais par droit de réunion au fief dominant ;
c'eft une extinction proprement dite. C'eft pourquoi les auteurs difent que le mot *confifque*, inféré dans l'article 43 de la coutume de Paris,
eft un mot impropre, ainfi qu'une multitude
d'autres qui fe trouvent dans plufieurs autres
articles. Voici ce qu'obferve Dumoulin à cet
égard : « *In hoc textu* confifcatio *large, improprie
& remote accipitur, & refertur ad jus commiffi
feudalis, propter noxi à vaffale commiffam,
quod competit cuilibet domino feudali* ».
Voyez les *autorités citées*, & les articles FÉ-
LONIE, DÉLOYAUTÉ, &c. (*Article de M. l'abbé
REMY, avocat au parlement*).

DÉSAVEU D'UN PROCUREUR, D'UN HUIS-
SIER, &c. C'eft l'acte par lequel une partie prétend qu'un procureur ou autre officier n'a point
de commiffion d'occuper pour elle, ou qu'il a
excédé les bornes de fon pouvoir.

Les demandes qui font du ministère du procureur, comme celles qui se forment incidemment ou par requête, ne doivent point être formées par le procureur sans un pouvoir spécial ; autrement il s'expose au Désaveu.

Mais si le procureur étant muni de l'exploit sur lequel le jugement est intervenu, n'a fait que défendre ou suivre la demande formée par cet exploit, il ne peut pas être valablement désavoué. Le parlement de Paris l'a ainsi jugé par arrêt du 5 mai 1731.

Dans une autre espèce, le sieur Giraud assigné au sujet de neuf cens vingt-sept livres qu'on lui répétoit, envoya son exploit à maître Denis qui étoit son procureur ordinaire : celui-ci se fit suppléer par Me. Carré le jeune, son confrère, auquel il donna son pouvoir : il fut ensuite rendu contre le sieur Giraud un arrêt par défaut auquel il ne fut point formé d'opposition dans huitaine de la signification. Ce particulier poursuivi en conséquence, désavoua Me. Carré, en déclarant que non-seulement il ne lui avoit donné aucun pouvoir, mais encore qu'il ne le connoissoit pas : Me. Carré dénonça le Désaveu à Me. Denis, & celui-ci ayant justifié qu'il avoit été chargé de l'exploit donné au sieur Giraud, le Désaveu de ce dernier ne fut point écouté.

Observez néanmoins que par un autre arrêt du 10 février 1742, le parlement a déclaré valable le Désaveu d'un procureur qui avoit occupé en demandant sur un exploit dans lequel étoit constitué : mais c'est que dans l'espèce de cet arrêt, l'exploit étoit écrit de la main même du procureur , & qu'il avoit été donné par un huissier qui étoit son beau-père.

L'auteur de la collection de jurisprudence dit qu'on tient pour maxime certaine qu'on ne peut pas désavouer un procureur après son décès. Mais s'il étoit vrai qu'une telle maxime existât , il faudroit s'empresser de l'abolir comme un monument d'absurdité & de barbarie. En effet , une telle maxime ne seroit-elle pas l'équivalent d'une loi qui voudroit que les héritiers d'un procureur recueillissent le fruit de son dol ou de ses malversations ? Aussi cette maxime n'a jamais pu s'établir que dans l'opinion de quelques praticiens sans lumières & sans principes. C'est dans cette classe qu'on doit ranger quiconque ose mettre au rang des vérités un paradoxe de ce genre.

Voyons néanmoins sur quoi les apôtres de cette prétendue maxime se sont fondés pour l'accréditer. Il y a dans le code Gillet, dit Denisart, deux arrêts, l'un du 23 février 1580, & l'autre du 14 mars 1671, qui ont jugé en conformité , c'est-à-dire, qu'on ne pouvoit pas désavouer un procureur après son décès. Mais pour montrer que le premier de ces arrêts ne peut aucunement s'appliquer à la question, & que le second loin d'appuyer la maxime, établit au contraire une doctrine opposée , il suffira de rapporter les espèces dans lesquelles ils ont été rendus.

Dans l'espèce de l'arrêt du 23 février 1580, il s'agissoit d'une rente que M. de Gondy , archevêque de Paris, soutenoit être foncière & non rachetable : Moussot qui plaidoit contre lui, soutenoit la proposition contraire.

Sentence intervint le 29 novembre 1550,
qui en conféquence de la reconnoiffance du pro
cureur de Mouffot, jugea la rente foncière &
non rachetable, & condamna Mouffot aux dé
pens. Cette fentence fut exécutée, *& Mouffo*
paya les dépens auxquels il avoit été condamné.
Circonftance remarquable.

Vingt ans après, les héritiers de Mouffot ju
gèrent à propos d'interjeter appel de la fen
tence & de défavouer le procureur dont la
reconnoiffance avoit pu donner lieu à cette
fentence.

M. de Gondy dénonça le Défaveu aux héri
tiers du procureur qui étoit mort depuis long
temps. Ces héritiers fe défendirent non pa
d'après la fauffe maxime qu'on ne peut pas défa
vouer un procureur lorfqu'il eft décédé, mai
fur ce qu'une partie qui a volontairement exé
cuté une fentence par le payement des condam
nations qu'elle prononce, ne doit pas être écou
tée dans l'appel qu'elle en interjette, ni êt
admife à défavouer le procureur par le miniftèr
duquel cette fentence a été rendue. Ces moye
étoient puiffans : auffi l'arrêt, fans avoir égar
au Défaveu, confirma la fentence & condam
les appelans à l'amende & aux dépens.

Voici l'efpèce de l'arrêt du 14 mars 1671. L
nommé Godet fit faifir réellement les immeuble
de Chevetart fon débiteur : il comprit dans l
faifie réelle quelques héritages dont les propri
taires ne lui devoient rien, & il fut fait du tou
différens baux judiciaires. Ces propriétair
ayant demandé la diftraction de leurs héritag
& la reftitution des fruits contre Godet, leu

conclusions leur furent adjugées par sentence du
30 juin 1663.

Godet interjeta appel de la sentence, & désavoua le procureur Leftorel, par le miniftère
duquel les baux judiciaires avoient été pourfui-
vis. Les défendeurs dénoncèrent le Défaveu aux
héritiers de Leftorel qui étoit décédé ; en conféquence, il intervint arrêt le 31 août 1664,
qui déclara le Défaveu valable & condamna ces
héritiers aux dommages & intérêts des défendeurs au Défaveu.

Les mêmes héritiers obtinrent requête civile
contre l'arrêt : elle fut entérinée, & il fut queftion de juger une feconde fois le Défaveu. La
communauté des procureurs intervint pour foutenir la prétendue maxime que le Défaveu d'un
procureur eft inadmiffible après fon décès ; mais
les héritiers du procureur fe défiant avec raifon
du fuccès de cette intervention, mirent en caufe
le fucceffeur de Leftorel, dans la vue de prouver
que d'intelligence avec Godet, il leur cachoit
les pièces décifives pour leur décharge : ils le
firent interroger fur des faits auxquels il ne
voulut pas répondre ; mais il repréfenta un fac
concernant les criées des héritages dont il s'a-
giffoit, & dans lequel fe trouvèrent les pièces
néceffaires pour établir le pouvoir du procureur.
En conféquence, le parlement rendit l'arrêt définitif du 14 mars 1671, par lequel fans s'arrêter
au Défaveu ni à l'intervention des procureurs
dont ils furent déboutés, Godet fut condamné
& les héritiers de Leftorel furent pleinement
déchargés.

Ce qui indique dans cet arrêt que la queftion
de favoir fi le Défaveu d'un procureur mort eft

admissible y fut agitée, c'est l'intervention dont la communauté des procureurs fut déboutée : il est donc évident que cet arrêt loin de servir de fondement à la maxime dangereuse que Denisart & d'autres mauvais écrivains ont voulu eriger en principe certain, l'a au contraire expressément condamnée.

Enfin par un arrêt plus récent du 18 mars 1744, rendu sur les conclusions de M. Gilbert, avocat général, & cité par Lacombe dans sa jurisprudence civile, il a été formellement jugé que le Désaveu d'un procureur pouvoit avoir lieu après son décès.

Observez néanmoins que quoique le Désaveu d'un procureur puisse avoir lieu après son décès, on ne doit l'edmettre que quand les circonstances font présumer qu'il y a eu dol ou malversation de la part de cet officier. La raison en est qu'on doit supposer en général, qu'un procureur n'agit pas sans pouvoir, & que ses héritiers ne sont pas instruits suffisamment de tout ce qui pouvoit l'autoriser.

Lorsqu'un procureur est défavoué valablement, il doit indemniser la partie des condamnations qui ont eté prononcées contre elle, & des dommages & intérêts qu'il lui a occasionnés. Mais si le Désaveu est mal fondé, on le regarde comme injurieux, & la partie doit être condamnée à des dommages & intérêts envers le procureur.

Le parlement de Toulouse a rendu le 4 septembre 1722, un arrêt en forme de réglement, suivant lequel « le procureur défavoué, lorsque » le Désaveu est jugé valable, doit être con- » damné aux dépens, dommages & intérêts

» tant envers fa partie qu'envers les autres par-
» ties de l'inftance : & fi le Défaveu eft jugé té-
» méraire, la partie doit être condamnée aux
» dépens, dommages & intérêts, tant envers le
» procureur qu'envers les autres parties inté-
» reffées ».

La manière de former un Défaveu n'eft pas
uniforme dans toutes les juridictions. Au châtelet de Paris, l'ufage eft de le faire former au
greffe par la partie ou par une perfonne fondée
de procuration fpéciale (*).

Cette pratique vaut mieux que de former le
Défaveu par un exploit d'affignation. La raifon
en eft que dans ce dernier cas il peut fe faire
que l'huiffier agiffe lui-même fans pouvoir, &
foit par conféquent fujet à être défavoué.

Lorfque le Défaveu eft fait, on le fignifie au
procureur, & l'on forme en conféquence une
demande relative au genre du Défaveu & aux
effets qu'il peut produire.

Si le Défaveu a rapport à une demande, procédure ou déclaration fur lefquelles il foit intervenu un jugement définitif en dernier reffort,

---

(*) *Formule d'un acte de Défaveu felon l'ufage du châtelet de Paris.*

Aujourd'hui eft comparu le fieur Guillaume.... demeurant à.... affifté de Me. Gérardin fon procureur, lequel
a déclaré qu'il a défavoué & défavoue Me. Chanpiné, procureur en cette cour qui paroît avoir occupé pour lui comparant, en l'inftance pendante & indécife entre le même
comparant & le fieur Jean-François.... (*on explique briè-
vement le fait*,) comme n'ayant jamais ledit comparant
donné aucun pouvoir audit Me. Champiné de ce faire, dont
& duquel Défaveu ledit fieur Guillaume a requis acte à lui
octroyé & a figné.

& que ce jugement foit fufceptible d'oppofition,
il faut former cette oppofition dans le temps
prefcrit pour faire réformer le jugement en
même-temps qu'on fera déclarer valable le Défaveu : mais fi le jugement en dernier reffort a
été rendu contradictoirement, ou que le délai
pour y former oppofition foit expiré, on forme
alors le Défaveu par action principale contre le
procureur (*).

_____

(*) *Cette action s'introduit par un exploit d'affignation*
ainfi conçu :

L'an , &c. à la requête du fieur Pierre , &c. fouffigné
donné affignation à Me. B.... procureur au châtelet de
Paris , &c. pour répondre fur ce que par exploit du....
ledit fieur Pierre a été affigné à la requête du fieur Paul
en condamnation d'une fomme de 200 livres contenue en
un billet du.... Sur cette affignation il n'a conftitué aucun
procureur, parce qu'il avoit payé audit fieur Paul ladite
fomme de 200 livres dont il avoit quittance ; néanmoins
a appris que ledit Me. B.... s'étoit conftitué pour occuper
pour lui, fans qu'il lui en eût donné aucun pouvoir, ni fait
remife d'aucune piece, ce dont il a été inftruit par la fignification qui lui a été faite d'une fentence rendue contre lui
au profit dudit fieur Paul, le... par laquelle il eft condamné à lui payer ladite fomme de 200 livres en deux termes
pour lui requis par ledit Me. B.... & comme cette fentence
lui porte un préjudice confidérable, puifqu'elle le condamne
à payer une fomme qu'il ne doit pas , & que ledit Me. B.
n'a eu aucun pouvoir ni piece de la part dudit fieur Pierre
qui l'ait autorifé à fe conftituer pour lui, il conclut à ce que
le Défaveu par lui fait dudit Me. B.... pour fon procureur
par acte fait au greffe de cette cour, le.... foit déclaré valable ; en conféquence que dans le cas où au jour du jugement à intervenir, il ne feroit plus tems de fe pourvoir par
requête civile contre la fentence qui condamne le demandeur à payer au fieur Paul la fomme de 200 livres, ledit
Me. B.... fera condamné à acquitter, garantir & indemnifer le demandeur de toutes les condamnations portées en

Lorfque le Défaveu a pour objet une procédure fur laquelle eft intervenu un jugement qui n'eft point en dernier reffort, il faut diftinguer fi ce jugement a été rendu par defaut ou contradictoirement. Dans le premier cas, l'ufage eft de fe pourvoir par oppofition ; à l'appui de quoi on forme le Défaveu, & on le fignifie tant au procureur défavoué, qu'à celui de la partie qui a obtenu le jugement, avec une requête verbale, par laquelle on conclut *à ce qu'en déclarant le Défaveu valable, le demandeur foit reçu oppofant à la fentence ; en conféquence, que cette fentence, & tout ce qui l'a précédé & fuivi, foient déclarés nuls.*

· Si le jugement a été rendu contradictoirement, il faut en interjeter appel : enfuite on forme le Défaveu au greffe du juge fupérieur & l'on demande permiffion d'affigner le procureur défavoué, *pour voir dire que le Défaveu fera déclaré valable ;* & la partie qui a obtenu le jugement, *pour voir dire qu'en déclarant le Défaveu valable, la fentence dont eft appel, & tout ce qui l'a précédé & fuivi, feront déclarés nuls.*

Si le temps pendant lequel on peut interjeter appel étoit écoulé, ou que l'on fe fût obligé tacitement ou expreffément à exécuter le jugement, le Défaveu ne pourroit plus avoir lieu.

---

ladite fentence, tant en principal qu'intérêts & frais, & aux intérêts de chacune des fommes qu'il pourra être contraint de payer, en vertu de ladite fentence ; & ce à compter du jour de chaque payement, & pour en outre répondre & procéder comme de raifon afins de dépens, & ai fignifié que M. C.... occupera, &c. & ai audit Me. B.... en fondit domicile, & parlant comme deffus, laiffé copie, tant dudit acte de Défaveu, que du préfent.

Si le Défaveu eſt formé dans le cours d'une inſtance , comme c'eſt alors un incident qui tombe ſur la procédure défavouée, on doit pour en arrêter les effets, former le Défaveu par une requête verbale (*).

Il faut que le Défaveu ſoit dénoncé à la partie contre qui s'eſt faite la procédure défavouée, pour le faire déclarer valable avec elle. La raiſon pour laquelle on a introduit cette formalité a été d'empêcher toute colluſion entre la partie qui défavoue & le procureur défavoué pour revenir contre une demande formée , un conſentement donné ou une déclaration faite contre l'intérêt de la partie qui défavoue. La déclaration du Défaveu peut ſe faire par la requête

_____

(*) *Formule de requête verbale pour former une demande en Défaveu.*

A venir au premier jour à l'audience, &c.

Par Me. A.... procureur du ſieur Paul. M. B.... procureur en cette cour en ſon nom.

Sur la requête de Me. C.... procureur du ſieur Pierre

Expoſitive que ledit ſieur Pierre ayant appris que ledit Me. B.... s'étoit conſtitué par lui ſans aucun pouvoir, ſur une demande formée par ledit ſieur Paul contre ledit ſieur Pierre par exploit du.... à fin de..... Il a par acte fait au greffe de cette cour, le.... défavoué ledit Me. B.... comme ne lui ayant donné aucun pouvoir de ce faire & comme il a intérêt d'aller en avant ſur ledit Défaveu, il donne la préſente requête & conclut:

A ce que ledit Défaveu ſoit déclaré valable ; ce faiſant, qu'il ſera donné lettres au demandeur de la dénonciation qu'il en fait par ces préſentes audit ſieur Paul , faiſant droit ſur icelle, que toute la procédure faite ſur la demande ſuſénoncée par ledit Me. B.... comme procureur dudit ſieur Pierre, ſera déclarée nulle , & aller avant; requérant dépens. Fait au chatelet de Paris, le.... & ſera avec ces préſentes donné copie dudit acte de Défaveu.

verbale en Désaveu, ou par un acte postérieur.

Tandis que le Désaveu n'est point jugé valable, il ne produit aucun effet contre la procédure désavouée ; c'est pourquoi la partie à qui il est dénoncé peut poursuivre comme s'il n'existoit pas. La raison en est que la foi est due aux actes que le procureur désavoué a faits comme officier public, plutôt qu'à l'allégation d'un simple particulier.

Les huissiers sont pareillement sujets à être désavoués pour les actes qu'ils ont faits sans pouvoir.

Il y a néanmoins des actes qu'ils peuvent faire en vertu des titres dont ils sont porteurs, ou lorsque la personne pour laquelle ils agissent est présente, sans courir les risques du Désaveu. Tels seroient un commandement de payer, une saisie-exécution, une vente de meubles, une saisie-arrêt, une sommation de rendre des meubles, des papiers, &c. Cette décision est fondée sur ce que les titres dont l'huissier est porteur, ou la présence de la partie à la requête de laquelle il procède équivalent à un pouvoir. Ainsi pour attaquer ces actes s'ils sont faux, on doit prendre la voie de l'inscription de faux & justifier que l'huissier n'avoit pas les pièces en vertu desquelles ils ont été faits, ou que la partie n'étoit pas présente.

Observez à ce sujet que quoiqu'un huissier soit porteur d'un titre en vertu duquel on peut contraindre par corps, il ne doit pas néanmoins, sans un pouvoir spécial, constituer dans les prisons la partie condamnée. La raison en est qu'une telle contrainte étant un acte extraordinaire qui occasionne plus de préjudice que toute autre contrainte, on a voulu que l'huissier ne le fît qu'après en avoir été chargé expressément.

Au reste, le Désaveu se forme & s'instruit contre un huissier de la même manière que contre un procureur.

Le titre 9 de la seconde partie du réglement dn conseil du 28 juin 1738, a fixé la procédure qui doit être observée au conseil en matière de Désaveu (*).

_____

(*) *Ce titre contient les 17 articles suivans :*

I. La partie qui voudra former un Désaveu au conseil, sera tenue de consigner préalablement, pour sûreté des dommages & intérêts des autres parties, la somme de cent cinquante livres, entre les mains du greffier du conseil, qui s'en chargera sans droits ni frais, pour être, après le jugement du Désaveu, ladite somme délivrée aussi sans frais à qui il appartiendra.

II. La permission de former ledit Désaveu, sera demandée par une requête en forme de vu d'arrêt, signée de l'avocat & de la partie même, ou du porteur de sa procuration spéciale, passée devant notaires, dont il restera minute, à laquelle requête seront jointes la quittance de consignation & une expédition de ladite procuration : le tout à peine de nullité.

III. Ladite requête & les pièces y jointes seront remises au sieur rapporteur de l'instance, pour y être à son rapport, statué par arrêt au premier conseil, ainsi qu'il appartiendra.

IV. S'il n'y a pas lieu d'accorder la permission de former le Désaveu, il sera ordonné que, sans s'arrêter à ladite requête, il sera passé outre au jugement de l'instance, & que la somme de cent cinquante livres consignée par le demandeur, sera remise & délivrée aux autres parties par le greffier entre les mains duquel ladite somme aura été consignée, ce qui sera exécuté quand même il auroit été omis d'y prononcer.

V. Pourra néanmoins être ordonné, s'il y échet que ladite requête demeurera jointe à l'instance pour y être fait droit lors du jugement d'icelle, auquel cas il ne pourra être

Voyez *le traité de la preuve par Danty ; Cha-*

fait aucunes écritures ni procédures sur le Désaveu jusqu'audit jugement.

VI. En cas que le Désaveu paroisse mériter d'être instruit, il sera ordonné que le demandeur sera tenu de le former ainsi qu'il sera prescrit ci-après, sinon qu'il sera passé outre au jugement de l'instance.

VII. Dans les cas où le Désaveu concernera des procédures faites ailleurs qu'au conseil, l'instruction en pourra être renvoyée s'il y échet, devant les juges ordinaires pour y être statué dans le délai qui sera prescrit, après lequel sur le vu dudit jugement, ou faute de le rapporter, il sera passé outre au jugement de l'instance pendante au conseil, ainsi qu'il appartiendra.

VIII. Lorsque la permission de former le Désaveu au conseil, aura été accordé, ledit Désaveu sera fait au greffe par un acte signé de la partie même, ou du porteur de sa procuration, & ce dans trois jours, à compter de la date de l'arrêt qui en aura accordé la permission; sinon ledit Désaveu ne pourra plus être formé, & la somme de cent cinquante livres demeurera acquise à la partie, ainsi qu'il a été dit ci-dessus.

IX. L'arrêt qui aura accordé la permission de former le Désaveu, sera signifié à la personne désavouée, à son domicile, & ladite signification vaudra sommation de défendre audit Désaveu, sans qu'il puisse être donné aucune assignation ni fait aucune sommation ni autre procédure, & copie sera donnée par le même exploit de l'acte de Désaveu, & de la procuration s'il a été signé par le procureur, sinon il sera passé outre au jugement de l'instance, comme si le Désaveu n'avoit pas été formé, & la somme consignée demeurera acquise à la partie, ainsi qu'il a été ci-dessus réglé.

X. La signification portée par l'article précédent sera faite dans la quainzaine à compter du jour de la date de l'arrêt, si la personne désavouée est domiciliée dans le lieu où se fera la procédure du conseil, ou dans les délais marqués au titre des assignations, si elle est domiciliée hors dudit lieu; sinon il sera passé outre au jugement de ladite instance, comme si le Désaveu n'avoit pas été formé; & faute par le

rier , jurisprudence de Guypape ; le code Gillet ; le

demandeur de juftifier defdites fignifications, à la première
requifition qui lui en fera faite par les autres parties à
l'inftance, il ne fera plus recevable à pourfuivre le jugement
du Défaveu, & la fomme par lui confignée demeurera acquife à la partie dans l'un & l'autre cas, ainfi qu'il a été
dit ci-deffus.

XI. Ledit arrêt fera pareillement fignifié aux autres
parties de l'inftance, au domicile de leurs avocats, dans
ledit délai de quinzaine, & dans la forme portée par l'article 9 ci-deffus.

XII. La perfonne défavouée fera tenue de fournir de
défenfes au Défaveu, dans huitaine pour tout délai, à
compter du jour de la fignification à elle faite dudit arrêt,
fi elle eft domiciliée dans le lieu où fe fera la procédure du
confeil, ou du jour de l'expiration des délais marqués au
titre des affignations, fi elle eft domiciliée ailleurs.

XIII. Et à l'égard des parties de l'inftance auxquelles
ledit arrêt aura été fignifié, elles feront pareillement tenues
de défendre audit Défaveu, dans ledit délai de huitaine à
compter du jour de ladite fignification.

XIV. Les défenfes de chacune des parties mentionnées
dans les deux articles précédens, feront contenues dans
une feule requête qui fera remife au fieur rapporteur de
l'inftance, avec les pièces y jointes, pour être par lui répondue d'une ordonnance, en jugeant & foit fignifié au demandeur au domicile de fon avocat, pour y répondre dans trois
jours pour tout délai ; & lefdites requêtes & ordonnances
feront fignifiées dans les délais prefcrits par lefdits deux articles précédens, finon il fera paffé outre au jugement du
Défaveu, fans fommation ni autre procédure.

XV. Le demandeur en Défaveu pourra répondre auf-
dites requêtes par une feule requête qui fera fignifiée auf-
dites parties dans trois jours au plus tard, à compter du
jour de la fignification de leurs requêtes ; finon il fera paffé
outre au jugement de Défaveu, fans fommation ni autre
procédure.

XVI. Les requêtes données par les parties pour l'inftruction du Défaveu, ne pourront excéder fix rôles, &

arrê-

arrêts de Baffet & de Papon ; le praticien du châ-
ulet ; le dictionnaire de Brillon ; la collection de
jurifprudence, &c. Voyèz auffi les articles PRO-
CUREUR, HUISSIER, MANDATAIRE, PROCU-
RATION, &c.

DESCENDANS, fe dit fubftantivement
& ordinairement au pluriel, en termes de jurifprudence, de ceux qui font iffus les uns des autres, comme les enfans, les petits-enfans, les
arrière-petits-enfans, &c. fans diftinction de fexe
ni de degré.

C'eft improprement qu'on dit *Defcendans col-*
latéraux, parce que le neveu ne defcend pas de
l'oncle, ni le petit neveu du neveu, &c. On ne
peut donc les appeler *Defcendans*, que pour
fignifier qu'ils font éloignés d'un ou de plufieurs
degrés les uns des autres.

Ainfi la vraie dénomination de *Defcendans*
n'appartient qu'à ceux qui defcendent en ligne
directe d'une même fouche : c'eft ce qui fait auffi
que pour ne point les confondre avec les collatéraux, nous avons dit que les Defcendans
étoient ceux qui étoient *iffus* les uns des autres.

Le mot *Defcendant* peut fe prendre par oppo-

---

ce fera fait, pour raifon dudit incident, aucunes au-
res écritures ni procédures que celles ci-deffus prefcrites à
peine de nullité.

XVII. Le demandeur en Défaveu qui fuccombéra en
définitive, fera condamné en trois cens livres de dommages & intérêts y compris les cent cinquante livres confignées ; favoir cent cinquante livres envers la perfonne dé-
lavouée, & cent cinquante livres envers les autres parties
de l'inftance, fauf à augmenter ladite condamnation s'il y
échet.

fition à celui d'*afcendant*. Ces deux mots font corrélatifs. L'afcendant eft celui qui a donné le jour au Defcendant. Le père eft l'afcendant du fils, celui-ci du petit-fils, ce dernier de l'arrière-petit-fils, ainfi des autres ; de forte que le même fujet peut être Defcendant à l'égard de celui dont il eft iffu, & *afcendant* à l'égard de celui qui vient après.

Quand on accorde un privilége à quelqu'un pour en jouir *lui & fes Defcendans*, ce privilége ne paffe point à fes collatéraux, il fe borne au dernier de fes Defcendans ; parce que les priviléges ne s'étendent pas de certaines perfonnes à d'autres. Il n'en eft pas de même des fucceffions ; quand les Defcendans finiffent, les collatéraux reprennent.

Les Defcendans doivent la nourriture & l'entretien à leurs afcendans ; c'eft un devoir de piété filiale, qui dans les tribunaux eft regardé auffi comme un devoir de juftice ; les enfans & petits-enfans, tous y font obligés chacun fuivant fes facultés. Ce n'eft pas un bienfait de la part des enfans, dit Quintilien, de donner la nourriture à leur père & à leur mère : c'eft un crime de la leur refufer. Voyez à ce fujet l'article ALIMENS. (*Article de M. DAREAU, avocat au parlement*, &c.)

DESCENTE DE JUGE SUR LES LIEUX CONTENTIEUX. C'eft le tranfport du juge fur les lieux contentieux & la vifite qu'il en fait pour s'inftruire par lui-même de l'état des lieux, & rendre en conféquence fon jugement.

L'article premier du titre 21 de l'ordonnance du mois d'avril 1667 défend à tout juge, même aux cours, d'ordonner une Defcente fur les lieux dans les matières où un simple rapport d'experts peut suffire, comme quand il s'agit uniquement d'estimer des ouvrages de maçonnerie, charpenterie ou autres; de savoir s'ils ont été bien faits & si l'on a suivi les conditions du marché; si l'on prétend que des bâtimens ne sont pas en état & qu'ils ont besoin de réparations, ou s'il s'agit d'estimer quelque dommage fait à un héritage ou à des terres, &c. Et il en est de même en matière de délit & de quasi-délit. Dans tous ces cas, comme la visite des experts est suffisante pour décider les contestations, le juge ne peut point ordonner de Descente à moins qu'il n'en soit requis par l'une ou par l'autre des parties, & il doit seulement ordonner que les choses contentieuses seront vues & visitées par experts pour estimer les ouvrages ou le dommage.

Mais si le différent n'est pas de la qualité de ceux qui pourroient se décider par un simple rapport d'experts, comme si ce différent tombe sur la situation ou sur la disposition du lieu contentieux, & qu'il soit nécessaire que le juge examine cette situation par lui-même, qu'il soit dressé procès-verbal des lieux, & qu'il entende les dires & contestations des parties, alors il peut ordonner la Descente d'office, & sans qu'il en soit requis : le parlement de Paris l'a ainsi jugé par arrêt du 29 décembre 1731 rendu entre le sieur Glucq de Siport & le sieur Duché fermier général.

Ce n'est pas une nécessité que la Descente du juge soit toujours accompagnée d'une visite d'experts : il peut faire la Descente sans eux lorsque le cas n'exige pas cette visite.

. Si la contestation est telle que non-seulement la présence du juge ou la visite des experts est nécessaire, mais qu'il faut encore une figure & description des lieux, le juge peut ordonner & ordonne le plus souvent qu'il sera fait un plan ou figure de ces lieux, soit par arpenteurs, charpentiers, architectes, peintres, sculpteurs ou autres suivant la nature de la chose contentieuse. Néanmoins si les parties veulent convenir à l'amiable de ces plans & figures ou les tracer par elles-mêmes, elles le peuvent ; & alors il faut qu'ils soient signés de l'une & de l'autre des parties pour être joints au procès-verbal du juge ou commissaire lorsqu'il y a Descente ou visite.

· Il paroît par les termes mêmes de l'ordonnance que lorsque l'une ou l'autre des parties requiert la Descente du juge elle ne doit pas être refusée. La raison en est qu'outre l'intérêt que celui qui requiert la Descente peut avoir à ce que le juge reconnoisse par lui-même l'état des lieux, cette précaution peut être nécessaire dans le cas où il y a lieu de craindre que le crédit ou l'autorité de la partie adverse ne laissent pas aux experts toute la liberté dont ils ont besoin pour remplir exactement leurs fonctions. Cependant cette règle n'est pas si générale qu'elle ne souffre quelques exceptions ; si la partie qui demande la Descente du juge n'allègue aucun moyen raisonnable pour la déterminer, il ne paroît pas que le juge soit dans l'obligation de l'accorder. Au reste, il faut observer que dans tous les cas où il n'échoit qu'un simple rapport d'experts la descente du juge doit se faire aux dépens de celui qui l'a requise : le parlement de Paris l'a ainſi jugé par arrêt du 22 février 1732, confirmatif d'une ſentence rendue au bailliage de Meaux le 3 décembre 1731.

Lorſque la Deſcente ſur les lieux eſt ordonnée dans une cour ſouveraine ou aux requêtes de l'hôtel & du palais, le rapporteur du procès ne peut pas être commis pour la Deſcente : le préſident doit pour cet effet nommer un des juges qui ont aſſiſté au jugement, ou à leur refus, un conſeiller de la même chambre. Cela eſt ainſi reglé par l'article 2 du titre 21 de l'ordonnance de 1667.

Le légiſlateur a probablement voulu par cette diſpoſition empêcher que l'eſpérance d'être nommé commiſſaire ne rendît le rapporteur trop facile à opiner pour une Deſcente.

Cette règle n'a pas lieu dans les bailliages & les autres juridictions : le rapporteur y peut être commis comme les autres juges pour faire la Deſcente. C'eſt du moins ce que le parlement de Paris a jugé par arrêt du 6 ſeptembre 1712 (*).

Au reſte, la diſtribution des commiſſions telles que les Deſcentes ſur les lieux, doit ſe faire dans ces ſiéges, ſuivant l'ordre du tableau, à commencer par le premier officier & ainſi ſuc-

_____

(*) Obſervez néanmoins que cette juriſprudence n'eſt pas bien certaine; car elle ſe trouve en oppoſition avec l'article 4 du règlement fait au conſeil le 16 mars 1705 entre tous les officiers du préſidial d'Autun : cet article après avoir ordonné que l'exécution des jugemens appartiendra aux rapporteurs, ajoute : *excepté les deſcentes ſur les lieux qui ſeront diſtribuées à commencer toujours par le lieutenant-général ; ſi ce n'eſt qu'elles aient été ordonnées à ſon rapport, auquel cas elles ſeront diſtribuées aux autres officiers.*

X iij

cessivement : mais il ne peut être nommé pour
procéder à une Descente qu'un des officiers qui
ont assisté au jugement par lequel elle a été ordonnée ( ). C'est ce qui résulte de l'article 3 du
titre cité.

(*) *Cette disposition de l'ordonnance a été confirmée
par l'arret du conseil que nous allons rapporter :*

Sur la requête présentée au roi étant en son conseil par
François Mesnard, lieutenant particulier au bailliage de
Blois ; contenant que le 11 mai dernier tenant l'audience
avec les autres conseillers ses confreres, il auroit été ordonné que Descente seroit faite sur les lieux contentieux en
la présence du suppliant qui présidoit à l'audience de
M. René Grimaudet, lieutenant-général, qui avoit été plus
d'un mois sans venir à l'audience, ayant été averti, il auroit fait donner par la partie le placet de la cause à la pre-
audience tenue à l'issue par lui seul le 5 juin présent mois, &
auroit ordonné que la Descente seroit faite en sa présence,
lequel jugement auroit été par lui exécuté le 12 du présent
mois, ce qui est une contravention à la nouvelle ordonnance
artic es 3 & 4 des Descentes, comme il paroît par les extraits de ladite ordonnance, & encore exécuté toutes les
sentences desdites audiences, quoiqu'il n'y ait pas assisté à
ces causes, requéroit, &c.

Le roi en son conseil ayant égard à ladite requête,
cassé & annullé ledit jugement du lieutenant général de
Blois du 5 Juin 1668, & le procès-verbal de Descente
par lui fait en conséquence, comme étant contraire à son
ordonnance du mois d'avril 1667 Ordonne que la sentence du bailliage de Blois du 11 mai dernier à laquelle
présidoit ledit Mesnard, sera par lui exécutée. Fait sa majesté
défenses aux officiers dudit présidial de Blois & à tous autres, de commettre pour l'exécution des jugemens qui auront ordonné des Descentes, aucun officier qui n'ait assisté
au jugement, si ce n'est au refus de tous ceux qui auront
été présens ; auquel cas seulement l'un des autres officiers
dudit siége pourra être commis. Fait au conseil d'état du
roi, tenu à Saint-Germain-en-Laye le premier Juillet
1668. *Signé,* De la Vrillière.

L'article 4 veut que le même jugement qui ordonne la Descente nomme le juge commis pour la faire.

Puisqu'une Descente sur les lieux ne doit en général être ordonnée que sur la réquisition préalable de l'une ou de l'autre des parties, à plus forte raison ne peut-elle avoir lieu sans cette réquisition. En effet, le commissaire ne peut pas seul & sans être assisté des parties dresser un procès-verbal qui puisse répandre les lumières que la justice a voulu se procurer par la Descente. Ce sont les dires, les réponses, les observations respectives des parties sur le lieu même, appréciés par les remarques particulières du commissaire qui peuvent seuls former un corps de preuve. Ainsi il faut, selon les articles 5 & 6, que la partie qui a intérêt de poursuivre demande la Descente. Pour parvenir à ce but, elle doit consigner les frais ordinaires de Descente, ensuite présenter une requête au commissaire nommé pour qu'il soit procédé à cette Descente : sur cette requête le commissaire rend une ordonnance pour assigner les parties en son hôtel, à l'effet de leur indiquer le jour & l'heure où se fera la Descente (*). L'assignation peut

_____

(*) *Formule de l'ordonnance du commissaire pour parvenir à une Descente.*

De l'ordonnance de nous.... conseiller du roi en sa cour de parlement, commissaire en cette partie, à la requête de.... mandons assigner.... à comparoir.... heure du matin (ou de relevée) en notre hôtel sis.... pour voir par nous donner aux parties un jour certain pour procéder en exécution de l'arrêt du.... fait en notre hôtel susdit, le....

être donnée ou au domicile de la partie, ou à celui du procureur.

Le procès-verbal du commiffaire donne acte aux parties de leurs comparutions, dires & réquifitions; & quand une partie ne comparoît pas, le commiffaire en fait mention dans fon procès-verbal, donne défaut contre elle, & déclare qu'il procédera tant en préfence qu'abfence (*).

Le commiffaire doit partir dans le mois du jour de la réquifition à lui faire, autrement on doit en fubroger une autre à fa place, fans que le temps du voyage puiffe être prorogé.

Cette difpofition eft contraire aux anciennes ordonnances & notamment à celles de Charles VII & de Louis XII rapportées dans le code Henri, fuivant lefquelles on renvoyoit toutes les commiffions au temps des vacations afin que

_____

(*) *Formule d'un procès-verbal de non-comparution.* Aujourd'hui.... eft comparu en notre hôtel Me.... procureur de.... lequel nous a dit qu'en vertu de notre ordonnance du.... il a fait affigner le fieur.... à comparoir ce jourd'hui, lieu & heure, pour voir par nous donner aux parties un jour certain pour procéder en exécution de l'arrêt du... & attendu que ledit fieur.... n'eft comparu ni procureur pour lui, nous a ledit maître.... requis défaut pour fa partie, fur quoi nous confeiller commiffaire, après avoir attendu jufqu'à.... heures fonnées, nous avons audit maître.... ce requérant, donné défaut contre ledit.... non comparant & pour le profit, ordonnons que le... jour de.... en la ville de.... où nous nous tranfporterons, fera par nous procédé, en exécution de l'arrêt dudit jour, à l'effet de quoi fera donné affignation aux parties à comparoir auxdits jour & lieu, finon fera par nous paffé outre tant en préfence qu'abfence. (*Il faut faire fignifier ce défaut avec affignation au jour indiqué.*)

le service de la chambre ne fût point interrompu par l'absence des officiers : mais on a considéré que ces retardemens portoient un préjudice considérable aux parties, & que le motif qui les avoit introduits ne subsistoit plus attendu que le nombre des officiers ayant été augmenté dans chaque tribunal, il n'y avoit plus à craindre que l'absence de quelques-uns d'entre eux causât de l'interruption dans le service. ·

S'il y a des causes de récusations contre le commissaire, elles doivent être proposées trois jours avant son départ, pourvu que le jour du départ ait été signifié huit jours auparavant ; autrement il doit être passé outre par le commissaire, nonobstant' toutes oppositions & empêchemens, même pour causes survenues depuis, sauf à y faire droit après le retour (*). Telles sont les dispositions de l'article 7 du titre cité.

─────────────────────────

(*) *Formule d'un procès-verbal de Descente de juge sur les lieux conientieux.*

L'an. . . le jour de.... pardevant nous.... conseiller du roi en sa cour de parlement & commissaire en cette partie, est comparu en notre hôtel sis à Paris, rue.... maître.... procureur de.... lequel nous a dit que par arrêt du.... il a été ordonné qu'il seroit par nous procédé à.... & à cet effet que nous nous transporterons sur les lieux ; à l'effet de quoi, nous avons par notre ordonnance du.... contradictoire (*ou par défaut*) ordonné que nous nous transporterons en la ville de.... & que nous partirons de cette ville le.... ce qui a été déclaré aux parties par acte du... fait les jour & an que dessus.

Et le....jour de.... heure de....nous conseiller & commissaire susdits sommes partis de la ville de.... lieu de notre domicile.... accompagné de notre greffier, avons couché en la ville de.... d'où nous sommes partis le lendemain matin pour nous rendre au village de.... où nous avons couché & en

· L'article 14 a abrogé l'usage qui se pratiquoit autrefois, de faire recevoir en justice les procès verbaux de Descente, au moyen de quoi les parties peuvent simplement les produire ou les contester si bon leur semble.

Il est défendu aux commissaires de recevoir par eux ou par leurs domestiques aucun présent des parties, & de souffrir qu'on les défraye directement ni indirectement, à peine de concussion & d'amende. C'est ce qui résulte de l'article 15.

L'article 16 veut que les juges employés en même-temps à différentes commissions hors de lieu de leur domicile ne puissent se faire payer qu'une fois des droits qui leur sont attribués pour chaque jour, & que dans ce cas les parties intéressées payent ces droits par égale portion.

Si le voyage ou séjour est prolongé au sujet d'une autre commission, les frais de la prolongation doivent être payés par les parties intéressées dans cette commission. Cela est ainsi réglé par les articles 17 & 18.

Suivant l'article 19, les commissaires doivent

sommes partis le lendemain (*& ainsi successivement des différentes couchées*) & sommes arrivés le soir en la ville.... où nous sommes descendus en la maison (*ou auberge*) de... sise rue. ...

Et le.... jour de.... est comparu pardevant nous ledit Me.... lequel nous a dit, &c (*On énonce dans le procès-verbal tout ce qui se fait sur les lieux avec les dires & requisitions respectifs des parties.*)

Et le.... jour.... après l'entière exécution dudit arrêté & avoir vaqué pendant.... jours, nous commissaire susdit sommes partis de la ville de.... pour nous rendre en celle de....... lieu de notre demeure ordinaire en laquelle nous sommes arrivés le.... jour de.... fait par nous conseiller commissaire susdit, les jour & an que dessus.

faire mention fur la minute & la groſſe de leur
procès-verbal du temps qu'ils ont employé pour
le voyage, ſéjour & retour, & de ce qu'ils
ont reçu de chacune des parties pour leurs
droits, le tout à peine de concuſſion & de cent
livres d'amende.

Si les commiſſaires ſe trouvent ſur les lieux
fortuitement ou à l'occaſion de leurs affaires per-
ſonnelles, & qu'ils y exécutent une commiſſion,
ils ne doivent prendre aucune vacation pour leur
voyage ; & s'ils ſont à une journée de diſtance,
ils ne peuvent prendre que la taxe d'un jour pour
le voyage & autant pour le retour, outre le ſéjour. Cela eſt ainſi réglé par l'article 20.

Selon l'article 21, chaque partie eſt tenue
d'avancer les vacations de ſon procureur, ſauf à
les répéter en fin de cauſe s'il y échoit ; & ſi la
partie veut en outre être aſſiſtée de ſon avocat
ou autre conſeil, elle le peut faire, mais à ſes
frais & ſans répétition ; & au cas qu'une partie
ſoit obligée d'avancer les vacations pour l'autre,
il lui doit être délivré ſur le champ un exécutoire, ſans attendre l'iſſue du procès.

Quand les juges font des Deſcentes hors de la
ville & banlieue de l'établiſſement de leur ſiége,
ils ne peuvent prendre par jour que la taxe portée par les règlemens. C'eſt ce qui réſulte de
l'article 22.

Le procès-verbal de Deſcente étant fini &
délivré aux parties, le procureur le plus dili-
gent peut en donner copie à l'autre, & trois
jours après pourſuivre l'audience ; ou ſi l'affaire
eſt appointée, il peut produire le procès-verbal.
Telles ſont les diſpoſitions de l'article 23.

Voyez l'ordonnance du mois d'avril 1667, &

Les commentateurs ; les arrêts de Brillon ; le pra
ticien françois ; le code civil, &c. Voyez aussi les
articles RAPPORTS, EXPERTS, ENQUÊTE, &c

DESCRIPTION. Etat, ou dénombremens
sommaire des meubles, effets, titres, pa
piers, &c.

La Description dans ce sens est une espèce
d'inventaire, mais elle en diffère à certains
égards. La Description se fait comme d'une ma
nière provisoire & sans aucune prisée de chaque
objet en particulier ; elle se fait quelquefois
sans que les parties intéressées y soient présentes
ni appelées ; elle ne nuit ni préjudicie aux
droits de personne ; elle est toujours faite sauf
le droit de qui il appartient ; elle est du minis
tère des officiers de justice, & n'est point sujette
aux droits de contrôle.

L'inventaire proprement dit est une Descrip
tion pleinement détaillée avec prisée & estima
tion de chaque objet. L'inventaire pour être
régulier doit être fait avec un légitime con
tradicteur ; il est du ministère des notaires
qui reçoivent les actes volontaires ; il doit
être contrôlé dans la quinzaine de la dernière
séance, &c.

La simple Description a lieu par exemple
lorsque le juge se transporte dans une maison
pour y apposer les scellés. Il fait ordinairement
par son procès-verbal un état des choses qu'il
trouve en évidence & de celles qu'il met ou
fait mettre sous les scellés. Lorsqu'on saisit un
accusé, on fait une Description des effets que
l'on trouve sur lui ; on décrit pareillement ceux
qui se trouvent sur un cadavre dont on fait la
levée, &c.

Il y a eu au châtelet de Paris des contestations en différens temps entre les commissaires
& les notaires, pour savoir à qui appartenoit
une Description ordonnée par justice. Mais
il paroît décidé que cette Description appartient
aux commissaires, suivant un arrêt contradictoire
du 24 janvier 1659 qui ordonne l'exécution de
deux autres arrêts précédens l'un de 1607 &
l'autre de 1623. On donne pour motif à ce règlement de compétence, que l'espèce de juridiction qu'ont les notaires n'étant qu'une juridiction gracieuse, ils ne peuvent réclamer que
les actes volontaires; au lieu que les commissaires étant des officiers de juridiction contentieuse, ils doivent avoir préférablement aux
notaires toutes les fonctions qui, quoique ap-
prochantes de celles des notaires, tendent néanmoins plus particulièrement à instruire la religion des juges.

Voyez *le traité des fonctions des commissaires,*
(*titre 1, page 791.*) *les chartriers des notaires,*
(*édition de 1663 page 504, & de 1738 page 284.*)
la collection de jurisprudence, &c. Voyez aussi les
articles INVENTAIRE, SCELLÉS, &c. (*Article*
de M. DAREAU, avocat au parlement.)

DÉSERTEUR. C'est un soldat, cavalier ou
dragon, &c. qui quitte le service sans congé.

On avoit remarqué que la peine de mort établie contre les Déserteurs n'en avoit pas diminué le nombre. Cette considération avoit fait
penser que si au lieu de cette peine, on leur in-
fligeoit un châtiment qui les deshonorât en les
laissant vivre, il en résulteroit un meilleur effet
que de les priver de la vie, & qu'au moins la

punition feroit mieux proportionnée au châtiment, & par conféquent plus conforme aux
vœux de l'humanité.

Ce que la philofophie defiroit, le roi l'a exécuté par fon ordonnance du 12 décembre 1775.
Cette loi n'a laiffé fubfifter la peine de mort
qu'à l'égard des foldats, cavaliers, dragons ou
huffards qui défertent en temps de guerre, foit
de l'armée, foit d'un pofte avancé, foit d'une
ville affiégée, pour fe rendre chez l'ennemi.
Les Déferteurs de cette forte doivent être condamnés à être pendus jufqu'à ce que mort s'en-
fuive.

Ceux qui défertent après avoir volé le prêt,
ou dérobé des effets à la chambrée ou ailleurs
doivent être condamnés aux galères à perpétuité.

Ceux qui défertent en temps de paix pour
aller chez l'étranger doivent être condamnés à
la chaîne établie par une autre ordonnance du
même jour 12 décembre 1775 (*), & à travail-

(*) *Voici cette ordonnance* :

Sa majefté voulant pourvoir d'une manière digne de
fageffe & de fon humanité à la punition des Déferteurs
fes troupes ; elle a réfolu d'établir une chaine de terre,
laquelle lefdits Déferteurs feront attachés comme forçats
pendant le temps porté par les jugemens des confeils de
guerre rendus contre chacun d'eux : en conféquence fa majefté a ordonné & ordonne ce qui fuit :

ARTICLE PREMIER.

Il fera établi au premier janvier prochain dans la ville de
Metz, & fucceffivement dans celles des Strafbourg, Lille &
Befançon, une chaîne à laquelle les Déferteurs des troupes
de fa majefté, feront attachés comme forçats, pour travailler aux ouvrages vils & dangereux, foit pour le compte

ler comme forçats pendant trente ans aux ouvra-

de fa majesté, soit pour celui des particuliers, pendant le temps pour lequel ils y auront été condamnés par les jugemens des conseils de guerre qui auront été rendus contr'eux.

II. Dans chacun de ces établissemens, il y aura une garde tirée du corps des invalides, laquelle sera composée de trois sergens, six caporaux & trente soldats, & commandée par un officier d'une intelligence reconnue & d'une probité éprouvée.

III. Cet officier, ainsi que les sergens, caporaux & soldats invalides, seront payés des fonds de l'Hôtel, sur le même pied que ceux qui en sont actuellement détachés ; & il leur sera accordé chaque année des gratifications, si leurs soins & leur administration sont tels que sa majesté a lieu de l'attendre de leur vigilance & de leur zèle.

IV. il sera de plus établi un prévôt de la chaîne qui sera sous les ordres du commandant de la garde, & dont la solde est réglée à quarante cinq livres par mois, sur laquelle il sera tenu d'entretenir un garçon. Ce prévôt aura rang de sergent, & en portera les distinctions en galons d'argent sur son uniforme, qui sera de drap couleur écarlate, avec revers, paremens pareils, doublure de serge aurore, veste & culotte de drap, pareillement de couleur aurore. Il portera toujours une canne.

V. Il sera désigné un endroit sûr pour servir de prison aux forçats de la chaîne, dont la police appartiendra au prévôt ; & la garde fournie par le détachement d'invalides à ladite prison, sera à ses ordres.

VI. Le prévôt de la chaîne sera aussi chargé, en conformité des ordres de l'officier commandant de la garde, de pourvoir à la nourriture desdits Forçats. Cette nourriture consistera en deux livres de gros pain par jour & la soupe deux fois par jour ; laquelle sera faite avec du beurre ou de la graisse, de l'eau & du sel ; & des fèves, pois ou autres légumes les dimanches & fêtes.

VII. L'habillement des forçats consistera en une chemise, un gilet long & une culotte de grosse étoffe de laine brune, doublés d'une toile forte, l'un & l'autre attachés avec de grosses agraffes au lieu de boutons ; des bas de laine

ges vils ainfi qu'aux travaux publics & particu

& des fabots de bois : on leur donnera de plus pour l'hi
un capot de la même étoffe brune. Leurs cheveux fero
conpés à raz de tête, & ils auront un bonnet de ladite étoff
fur lequel leur numéro fera marqué en chiffres blancs. Il
porteront une forte chaine de fer de huit pieds de longueur
qui, bâtie fur une ceinture de cuir épais & large de troi
pouces , fera attachée par le milieu du corps, ferm
par un cadenas fûr, dont le prévôt aura la clef ; & au bo
de laquelle fera folidement fixé un boulet de canon du poi
de feize livres, que porteront en main les forçats dans le
marches, & qu'ils traîneront pendant leurs travaux.

VIII. Lefdits forçats feront divifés par efcouades de cin
fept, neuf & onze hommes : lorfqu'une efcouade de ci
ou de fept marchera pour les travaux publics ou ceux
particuliers, elle fera efcortée par deux foldats invali
armés; & lorfqu'il en marchera une de neuf ou de onz
l'efcorte fera augmentée d'un caporal, & ainfi à proport
de la force des efcouades; de manière que leur garde
fuffifante pour les contenir & répondre de tous les homm
dont ces efcouades feront compofées.

IX. Le prix des journées des forçats fera fixé à un ti
au-deffous de ce que coûtent les travailleurs ordinaires
pays. Les fommes qui en proviendront , feront mifes
maffe pour fervir au payement de la folde du prévôt
l'habillement, entretien & nourriture defdits forçats
l'achat du bois & de la paille, & enfin à toutes les déper
que leur établiffement occafiohnera; de manière qu'il n
puiffe réfulter d'autre pour fa majefté, que celle de
mille livres dont elle fera faire fonds, une fois feulem
pour chacun des établiffemens ordonnés dans les villes d
gnées.

X. L'officier-commandant de la garde fera dépofit
de cette maffe, qui fera mife dans une caiffe : il tiendra
regiftre de recette & de dépenfe qui fera vifé tous les d
mois par le commandant de la place, le major & le co
miffaire des guerres, chargés de vérifier fes comptes;
il en adreffera l'extrait, approuvé par eux, le dernier d
embre de chaque année, au fecrétaire d'état de la guer
lie

liers auxquels on juge à propos de les employer.

XI. Lorsque les-forçats tomberont malades & feront dans le cas d'être traités dans les hôpitaux, ils y feront reçus & confignés ; & le prix réglé des journées fera payé des deniers de la maffe : l'officier-commandant de la garde, le major de la place & commiffaire des guerres, veilleront à ce qu'ils n'y demeurent que le temps indifpenfablement néceffaire à leur rétabliffement.

XII. Les cavaliers de maréchauffée, chargés de les conduire dans les places où ils devront être mis à la chaîne, feront porteurs d'une copie du jugement du confeil de guerre, qui les y aura condamnés, lequel jugement fera enregiftré par le commiffaire des guerres, fur un regiftre établi à cet effet ; & l'officier-commandant de la garde, le commandant & le major de la place, figneront cet enregiftrement, ainfi que le commiffaire des guerres.

XIII. A l'expiration du temps pour lequel ils auront été condamnés, il leur fera délivré une cartouche rouge, portant permiffion de fe retirer où bon leur femblera, pourvu que ce foit à la diftance de dix lieues de la ville de Paris, & des endroits où réfide fa majefté : cette cartouche fera fignée de l'officier commandant de la garde, approuvée par le commandant de la place, vifée par le major & le commiffaire des guerres ; & il en fera fait mention dans le regiftre, à la marge de l'enregiftrement du jugement.

XIV. Déclare fa majefté incapables de fervir dans fes troupes, tous forçats libérés de la chaîne : fait les plus expreffes défenfes à tous officiers & recruteurs de les engager ; leur enjoignant au contraire de faire arrêter ceux qui fe préfenteroient pour s'enrôler, lefquels feront de nouveau condamnés à la chaîne pour dix ans, par le confeil de guerre de la garnifon, où ils auront fubi leur précédente punition.

XV. Les délits ordinaires que commettront les forçats, feront punis de coups de bâton, que le prévôt fera diftribuer par fon garçon, en plus ou moins grande quantité, fur l'ordre de l'officier-commandant de la garde, & en préfence de tous les forçats de la chaîne.

XVI. Mais fi les délits étoient graves, tels que des révol-

L'ordonnance veut qu'on répute Déferteur
pour aller à l'étranger tous ceux qui partant
d'une place ou quartier, à la diftance de trente

---

tes ou foulèvemens contre les officiers & foldats de la garde,
ou le prévôt, violences, excès ou attaques envers tous les
autres, vols, meurtres ou affaffinats ; dans ces différens cas,
ou autres femblables, le procès fera fait aux coupables par
un confeil de guerre, compofé des officiers de la garnifon,
& ils feront condamnés par ledit confeil de guerre, à la
peine de mort du genre au cas appartenant, ou à une prolongation de détention à la chaîne, fuivant la nature des
crimes ou délits dont ils auront été convaincus.

XVII. S'il arrivoit que des forçats vinffent à s'échapper
de la chaîne, fa majefté défend, fous les plus févères peines,
à tous fes fujets, de quelqu'état, qualité & condition qu'ils
foient, de leur donner retraite ni afile, & de favorifer en
quelque manière que ce foit, leur fuite : leur ordonne fa
majefté de les arrêter ou faire arrêter, & déclare qu'elle fera
procéder extraordinairement contre ceux qui contrevien-
droient à cette défenfe, ou fe rendroient coupables de défobéiffance à l'injonction de les arrêter. Lefdits forçats étant
arrêtés, feront reconduits à leur chaîne, & condamnés par
le confeil de guerre à y demeurer en tout le double du temps
prononcé par le premier jugement.

A l'égard des foldats qui feroient convaincus d'avoir fait
évader un forçat, par violence ou autrement, ils feront
condamnés à la chaîne pour trente ans, par le confeil de
guerre de la place où l'évafion aura eu lieu.

Mande & ordonne fa majefté aux gouverneurs & fes
lieutenans généraux ou commandans en fes provinces &
armées, aux intendans & commiffaires départis en icelles,
aux gouverneurs particuliers & commandans en fes villes &
places, aux prévôts généraux de maréchauffée, commiffaires des guerres, & à tous autres fes officiers & jufticiers
qu'il appartiendra, de tenir la main à l'exécution de la préfente ordonnance, chacun en ce qui les concerne : Veut fa
majefté qu'elle foit lue & publiée à la tête des corps, &
affichée partout où befoin fera. Fait à Verfailles le douze
Décembre mil fept cent foixante-quinze. *Signé*, Louis. Et
plus bas, Saint-Germain.

lieues des frontières seront arrêtés en s'achemi-
nant vers ces frontières, quand même le lieu de
leur naissance ou domicile seroit situé entre celui
d'où ils seront partis & le pays étranger.

Ceux qui désertent lorsqu'ils sont en faction,
ou de garde, ou en escaladant les remparts doivent être condamnés à la chaîne pour vingt-cinq
ans.

Ceux qui désertent après avoir débauché un
ou plusieurs de leurs camarades, doivent être
condamnés à la chaîne pour vingt ans ; & si c'est
pour le pays étranger qu'ils ont déserté & fait
déserter leurs camarades, ils doivent être condamnés à la même peine pour toute leur vie.

Les soldats, cavaliers, dragons ou hussards
ainsi débauchés qui dénoncent le complot dans
l'espace de vingt-quatre heures à compter de
celle où il a été exécuté, doivent être déchargés
des peines qu'ils ont encourues ; & s'ils parvien-
nent à faire arrêter l'auteur de ce complot, le
commandant du régiment est autorisé à leur faire
délivrer sur le champ une gratification de deux
cens livres & leur congé absolu : cette gratification doit être prise sur les deniers de la caisse
du régiment, & remboursée à cette caisse par
le trésorier de l'extraordinaire des guerres, sur
l'ordre du secrétaire d'état ayant le département
de la guerre.

Tout Déserteur qui emporte ses armes ou
emmène son cheval doit être condamné à la
chaîne pour quinze ans.

Celui qui a déserté de plusieurs régimens doit
être condamné à la chaîne pour douze ans.

Celui qui après avoir déserté est reconnu en-

gagé dans un autre régiment doit être condamné
à la chaîne pour dix ans.

Le Déserteur qui ne s'eſt point rengagé &
qui eſt demeuré dans les états du roi doit être
condamné à la chaîne pour huit ans.

Tout ſoldat de recrue qui n'ayant pas joint le
régiment pour lequel il s'étoit engagé, contracté
un engagement pour un autre régiment, doit
être condamné à la chaîne pour ſix ans, quand
même il n'auroit pas joint ce dernier régiment.

Tout ſoldat, cavalier, dragon ou huſſard
qui ayant obtenu un congé de ſemeſtre ne rejoint
pas ſon régiment après l'expiration de ce congé,
doit être condamné à une prolongation de ſervice de deux années pour chaque mois qu'il a
différé de rejoindre, à moins que ſon retour
n'ait été empêché par quelque maladie, bleſ-
ſure ou infirmité, ce qu'il eſt tenu de juſtifier
par certificats authentiques de médecins & de
chirurgiens, dont le contenu ſoit atteſté véri-
ble par deux chevaliers de ſaint Louis ou gentil-
hommes du lieu où il eſt tombé malade & par
l'officier de maréchauſſée du diſtrict dont ce
lieu fait partie. L'ordonnance veut que les commandans & les officiers des régimens aient à ces
certificats les égards dus & raiſonnables à l'effet
de diſpenſer, s'il y a lieu, des prolongations de
ſervice dont il s'agit : mais elle défend en même
-temps aux mêmes officiers d'avoir égard aux empêchemens de rejoindre, s'ils ſont occaſionnés par
d'autres motifs que les maladies, bleſſures ou
infirmités. Cette défenſe eſt fondée ſur ce que
les ſoldats qui étant en ſemeſtre, ont des affaires
eſſentielles à terminer, peuvent demander une
prolongation de congé que l'état major du régi

ment eſt autoriſé à leur accorder, après qu'il
s'eſt aſſuré de la validité des raiſons expoſées
pour obtenir cette prolongation. Au ſurplus tout
ſoldat, cavalier, dragon ou huſſard qui ne rejoint pas ſon régiment dans l'eſpace de quatre
mois, à compter du jour de l'expiration de ſon
congé de ſemeſtre, doit être réputé Déſerteur
& comme tel condamné à la chaîne pour huit
ans. Et comme l'intention du roi n'eſt pas de
laiſſer impunie la faute de ceux qui different de
rejoindre pendant le premier mois, ſa majeſté
veut qu'à leur arrivée aux régimens ils ſoient
mis en priſon pour autant de jours qu'ils ont différé de s'y rendre.

Au moyen des punitions dont on vient de
rendre compte, les ſoldats ne doivent plus être
ſommés de rejoindre leurs corps, & les maré-
chauſſées ne doivent plus être employées qu'aux
recherches, captures & conduites des Déſerteurs.

Tout ſoldat, cavalier, dragon ou huſſard qui
dans la vue de déſerter ou par quelqu'autre raiſon que ce ſoit, donne un faux ſignalement lors
de ſon engagement doit être condamné à la
chaîne pous cinq ans.

Les ſoldats de recrue qui n'ont pas joint les
régimens pour leſquels ils ſe ſont engagés dans
le délai que leur ont preſcrit les officiers, bas-
officiers ou ſoldats recruteurs doivent être condamnés à une année de prolongation de ſervice
pour chaque mois qu'ils ont différé de rejoindre,
& ils doivent ſubir la peine de priſon pour autant de jours qu'ils ont retardé dans le premier
mois.

Afin de conſtater le temps précis auquel les

foldats de recrue font tenus de joindre leurs régimens, il eſt enjoint aux officiers, bas-officier
ou foldats qui les ont engagés, de faire mention
ſur les engagemens du jour auquel ils doivent
arriver aux régimens après avoir calculé le nombre de ceux qu'il leur faut pour s'y rendre. Les
recruteurs doivent délivrer en même-temps au
foldats de recrue les routes indicatives des ville
& lieux où ces derniers doivent paſſer, & de
jours auxquels ils peuvent y arriver.

Au furplus les foldats de recrue qui n'ont pa
joint au bout de quatre mois les régimens pou
leſquels ils ſe ſont engagés doivent être arrêtés
& condamnés par les conſeils de guerre de ce
régimens, à la chaîne pour quatre ans.

Les foldats, cavaliers, dragons ou huffard
qu'on arrête au-delà des limites fixées dans le
garniſons par les bans battus, ou qu'on ſurpren
dans les places & quartiers ayant formé le deſſein de déferter & tentant de l'exécuter, ſoi
en difpoſant des cordes ou échelles pour eſca-
lader les remparts, ſoit en ſe déguifant, ſoi
de toute autre manière qui conſtate la volont
de déferter, ou qu'on trouve dans les marche
à une demi-lieue à droite ou à gauche des routes que tiennent leurs régimens, doivent êtr
réputés Déferteurs, & condamnés comme tel
à la chaîne pour huit ans.

L'ordonnance veut que ſi un fourier, ſergen
ou maréchal des logis déferte ou diffère de re
joindre, il ſoit dans tous les cas où la peine d
la chaîne eſt prononcée, condamné par le cor
ſeil de guerre à y être attaché pour le term
fixé à l'égard des foldats ou cavaliers, & en ou
tre pour moitié de ce temps en ſus : la mêm

règle doit être observée envers les autres bas-officiers avec cette différence néanmoins que la durée de leur punition ne doit excéder que du tiers le temps déterminé pour le cas dans lequel ils se trouvent.

Le législateur étant persuadé que la désertion est presque toujours l'effet d'une inconstance que suit le plus prompt repentir, a accordé aux Déserteurs un temps pour éviter la peine prononcée par l'ordonnance (*) : ainsi ceux qui revien-

_____

(*) *L'article 19 de l'ordonnance du 12 décembre 1775 avoit fixé ce temps à trois jours ; mais le 25 mars 1776, le roi a rendu une ordonnance qui a étendu ce délai & qui contient d'ailleurs de nouvelles dispositions qu'il importe de faire connoître. Voici cette loi en ce qui concerne l'objet dont il s'agit :*

Sa majesté ayant par l'article 19 de son ordonnance du 12 décembre dernier, accordé trois jours de regrets aux Déserteurs de ses troupes, & déclaré que ceux qui reviendroient volontairement à leurs régimens, dans l'espace de ces trois jours, ne seroient punis que de quinze jours de prison : elle a depuis considéré qu'il étoit possible que certains Déserteurs n'ouvrissent les yeux sur la gravité de leur crime que le dernier desdits trois jours, & qu'alors ce seroit en vain qu'ils desireroient de rejoindre leurs régimens, puisqu'il ne leur resteroit pas assez de temps pour pouvoir y arriver dans le délai qui leur a été fixé : & sa majesté voulant faire jouir lesdits Déserteurs de l'entier effet de la bonté qui l'a portée à leur accorder ce délai, elle a ordonné & ordonne ce qui suit :

ARTICLE PREMIER.

Indépendamment des trois jours de regrets accordés aux Déserteurs des troupes, par l'article 19 de l'ordonnance du 12 décembre 1775, sa majesté leur accorde de plus trois jours pour rejoindre leurs régimens. Veut sa majesté que ceux qui y seront revenus volontairement dans cet espace de six jours, ne soient punis que de quinze jours de prison,

nent volontairement à leur régiment dans l'es-

excepté ceux mentionnés en l'article 4 de ladite ordonnance, lesquels ne seront susceptibles de grace en aucun cas.

II. les Déserteurs qui seront arrêtés dans les trois premiers-jours d'absence de leurs régimens, y seront reconduits par la maréchaussée, de brigade en brigade, & ne subiront d'autre punition que celle prononcée par l'article précédent, & à l'égard de ceux qui seront arrêtés dans les trois derniers jours accordés par sa majesté pour le retour volontaire, ils seront pareillement reconduits à leurs régimens, & condamnés aux peines portées par l'ordonnance du 12 décembre 1775, à moins qu'il ne soit prouvé par les procès-verbaux de capture, dans lesquels il sera fait mention expresse du lieu & de l'heure auxquels ils ont été arrêtés, qu'il leur restoit assez de temps, à raison de quinze lieues communes par vingt-quatre heures, pour se rendre aux garnisons ou quartiers de leurs régimens. En ce cas, & l'examen ayant été fait par les conseils de guerre, de la possibilité de leur retour auxdits régimens, d'après l'estimation ci dessus énoncée, lesdits Déserteurs ne seront punis que de quinze jours de prison.

III. S'il arrivoit qu'un Déserteur tombât malade dans le cours des trois premiers jours, au point de ne pouvoir marcher pour rejoindre son régiment, ou que s'étant déjà acheminé pour y retourner, ce qui doit être authentiquement prouvé, il vint également à tomber malade après les trois premiers jours expirés; dans ces deux cas, ledit Déserteur fera sa déclaration qu'il est en marche pour rejoindre, & ne le peut, à deux chevaliers de Saint Louis ou gentilshommes du lieu où il sera malade, & à leur défaut, au curé, au maire ou syndic, & à deux notables habitans dudit lieu, lesquels le feront visiter par un médecin ou chirurgien, qui donnera son certificat pour constater l'impossibilité où il se trouve de rejoindre. Lesdits chevaliers de Saint-Louis, gentilshommes, curé, maire ou syndic & notables, & l'officier de maréchaussée du district qui sera averti, & tenu de se transporter audit lieu, attesteront le contenu audit certificat, muni duquel le Déserteur se remettra en marche aussi tôt qu'il sera rétabli. Ledit Déserteur sera néanmoins jugé

pace de fix jours, à compter du jour où ils ont

par contumace, l'intention de fa majefté étant que les jugemens foient toujours rendus à l'expiration du délai qu'elle
accorde, & conféquemment le feptième jour après la défertion; mais à la repréfentation par le Déferteur, de retour
à fon régiment, du certificat ci-deffus mentionné, le jugement fera annullé par le confeil de guerre, & ledit Déferteur fera admis à continuer fes fervices, après avoir fubi la
punition de quinze jours de prifon, prononcée par l'article
premier.

IV. Déclare fa majefté que le délai de fix jours qu'elle
veut bien accorder aux Déferteurs, y compris les trois
jours fixés par fon ordonnance du 12 décembre 1775, ne
pourra leur profiter qu'une feule fois ; & que ceux qui,
après avoir été admis à continuer leurs fervices, viendront
à déferter de nouveau, feront déchus de la faveur de ce
délai. Ordonne en conféquence, qu'ils foient arrêtés par-
tout où ils fe trouveront, & condamnés aux peines portées
par ladite ordonnance; & que les jugemens par contumace
foient rendus fans différer, contre ceux qu'on n'aura pu
arrêter dans les premières vingt-quatre heures après leur
défertion.

V. Sa majefté jugeant qu'il eft de fa bonté de faire par-
ticiper à l'effet de la préfente ordonnance, ceux des foldats,
cavaliers, dragons & huffards de fes troupes qui en ont déferté depuis le premier janvier dernier, & qui fe feroient
trouvés dans le cas de profiter du bénéfice des difpofitions
qu'elle contient, fi elles euffent été annoncées dans la loi
en vertu de laquelle ils ont été condamnés, elle ordonne
que ceux defdits foldats, cavaliers, dragons & huffards,
qui ont été arrêtés dans le cours des fix premiers jours de
leur défertion, foient abfous par des jugemens des confeils
de guerre, des peines contre eux prononcées; de même que
ceux qui, étant fugitifs & contumax, pourront faire la
preuve authentique devant lefdits confeils de guerre, en la
forme prefcrite par l'article 3, qu'ils ont eu le defir de rejoindre dans le délai de fix jours, à compter de celui de leur
défertion, en ont fait leur déclaration, ou fe font achemi-
nés à cet effet : validant fa majefté les jugemens qui feront

manqué à l'appel , ne doivent être punis que de quinze jours de prifon. Mais cette grace ne peut pas avoir lieu à l'égard des Déferteurs dont parle l'article 4, c'eft-à-dire , qui ont déferté en temps de guerre pour fe rendre chez l'ennemi.

· · Les procès doivent être inftruits par contumace en vertu des ordres des commandans de régimens dans les villes ou quartiers de l'intérieur du royaume , ou par ceux des commandans des places , fi c'eft fur les frontières , aux Déferteurs qui n'ont pas pu être arrêtés , ainfi qu'aux foldats , cavaliers , dragons ou huffards qui ayant eu des congés de femeftre n'ont pas rejoint leur régiment : les pourfuites doivent avoir lieu à l'égard des premiers , immédiatement après l'expiration du délai accordé pour le retour volontaire ; & à l'égard des feconds, après les quatre mois fixés aux foldats femeftriers pour rejoindre leurs régimens fans encourir les peines prononcées contre les Déferteurs

_ · Les confeils de guerre doivent adreffer les jugemens qu'ils rendent par contumace , au fecrétaire d'état ayant le département de la guerre, afin qu'il ordonne la recherche des condamnés. Lorfque ceux-ci font arrêtés , ils doivent être conduits à leurs régimens pour y être jugés contradictoirement & fubir enfuite les peines prononcées contre eux.

Il eft enjoint de la manière la plus expreffe aux officiers , bas-officiers & cavaliers de maré-

rendus en conféquence, pourvu toutefois que les Déferteurs , en faveur defquels ils auront été prononcés , rentrent à leurs régimens auffitôt qu'ils en auront été informés, peine de nullité defdits jugemens.

chauffée de faire les recherches les plus exactes
des Déserteurs dans les auberges & autres lieux
de leurs districts ; de les arrêter & conduire
dans des prisons sûres, d'informer de leurs captures le secrétaire d'état de la guerre, & de lui
désigner les endroits privilégiés, châteaux, couvens, maisons ou autres lieux où ils ont pu découvrir que se sont réfugiés des Déserteurs, afin
que les ordres nécessaires pour les arrêter puissent être expédiés, sauf à rendre compte au roi
des noms des personnes qui leur auront donné
retraite pour être par sa majesté pourvû à la punition de ces personnes.

Il doit être payé sans délai des fonds de l'extraordinaire des guerres une gratification de cinquante livres aux brigades de maréchaussée pour
chaque capture de Déserteur (*). Les frais de
conduite aux régimens doivent d'ailleurs être
remboursés des mêmes fonds sur les ordres du
secrétaire d'etat de la guerre, en conséquence
des procès-verbaux de capture, interrogatoires
& preuves de désertion que lui auront adressé
les prevôts généraux ou les lieutenans de maréchaussée.

S'il vient à être prouvé qu'un ou plusieurs
officiers & cavaliers de maréchaussée aient eu
connoissance d'un Déserteur sans l'avoir arrêté,
quoiqu'ils aient été à portée de le faire, l'ordonnance veut qu'ils soient cassés, ainsi que ceux

_____

(*) L'article 6 de l'ordonnance du 25 mars 1776, dont
nous avons rapporté précédemment les cinq premiers
articles, veut que la même gratification de cinquante livres
soit pareillement payée à toute autre personne qui aura
arrêté un Déserteur.

qui étant chargés de conduire un Déserteur l'ont laissé évader:

Par une autre ordonnance du 13 janvier 1776, le roi a aussi établi de nouvelles peines contre les Déserteurs des troupes employées eu service de la marine & des colonies : cette loi contient à-peu-près les mêmes dispositions que l'ordonnance du 12 décembre 1775 dont nous venons de parler, avec cette différence qu'au lieu d'être attachés aux chaînes des forçats de terre, les Déserteurs dont il s'agit doivent être au nombre des forçats qui sont dans les ports de Brest, de Toulon & de Rochefort : ces Déserteurs doivent d'ailleurs être soumis à la police, discipline & justice établies pour les autres forçats servant dans les ports & arsenaux de marine.

Cependant pour que les mêmes Déserteurs ne soient pas confondus avec les autres forçats, le roi veut qu'ils soient habillés comme les forçats de terre ; & que s'ils viennent à s'évader, au lieu d'être condamnés à servir à perpétuité comme les autres forçats, ils ne soient condamnés par des jugemens dans la forme usitée, qu'à rester à la chaîne le double du temps porté par le premier jugement. D'ailleurs à l'expiration du temps pour lequel ils ont été condamnés, il doit leur être expédié une cartouche rouge contenant le motif de leur condamnation & portant permission de se retirer où bon leur semblera, pourvu que ce soit à la distance de dix lieues de Paris, des endroits où réside le roi, & des arsenaux de marine où sont détenus les forçats.

Les dispositions dont on vient de rendre compte doivent aussi être observées à l'égard

des bombardiers classés dans les ports de Brest,
de Toulon & de Rochefort qui viennent à déserter ; & même dans le cas où il n'y a à prononcer que des condamnations à terme, ils ne
doivent être condamnés que pour la moitié du
temps fixé à l'égard d'un soldat des troupes de
la marine qui seroit dans le même cas. Il a ainsi
été dérogé à l'article 15 du titre premier de
l'ordonnance du 26 décembre 1744 en ce qu'il
avoit prononcé contre les bombardiers Déserteurs la peine des galères perpétuelles.

Par une autre ordonnance du 12 septembre
1776, le roi a réglé ce qui devoit être observé
à l'égard des embaucheurs & fauteurs du crime
de Désertion.

Le premier article de cette loi a défendu aux
juges de faire ou continuer aucune poursuite
contre les instigateurs ou fauteurs des Désertions
antérieures au premier janvier 1776, attendu
l'amnistie accordée aux soldats, cavaliers, dragons ou hussards qui avoient déserté avant cette
époque. Voici les autres dispositions de l'ordonnance dont il s'agit :

» II. Sera réputé embaucheur, & puni com-
» me tel, quiconque, par promesses, menaces
» ou autrement, aura sollicité un soldat, cava-
» lier, dragon ou hussard des troupes de sa
» majesté, à déserter, sans que la peine puisse
» être remise ni modérée, dans le cas où le
» Déserteur auroit prévenu sa condamnation par
» un retour volontaire à son régiment.

» III. Sera pareillement réputé embaucheur,
» & puni comme tel, quiconque, n'étant pas
» autorisé par sa majesté à faire des recrues
» pour le service étranger ; aura sollicité à en-

» trer dans ledit service , un sujet de sa ma‑
» jesté non engagé dans ses troupes.

   » IV. Ceux qui solliciteront un soldat , cava‑
» lier, dragon ou hussard à déserter à l'ennem‑
» en temps de guerre , seront punis de mort.

   » V. Ceux qui solliciteront un sujet de l‑
» majesté non engagé à son service , à passe‑
» au service ennemi , en temps de guerre‑
» seront punis de mort.

   » VI. Ceux qui solliciteront un soldat , cava‑
» lier, dragon ou hussard à déserter à l'étranger‑
» en temps de paix , seront condamnés au‑
» galères pour trente ans.

   » VII. Ceux qui solliciteront un sujet de l‑
» majesté non engagé à son service , à passer‑
» celui de l'étranger, en temps de paix , seron‑
» condamnés aux galères pour vingt ans.

   » VIII. Ceux qui solliciteront un soldat‑
» cavalier , dragon ou hussard à déserter, pou‑
» passer dans un autre régiment des troupes d‑
» sa majesté , ou pour demeurer dans ses états‑
» sans s'engager de nouveau à son service , se‑
» ront condamnés aux galères pour dix ans.

   » IX. Les articles 4 , 5 , 6 , 7 & 8 ci-dessu‑
» seront exécutés , même au cas où les solli‑
» citations pratiquées par l'embaucheur n'au‑
» roient été suivies d'aucun effet.

   » X. Les complices des embaucheurs , seron‑
» condamnés aux peines portées contre lesdi‑
» embaucheurs , par les articles 4 , 5 , 6 , 7 & ‑
» ci-dessus.

   » XI. Ceux qui s'opposeront à la capture d'u‑
» Déserteur , ou qui , après qu'il aura été a‑
» rêté , le retireront des mains des conducteurs‑
» seront condamnés , savoir , dans le premi‑

» cas, aux galères pour vingt ans ; & dans le
» second, aux galères à perpétuité.

» XII. Ceux qui, en exécution des articles
» précédens, feront condamnés à la peine des
» galères, feront flétris des lettres *G. A. L.*

» XIII. Sa majesté défend très-expressément
» à tous ses sujets, de quelque qualité & con-
» dition qu'ils soient, de donner retraite aux
» Déserteurs, & de faciliter leur fuite par quel-
» que voie que ce soit, à peine de cent cin-
» quante livres d'amende contre chacun des
» contrevenans, laquelle amende sera appli-
» quée, savoir, un tiers à l'hôpital du lieu ou
» au plus prochain, un tiers aux cavaliers de
» maréchaussée qui auront fait la capture desdits
» Déserteurs, lequel tiers leur tiendra lieu de
» la gratification de cinquante livres, à eux
» attribuée par l'ordonnance de sa majesté du
» 12 décembre dernier ; & l'autre tiers à celui
» qui aura dénoncé les contrevenans aux dispo-
» sitions du présent article ; & dans le cas où
» il n'y aura point de dénonciateur, l'amende
» de cent cinquante livres sera appliquée, moi-
» tié à l'hôpital du lieu ou au plus prochain,
» & moitié aux cavaliers de maréchaussée.

» XIV. Sa majesté défend très-expressément
» à tous ses sujets de quelque qualité & condi-
» tion qu'ils soient, d'acheter, troquer ou gar-
» der, soit à titre de gage, nantissement ou
» autrement, les chevaux, habillemens, armes
» & équipages des cavaliers, dragons, soldats
» ou hussards, servant dans ses troupes, à peine,
» aux contrevenans, de confiscation, & de
» quatre cens livres d'amende contre chacun
» d'eux, applicable, pour un quart, à ceux

» qui les auront dénoncés, pour un autre quart,
» à l'hôpital du lieu ou au plus prochain, &
» pour le furplus, aux cavaliers de maréchauffée
» qui auront arrêté le foldat, cavalier, dragon
» ou fhuffard auxquels appartiendront lefdits
» habillemens, armes, équipages ou chevaux,
» ou qui auront découvert ceux qui les tien-
» nent de lui ; & dans le cas où il n'y aura
» point de dénonciateur, ladite amende de qua-
» tre cens livres, fera appliquée, moitié à l'hô-
» pital du lieu ou au plus prochain, & moitié
» auxdits cavaliers de maréchauffée, qui, au
» moyen de cette portion de ladite amende,
» ne pourront répéter la gratification de cin-
» quante livres, mentionnée en l'article pré-
» cédent.

» XV. Sa majefté ordonne qne les articles
» & 7 de la déclaration du 5 février 1731,
» feront exécutés felon leur forme & teneur;
» en conféquence, que les prévôts des maré-
» chaux connoitront, en dernier reffort, pri-
» vativement à tous autres juges, des crimes
» des embaucheurs ou fauteurs de défertion.

» XVI. Lorfqu'il écherra feulement de con-
» damner en l'amende prononcée par la pré-
» fente ordonnance, contre les fauteurs de
» défertion, il ne pourra être décerné, contre
» l'accufé, d'autre décret que celui d'ajourne-
» ment perfonnel, lequel fera converti en dé-
» cret de prife de corps, fi l'accufé ne fe re-
» préfente pas.

» XVII. Dans le cas de l'article précédent,
» les formalités prefcrites par les ordonnances,
» feront obfervées en ce qui concerne, tant le
» jugement de la compétence, que l'inftruction

» qui

» qui doit précéder le jugement définitif ; le
» procès néanmoins ne pourra être régle à l'ex-
» traordinaire, même lorfque l'accufé fera con-
» tumax.

» XVIII. Lorfque l'accufé contre lequel il
» n'échet de prononcer d'autre peine que celle
» de l'amende , aura fubi l'interrogatoire qui
» précède immédiatement le jugement définitif,
» il fera conduit dans les prifons pour fûreté
» du payement de ladite amende , au cas qu'elle
» foit prononcée contre lui ; & lorfqu'il y aura
» été condamné , il ne pourra être élargi qu'a-
» près y avoir fatisfait.

» XIX. Si l'accufé condamné à l'amende eft
» infolvable , fon infolvabilité fera conftatée par
» procès-verbal ; auquel cas fa majefté ordonne
» qu'il fera par nouveau jugement , rendu fur
» le rapport dudit procès-verbal , ordonné que
» l'accufé tiendra prifon pendant trois mois , fi
» l'amende prononcée contre lui n'eft que de
» cent cinquante livres ; & pendant fix mois , s'il
» a été condamné à celle de quatre cens livres.

» XX. Les juges ne pourront ftatuer fur la
» deftination des habillemens, équipages, armes
» & chevaux des foldats qui les auront troqués ;
» engagés ou vendus ; mais fera tenu le prévôt
» de maréchauffée ou fon lieutenant , d'en don-
» ner avis au fecrétaire d'état ayant le départe-
» ment de la guerre , qui prendra à cet égard
» les ordres de fa majefté.

» XXI. Lorfque les foldats qui auront vendu,
» troqué , engagé ou donné en nantiffement,
» leurs habillemens , armes ou chevaux , au-
» ront été conftitués prifonniers , le procès fera
» fait contre l'acheteur, troqueur defdits effets,

» ou celui qui les aura gardés, reçus en gage ou
» nantiſſement, en obſervant ce qui eſt preſcrit
» par les articles ſuivans.

XXII. Le ſoldat ſera interrogé ſur le fait de
» l'achat, troc ou engagement des effets men-
» tionnés en ll'article précédent, & récolé ſur
» ſon interrogatoire.

» XXIII. Il ſera retenu priſonnier juſqu'à la fin
» de l'inſtruction qui doit précéder le jugement
» définitif de celui qui eſt accuſé d'avoir acheté
» troqué, gardé ou reçu en gage leſdits effets,
» & l'inſtruction finie, ledit ſoldat ſera renvoyé
» au conſeil de guerre : en conſéquence, les juges
» qui prononceront ſur la compétence du pré-
» vôt, en ce qui concerne l'acheteur, ſeront
» tenus d'ordonner que l'inſtruction ſera conti-
» nuée avec le ſoldat, ſauf, après qu'elle ſera
» finie, à renvoyer ledit ſoldat au conſeil de
» guerre, pour y être jugé ſur le fait de déſertion
» s'il y a lieu.

» XXIV. Déroge ſa majeſté à toutes les ordon-
» nances précédemment rendues, en ce qui eſt
» contraire aux diſpoſitions de la préſente.

Il y a auſſi des lois particulières à l'égard des
officiers mariniers & des matelots qui déſertent
des vaiſſeaux du roi (*) ou des vaiſſeaux marchands.

_____

(*) Par une ordonnance du premier juillet 1777,
roi a accordé une amniſtie générale aux officiers marins
& aux matelots Déſerteurs de ſes vaiſſeaux ou des ports
arſenaux de marine à condition que ceux de ces Déſerteurs
qui ſe trouvoient dans le royaume ou dans les îles fran-
çoiſes de l'Amérique ſeroient tenus de ſe préſenter aux commiſſaires des ports & arſenaux ou des claſſes, ou aux autres
prépoſés chargés du détail des claſſes des matelots un m

L'ordonnance du 25 mars 1765 concernant la marine royale, veut qu'on puniffe comme Déferteurs 1°. les officiers mariniers & les matelots qui abandonnent le fervice fous quelque prétexte que ce foit, fans avoir pris par écrit le congé du commandant du port, vifé de l'intendant ou ordonnateur.

2°. Ceux qui fans un congé valable font trouvés à deux lieues du port où ils ont débarqué, & des autres endroits ou ils ont un fervice à remplir.

3°. Ceux qui ne fe trouvent point à bord lorfque le vaiffeau appareille.

C'eft ce qui réfulte des articles 1287, 1288 & 1289. Et l'article 1286 veut que ces fortes de Déferteurs foient condamnés aux galères perpétuelles.

Quant aux officiers mariniers & aux matelots qui défertent des vaiffeaux marchands, l'article 3 du titre 7 du livre 2 de l'ordonnance du mois d'août 1681 veut que ceux qui pourront être pris & arrêtés avant le voyage commencé, foient contraints par corps de rendre ce qu'ils auront reçu & de fervir autant de temps qu'ils s'y étoient obligés, fans loyer ni récompenfe ; & que ceux qui auront déferté après le voyage commencé foient punis corporellement (*).

_____

après que l'ordonnance dont il s'agit auroit été publiée dans le lieu où ils feroient ; & que ceux des mêmes Déferteurs qui fe trouveroient hors des états fe préfenteroient aux confuls françois ou aux autres officiers commis par fa majefté chez l'étranger, dans le terme d'une année à compter du jour de la publication de l'ordonnance dans le royaume.

(*) La déclaration du 22 feptembre 1699, veut que les juges condamnent à trois ans de galères, & même à plus

Quant à la peine que doivent ſubir les officiers mariniers & les matelots qui déſertent des
navires armés pour la courſe & qui appartiennent a des particuliers, elle a été réglée par
l'ordonnance du 25 mars 1745 (*). Suivant

grande peine s'il y échet, les officiers mariniers & les matelots qui abandonnent en mer les vaiſſeaux marchands ſur
leſquels ils ſont employés.

(*) Voici cette ordonnance :

Sa majeſté s'étant fait repréſenter le règlement du 25 novembre 1693, concernant les équipages des navires armés
en courſe, & étant informée qu'il ſe trouve dans l'exécution
des diſpoſitions contenues dans ledit règlement, à l'égard
des gens de mer qui déſertent deſdits navires, des difficultés qui ne permettent pas d'y remédier auſſi promptement
qu'il eſt néceſſaire pour maintenir le bon ordre & la diſcipline : à quoi deſirant de pourvoir, ſa majeſté interprêtant les
articles 5, 11 & 12 dudit règlement du 25 novembre 1693,
a ordonné & ordonne ce qui ſuit :

ARTICLE PREMIER.

Les officiers-mariniers, matelots & autres gens qui auront
reçu des avances pour s'embarquer ſur des navires armés
pour la courſe, ſeront tenus de ſe rendre à bord, lorſque
leſdits navires ſeront prêts, vingt quatre heures après l'a-
vertiſſement qui en aura été donné. Il ſera fait perquiſition
des défaillans par les archers de la marine, ſuivant les ordres qui en ſeront donnés ſur la demande des armateurs,
par les commiſſaires de la marine, ou autres officiers chargés du détail des claſſes des gens de mer, leſquels pourront même dans les cas où ils l'eſtimeront néceſſaire, faire
établir des ſoldats ou des archers de la maréchauſſée en gar-
niſon dans les maiſons deſdits défaillans pour les obliger de
ſe préſenter.

II. Ceux qui après avoir été ainſi pourſuivis ſe rendront
d'eux-mêmes à bord du navire, payeront ſeulement les
frais de la pourſuite, ſans ſubir d'autre punition ; & ceux
qui ſeront arrêtés & conduits par les ſoldats ou archers dans

cette loi, ces fortes de Déferteurs doivent être

lefdits navires, feront, outre ledit payement, mis & retenus aux fers jufqu'au départ : enjoint fa majefté aux capitaines defdits navires, d'y tenir exactement la main, à peine de répondre en leur propre & privé nom de l'évafion des matelots & autres gens de l'équipage qui auront été ainfi conduits à bord des navires, & des frais qui pourront en réfulter au préjudice des armateurs, tant pour les avances qui leur auront été données, que pour les pourfuites.

III. Les matelots & autres gens de l'équipage qui ne fe feront par rendus à bord, lorfque le navire fera parti, feront réputés Déferteurs dudit navire, à moins qu'il ne foit juftifié par des certificats du curé de leurs paroiffes & d'un maître chirurgien juré, qu'ils ont été & font actuellement détenus chez eux pour caufe de maladie ; au défaut de quoi la défertion fera, dans ledit cas, valablement conftatée, en vertu de la dénonciation qui en fera donnée par écrit, fignée du capitaine & de l'armateur du navire, laquelle fera reçue fans frais par les officiers du fiége de l'amirauté ; & il fera remis par l'armateur un double de ladite dénonciation au commiffaire de la marine ou autre officier chargé du détail des claffes des gens de mer.

IV. Les officiers-mariniers, matelots & autres gens qui auront ainfi déferté des navires expédiés pour la courfe, feront contraints de reftituer les avances qu'ils auront reçues, & détenus pour la première fois en prifon pendant un mois, & le double en cas de récidive. Les mêmes peines de prifon & reftitution des avances feront impofées à ceux qui déferteront aprés le départ des navires des ports de l'armement dans les lieux où lefdits navires relâcheront ; & ils perdront en outre les parts qui leur reviendroient dans les prifes que lefdits navires pourroient avoir faites, dont le montant fera dépofé aux bureaux des claffes, pour en être enfuite difpofé fuivant les ordres de fa majefté. La défertion fera dans ledit cas, valablement conftatée, en vertu d'une dénonciation donnée par écrit par ledit capitaine, fignée de lui & de trois principaux officiers du navire, laquelle fera reçue fans frais par les officiers du fiége de l'amirauté, & il fera remis un double de ladite dénonciation au commiffaire de la marine ou autre officier chargé du détail des claffes des matelots.

condamnés à restituer les avances qu'ils ont

V. Lesdites peines seront censées encourues par le seul fait de la désertion, & sans qu'il soit fait aucune procédure ni information pour les faire subir aux délinquans. Enjoint sa majesté, pour l'exécution de l'article ci-dessus aux commissaires de la marine, ou autres officiers chargés du détail des classes des matelots, de faire arrêter le plus promptement qu'il sera possible, en vertu des dénonciations qui leur auront été remises par les armateurs ou capitaines des navires, les officiers & matelots Déserteurs de bâtimens armés pour la course, de les faire constituer dans les prisons pour y être détenus pendant le temps réglé par ledit article aux frais desdits officiers, mariniers & matelots. Enjoint sa majesté auxdits commissaires & autres officiers, de commander lesdits Déserteurs pour le service de ses vaisseaux, après qu'ils auront subi la peine de la prison, & de les envoyer pour cet effet dans les ports où sa majesté fait armer ses vaisseaux, afin qu'ils se forment à la discipline par la pratique de celle qui est observée dans lesdits vaisseaux.

. VI. Si parmi le nombre d'officiers, mariniers, matelots & autres gens dénommés dans les dénonciations remises par les capitaines ou armateurs, il s'en trouve d'autres départemens ou quartiers, que celui où sera établi le commissaire ou autre officier chargé du détail des classes qui aura reçu la dénonciation, ledit commissaire sera tenu d'envoyer sans délai des extraits collationnés par lui, à chacun des officiers des classes préposés dans les différens quartiers d'où se trouveront les officiers, mariniers & matelots Déserteurs des navires expédiés pour la course; & seront lesdits officiers, en vertu desdits extraits, tenus d'exécuter à l'égard desdits Déserteurs, ce qui est porté par les articles 4 & 5 du présent règlement.

Mande & ordonne sa majesté à M. le Duc de Penthievre, amiral de France, gouverneur & lieutenant-général en la province de Bretagne, aux intendans de la marine & des classes, commissaires-généraux & ordinaires de la marine & autres officiers qu'il appartiendra, de tenir la main, chacun en droit soit, à l'exécution du présent règlement, lequel sera registré dans les sièges d'amirauté, lu, publié & affiché

reçues , & à un mois de prison pour la première fois & au double en cas de récidive. Ils doivent d'ailleurs être privés des parts qui leur auroient appartenu dans les prises faites par ces navires s'ils n'en eussent pas déserté.

Si un vaisseau armé par des particuliers pour faire la course appartenoit au roi , les officiers mariniers & les matelots qui en déserteroient , seroient dans le cas de subir la peine prononcée par l'article 1286 de l'ordonnance du 25 mars 1765 , dont nous avons parlé. C'est ce qu'il faut induire de l'ordonnance du 15 novembre 1745 , suivant laquelle la police & la discipline établies à l'égard des vaisseaux armés pour le service du roi doivent être observées parmi les équipages des vaisseaux que sa majesté juge a propos d'accorder à des particuliers pour faire la course.

Autrefois c'étoit le propriétaire du navire qui profitoit de la confiscation des gages des matelots Déserteurs , pour l'indemniser de la perte qu'il souffroit par la désertion : mais suivant une ordonnance du 12 décembre 1752 , confirmée par le réglement du 22 juin 1753 la solde due aux Déserteurs doit être mise en dépôt dans les bureaux des classes & il ne peut en être disposé que par les ordres du roi : ce nouveau réglement est intervenu sur ce qu'on a supposé que les maîtres ou capitaines de concert avec les propriétaires & armateurs favorisoient souvent la désertion , ou plutôt forçoient par leurs

---

partout où besoin sera. Fait à Versailles, le vingt-cinquieme jour de mars, mil sept cent quarante-cinq. *Signé*, Louis, & plus bas, Phelypeaux.

mauvais traitemens les matelots à déserter afin
de profiter de leurs gages. En vain les armateurs
ont représenté que ce reproche étoit d'autant
plus mal fondé qu'ils ne pouvoient que perdre
a ces désertions par la nécessité où ils se trouvoient de prendre des ouvriers étrangers pour
charger les marchandises de retour & de remplacer à grands frais les matelots Déserteurs
pour ramener les navires en France; ils n'ont
pu parvenir a faire rétablir les choses sur l'ancien pied. Mais il a d'ailleurs été rémédié aux
désertions de manière à les leur rendre moins
onéreuses qu'autrefois. Pour cet effet, l'ordonnance du 23 décembre 1721, & le réglement
du 19 mai 1745 ont déclaré nulles les conventions faites dans les colonies par les matelots
Déserteurs au sujet de leurs salaires ou autrement, si elles n'étoient autorisées par les intendans des mêmes colonies ou par leurs subdélégués : & il a été enjoint à ces officiers de régler les salaires dont il s'agit à un quart de
moins que ce que ces matelots gagnoient sur
les navires par eux abandonnés. On conçoit
que dans cette réduction des salaires le législateur a eu pour objet d'empêcher l'abus pratiqué
dans les colonies par les matelots qui profitant
de la nécessité ou se trouvoient les capitaines
de remplacer les Déserteurs, exigeoient des
salaires excessifs.

Suivant les mêmes loix tout matelot trouvé
dans les Colonies après le départ du vaisseau
sur lequel il est arrivé, doit être réputé Déserteur, à moins qu'il ne soit muni d'un congé de
son capitaine, visé de l'intendant ou commissaire ordonnateur, & en conséquence il doit

être conſtitué priſonnier juſqu'à ce qu'il puiſſe être renvoyé en France par un navire qui ait beſoin de matelots. Dans ce cas le capitaine auquel le matelot Déſerteur eſt donné en remplacement, eſt tenu de payer par avance les gîtes & la ſubſiſtance de ce matelot depuis le tems qu'il eſt entré en priſon juſqu'au jour qu'il en eſt ſorti, & d'en rapporter quittance du geolier viſée de l'intendant ou de ſon ſubdélégué. La ſomme contenue dans cette quittance doit enſuite être déduite au matelot ſur les ſalaires qui peuvent lui revenir lors du déſarmement.

Auſſi-tôt que ces ſortes de matelots ſont arrivés en France, ils ſont obligés de ſe rendre à leurs départemens, & de ſe repréſenter aux commiſſaires des claſſes, à peine contre les contrevenans de trois mois de priſon.

Il eſt défendu à tout capitaine ou maître de navire de débaucher dans les colonies aucun matelot engagé dans un autre navire du royaume, à peine de trois cens livres d'amende applicable moitié à l'amiral & moitié au premier capitaine ou maître qui peut d'ailleurs reprendre ſon matelot ſi bon lui ſemble.

Tout cabaretier ou hôtelier des Colonies chez qui il arrive des matelots, eſt tenu d'en donner avis le même jour au commendant du lieu, & de s'aſſurer de leurs perſonnes, à peine de cent livres d'amende.

Voyez *les loix citées*, & les articles NAVIGATION, MATELOT, LOYER, PRISE, &c.

DÉSERTION. Délit militaire qui conſiſte à abandonner le ſervice ſans congé. *Voyez* DÉSERTEUR.

DÉSERTION D'APPEL. C'eft l'abandonnement d'un appel, faute de l'avoir relevé dans le tems prefcrit par la loi.

L'effet que produit la Défertion d'appel eft de faire ordonner que le jugement dont il y avoit appel fera exécuté felon fa forme & teneur.

Chez les romains, l'appelant ne pouvoit pourfuivre fon appel avant d'avoir obtenu des lettres dimiffoires ou libelles appellatoires auxquels on donnoit le nom *d'Apôtres*. Le juge qui avoit rendu la fentence certifioit par ces apôtres au juge fupérieur qu'il y avoit appel de cette fentence. L'appelant ne pouvoit être admis à pourfuivre fon appel avant d'avoir fait apparoir de ces lettres. Elles devoient être obtenues dans les trente jours de l'appel, finon il étoit réputé défert, & l'effet de cette Défertion étoit qu'on pouvoit mettre à exécution la fentence à moins que les parties n'euffent tranfigé.

L'ufage des apôtres ou libelles appellatoires a été pratiqué dans les provinces de France régies par le droit écrit, jufqu'au temps de l'ordonnance de 1539, mais l'article 117 de cette loi les a abrogés.

Aujourd'hui un appel fe relève par des lettres de chancellerie dans le tems de l'ordonnance, autrement il eft défert : mais cette Défertion neft pas acquife de plein droit, il faut la faire prononcer ; & pour cet effet l'intimé obtient en chancellerie des lettres de Défertion en vertu defquelles il fait affigner l'appelant pour voir déclarer fon appel défert.

Lorfque l'appelant a comparu fur cette demande en Défertion, on lui offre un appointement devant un ancien avocat conformément à l'ordonnance, qui veut que ces sortes de demandes soient vidées par l'avis d'un ancien avocat.

Si la Désertion est acquise, l'avocat donne son avis portant que l'appel est défert ; si au contraire la Désertion n'est pas acquise, il convertit en anticipation, la demande en Désertion.

Le premier appel étant déclaré défert, l'appelant en peut interjeter un autre en refondant les dépens, pourvu qu'il soit encore dans le temps d'appeler : en cela la désertion diffère de la péremption ; car quand un appel relevé est péri par le défaut de poursuites pendant trois ans, on ne peut ni le poursuivre, ni en interjeter un autre.

Pour éviter le circuit d'un nouvel appel, l'intimé au lieu de demander la désertion, obtient des lettres d'anticipation : il a même été fait une délibération de la communauté des procureurs du parlement en 1692, portant que les procureurs passeront arrêt par lequel la Désertion sera convertie en anticipation, & que les parties concluront comme en procès par écrit, joint les fins de non-recevoir, défenses au contraire ; au moyen de quoi on n'examine plus si la Désertion est acquise ou non, que pour la refusion des dépens.

La Désertion d'appel n'a pas lieu dans les appels comme d'abus ni en matière criminelle ; ce qui est conforme à la loi *properandum, Cod. de judiciis ;* & fondé sur ce que la négligence d'un particulier ne doit pas préjudicier à l'intérêt public.

* On a vû aux articles *Comparution* & *conseillers commissaires aux audiences*, quelques points de la jurisprudence du parlement de Flandres, sur la *Désertion d'appel*. Voici les autres principaux.

Le défaut de consigner l'amende de fol appel, est une des principales causes pour lesquelles se prononce la *Désertion*. L'appelant a un mois pour se mettre en règle sur cet objet, à compter du jour du relief de l'appel. Ce tems écoulé, il peut toujours purger sa demande jusqu'au décretement de la *Désertion* ; mais quand une fois elle a été décrétée, il ne peut s'en relever, à moins qu'il ne soit fondé sur une des causes indiquées par l'édit du mois de mars 1674, extrait pour la Flandres du titre 35 de l'ordonnance de 1667. C'est ce qu'on a établi à l'article *Conseillers-commissaires aux audiences*.

Quoique les pauvres qui obtiennent de la cour la permission de plaider gratuitement soient exempts de payer les frais de chancellerie, de signification, d'épices, &c. ils ne sont pas dispensés de la consignation de l'amende, & s'ils sont en défaut à cet égard, la Désertion peut se prononcer contre eux comme contre tout autre. Il s'est rendu depuis quelques années plusieurs arrêts qui l'ont ainsi jugé.

La *Désertion* faute de relever l'appel, peut être déclarée par le juge supérieur, sur la requête de celui qui a obtenu gain de cause, comme a fait le parlement de Flandres par arrêt du 16 mars 1776, au rapport de M. Remy.

Mais ne peut-on pas aussi dans ce cas s'adresser au juge qui a porté la sentence ? Il s'est rendu depuis peu quelques arrêts pour la négative :

M. du Fief, rapporte même un acte de notoriété qui attefte que telle eft la pratique du
Tournefis, & que pour en obtenir la réformation on a autrefois préfenté un placet au roi
d'Angleterre qui l'a refufé.

Il eft vifible cependant que cet ufage prétendu
eft contraire aux principes de l'ordre judiciaire.
Tant qu'un appel n'eft point relevé, le juge fu périeur n'eft pas faifi de la caufe ; ainfi il ne peut point
y avoir de néceffité de s'adreffer à lui, exclufivement au juge fubalterne, pour obtenir le
décretement de la *Défertion*.

Il y a une différence remarquable entre les
Défertions faute de relever, & les *Défertions*
faute de comparoître ou de configner l'amende.
Dans le premier cas l'appelant eft condamné
fimplement aux dépens faits depuis fon appel ; dans le fecond cas qui n'arrive jamais
qu'après le relief, il encourt la moitié de l'a-
mende ordinaire de fol appel, outre les dépens
qui retombent tous fur lui. L'arrêt du 18 mars
1776 déjà cité, a jugé le premier point : d'autres des 28 juillet 1773 & 6 avril 1775, ont
jugé le fecond.

En France, il faut donner une affignation à
l'appelant pour voir déclarer l'appel péri & défert : il n'en eft pas de même au parlement de
Flandres. Quand un appelant eft en défaut foit
de relever fon appel, foit de comparoître, foit
de configner l'amende, & que les délais prefcrits par le ftile font écoulés, la *Défertion* s'accorde fur la requête de celui qui a obtenu gain
de caufe en première inftance.

Il y a dans le recueil de M. Desjaunaux, un
arrêt du 14 janvier 1694, dont le fommaire

est conçu en ces termes : *il ne suffit de faire signifier l'avocat ou procureur des parties pour agir en Désertion d'appel.* C'est d'après cet énoncé que plusieurs praticiens ont cru qu'il falloit toujours faire à personne ou domicile les significations qui doivent précéder le décrétement d'une *Désertion d'appel.*

· Avant de discuter ce point, il est bon de voir en quels cas ces significations sont nécessaires. Quand la *Désertion* se demande faute de relief, il est clair, d'après ce que l'on vient de dire, qu'il ne faut rien signifier à l'appelant, puisque depuis la sentence & l'appel qui en a été interjeté, il ne s'est fait aucune procédure, mais quand elle se demande faute de comparoître, il faut lui signifier le défaut accordé contre lui soit par le procès-verbal de comparution, soit par l'acte de rôle présenté à l'audience des conseillers-commissaires. Quand c'est faute de consigner l'amende, il faut également lui signifier le procès-verbal ou l'acte de rôle avec l'ordonnance du rapporteur ou des commissaires aux audiences qui lui enjoint de consigner l'amende.

Cela posé, il est aisé de distinguer les cas où les significations doivent être faites à personne ou domicile d'avec ceux où ils peuvent être faits à domicile de procureur. Lorsque l'appelant n'a pas établi de procureur en cause d'appel, il faut nécessairement signifier à personne ou domicile ; car on ne peut le faire à domicile du procureur qui occupoit pour lui en première instance, parce que son pouvoir est fini. C'est précisément ce qu'a jugé l'arrêt du 14 janvier 1694, dont le sommaire est rapporté en termes trop vagues par M. Desjaunaux

Ce cas arrive toujours lorfque l'appelant après
avoir relevé fon appel, ou avoir été anticipé,
fait défaut foit à la comparution, foit à l'audience des commiffaires, à moins qu'il n'ait établi un procureur & fignifié l'acte d'établiffement
avant le jour de la préfentation ; ce qui eft
très-rare.

Lorfque l'appelant a un procureur en caufe
d'appel, on ne voit pas pourquoi la fignification
faite à ce dernier ne feroit pas valable pour
parvenir au décrétement d'une *Défertion d'appel.* Ce qu'il y a de certain c'eft que l'ufage eft
de ne fignifier qu'au procureur, fur-tout en matière de confignation d'amendes, parceque c'eft
prefque le feul cas où la *Défertion* peut-être
encourue lorfqu'il y a un procureur établi.

La *Défertion* n'a pas moins lieu dans les révifions que dans les appels. Voyez l'article Ré-
VISION. *

DÉSERTION D'UN BÉNÉFICE, fe dit de l'abfence d'un bénéficier, qui a difparu fans qu'on
fache ce qu'il eft devenu. Après une année
écoulée, on peut obtenir des provifions du
bénéfice comme vacant par Défertion : mais fi
l'ancien titulaire reparoît, il rentre dans fes
droits.

DÉSERTION D'UN HÉRITAGE, fe dit de la
négligence du propriétaire ou poffeffeur qui
laiffe l'héritage vide & en friche fans le cultiver.

Si l'héritage défert eft chargé d'une rente
foncière, le bailleur n'eft pas pour cela en droit
de rentrer auffi-tôt dans fon héritage, il faudroit qu'il y eût ceffation de payement pendant
trois années ; encore la peine n'eft-elle que com-

minatoire, car elle cefferoit par le payement des arrérages.

Si cependant la rente due fur l'héritage défert eft à prendre en nature de fruits, le bailleur eft bien fondé à faire cultiver l'héritage pour affurer fa rente.

Il y a des coutumes qui permettent au premier occupant de cultiver les terres abandonnées par Défertion; mais ailleurs le cultivateur ne gagneroit pas les fruits, & feroit tenu de les rendre au propriétaire qui les répéteroit à la charge néanmoins d'indemnifer le cultivateur de fes frais de labour & de femences.

Il y a d'autres coutumes comme celles de la Marche, de Blois, &c. qui portent que fi le propriétaire eft trois ans fans cultiver, le feigneur peut reprendre les héritages & les réunir à fon domaine; mais hors de ces coutumes, le feigneur ou le bailleur n'a qu'une action pour fon cens ou fa rente, & pour fes dommages & intérêts.

‿ Voyez *l'ordonnance du mois d'Avril 1667 & les commentateurs; les arrêts de Brillon; le dictionnaire des Sciences; la collection de Jurifprudence; le journal du Palais; &c.* Voyez auffi les articles APPEL, BÉNÉFICE, VACANCE, DÉGUERPISSEMENT, &c. (*ce qui eft entre deux aftérifques dans cet article, appartient à M. MERLIN, avocat au parlement.*)

DÉSHÉRENCE. On appelle ainfi un droit qui appartient au roi ou au feigneur haut-jufticier, de prendre chacun dans fa haute-juftice, les biens délaiffés par un regnicole françois né en légitime mariage, & décédé fans héritiers connus habiles à lui fuccéder.

On

On dit, un regnicole françois né en légitime mariage, parce que si le défunt étoit étranger, sa succession appartiendroit au roi seul à titre d'aubaine ; & s'il étoit bâtard, les biens qu'il laisseroit appartiendroient au roi ou au seigneur par droit de bâtardise.

Le droit de Déshérence paroît avoir été introduit parmi nous d'après ce qu'on pratiquoit à Rome, où l'on vendoit à l'encan les successions vacantes, pour en déposer le prix dans le trésor public.

Par la disposition du droit commun, le droit de Déshèrence appartient au roi seul. Ce n'a été que sous la troisième race de nos rois, que les seigneurs haut-justiciers l'ont usurpé, en se l'attribuant comme une dépendance de la haute-justice, quoiqu'il n'ait rien de commun avec le droit de justice, si ce n'est qu'on le regarde comme une indemnité de ce que les seigneurs sont tenus de rendre la justice & de poursuivre à leurs frais la punition des crimes.

Cette usurpation tolérée a formé un droit général, au moyen duquel la Déshérence appartient au haut-justicier. Elle comprend les immeubles qui sont situés dans sa haute-justice, ainsi que les effets mobiliers qui se trouvent dans son territoire.

Il y a néanmoins quelques exceptions. En Normandie, la Déshérence appartient aux seigneurs féodaux, lorsqu'il ne se présente point d'héritier habile à succéder dans le septième degré inclusivement ; & dans cette province, celui qui n'a point d'héritier ne peut donner ni par testament, ni entre-vifs, au-delà de ce que pourroit donner celui qui a des héritiers. C'est ce qui réfulte de l'article 94 des placités de 1666.

En Bretagne, *defaillant un eftoc, l'autre eftoc ne fuccède*, & le feigneur de fief eft préféré à recueillir les biens par droit de Déshérence & réverfion, felon l'article 995 de la coutume.

La maxime que les meubles fuivent la perfonne, a lieu dans cette province en matière de Déshérence comme en tout autre cas ; ainfi les meubles appartiennent au feigneur du domicile, & les immeubles au feigneur dont ils relèvent.

L'article 167 de la coutume de Paris attribue les immeubles au feigneur haut - jufticier, & c'eft aujourd'hui le droit général de la France, à moins que les coutumes ne contiennent des exceptions.

Le roi ou les feigneurs auxquels la Déshérence eft adjugée, font tenus des dettes de la fucceffion jufqu'à concurrence de ce qui leur eft adjugé ; c'eft pourquoi il eft néceffaire qu'il foit fait un inventaire ; fans quoi celui qui a pris la fucceffion feroit tenu de toutes les dettes.

Il doit préalablement être appofé des fcellés; au furplus, la difcuffion des biens échus au roi à titre de Déshérence, eft de la compétence des bureaux des finances & des autres juges qui connoiffent des domaines dans les lieux où il n'y a point de bureaux des finances.

Par arrêt du 28 juin 1769, le parlement a ordonné l'exécution d'une fentence de la chambre du domaine de Paris, qui adjugeoit au roi par droit de Déshérence, la fucceffion de l'abbé Perrin décédé au lieu du Val fous Meudon, & a fait défenfe aux officiers du bailliage royal de

Méudon , de connoître des successions qui
échoient à sa majesté à titre d'aubaine, bâtardise
ou autrement, ainsi que d'assister à la levée des
scellés & aux inventaires des mêmes successions ;
& il leur a enjoint de donner avis dans les vingt-
quatre heures au procureur du roi en la chambre
du domaine , des scellés qu'ils pourroient apposer,
au sujet de ces successions.

Dans quelques endroits on est dans l'usage de
faire nommer à la succession vacante un curateur
sur lequel on la fait adjuger au roi ou au seigneur
à titre de Déshérence : mais par arrêt du 30
décembre 1734 , le parlement de Bretagne a
jugé cette formalité inutile ; & il l'a proscrite
entièrement par l'article 2 d'un autre arrêt rendu
en forme de réglement le 11 avril 1753. Ces
arrêts sont fondés sur ce que les procureurs du
roi sont curateurs nés des biens vacans, & qu'ils
doivent poursuivre en leur nom, en dénonçant
la vacance, l'inventaire & la vente à l'administrateur des domaines chargé des fonctions que
remplissoit précédemment le receveur général
des domaines & bois. Cet administrateur peut
les interpeller d'agir , & même demander qu'on
le subroge au droit de faire les poursuites , dans
le cas de refus ou de négligence de la part des
procureurs du roi.

En Lorraine, les poursuites relatives aux successions vacantes par Déshérence, doivent être
faites par les parties intéressées sur un officier
connu dans cette province sous la dénomination de *curateur en titre*. Voyez cet article.

Par l'arrêt du conseil du 25 octobre 1754 ,
qui a réglé la forme & les délais dans lesquels
les économes sequestres sont tenus de rendre

compte aux héritiers & aux succeffeurs des titulaires des bénéfices confiftoriaux, il eft ordonné
à ces héritiers de fe pourvoir contre l'économe
fequeftre ou fes prépofés, dans le cours de trois
années pour tout délai, à compter du jour du
décès du bénéficier, afin de faire rendre compte
des deniers & effets de la fucceffion du défunt;
finon, après ce délai écoulé, ces deniers & effets
doivent être adjugés au roi par droit de Déshérence fur les pourfuites des fermiers de fes domaines ou de fes procureurs aux bureaux du
domaine les plus proches du lieu où le bénéfice
vacant eft fitué.

Puifque le droit de Déshérence eft un droit
de haute-juftice, il faut en conclure qu'il ne
peut pas être prétendu par les feigneurs moyens
ou bas jufticiers.

Mais le droit de Déshérence attribué au feigneur haut-jufticier, ne préjudicie pas au feigneur féodal dans la directe duquel fe trouvent
les biens; c'eft pourquoi le feigneur haut-jufticier eft tenu de le reconnoître & de lui payer
un droit de relief pour les fiefs comme feroit un
autre détenteur.

Cependant fi le feigneur haut-jufticier eft en
même-temps feigneur direct des héritages qui
lui échoient par Déshérence, il ne doit pour
cela aucun relief au feigneur fupérieur; parce
que la réunion de la feigneurie utile à la directe,
ne produit point de droits, ainfi que l'établiffent
les commentateurs fur l'article 51 de la coutume
de Paris.

Comme les créanciers peuvent ignorer la
part qui appartient à chaque feigneur dans une
fucceffion vacante par Déshérence, & que pour

le favoir il faudroit faire une ventilation, ce qui, feroit fujet à de grands inconvéniens, on a établi que chaque créancier, foit chirographaire ou hypothécaire, pourroit agir folidairement contre chaque feigneur, fauf le recours de celui-ci contre les autres. La raifon qui autorife cette action folidaire, eft qu'en ce cas les dettes font proprement une charge foncière univerfelle qui s'étend fur tout le bien, & qui par conféquent doit être folidaire & individuelle, quand même le créancier n'auroit point d'hypothèque ex-preffe.

Dans le pays de droit écrit, le mari fuccède à fa femme, & la femme au mari à défaut d'au-tres héritiers, fuivant l'édit *undè vir & uxor*, qui n'ayant point été abrogé en France, a lieu dans tout le pays qui fuit le droit écrit, & même dans quelques pays coutumiers. Il y a plufieurs arrêts du parlement de Paris en faveur du fur-vivant des conjoints, rapportés fur les articles 167 & 330 de la coutume de Paris : mais dans plufieurs coutumes, & notamment dans celles de Normandie, du Maine, d'Anjou, du Bour-bonnois, &c. le fifc exclut le furvivant des con-joints.

Il y a auffi des coutumes dans lefquelles la règle *paterna paternis* eft abrogée ; enforte que les héritiers maternels recueillent les biens pa-ternels à l'exclufion du fifc, & qu'il n'y a point de Déshérence tant qu'il fe trouve des parens d'un côté ou de l'autre. Loifeau dit que c'eft le droit commun de la France, & il fe fonde fur l'article 330 de la coutume de Paris, portant que s'il n'y a aucun héritier du côté & ligne d'où font venus les héritages, ils appartiennent au plus prochain habile à fuccéder de l'autre côté & ligne.

D'autres coutumes confervent la règle *paterna paternis* comme irrévocable, & en conféquence admettent le fifc à fuccéder à défaut d'héritiers du côté & ligne d'où proviennent les biens. Telles font comme on l'a déjà dit, les coutumes de Normandie, de Bretagne, d'Anjou, du Maine, de Bourbonnois, &c.

* Dans la Flandres flamande, il y a ouverture au droit de Déshérence, lorfqu'il ne fe trouve point d'héritier de la ligne d'où proviennent les biens, quoiqu'il y ait d'autres parens du défunt. C'eft ce qui réfulte des difpofitions qu'en renferment plufieurs coutumes de cette province. Celle de Gand, rubrique 26, article 6, porte que fouvent il y a une partie de la fucceffion vacante à défaut d'héritiers, quoiqu'il y ait des héritiers pour d'autres biens de la même fucceffion. « Quand il ne paroît pas d'héritier d'un » ou plufieurs côtés, parens du fang, dit la cou- » tume de Bailleul, rubrique 8, article 25, le » feigneur fuccède dans les biens du côté, comme » en des biens vacans ». L'article 286 de la cou- tume de Caffel décide la même chofe. « Si quel- » que côté de la fucceffion ne fe trouve pas » rempli, le feigneur le réclamera à fon pro- » fit. »

On connoît en Flandres le droit de concours & d'accroiffement entre les héritiers, mais ce n'eft qu'entre *les héritiers du même côté & quartier, & dans le cas où il n'y eût perfonne d'un côté & quartier, le même bien fera réputé vacant & épave.* Ce font les termes de la coutume de Bourbourg, rubrique 11, article 8 & 9. C'eft la même chofe dans la châtellenie de Furnes, fuivant l'article 20 du titre 11. La coutume d'Ecloo, rubrique 18, article 16, & celle de Tenremonde, rubrique 16, article 16, s'expliquent encore plus nettement: « Celui qui eft parent du défunt d'un côté » feulement, ne fuccède point du côté dont il » n'eft point parent ».

Des difpofitions fi fingulières par rapport aux héritiers, en ont amené d'auffi extraordinaires par rapport aux conjoints. De droit commun, le furvivant n'a droit à la fucceffion du prédécédé, qu'à défaut de parens quelconques. En Flandres au contraire, les conjoints ne font exclus que par les héritiers qui font de la ligne, & ils excluent tous ceux qui n'en font pas. C'eft ce que porte l'article 19 de la rubrique 17 de la coutume de Bergues-Saint-Winock. On peut voir les autres coutumes femblables dans la table de Vandenhane, au mot SUCCESSION.

Ainfi les fucceffions de biens propres fe règlent en Flandres fur d'autres principes que dans les autres coutumes. La préférence du feigneur aux parens qui ne font pas de la ligne, eft établie non-feulement fur les coutumes qui régiffent cette province, mais encore fur la jurifprudence des arrêts. Cuvelier rapporte une fentence du confeil provincial de Gand du 10 février 1570, qui a confirmé cette maxime. Chriftin fait mention d'un arrêt rendu en 1574 par le grand confeil de Malines, en faveur du *receveur de l'extraordinaire* du comte de Flandres contre les héritiers du baron de Traifignies: il s'agiffoit de quelques rentes hypothéquées fur les quatre membres de Flandres: « Et ainfi a été jugé plu- » fieurs fois, ajoute Cuvelier, felon qu'a été

A a iv

» vérifié au procès fur la fucceffion des biens du
» fieur de Stavenhuife ; fur quoi eft intervenu
» un arrêt confirmatif de ladite ufance & droit du
» roi du 17 octobre 1579 ».

Chriftin rapporte que dans une affaire entre
une ligne des héritiers du fieur Vandenwerde &
le receveur de l'extraordinaire, le grand confeil
de Malines a admis les héritiers à prouver que
dans la coutume de Bruges le feigneur eft exclus
par quelque ligne que ce foit. Cela étoit jufte,
parce que la coutume de Bruges eft la feule des
coutumes de Flandres qui ait laiffé des doutes
fur les droits refpectifs des héritiers & des feigneurs. « Lorfqu'en quelque fucceffion perfonne
» ne fe préfente d'un côté, porte l'article 2 du
» titre 10, les parens de l'autre côté, comme
» le receveur de l'extraordinaire, *refteront en*
» *leur entier*, pour ce qu'ils voudront prétendre
» en la fucceffion ».

Comme la coutume propofoit une queftion
fans la réfoudre, il falloit recourir à l'ufage;
mais comme le droit commun de la Flandres
étoit pour le feigneur, le grand confeil de Malines a chargé les héritiers de la preuve directe.
Enfin on a décidé en faveur du feigneur par
arrêt du 25 août 1590, après une preuve de
l'ufage pour le pays du franc de Bruges.

Il y a dans la Flandres flamande plufieurs coutumes muettes fur l'objet dont il s'agit ici ; mais
il faut y fuppléer par les difpofitions des autres,
non-feulement parce qu'en matière coutumière
il faut recourir aux coutumes voifines à défaut
de celle de la fituation, mais encore parce que
les coutumes de Flandres font en quelque forte

affociées & confédérées les unes avec les autres, & qu'il y a entr'elles une union particulière ; de forte que la difpofition uniforme de quatre ou cinq coutumes fur un objet, forme le droit commun de la province. Voyez l'article CONFRATERNITÉ DE COUTUMES. Ainfi quoique les coutumes de Courtrai & de Bergues-Saint-Winock ne difent rien de précis fur la préférence du feigneur aux héritiers d'une autre ligne, cette préférence a néanmoins été reconnue dans l'une & l'autre coutume. Afande rapporte un jugement rendu en 1526 pour celle de Courtrai, & Denifart en cite un de 1748 pour celle de Bergues-Saint-Winock. Dans ce dernier cas, une fucceffion ouverte en cette ville fut adjugée au roi comme feigneur, à l'exclufion des parens du défunt, parce qu'ils n'étoient pas de la ligne.

La jurifprudence de la Flandres wallone eft différente de celle de la Flandres flamande. On y fuit le droit commun coutumier, c'eft-à-dire que les héritiers qui ne font pas de la ligne d'où les biens proviennent, excluent le feigneur. M. du Fief en rapporte deux arrêts rendus pour la châtellenie de Lille les 30 mai 1575, & 21 juin 1581. M. Cuvelier en cite un du 26 avril 1622 rendu dans la même coutume & dans celle de Tournefis. Le parlement de Douai a jugé la même chofe pour la châtellenie de Lille, par arrêt du 11 octobre 1700, au rapport de M. Cordouan, entre Jean Valanten & le fieur du Bois-Grenier, & par un autre du 29 janvier 1701, au rapport de M. le Couvreur, en faveur de Chuffart, appelant d'une fentence du bailliage de Lille, contre le marquis de Fiennes. Ces deux décisions se trouvent dans le recueil de M. Desjaunaux.

· Il en est de même en Artois, comme l'a jugé le conseil de cette province par sentence du mois de décembre 1573, confirmée au grand conseil de Malines le 30 juillet 1575. C'est ce qu'a encore jugé ce dernier tribunal par deux autres arrets dont l'un est du 21 juin 1581 : l'autre a été rendu depuis. Ils sont rapportés par Cuvelier, Grispere & du Fief.

Les chartes générales du Hainaut prescrivent les formalités que doit observer un seigneur haut-justicier qui succède par droit de Déshérence. Il doit commencer par faire proclamer la vacance de la succession un jour de dimanche ou de fête solemnelle, à l'issue de la messe paroissiale, devant la principale porte de l'église du lieu. Une proclamation suffit pour des meubles & effets mobiliers : mais pour des immeubles, il en faut trois de quinzaine en quinzaine. C'est ce que portent les articles 7 & 21 du chapitre 130.

· Si personne ne se présente après les proclamations, le seigneur demeure en possession des biens ; il fait les fruits siens ; il peut faire vendre les meubles & effets mobiliers, & en employer le prix en constitution de rente ; & dans ce cas il profite des arrérages. Après dix ans pour les meubles, & trente pour les immeubles, il demeure possesseur & propriétaire incommutable. C'est ce qui résulte des mêmes articles.

· Voyez *les coutumes de Flandres traduites par le Grand, avec les notes de Vandenhane ; Vanleuwen,* in censura forensi ; christinæi decisiones ; *Afande,* de feudis gebriæ ; *Burgundus,* ad consuetudines Flandriæ ; *Wiélant, en son traité* *des fiefs ; les arrêtrs de Cuvelier ; Grifpere, du Fief, Pollet, Desjaunaux, de Baralles, & les chartes générales du Hainaut ; Dumées, des droits féodaux, &c.* *.

Les biens adjugés au roi par Déshérence, ne font point fujets au droit de centième denier ; il n'eft pas même dû de droit de contrôle pour la prife de poffeffion qui en eft faite. Le confeil l'a ainfi décidé le 19 mai 1726.

Mais les biens qui reviennent à ce titre aux feigneurs, font affujettis au droit de centième denier, de même que tous les autres biens qu'ils réuniffent à leur feigneurie, de quelque manière que ce foit, fi ce n'eft feulement par le retrait féodal.

C'eft d'après ces principes que par arrêt du 3 avril 1736, le confeil fans avoir égard à l'intervention du procureur général, fyndic des états de la province de Bretagne, a condamné l'évêque de Saint-Malo & fon chapitre, à payer le centième denier des biens qui leur avoient été adjugés à titre de Déshérence en leur qualité de feigneurs de fief.

Par un autre arrêt du 19 juin 1745, le confeil a condamné les dames abbeffe & religieufes de Saint-Sauveur d'Evreux à payer le centième denier & l'amortiffement des biens qu'elles avoient fait réunir à leur feigneurie, faute d'homme, d'aveu & de devoirs, quoiqu'elles oppofaffent que dans ce cas elles n'avoient point acquis de propriété incommutable.

Voyez *le traité du droit de Déshérence, par Bacquet ; Dumoulin, fur la coutume d'Anjou ; le Bret, traité de la fouveraineté ; la coutume de Paris & les commentateurs ; le dictionnaire des arrêts ; le traité des domaines par Berthelot ; les œuvres de Defpeiffes ; d'Argentré, fur la coutume de Bretagne ; le dictionnaire raifonné des domaines ; Loyfeau, traité des feigneuries ; l'encyclopédie ; Chopin, du domaine ; les coutumes de Normandie, d'Anjou, du Maine, de Bourbonnois, &c. Brodeau fur Louet ; le journal des audiences ; Bafnage, fur la coutume de Normandie, &c.* Voyez auffi les articles DOMAINE, SUCCCESSION, SCELLÉ, AUBAINE, AMORTISSEMENT, &c. (*Ce qui eft entre deux aftériques dans cet article, appartient à M.* MERLIN, *avocat au parlement*).

DESHÉRITANCE. Ce terme n'eft guère en ufage que dans les Pays-Bas, & fignifie la même chofe que deffaifine.

La Deshéritance peut avoir deux objets. Le premier eft d'aliéner un héritage en conféquence de l'obligation qu'en a contractée celui qui la pratique, foit par vente, foit par échange, foit par donation, ou de l'hypothéquer en conféquence d'un contrat de rente, de prêt, &c. La Deshéritance confidérée fous ce point de vue, fait la matière des articles DEVOIRS DE LOI, NANTISSEMENT, ENSAISINEMENT, &c. Voyez ces mots.

Le fecond objet de la Deshéritance, le feul dont nous allons nous occuper, eft particulier au Hainaut.

On fait que les biens régis par les chartes générales de cette province, & par la coutume du chef-lieu de Mons, ne font point toujours fufceptibles de difpofition à caufe de mort. Les feules voies que l'on ait d'en difpofer par acte de dernière volonté, font, 1°. d'employer la

clause privative des meubles ; 2°. de faire un
avis de père & de mère ou partage entre enfans ,
3°. de les conditionner. Voyez les articles
CLAUSE PRIVATIVE, PARTAGE ENTRE ENFANS ,
& CONDITIONNER UN HÉRITAGE.

Mais l'usage de ces voies n'est pas toujours
efficace ni permis. Il arrive souvent que le mobilier d'un testateur ne peut entrer en balance
avec l'immeuble dont il voudroit disposer, &
dans ce cas il est évident que la clause privative
ne produira pas l'effet qu'il en attend , parce
que son héritier aimera mieux renoncer aux
meubles que de sacrifier un immeuble considérable. Les avis de père & de mère ne peuvent
servir qu'à partager les biens entre les héritiers
en ligne directe. Toute disposition d'immeubles
qui auroit un étranger pour objet seroit nulle ,
quoiqu'inférée dans un acte de cette nature.
Enfin les conditions de mambournie ne sont autorisées par les chartes générales que pour les
main-fermes ou censives ; les fiefs ne peuvent
être conditionnés.

Comment donc un homme qui veut absolument intervertir l'ordre de succéder à ses biens
tel qu'il est réglé par la coutume , doit-il s'y
prendre ? Il faut qu'il se deshérite des biens qu'il
a en vue, entre les mains des juges fonciers du
lieu où ils sont situés, & que par le même acte il
ordonne que ces biens seront vendus dans l'an de
la mort , à la diligence de ses exécuteurs testamentaires, pour en employer le prix à l'accomplissement des legs contenus dans son testament,
ou pour le remettre à telle personne.

Ce n'est donc pas l'immeuble qui est en ce
cas l'objet de la disposition à cause de mort :

c'eft le prix feul qui provient de la vente qu'en font les exécuteurs teftamentaires. Comme les gens de main-morte peuvent recevoir des effets mobiliers par teftament, il femble d'abord que rien ne les empêche de profiter d'une difpofition de la nature de celles dont on vient de rendre compte. Il eft conftant néanmoins qu'ils en font incapables. L'article 20 des lettres-patentes de 9 juillet 1738, rendues pour la Flandres & le Hainaut, étend la prohibition de leur léguer des immeubles, au cas « où le teftateur au lieu de » leur laiffer directement lefdits biens, auroit » ordonné qu'ils feroient vendus & que le prix » leur en feroit remis ; le tout à peine de nul- » lité ». L'article 17 de l'édit du mois d'août 1749, renouvelle & confirme cette difpofition.

Les formalités de l'efpèce de Deshéritance dont il eft ici queftion (*), font les mêmes que

(*) *Formule d'une Deshéritance qu'on peut pratiquer pour faire vendre après fa mort le bien qui en eft l'objet.*
Pardevant les bailli & hommes de fiefs de la terre & fei-gneurie de…. en Hainaut, eft comparu N…. lequel de-firant reconnoître les fervices que lui a rendus P., a dé-claré vouloir fe deshériter d'un fief qu'il poffede comme propre, & qu'il tient à foi & hommage de Monfieur… feigneur de ladite terre de…. lequel fief confiftant en 30 rafieres, tient d'un côté à un héritage de main-ferme du com-parant, de l'autre au grand chemin de…. en conféquence de cette déclaration, ledit N…. a mis & rapporté ledit fief entre les mains du fieur bailli par le moyen d'un bâton, en préfence des hommes de fiefs, lefquels ont jugé à la conjure & femonce dudit fieur bailli que les formalités prefcrites par les chartes générales de Hainaut, pour les Deshéritances de biens féodaux ont été obfervées. Ce qui étant fait, ledit N…. a déclaré que fon intention étoit que ledit fief demeurât entre les mains defdits bailli & hommes

celles des Déshéritances ordinaires, excepté cependant que celles-ci ne peuvent se faire que sur la grosse d'un contrat, au lieu que pour l'autre il ne faut représenter aucun acte soit en grosse, soit en toute autre forme.

Qu'on n'aille cependant pas conclure de là que celui qui se deshérite d'un immeuble pour autoriser ses exécuteurs testamentaires à le vendre dans l'an de sa mort, & à en remettre le prix à la personne désignée dans l'acte de Deshéritance, puisse se dispenser de rappeler cette disposition dans son testament. L'article 3 de l'ordonnance de 1731, porte qu'il n'y aura plus à l'avenir dans tout le royaume, que deux formes de disposer de ses biens à titre gratuit, dont l'une sera celle des donations entre - vifs, & l'autre celle des testamens. Pour concilier cette jurisprudence, avec la faculté qu'accordent les chartes générales de disposer du prix d'un im-

---

de fiefs, à l'effet d'être vendus au plus offrant & dernier enchérisseur, dans l'an de son trépas, à la diligence de ces exécuteurs testamentaires, pour les deniers qui en procéderont appartenir audit P.... à la charge par sesdits executeurs testamentaires de payer à Monsieur.... seigneur de ladite terre de.... les lods & ventes & autres qui peuvent être dûs en cas de mutation, soit en vertu des chartes générales de Hainaut, soit en vertu des titres particuliers que pourroit avoir ledit seigneur. Fait & passé à.... dans la chambre ordinaire de justice, le....

Si le bien dont on veut se deshériter étoit une censive ou main ferme, l'acte devroit commencer par ces mots : Pardevant les mayeur & échevins de.... *& si c'étoit un francaleu, par ceux-ci :* Pardevant les francs-aloëtiers de.... *& il faudroit substituer dans tout l'acte les mots* main-ferme *ou* franc-aleu *à celui de* fiefs, *& les mots* mayeur & échevins *ou* francs-aloëtiers *à ceux de* bailli & hommes de fiefs.

meuble par la voie de la Deshéritance, il faut
que celui qui veut faire une difposition de ce
genre, la configne dans fon teftament & fe
deshérite avant ou, après, de l'immeuble. S'il
omet la première de ces deux formalités, fa
difpofition fera nulle en vertu de l'ordonnance
de 1731; & s'il omet la feconde, elle fera nulle
en vertu des chartes générales.

Il arrive quelquefois que le teftateur permet
à fon héritier de retenir l'héritage dont il s'eft
deshérité, en payant une certaine fomme à celui
au profit duquel doit être faite la vente qu'il a
ordonnée. Si l'héritier profite de cette faculté,
l'immeuble lui fera-t-il propre ou acquêt? Cette
queftion a été agitée en 1776, au fujet de la
demande en retrait du fief du Bua. Le fieur
Cambier, chanoine de Valenciennes, s'étoit
deshérité de ce fief, & en conféquence avoit
ordonné par fon teftament qu'il fût vendu au
profit des puînés de fes neveux, fi mieux n'ai-
moit l'aîné le retenir en leur payant une certaine
fomme. Ce dernier le retint effeçtivement, &
paya la fomme. Mais depuis il le laiffa décréter
fur la promeffe qu'il avoit faite par écrit à fes
créanciers, de s'en deshériter après le décret;
ce qu'il exécuta. (On fait qu'en Hainaut on ne
peut décréter un immeuble, à moins que le débiteur ne l'ait rapporté entre les mains des juges
fonciers de la fituation). Un de fes parens in-
tenta une açtion en retrait contre la veuve Vé-
fez qui s'étoit rendue adjudicataire. Celle-ci lui
oppofa que le fief n'avoit pas été propre au vendeur; c'eft la loi feule qui forme les propres,
difoit-elle; or, le vendeur ne tenoit pas ce fief
de

du bénéfice de la loi, mais de la volonté de fon oncle.

Ce fyftême a emporté le fuffrage des plus habiles confultans de Douai; il ne nous paroît cependant pas fondé. Voici les raifons qui nous déterminent à le rejeter.

Un teftateur qui permet à fon héritier de retenir le bien dont il s'eft déshérité, ne lui donne pas ce bien, il lui fournit feulement le moyen de ne pas le perdre. C'eft toujours à la loi que l'héritier en eft redevable, puifque c'eft elle qui l'en a faifi; il ne doit à la volonté du teftateur, que la faculté de le conferver; ce qui ne nous paroît pas fuffifant pour effacer la qualité de propre & y fubftituer celle d'acquêt. On peut appliquer ici deux arrêts du parlement de Paris des 4 feptembre 1708, & 16 mai 1718. Le premier a décidé que les biens adjugés à un héritier bénéficiaire en payement de fes créances, ne font point acquêts en fa perfonne, & qu'ils confervent leur nature de propres. Le fecond a jugé la même chofe par rapport à un héritage de la fucceffion vacante d'un père, que le curateur & les créanciers avoient cédé aux enfans pour un douaire préfix conftitué en rente. La raifon de ces deux décifions eft que l'achat fait dans le premier cas par l'héritier bénéficiaire, & dans le fecond par les enfans, ne doit pas être regardé comme un titre d'acquifition, mais comme un moyen d'empêcher que les créanciers ne les troublent dans leur poffeffion. Or, on fent avec combien de juftefle cette raifon s'applique ici. La faculté que le teftateur donne à fon héritier de retenir, moyennant une certaine fomme, l'héritage dont il a ordonné la vente, ne forme point le titre de la poffeffion de cet héritier, ce n'eft qu'un moyen dont celui-ci peut fe fervir pour la conferver ; & par conféquent elle n'empêche pas plus de poffeder cet héritage comme propre, que l'achat n'em-pêche l'héritier bénéficiaire de poffeder comme tels les biens dont il eft faifi par la loi. Ainfi dans l'efpèce propofée, le fief de Bua avoit été propre au fieur Cambier, neveu : il étoit par confé-quent foumis au retrait.

Nous ne diffimulerons pas cependant que le de-mandeur en retrait a été débouté par un arrêt du parlement de Douai du 17 février 1776, infirmatif d'une fentence du bailliage du Quefnoi. Mais il y avoit dans cette caufe une autre quef-tion à juger. L'action avoit été intentée après l'an du décret & dans l'an de la Déshéritance. La dame Vérez prétendoit que l'année avoit couru du jour du décret, conformément à l'ar-ticle 37 de l'édit perpétuel de 1611 qui a lieu en Hainaut, & il eft probable que c'eft-là ce que l'arrêt cité a décidé.

On peut pouffer plus loin la queftion que nous avons faite, & demander fi l'héritier qui n'ayant point par le teftament la faculté de retenir, moyennant une certaine fomme, l'immeuble dont le teftateur s'eft déshérité, s'en eft rendu adjudicataire lors de la vente qu'en ont fait les exécuteurs teftamentaires, le poffède comme propre ou comme acquêt. On peut dire d'après les arrêts cités de 1708 & de 1718, qu'il le poffède comme propre, parce que l'achat qu'il en a fait n'eft qu'un moyen de ne pas perdre la poffeffion que la loi lui avoit déférée. Il a été jugé au parlement de Paris par arrêt du 2 août

1730, que si l'on saisit sur l'héritier bénéficiaire en ligne collatérale, & qu'il se rende adjudicataire, l'héritage lui est propre & ne doit point de lods & ventes, parce que le décret n'a fait que confirmer & continuer la propriété de cet héritier. Il est aisé de faire l'application de cet arrêt à la question proposée.

Les héritiers qui se voient enlever par le moyen des Deshéritances dont nous parlons ici, des biens dont la loi leur assuroit la propriété, ne négligent ordinairement rien pour trouver des nullités dans ces sortes de dispositions. On demande à ce sujet si les exécuteurs testamentaires ont une qualité suffisante pour plaider sur l'opposition formée par les héritiers, à la vente qui doit se faire en conséquence de la Deshéritance. Le parlement de Flandres a jugé pour la négative dans cette espèce. Un testateur avoit ordonné la vente d'un de ses fiefs en vertu de la Deshéritance qu'il en avoit faite. L'héritier s'opposa à cette vente, & présenta à cet effet une requête au conseil provincial de Valenciennes; lequel par sentence du 4 mars 1711, le débouta de son opposition. Sur l'appel, le parlément, avant de prononcer sur le fond, ordonna aux executeurs testamentaires de mettre en cause les personnes au profit desquelles devoit se faire la vente. L'arrêt est du 14 octobre 1712.

Nous avons dit que la vente de l'immeuble dont le testateur s'est deshérité, doit se faire dans l'an de sa mort : si après ce temps elle ne se trouve pas faite, la Deshéritance devient caduque, & le bien reste à l'héritier. C'est la disposition textuelle de l'article 2 du chapitre 99 des chartes générales.

Si néanmoins les exécuteurs testamentaires avoient eu la précaution d'obtenir un délai avant que l'année ne fût entièrement écoulée, cette prorogation empêcheroit la Deshéritance de devenir caduque, & conserveroit par conséquent le droit de ceux au profit desquels doit se faire la vente.

Il n'y a dans les chartes générales aucun texte qui autorise ces prorogations ; néanmoins l'usage est constant dans le Hainaut françois & autrichien, d'en demander & d'en obtenir plusieurs pour un même objet. On les renouvelle ordinairement de six mois en six mois.

Cet usage est fondé sur une raison bien équitable. Si l'on s'attachoit servilement à la lettre de la loi, & qu'il fût impossible d'obtenir le moindre délai, rien ne seroit plus aisé à l'héritier que de faire tomber la Deshéritance en caducité ; il n'auroit qu'à former opposition à la vente, & susciter aux exécuteurs testamentaires une contestation bonne ou mauvaise ; pourvu que le procès durât pendant un an entier, son but seroit toujours rempli. Mais les prorogations que les juges accordent empêchent l'effet de ces obstacles, dont la durée n'est presque jamais bornée à une seule année.

Il n'est pas indifférent de savoir à quel tribunal il faut s'adresser pour obtenir ces prorogations. Dans le Hainaut autrichien, il n'est pas douteux que ce ne soit au conseil souverain de Mons, parce que cette cour a le droit exclusif de connoître de tous les testamens & de leur exécution. L'article 19 du chapitre 2, & l'article 9 du chapitre 27 des chartes générales, sont précises sur ce point.

Comme les juges royaux du Hainaut françois font fubrogés à la cour de Mons & la repréfentent, fuivant un arrêt du confeil du 18 juin 1703, on pourroit croire que c'eft à eux qu'appartient le droit d'accorder les prorogations dont il s'agit. Cependant il eft d'ufage de ne s'adreffer pour cet objet qu'au parlement de Flandres; & cet ufage eft fi conftant, qu'il y a dans le greffe de cette cour un protocole des droits que les exécuteurs teftamentaires doivent payer pour chaque délai. Cela paroît fondé fur ce que ces fortes de grâces font regardées comme des difpenfes de la loi, ou comme des efpèces de reftitutions en entier; & fous ce double point de vue, elles ne peuvent être accordées que par l'autorité fouveraine, dont l'exercice eft à certains égards, confiée aux parlemens.

Pour obtenir une prorogation, il ne faut point affigner l'héritier; elle s'accorde fur une fimple requête, parce que c'eft un acte de juridiction volontaire.

Obfervez que la forme de difpofer par Deshéritance n'eft point en ufage dans tout le Hainaut. La pratique n'en eft néceffaire que pour les biens régis par les chartes générales & par la coutume du chef-lieu de Mons. A l'égard de ceux qui font foumis à la coutume du chef-lieu de Valenciennes, on peut en difpofer par teftament.

Cette forme eft encore de rigueur dans la coutume de Cambrefis; mais comme elle y eft plus connue fous le nom de rapport à loi, que fous celui de Deshéritance, on n'en parlera pas ici.

Voyez *les chartes générales de Hainaut, avec les obfervations de Raparlier; Dumées, en fa ju-*

rifprudence du Hainaut françois ; la coutume de Mons, celle de Valenciennes, &c. Voyez auffi les articles HAINAUT, MONS, VALENCIENNES, RELIEF PRÉCIS, CLAIN, PARTAGE ENTRE ENFANS, CLAUSE PRIVATIVE, CONDITIONNER UN HÉRITAGE, RAPPORT A LOI, DEVOIRS DE LOI, &c. (Cet article eft de M. MERLIN, avocat au parlement).

DESHÉRITER. Priver quelqu'un de la part d'une fucceffion à laquelle il étoit appelé par la loi.

Le mot exhéréder, qui fignifie la même chofe, eft plus ufité en jurifprudence, que celui de Deshériter. Voyez EXHÉRÉDATION. (Article de M DAREAU, avocat au parlement, &c.)

DÉSIGNATION. C'eft l'action de dénoter une chofe par des paroles ou des fignes qui la font connoître.

Le demandeur qui agit par action perfonnelle eft tenu de défigner & énoncer les caufes de l'obligation en vertu de laquelle il prétend que le défendeur lui doit la chofe répétée.

Si la demande concerne la propriété de quel que hér tage, ou la redevance de quelques droits réels fur des terres, le demandeur doit, fous peine de nullité, défigner & déclarer la qualité, la fituation, l'étendue, les tenans & aboutiffans de l'heritage, en telle forte que le défendeur ne puiffe ignorer pour quel héritage il eft affigné. C'eft ce qui réfulte de l'article 3 du titre 9 de l'ordonnance du mois d'avril 1667.

Obfervez que s'il eft queftion du corps d'une terre ou métairie, il fuffit d'en défigner le nom & la fituation ; & s'il s'agit d'une maifon, c'eft affez d'en défigner les tenans & les aboutiffans. C'eft ce que porte l'article 4.

Autrefois au lieu de demander cette Défignation, le défendeur en matière réelle pouvoit exiger que le demandeur lui montrât au doigt & à l'œil l'héritage contentieux, afin qu'il pût refufer ou accorder ce qu'on lui demandoit. Mais cette exception, qu'on appeloit *vue & montrée*, ne fervoit qu'à occafionner des frais confidérables par des defcentes fur les lieux, des plans & des defcriptions. C'eft pourquoi elle a été abrogée par le dernier article du titre cité.

La circonftance d'une Défignation de biens dans un acte, en néceffite l'évalution pour être les droits perçus en conféquence ; c'eft-à-dire, que fi les biens font défignés, il faut qu'ils foient eftimés à l'amiable ou autrement. La raifon en eft que le fermier ne peut fe prévaloir du défaut d'eftimation dans l'acte pour percevoir le plus fort droit de contrôle, fous le prétexte d'une Défignation de biens non évalués : de même, les parties ne font pas fondées à reftreindre le droit aux deux cens livres fixées par l'article 4 du tarif du 29 feptembre 1722, en s'abftenant d'évaluer les biens défignés.

La queftion eft formellement décidée par l'article 4 du tarif, qui n'attribue deux cens livres pour tenir lieu du plus fort droit, que quand les chofes ne font ni défignées, ni évaluées.

C'eft d'après cette règle, que par arrêt du 28 octobre 1742, le confeil a jugé au fujet d'un partage de biens non évalués, mais défignés dans l'acte de partage fait entre les fieurs de Canapeville, que le fermier étoit en droit d'exiger que l'évaluation fût faite par experts, si les parties ne vouloient pas s'en rapporter à celle du fermier. Les sieurs de Canapeville prétendoient que le fermier, nonobstant la Désignation des biens dans l'acte, ne devoit percevoir que deux cens livres.

Voyez *l'ordonnance de 1667*, & les articles CONTRAT DE MARIAGE, CONTRÔLE, PARTAGE, &c.

DESISTEMENT. C'est l'action par laquelle on renonce à quelque chose.

On distingue au palais plusieurs sortes de Désistemens.

Il y a le Désistement d'une demande qui consiste à se déporter d'en poursuivre l'effet. Il y a le Désistement d'un appel qui est un acquiescement au jugement dont on étoit appelant. Il y a le Désistement d'un héritage qui est l'acte par lequel le détenteur d'un héritage en laisse la possession & la propriété à celui qui le revendique en qualité de propriétaire.

Au reste, il ne suffit pas de se désister d'une demande, d'un appel ou d'un héritage revendiqué, il faut encore offrir les dépens jusqu'au jour du Désistement.

En matière de retrait lignager, le Désistement du retrayant ne peut plus être admis malgré l'acquéreur lorsque le retrait a été adjugé par sentence au retrayant.

En matière de délit, le Désistement de la partie civile n'empêche pas que le procureur du roi ne puisse poursuivre le coupable pour la vindicte publique, lorsque le crime mérite une peine afflictive : mais s'il n'étoit question que d'un délit, tel qu'une injure légère qui ne méritât point de peine afflictive, le procureur du roi ne pourroit plus pourſuivre l'offenſeur après le Déſiſtement de l'offenſé. Bôniface rapporte un arrêt du 23 avril 1678 qui l'a ainſi jugé. C'eſt d'ailleurs ce qui réſulte de l'article 19 du titre 25 de l'ordonnance criminelle du mois d'août 1670.

L'article 42 du tarif du 29 ſeptembre 1722 a fixé à vingt ſous le droit de contrôle du Déſiſtement pur & ſimple d'un acte d'appel ou d'une demande formée ſoit en matière civile ſoit en matière criminelle, pourvu que le Déſiſtement ait eu lieu avant qu'il eût été prononcé aucun jugement, & qu'il n'y ait dans l'acte aucune ſomme déſignée ni d'autres diſpoſitions que celles qui conviennent au Déſiſtement pur & ſimple.

Mais ſi le Déſiſtement s'étoit fait moyennant une ſomme ou avec l'acceptation des parties intéreſſées, il faudroit le conſidérer comme une tranſaction & percevoir les droits en conſéquence.

C'eſt d'après cette juriſprudence que le 10 décembre 1746, le conſeil a réformé une ordonnance de l'intendant de Pau par laquelle il avoit fixé à vingt ſous le droit de contrôle d'une tranſaction paſſée entre le ſieur & la demoiſelle Verdier, ſous prétexte que ce n'étoit qu'un Déſiſtement pur & ſimple des prétentions que l'aîné avoit formées ſur la qualité des biens de la mère pour le partage deſquels il y avoit conteſtation, & il a jugé que le fermier étoit fondé à percevoir le plus fort droit de contrôle attendu que l'acte contenoit les conventions du partage des biens, ſans déſignation ni évaluation.

Par une autre décision du 21 janvier 1754, le conseil a confirmé une ordonnance de l'intendant de Rouen qui avoit jugé qu'il étoit dû le plus fort droit de contrôle au sujet d'un acte passé entre le duc de Luxembourg & les drapiers & teinturiers de Darnetal, par lequel ce seigneur s'étoit désisté des deux sentences qui avoient fixé un droit de coutume à cinq sous par cent pesant de laine.

Lorsque le Désistement se fait en justice & qu'il en est donné lettres par le jugement, il n'est dû aucun droit de contrôle, attendu que l'acte est judiciaire. Le conseil l'a ainsi décidé le 15 décembre 1731.

Voyez *l'ordonnance du mois d'août 1670; les arrêts de Boniface; le dictionnaire de droit; la collection de jurisprudence; le tarif du 29 septembre 1722; le dictionnaire des domaines, &c.* Voyez aussi les articles APPEL, RENONCIATION, ABANDONNEMENT, &c.

DÉSOBÉISSANCE. Défaut de soumission pour les ordres d'un supérieur.

Quand le roi commande quelque chose de précis à un de ses sujets, il enjoint ordinairement de se conformer à ce qu'il ordonne *sous peine de Désobéissance.* Mais quelle est la peine de cette Désobéissance ? Elle est presque toujours arbitraire.

Dans l'usage, lorsqu'un sujet exilé par lettre de cachet refuse de se retirer dans le lieu de son exil, c'est une Désobéissance dont la peine est d'être arrêté & constitué prisonnier dans quelque forteresse.

L'exil peut être aussi quelquefois la peine d'une Désobéissance. Cette peine est assez ordinaire lorfque des officiers de juftice ou des officiers municipaux refufent de fe conformer aux intentions que fa majefté leur notifie ou fait notifier. Ainfi la peine de la Défobéiffance eft plus ou moins grande, fuivant que les ordres auxquels on refufe de fe foumettre font plus ou moins importans.

Dans les affaires qui regardent l'état & le gouvernement, la Défobéiffance de la part des miniftres & de ceux qui coopèrent directement à leurs fonctions eft quelquefois punie comme un crime d'état.

Dans les troupes, la Défobéiffance du foldat à fon officier, de l'officier à fon fupérieur, &c. eft un délit militaire plus ou moins grave fuivant la chofe dans laquelle on défobéit. La plupart des cas pour lefquels on eft puniffable pour fait de Défobéiffance, font prévus par les lois concernant la difcipline militaire.

Dans la hiérarchie eccléfiaftique la Défobéiffance eft pareillement un délit puniffable : les canons & les conftitutions de chaque corps religieux prononcent des peines contre ceux qui défobéiffent à leurs fupérieurs. En 1770 le provincial général des céleftins envoya à un religieux du monaftère des Ternes dans la Haute-Marche une obédience pour qu'il eût à fe retirer à Ambert, lieu d'un autre monaftère de fon ordre près d'Orléans. Le religieux refufa de fe conformer à cette obédience. Le provincial lui adreffa une feconde injonction de fe retirer dans le lieu marqué *à peine de Défobéiffance*. Ce religieux crut avoir des prétextes pour faire folliciter un arrêt de défenfes au parlement de Paris contre cette obédience. Le général informé de

la démarche, se présenta sur la demande du religieux ; & au lieu d'un arrêt de défenses, le parlement en se contentant de recevoir ce religieux
appelant, ordonna que par provision ce même
religieux se conformeroit aux ordres de son supérieur *à peine de Désobéissance* ; desorte que si
ce religieux n'avoit point ensuite obéi, il eût
encouru les peines portées par les constitutions
pour défaut de soumission aux ordres des supérieurs.

Les prélats ont de même une certaine autorité sur les ecclésiastiques de leur diocèse : lorsqu'ils ont donné des ordres relatifs à cette autorité & qu'on refuse de s'y conformer, on devient coupable de Désobéissance. Un ecclésiastique, par exemple, qui sans être revêtu d'un
titre donnant le droit de confesser, de prêcher
& d'enseigner, mépriseroit les ordres de son
évêque qui lui interdiroit ces sortes de fonctions,
pécheroit en matière grave contre la discipline
ecclésiastique & encourroit les peines canoniques attachées à une pareille infraction.

Si la Désobéissance n'est pas toujours un délit,
elle est du moins le plus souvent une injure lorsqu'elle a lieu pour faire voir qu'on fait peu de
cas de la personne qui commande, & que cette
personne est du nombre de celles à qui l'on doit
du respect & de la soumission. C'est ce qui fait
aussi que la femme n'est point écoutée à se plaindre des mauvais traitemens qu'elle a reçus de
son mari lorsqu'elle se les est attirés par une ré-
sistance déplacée à ses volontés dans des choses
légitimes. Il en est de même d'un fils à l'égard
de son père ; d'un serviteur à l'égard de son
maître : leur refus d'obéir dans des choses rai-

ſonnables juſtifie preſque toujours les corrections dont on a été obligé d'uſer envers eux.

Il y a une autre eſpèce de Déſobéiſſance qu'on appelle *Déſobéiſſance à juſtice*, qui eſt plus ou moins criminelle ſuivant la nature de la choſe dans laquelle on déſobéit. Cette Déſobéiſſance eſt un refus de ſe ſoumettre aux ordres & aux décrets d'un juge légitime.

Lorſqu'un accuſé refuſe de répondre aux interrogations qu'on lui fait, l'ordonnance veut que le procès lui ſoit inſtruit comme à un muet volontaire.

Lorſque cet accuſé après avoir été condamné refuſe d'exécuter la peine prononcée contre lui, il peut être condamné à une plus forte peine pour ſa Déſobéiſſance.

C'eſt une autre eſpèce de Déſobéiſſance à juſtice que de ne point comparoître ſur les décrets & les aſſignations données en conſéquence : cette Déſobéiſſance ſe rapporte à ce que nous avons dit à l'article CONTUMACE.

Quand la Déſobéiſſance eſt une réſiſtance à force ouverte aux ordres de la juſtice, c'eſt une rebellion. Voyez ce mot. (*Article de M. DAREAU, avocat au parlement.*)

DESSÈCHEMENT DE MARAIS ET DE TERRES INONDÉES. C'eſt l'action d'en faire écouler les eaux, de les rendre ſecs pour enſuite les cultiver & les mettre en valeur.

Pour favoriſer l'agriculture, différentes lois ont anciennement attribué des priviléges ou exemptions aux perſonnes qui entreprenoient de deſſécher des marais ou des terres inondées pour les mettre en valeur. On voit que par un édit du 8 avril 1599 Henri IV accorda au ſieur Humfroy Bradley, maître des digues de France, la propriété incommutable de la moitié de tous les marais dépendans du domaine qu'il parviendroit à deſſécher, à la charge ſeulement de payer un cens à cet égard. En 1607 le même prince donna un nouvel édit par lequel il ſpécifia plus particulièrement les priviléges dont il vouloit que jouiſſent ceux qui entreprendroient les Deſ- ſèchemens dont il s'agit. Ces priviléges ont depuis été confirmés par différentes lois, telles que les déclarations des 5 juillet & 19 octobre 1613, 4 mai 1641, & 20 juillet 1643, & enfin par la déclaration du 14 juin 1764, qui forme le dernier état de la juriſprudence ſur l'objet dont il eſt queſtion.

Suivant cette dernière loi, les propriétaires des marais, palus & terres inondées ainſi que les particuliers qui ont pris ou prendront de ces terres par baux emphythéotiques à temps ou à perpétuité, à droit de cens ou de champart, ſont autoriſés à faire le Deſſèchement de ces marais ou terres inondées, après que l'état & la conſiſtance en auront été vérifiés préalablement dans un procès-verbal dreſſé par le plus prochain juge royal, toutes les parties intéreſſées préſentes ou duement appelées.

En obſervant ces formalités, les propriétaires ou emphythéotes dont on vient de parler doivent ainſi que leurs fermiers ou métayers, jouir durant vingt années de l'exemption de toute impoſition, dîme & faux frais de paroiſſe relativement aux terreins deſſéchés; & après ce temps, la dîme ſoit qu'elle appartienne au clergé ou à des ſeigneurs ſéculiers, ne peut être exigée qu'à raiſon de cinquante gerbes l'une.

Les propriétaires des terres deſſéchées dont il s'agit, ni leurs ceſſionnaires ou fermiers ne ſont

affujettis à aucun droit d'infinuation ni de centième ou demi-centième denier pour les baux
concernant l'exploitation de ces terres pourvu
qu'ils n'exèdent pas vingt-neuf années. C'eft ce
qui réfulte de l'article 7 de la déclaration du 13
août 1766.

Voyez *les lois citées* & les articles MARAIS &
DÉFRICHEMENT.

DESSIN, (école de) lieu public à Paris, où
l'on apprend à deffiner.

La fcience du Deffin ayant paru depuis quelques années une fcience de la plus grande utilité pour la perfection des arts, & notamment
pour leur donner l'empreinte de ce goût qui
tient à la beauté des formes & à la jufteffe des
proportions, quelques amateurs jugèrent à propos de faire fous les aufpices du gouvernement
des leçons publiques & gratuites fur les principes élémentaires de la géométrie pratique, de
l'architecture & des différentes parties du Deffin, pour procurer à l'avenir à chaque artifte
& à chaque ouvrier la faculté d'exercer lui-
même & fans les fecours d'une main étrangère,
les différens ouvrages que fon génie particulier
pour fon art lui feroit imaginer. Le nombre confidérable des élèves que le defir de s'inftruire
attira à ces nouvelles écoles ouvertes d'abord
à l'ancien colége d'Autun & fucceffivement dans
d'autres endroits de Paris, parut digne de l'attention du gouvernement. Louis XV en conféquence donna des lettres-patentes le 20 octobre 1767, lefquelles fûrent enregiftrées le premier Décembre fuivant, pour faire à l'occafion
de ces écoles un établiffement folide.

Par l'article premier de ces lettres-patentes,

il ordonna que toutes les écoles de Deſſin ouvertes dans les différens quartiers de Paris, ſeroient & demeureroient réunies ſous le titre d'é-
cole royale gratuite (*) ; & qu'elles ſeroient régies
& adminiſtrées ſous l'inſpection du lieutenant
général de police.

. En vertu de l'article ſecond il fut établi un
bureau d'adminiſtration compoſé d'un directeur,
de ſix adminiſtrateurs , d'un ſecrétaire & d'un
caiſſier. Le lieutenant de police préſide à ce
bureau & les adminiſtrateurs qui ſont choiſis
parmi les notables de la ville , ont voix délibérative avec lui.

Ces adminiſtrateurs ne ſont en place que pour
trois ans ; ils doivent être changés après ce
temps, de façon qu'il en entre chaque année deux
nouveaux pour remplacer les deux anciens qui
ſe retirent (**). C'eſt ce que preſcrit l'article 3.

___

(*) Cette école générale eſt aujourd'hui à ſaint-Côme,
rue des Cordeliers, où étoit ci-devant le collége royal de
chirurgie.

. (**) Il fut rendu le 17 Décembre 1773 , un arrêt du
conſeil qui permettoit de continuer pour auſſi long-tems
qu'on le jugeroit à propos, les adminiſtrateurs de l'école
dont il s'agit; mais comme les bienfaiteurs de cette école
étoient par-là privés de l'eſpoir d'adminiſtrer ſucceſſivement
un établiſſement auquel ils avoient contribué, ce même arrêt
a été révoqué par un autre arrêt du conſeil, le 13 avril
1776; & par les lettres-patentes intervenues ſur cet arrêt le
19 mai de la même année & enregiſtrées le 17 août ſuivant, il a été ordonné que l'article 3 des lettres-patentes
du 20 octobre 1767 , ſeroit exécuté ſuivant ſa forme &
teneur; que de plus , lors de la tenue des bureaux pour
l'élection des adminiſtrateurs, on accorderoit l'entrée & la
voix délibérative à douze bienfaiteurs qui y ſeroient invités
à cet effet.

Les

Les règlemens pour le choix des profeſſeurs, pour l'admiſſion des élèves, pour les compoſitions à faire, pour les places & pour les prix à diſtribuer, pour le concours tant des maîtres que des élèves, pour l'ordre, la police & l'adminiſtration de l'établiſſement, doivent être (ſuivant l'article 4) propoſés par le directeur ou l'un des adminiſtrateurs, & délibérés à la pluralité des ſuffrages.

L'article 5 permet aux corps & communautés, ainſi qu'aux ſimples particuliers ſoit de Paris ou des autres villes du royaume, de fonder à perpétuité ou à vie les places d'élèves dont ils deſireront d'avoir la nomination. Il y a la même permiſſion pour les fondations des prix à diſtribuer aux élèves, & pour celles des apprentiſſages & des maîtriſes qui ſeront accordées dans le concours. Sa majeſté autoriſe à cet effet la paſſation de tous les actes néceſſaires pour ces différens objets, en ſe conformant néanmoins à l'édit du mois d'août 1749, & notamment à l'article 19 de ce même édit.

L'article 6 & dernier porte que toutes les maîtriſes qui ſeront acquiſes au concours pour récompenſer les élèves, ne ſeront payées que ſur le pié établi en faveur des fils de maîtres, pourvu toutefois que ces élèves aient fait leur apprentiſſage dans les communautés dont les maîtriſes leur ſeront conférées.

(*Article de M. DAREAU, avocat &c.*)

DESSERTE, ſe dit en matière eccléſiaſtique, du ſervice que rend à une égliſe un prêtre commis à la place du titulaire.

Voyez DESSERVANT.

402 D E S S E R V A N T.

DESSERVANT. C'eſt celui qui a été commis par le ſupérieur éccléſiaſtique pour faire la deſſerte d'un bénéfice à la place du titulaire.

Lorſqu'un bénéfiⅽier eſt abſent ou qu'il eſt tombé dans l'interdiction, ſi le bénéfice dont il eſt titulaire exige certaines fonctions de ſon miniſtère, il eſt tout naturel que quelqu'un ſoit commis à ſa place pour remplir les devoirs attachés à ce bénéfice.

Les ordonnances rendues à ce ſujet, ne parlent guères que des bénéfices à charge d'âmes, parce que ce ſont ordinairement ceux qui ont le plus beſoin d'aſſiſtance & d'aſſiduité de fonctions de la part des titulaires ; mais ſi à un bénéfice quoique non à charge d'âmes, il étoit attaché certains devoirs à remplir dans une égliſe ou dans une chapelle qui en dépendroit, ſoit le jour du patron, ſoit tout autre jour de l'année, (ce qui ſe voit aſſez ordinairement dans les campagnes) la dévotion des peuples qui dans l'origine a été un motif de l'érection de la chapelle, ſeroit un autre motif ſuffiſant pour faire commettre un éccléſiaſtique à l'effet de ſatisfaire aux vœux des fidèles dans cette chapelle, à la place du titulaire qui ne pourroit plus y faire de fonctions, ſoit à raiſon de ſon abſence ou d'autre empêchement.

Mais quel eſt le ſupérieur autoriſé à commettre un Deſſervant ? Il ne faut pas croire que le prélat diocéſain ſoit le ſeul en droit de faire deſſervir un bénéfice. Lorſque le bénéfice eſt régulier, il paroît que les ſupérieurs réguliers du titulaire, peuvent commettre à la Deſſerte de ce même bénéfice ; c'eſt ce qui ſem ble évidemment réfulter de la déclaration du 29 janvier 1686 , voici ce qu'elle porte.

« Ordonnons que les cures ou vicairies per-
» pétuelles qui vaqueront ci-après par mort
» des titulaires, ou par les autres voies de droit
» & celles dont les titulaires fe trouvent inter-
» dits, feront deffervies pendant ce tems par
» des prêtres que les archevêques, évêques,
» *& autres qui peuvent être en droit ou poffeffion*
» *d'y pourvoir*, commettront pour cet effet ».

Ainfi lorfqu'un prêtre régulier eft tombé dans l'interdiction, fes fupérieurs peuvent préfenter à l'évêque diocéfain un autre fujet pour obtenir de lui les pouvoirs néceffaires à l'effet d'être habile à deffervir le bénéfice ; mais fi l'évêque a prévenu la négligence des fupérieurs réguliers, nous croyons que le fujet que ce prélat a pré-pofé doit être préféré à celui que les fupérieurs pourroient enfuite préfenter.

Si le fupérieur éccléfiaftique refufoit de com-mettre un Defervant dans les cas où le titu-laire ne remplît ou ne peut remplir les fonc-tions attachées à fon bénéfice , comme il y auroit alors une contravention aux ordonnances, on pourroit fe pourvoir contre fon refus.

Lorfque le bénéfice eft d'une certaine étendue, l'évêque peut commettre une ou plufieurs per-fonnes, mais il ne doit rien innover à cet égard: de forte que fi un feul éccléfiaftique fuffifoit au-paravant, il ne doit pas en commettre un autre de plus ; & s'il s'agiffoit d'un bénéfice en fé-queftre entre deux contendans , ce feroit bleffer les difpofitions de l'article 8 de l'édit de 1685, que de commettre l'un de ces contendans , at-tendu que la loi le défend expreffément.

C c ij

Quelle eſt la rétribution que les Deſſervans peuvent avoir ſur les bénéfices par eux deſſervis ?

L'article 15 de l'édit du mois de Mai 1768, porte que « les honnoraires des prêtres commis » par les archevêques ou évêques à la deſſerte » des cures vacantes de droit ou de fait, ou à » celle des cures ſujettes au droit de déport, » ne pourront être fixés au-deſſous des trois » cinquièmes du montant de la portion con- » grue ; pourront néanmoins, eſt-il ajouté, les » archevêques ou évêques aſſigner aux Deſſer- » vans des cures qui ne ſont pas à portion con- » grue, une rétribution plus forte ſuivant l'exi- » gence des cas, conformément aux loix précé- » demment données ſur cet objet (*) ». L'arrêt d'enregiſtrement au parlement de Paris porte « à la chage que conformément à l'arrêté de la » cour du 4 ſeptembre 1710, les archevêques » & évêques uſeront modérément du pouvoir » à eux donné par l'article 15 du préſent édit.

Cette rétribution doit être priſe par préfé- rence ſur tous les revenus du bénéfice, parce qu'elle eſt uniquement *propter officium* (à cauſe du ſervice) elle n'eſt deſlors ſujette à aucune ſaiſie pas même de la part des créanciers du Deſſervant, parce qu'elle eſt cenſée n'être pro-

---

(*) Une de ces lois eſt nommément la déclaration du 30 juillet 1710 : l'article 2 permet, ſelon l'exigence du cas, d'aſſigner au Deſſervant une rétribution plus forte que celle de 300 livres (qui étoit dans ce tems-là le taux de la portion congrue) ſelon l'étendue & la qualité de la paroiſſe, & à proportion des revenus du bénéfice, ce qui eſt remis à la prudence & à la religion des prélats. Voyez auſſi l'article 8 de l'édit de 1695.

DESSERVANT. 405.

ciément que jufqu'à concurrence de ce qui lui eft néceffaire pour fa fubfiftance pendant la defferte.

Mais indépendemment de la rétribution, le Defervant peut-il profiter du creux de l'églife & du cafuel?

On trouve dans le code des curés un arrêt du 15 mars 1707, qui femble avoir décidé l'affirmative. Le fieur Bréan, curé de Mouthiers en l'ifle, diocèfe de Langres, qui étoit interdit, avoit demandé que le Defervant prépofé à fon bénéfice fût condamné « à lui rendre compte du » cafuel & offrande, creux de l'églife & autres » droits.... que défenfes fuffent faites au Def-» fervant de faire aucune autre fonction que » celles qui lui étoient attribuées par fa com-» miffion, même de délivrer aucun extrait » baptiftaire ou autres fur le regiftre, &c. » La cour n'écouta point cette demande, & le Defervant chargé de payer cinq cent livres au curé interdit, & d'acquitter toutes les char-ges comme il l'avoit offert, fut renvoyé des demandes de ce curé par la confirmation des fentences qui adjugèrent à ce Defervant tous les revenus de la cure, le creux de l'églife & le cafuel ; mais cet arrêt cité par Denifart & rendu dans des circonftances particulieres, ne nous paroît pas devoir faire une loi en cette matière. Le Defervant ne peut felon nous, pré-tendre que la rétribution qui lui eft fixée, & fi le creux de l'églife & le cafuel n'y eft pas nommément compris, il ne doit point en pro-fiter ; autrement il pourroit abforber tous les revenus d'un bénéfice au préjudice d'un titu-laire ; car il y a nombre de cures dans les villes

Cc iij

dont tout le produit ne confiste qu'en casuel; & l'esprit des ordonnances n'est pas qu'un titulaire pendant son interdiction, (qui peut avoir été injustement prononcée) soit privé d'une partie des secours qu'il est dans le cas de tirer de son bénéfice.

D'après l'article 15 de l'édit du mois de mai 1768 que nous venons de citer, il paroît que pour la rétribution du Desservant on ne doit faire aucune différence entre les cures sujettes au droit de déport & les autres cures du royaume. Nous observerons sur cet article qu'il a été jugé au parlement de Rouen, le 29 mars 1748, pour un adjudicataire de droit de déport, que les fondations ne devoient point faire partie de la rétribution accordée à un Desservant pendant l'année du déport, ce qui revient à ce que nous disions dans le moment que le Desservant ne peut prétendre que ce qui lui est attribué par le supérieur qui l'a commis.

- Sur la question de savoir si le Desservant doit supporter sa portion des charges du bénéfice, & notamment des décimes, nous pensons que sa rétribution n'en doit pas plus être grévée que celle d'un vicaire; à moins qu'au lieu d'une somme fixe, il ne lui ait été adjugé une certaine quotité des revenus; car si par exemple il devoit en avoir les trois cinquièmes que lui attribue l'édit de 1768, il nous paroîtroit juste qu'il en supportât aussi les charges dans la même proportion.

Lorsqu'un curé est relevé de son interdiction, il peut aussi-tôt reprendre ses fonctions, & en les reprenant il fait cesser de plein droit celles du Desservant qui est obligé de se retirer.

Voyez *la déclaration du 29 janvier 1686 ; celle du 30 juillet 1710 ; l'édit du mois d'août 1768 ; la collection de jurisprudence ; le nouveau commentaire de M. Coudert de Clozol, sur l'édit de 1695 &c.* Voyez aussi les articles DÉPORT, COMMENDE, &c. (*Article de M.* DAREAU *, avocat, &c.*)

DESTINATION. C'est la disposition que l'on fait de quelque chose dans son esprit.

C'est aussi la fin pour laquelle une chose est faite ou donnée.

La simple Destination quoique non remplie, ne laisse pas de produire son effet lorsqu'elle est suffisamment prouvée. C'est pourquoi si l'on a stipulé que des deniers seront employés en achat d'immeubles, ils seront réputés propres à l'égard d'une communauté, quoique le mari chargé de faire cet achat n'ait point encore satisfait à son obligation : c'est ce qui résulte de l'article 93 de la coutume de Paris.

La disposition de cet article, comme l'observe fort bien Dénifart, a été le germe de nos stipulations de propres ; on l'a étendue à toutes les constitutions de dot frappées de la stipulation de propres, lors même qu'elles sont faites par des collatéraux & des étrangers ; parce que les contrats de mariage sont susceptibles de toutes les clauses qui ne blessent ni les lois ni les bonnes mœurs.

Lorsqu'une chose est donnée pour une fin quelconque, le donataire ne peut profiter de la donation sans remplir les vues du donateur. Le titulaire d'un bénéfice dont les revenus sont chargés de prières, ne peut profiter de ces revenus qu'en faisant les prières pour lesquelles ils sont destinés.

Une chose par sa Destination est aussi quelquefois regardée comme une dépendance de la chose pour laquelle elle est destinée, surtout lorsque cette chose ne peut point avoir d'autre Destination particulière. Ainsi une boiserie destinée pour un appartement auquel seul elle peut convenir, est une dépendance de cet appartement. Voyez DÉPENDANCE.

Il y a des Destinations perpétuelles, il y a des Destinations à temps. Les choses qui sont destinées à perpétuelle demeure, telle qu'est la boiserie dont nous venons de parler suivent la nature de la chose à laquelle elles sont ainsi destinées, lorsque ces choses ont été établies par le propriétaire même du lieu de la Destination. Mais il en est autrement lorsque ces choses ont été établies par des usufruitiers ou des locataires, car ces sortes de personnes peuvent faire enlever d'un appartement tout ce qu'elles y ont mis lorsque cela peut se faire sans le dégrader, parce qu'on ne peut point dire qu'en pareil cas il y ait eu de Destination perpétuelle.

Les destinations à temps ne donnent point à la chose destinée la même nature que celle de la chose à laquelle on la destine. Ainsi quoiqu'un trumeau soit destiné pour une cheminée, si ce meuble est placé de façon à pouvoir être enlevé sans laisser une difformité, ce trumeau en cas de vente, ne fera point partie de cet appartement. C'est ce qui a été expliqué à l'article BIENS en parlant des biens meubles.

Destination de père de famille, se dit de l'arrangement qu'un propriétaire a fait dans son héritage relativement aux jours, aux égoûts, aux paſſages & à d'autres ſervitudes.

» Quand un père de famille, (dit l'article 215 » de la coutume de Paris,) met hors ſes mains » partie de ſa maiſon, il doit ſpécialement dé- » clarer quelles ſervitudes il retient ſur l'héritage » qu'il met hors ſes mains, ou quelles il conſ- » titue ſur le ſien. Il faut nommément & ſpé- » cialement déclarer, tant pour l'endroit, gran- » deur, hauteur, méſure, qu'eſpèce de ſervi- » tude ; autrement toutes conſtitutions générales » de ſervitude ſans les déclarer comme deſſus » ne valent. «

L'article ſuivant ajoute que » Deſtination de » père de famille vaut titre, quand elle eſt ou » a été par écrit & non autrement. «

Ces deux diſpoſitions de la coutume ſont elles de droit commun pour faire loi dans les autres coutumes qui n'ont point de diſpoſitions pareilles ? La raiſon de douter eſt qu'un parti- culier qui vend une de deux maiſons voiſines dont il eſt propriétaire eſt cenſé la vendre dans l'état où elle ſe trouve avec toutes les ſervitudes actives & paſſives qui y ſont attachées, ſans qu'il ſoit néceſſaire d'expliquer quelles ſervi- tudes il retient ſur la maiſon aliénée ou quelles ſervitudes il conſtitue ſur celle dont il demeure propriétaire. Cependant il faut convenir que dans les coutumes où les ſervitudes n'ont point lieu ſans titre, il eſt plus conforme aux règles d'exiger que ces ſortes de ſervitudes lors d'une aliénation ſoient conſtatées par l'acte même de cette aliénation, ou du moins par un acte poſ- térieur ; parce qu'autrement il ſeroit trop dif- ficile dans la ſuite de ſavoir ſi telle ſervitude étoit ou non suivant la destination du père de famille : une preuve par témoins seroit aussi sujette à beaucoup d'inconvéniens , & nous doutons même que depuis l'ordonnance de 1667 elle fût recevable , attendu la grande facilité qu'on a lors d'une vente ou d'un partage , de faire par écrit toutes les réserves qu'on juge à propos.

Nous ajouterons cependant ce tempérament que s'il étoit dit par une donation , par une vente ou par un partage que *les lieux seront tels qu'ils se poursuivent & comportent avec leurs servitudes* , &c. ce commencement de preuve par écrit suivi de possession seroit suffisant pour autoriser une preuve par témoins que la servitude contestée étoit la même lors de l'acte en vertu duquel on est devenu possesseur du fond dont il s'agit ; car quoique l'article 215 de la coutume de Paris , exige une exacte désignation pour la hauteur , la largeur , &c. cette disposition n'est regardée avec fondement par Goupy dans ses notes sur Desgodets que comme un conseil donné aux pères de famille afin que s'expliquant le plus clairement qu'il est possible ils évitent par-là toute occasion de procès.

Voyez *les commentateurs de la coutume de Paris ; les lois des bâtimens* , &c. Voyez aussi l'article SERVITUDE. (*Article de M. DAREAU , avocat* , &c.)

DESTITUTION D'UN OFFICIER. C'est la privation de sa place & des fonctions publiques qui y sont attachées.

Loiseau pense que dans les états démocratiques , la durée des fonctions attribuée aux offices doit être momentanée , parce qu'il eft important d'empêcher que les officiers enflés par l'exercice de la puiffance publique ne prétendent s'élever au-deffus de leurs concitoyens : Mais que dans les monarchies où l'égalité des conditions n'eft pas néceffaire , & où le prince ne peut redouter que fes officiers s'élevent au-deffus de lui , les officiers doivent être perpétuels ; afin (dit cet auteur) qu'une longue expérience les mette en état de faire mieux leurs fonctions & qu'ils y acquierent plus d'autorité.

A Rome du temps de la république les offices étoient annuels : cependant ils étoient révocables avant l'expiration de l'année. En effet, on voit dans l'hiftoire que Tarquin Collatin , le premier des confuls, fut deftitué de fon office, & Valerius Publicola mis à fa place ; que Titus Flaminius , autre conful qui venoit de vaincre les Milanois , fut néanmoins rappelé & deftitué parce qu'on expofa aux fénateurs qu'il avoit été élu contre les aufpices ; que Scipion Nafica , & Caius Martius , auffi confuls , furent de même rappelés des provinces où ils commandoient , fous prétexte qu'il manquoit quelque cérémonie à leur élection.

Ces exemples tirés de l'hiftoire romaine atteftent que les premiers officiers de ce peuple étoient foumis à la Deftitution.

Si le fénat révoquoit & deftituoit les confuls & proconfuls , les empereurs révoquoient auffi les préfidens & autres gouverneurs des provinces.

Sous les empereurs il fe fit un changement dans la durée des fonctions attachées aux offices ; au lieu d'être d'une année , ils devinrent presque tous à vie. Ce changement n'abolit point l'usage de la Destitution. Elle avoit lieu toutes les fois que les officiers s'étoient rendus coupables de malversations & d'abus dans leurs fonctions ; mais jamais les empereurs ne destituoient leurs officiers *sans cause*.

En France, au commencement de la monarchie, tous les offices étoient révocables à la volonté du prince. Il y avoit alors trois manières de conférer certains offices, tels que les prévôtés : on les donnoit *à ferme, en garde, ou à titre d'office*.

Les grands offices de France, quoiqu'on les qualifie *offices de la couronne* & que l'on en fît alors la foi & hommage au roi, comme d'un fief, n'étoient pas à couvert de la *Destitution*. Du Tillet rapporte plusieurs exemples de Destitutions de ce genre.

Les ducs & les comtes qui étoient anciennement les magistrats des provinces, étoient d'abord révocables *ad nutum*. Dans la suite l'usage s'introduisit de ne les point destituer à moins qu'ils ne fussent convaincus de malversation.

Les baillis & sénéchaux qui succèderent aux ducs & aux comtes étoient aussi autrefois revocables ; & ils pouvoient a leur gré instituer & destituer leurs lieutenans.

Philippe le Bel fut le premier de nos rois qui voulut rendre les offices perpétuels en France. Ce monarque ayant reformé les officiers qui avoient malversé, confirma les autres & ordonna qu'ils ne pourroient être destitués ; ce réglement ne regardoit que les officiers qui étoient en place, car nous trouvons dans l'histoire que Charles V dit le Sage, ayant pendant la captivité du roi Jean, destitué plusieurs des principaux officiers du royaume, & ayant peu de temps après reconnu qu'il avoit augmenté par là le parti du roi de Navarre, il vint au parlement & y prononça lui-même un arrêt par lequel il déclara que la Destitution de ces officiers avoit été faite, contre *raison & justice* & les rétablit tous.

Louis XI à son événement à la couronne changea aussi la plupart des principaux officiers. Ces Destitutions échauffèrent les esprits & contribuèrent beaucoup à allumer la guerre civile *dite du bien public*. Ce monarque pour rétablir le calme & la paix dans son royaume donna une déclaration le 21 octobre 1467 qui fut enrégistrée au parlement de Paris le 23 novembre suivant, par laqu'elle il ordonna qu'à l'avenir » les juges ne pourroient être destitués » ou privés de leurs charges *que pour forfaiture* » *préalablement jugée & déclarée judiciairement,* » *selon les termes de justice, par juge compétent.*

Louis XI fit jurer à Charles VIII, son fils, d'observer cette loi, comme une des plus essentielles pour le bien & la sureté de son état, & il envoya au parlement l'acte qui contenoit ce serment.

Charles VIII n'osant pas anéantir la déclaration de 1467 y mit des bornes par son édit de 1493, en ordonnant que les offices de finance ne feroient plus conférés en titre, mais par commission; c'est delà que tire son origine la distinction des offices en titre d'avec les commissions. Depuis cette époque une partie des fonctions publiques est érigée en titre d'office, l'autre s'exerce par commission.

Ainſi c'eſt un principe du droit public de la France que les officiers royaux pourvus en titre d'office ne peuvent être deſtitués *que pour forfaiture préalablement jugée*, ſuivant la déclaration de Louis XI de 1467 ; mais les officiers qui n'exercent leurs fonctions que par commiſſion, peuvent être deſtitués *ad nutum.*

Louis XIV a confirmé la déclaration de Louis XI & il en a ordonné l'exécution par l'article 15 de la déclaration du 22 octobre 1648 enregiſtrée au parlement le 24 du même mois.

Cette dernière loi porte qu'*en interprétant & exécutant celle de Louis XI, aucun officier de cour ſouveraine & autre ne pourra être troublé ni inquiété en l'exercice & dans les fonctions de ſa charge.*

Louis XV dans ſa réponſe aux rémontrances du parlement, du 8 avril 1759, a confirmé en ces termes la déclaration de Louis XI : » ſa majeſté (eſt il dit dans cette réponſe) bien inſ- » truite de la loi célèbre de Louis XI, entend » que les titulaires d'offices, tant que ces offices » ſubſiſtent, ne puiſſent en être privés autrement » que par mort, reſignation volontaire, ou » forfaiture bien & duement jugée, &c.

Mais la diſpoſition de la déclaration de Louis XI ne concerne que les juges royaux ; car à l'égard des juges des ſeigneurs, l'article 27 de l'ordonnance de Rouſſillon porte » que les ſei- » gneurs pourront, à leur plaiſir & volonté, ré- » voquer & deſtituer leurs juges & officiers, de » leurs charges & offices, ſinon au cas que leurſ- » dits officiers aient été pourvus par récom- » penſe de ſervice, ou autre titre onéreux.

Cependant malgré la diſpoſition claire & préciſe de l'ordonnance de 1563, Loiſeau prétend

» que dans les principes les offices des juſtices
» des ſeigneurs ſont de vrais offices en titre ,
» qui de leur nature & pour le bien de la juſ-
» tice devroient être perpétuels ; que les ſei-
» gneurs ne pouvant avoir plus de pouvoir que
» le roi , ils ne devroient pas avoir la liberté de
» deſtituer leurs officiers , ſinon pour cauſe de
» forfaiture.

L'avis de Loiſeau eſt contraire en cette partie
à l'uſage & a la juriſprudence. En effet, c'eſt
un principe certain , en thèſe générale , que les
ſeigneurs particuliers peuvent deſtituer leurs
officiers *à leur plaiſir & volonté*. Il eſt indifférent
que le ſeigneur ait pourvû lui-même les officiers, ou qu'ils l'aient été par ſes prédéceſſeurs,
que les proviſions ſoient pour un temps limité ou
indéfini , ou enfin que l'officier ait ſervi pendant
un grand nombre d'années. Aucune de ces circonſtances ne peut mettre les officiers des ſeigneurs à couvert de la Deſtitution.

C'eſt encore un principe conſacré par la juriſprudence que les officiers des ſeigneurs quoique
pourvus à titre onéreux peuvent être deſtitués
ad nutum comme les autres ; il y a ſeulement
cette différence que le ſeigneur doit leur rem-
bourſer la finance qu'ils ont payée , & qu'ils ont
le droit d'exercer leurs offices juſqu'au rembour-
ſement.

Il n'eſt pas permis néanmoins au ſeigneur de
deſtituer un officier pourvû à titre onéreux pour
revendre l'office plus cher à un autre , ce ſeroit
une indignité de la part du ſeigneur qui rendroit la Deſtitution nulle.

Lorſque les proviſions d'un officier de ſeigneur
n'expriment aucune finance , ni aucune cauſe

onéreufe, cet officier eft cenfé pourvû gratuitement, & quelque temps qu'il ait exercé fon
office il eft toujours foumis à la Deftitution:
ainfi jugé par arrêt du 23 avril 1630 rendu en
faveur du chapitre d'Auxerre.

Si l'officier a été pourvu pour caufe de fervices qui n'aient point été recompenfés d'une
autre manière, il ne peut être deftitué qu'en
lui donnant une indemnité proportionnée à fes
fervices ; mais pour que l'officier puiffe réclamer cette indemnité il faut ou que fes fervices
foient exprimés dans fes provifions, ou qu'il les
conftate, ou enfin que fes provifions le difpen-
fent expreffément d'en faire la preuve.

Anciennement la jurifprudence ne permettoit
pas aux feigneurs de deftituer leurs officiers
pourvus à titre de récompenfe de fervice, comme on va le voir par differens arrêts que nous
allons rapporter ; mais aujourd'hui c'eft une
maxime certaine que les feigneurs peuvent deftituer leurs officiers en les indemnifant. Voici
les différens arrêts qui compofent l'ancienne
jurifprudence. Nous lui oppoferons enfuite la
dernière jurifprudence, celle qu'on fuit a préfent. Bacquet cite un arrêt du parlement de
Paris du 10 mars 1607 qui a jugé qu'un feigneur
qui a pourvu un officier gratuitement, peut le
deftituer quand il lui plaît ; mais qu'il ne peut
le deftituer s'il a été pourvu à titre de récompenfe de fervices, à moins qu'il ne faffe prononcer qu'il a encouru *la forfaiture.*

Le lieutenant de la juftice du comté de Brienne avoit obtenu des provifions pour recom-
penfe de fervices tant pour lui que pour fon fils
à la furvivance l'un de l'autre, à la charge que

fi à la mort du père, le fils n'étoit pas affez âgé, l'office feroit exercé par fon tuteur. Le père mourut en effet, avant que fon fils eût atteint l'âge requis, puifqu'il n'avoit alors que neuf ans. M. le duc d'Epernon acquéreur du comté de Brienne donna des provifions de cet office à un autre. Le tuteur du fils du titulaire décédé attaqua ces provifions. Cette conteftation donna lieu à une inftance qui refta indécife pendant plufieurs années; enfin le fils âgé de 23 ans reprit les pourfuites & réclama l'office en vertu des provifions accordées à fon père. M. le duc d'Epernon foutint qu'il avoit acheté le comté de Brienne exempt de cette charge, & qu'on ne lui avoit point impofé l'obligation d'exécuter les provifions données en furvivance au père & au fils qu'ainfi ce dernier devoit exercer fon action contre le précédent feigneur. Par arrêt du 11 avril 1608 il fut ordonné que le fils *feroit reçu en l'office*, lorfqu'il auroit atteint 25 ans, & s'il étoit trouvé capable.

On trouve dans le journal des audiences deux arrêts, l'un du 30 mai 1625 & l'autre du 23 avril 1625 qui ont jugé que des officiers pourvûs pour recompenfes de fervice, ou à titre onéreux, ne peuvent être deftitués que par forfaiture, qu'elle doitêtre préalablement jugée, & qu'on doit néceffairement leur faire leur procès.

Bardet rapporte un fecond arrêt du 20 avril 1637, qui a jugé qu'un officier pourvû pour récompenfe de fervices, ne peut être deftitué par l'acquéreur de la terre. M. l'avocat-général Talon, lors de cet arrêt, dit qu'il n'y avoit pas de maxime plus certaine au palais, que les officiers

pourvus pour récompenſe de ſervices ne pouvoient être deſtitués.

Par arrêt du 20 mars 1631, il a été jugé en
faveur du bailli du marquiſat de Neſle, qu'un
officier pourvû pour récompenſe de ſervices ne
peut pas être deſtitué. M. l'avocat-général Talon,
qui portoit la parole lors de cet arrêt, dit « que
» ſi l'officier avoit failli, il falloit lui faire ſon
» procès, & ne pas commencer par une Deſ-
» titution ».

Soefve rapporte un arrêt du 24 janvier 1651,
qui a décidé qu'un officier pourvû pour récompenſe de ſervices, ne pouvoit être deſtitué,
quoique le ſeigneur eût inſéré dans les proviſions
qu'il lui avoit données, la clauſe, *tant qu'il nous
plaira*.

Par arrêt du parlement de Metz, rapporté
dans les plaidoyers de M. de Corberon du 1er
janvier 1638, il a été jugé que celui qui n'eſt
pourvû d'un gouvernement que pour le faire
paſſer au fils du dernier gouverneur, lorſqu'il
aura atteint l'âge requis, ne peut deſtituer
les officiers pourvus à titre de récompenſe de
ſervices par le gouverneur décédé.

Il ſemble réſulter des différens arrêts que nous
venons de rapporter, que les ſeigneurs ne peuvent deſtituer les officiers pourvus à titre de
récompenſe de ſervices ; cependant, c'eſt aujourd'hui un principe certain que les ſeigneurs
peuvent uſer du droit de Deſtitution, en indemniſant les officiers pourvus, tant à titre de récompenſe de ſervices ; qu'à titre onéreux ; ce
principe eſt fondé ſur la juriſprudence de tous les
tribunaux du royaume, excepté du parlement
de Normandie, comme on le verra ci-après,

Cette jurifprudence a été fixée par le fameux arrêt rendu le 13 février 1693, en faveur de M. le duc de la Tremoille ; en voici l'efpèce.

Le procureur-fifcal des eaux & forêts de Vitré avoit été pourvû de cet office à titre onéreux. Il avoit payé une finance de la fomme de trois mille livres. Le traité qu'il avoit fait avec le fondé de procuration de M. le duc de la Tremoille, contenoit la claufe, *qu'il jouiroit des gages pendant fa vie & tant qu'il poffèderoit la charge* ; par le même traité, il avoit été en outre accordé à la veuve du titulaire, un brevet de retenue de la fomme de deux mille livres.

M. le duc de la Tremoille remercia cet officier fans éloge, & lui offrit la fomme de trois mille livres, qu'il avoit payée pour la finance de fon office.

L'affaire ayant été portée aux requêtes de l'hôtel, ce tribunal jugea en faveur du procureur-fifcal.

M. le duc de la Tremoille interjeta appel de cette fentence. M. Delamoignon, avocat général, qui portoit la parole établit que l'ancienne jurifprudence qui privoit les feigneurs du droit de deftituer leurs officiers pourvus à titre onéreux, ne devoit point fervir de règle ; que c'étoit maintenant un principe certain que les feigneurs pouvoient ufer de la faculté de deftituer leurs officiers pourvus à titre onéreux, en leur rembourfant la finance qu'ils avoient payée : fur ces motifs, M. l'avocat-général conclut à ce que la fentence des requêtes de l'hôtel fût infirmée. L'arrêt qui intervint fut conforme à fes conclufions.

Ainfi depuis cet arrêt, on regarde comme un

principe certain, què les feigneurs ont le droit de deftituer leurs officiers pourvus à titre onéreux, pourvu qu'ils leur rembourfent la finance qu'ils ont payée.

Cependant cette jurifprudence n'eft pas fuivie en Normandie. En effet, les commentateurs de la coutume de cette province s'expriment ainfi, fur l'article 13 de cette coutume.

« On n'a point autorifé, (difent-ils), en Normandie, la Deftitution des officiers de juftice » des feigneurs, lorfque ces officiers ont été » pourvus à titre onereux ou pour récompenfe » de fervices. Ainfi la claufe employée dans leurs » provifions, d'en jouir tant qu'il plaira au fei- » gneur, ne réferve point au collateur ni à fes » fucceffeurs, foit à titre univerfel ou à titre » particulier, le pouvoir de deftituer *ad bene pla-* » *citum*, parce que cette claufe s'explique tou- » jours civilement, par rapport à ce qui doit » plaire, fuivant la raifon & la juftice. Elle n'a » donc pas plus d'effet dans les provifions des » feigneurs que dans celles du roi.

» On a jugé, (ajoutent-ils), que les officiers » pourvus par les feigneurs commutables, tels » que les acheteurs à condition de rachat, les » maris jouiffant des droits de leurs femmes, les » ufufruitiers & les douairières, ne pouvoient » être deftitués par les fucceffeurs ; par la rai- » fon qu'on a réputé que la provifion des offices » eft un fruit civil, qui appartient aux poffef- » feurs légitimes de la même maniere que la » préfentation aux bénéfices. Bafnage rapporte » dans fon commentaire fur la coutume de Nor- » mandie, un arrêt du parlement de Rouen du » 15 juin 1657, qui a jugé qu'un officier pourvú

» par M. le prince de Guéméné, acquéreur avec
» faculté de rachat, n'avoit pu être deſtitué par
» ſon ſucceſſeur, & que le vendeur qui étoit
» rentré dans la poſſeſſion de ſa terre, étoit non-
» recevable à attaquer la nomination de cet
» officier ».

On admet dans toutes les autres provinces du
royaume, le principe qui accorde aux ſeigneurs
la faculté de deſtituer leurs officiers *ad nutum*,
ſoit que ces derniers aient été pourvus à titre
gratuit, ou à titre onéreux ou pour récompenſe
de ſervice ; mais les ſeigneurs ne peuvent révoquer leurs officiers qu'en ſe ſervant d'expreſſions
honnêtes, & s'ils font uſage de quelque terme
injurieux ou de quelque réticence qui puiſſe donner lieu à des ſoupçons flétriſſans, dans l'acte de
révocation, l'officier deſtitué peut porter ſes
plaintes dans les tribunaux, demander la ſup-
preſſion de cet acte, & réclamer une réparation
proportionnée à l'offenſe. *Par exemple*, ſi un ſeigneurs mettoit dans l'acte de Deſtitution, *pour
raiſons à nous connues*, l'officier peut le faire déclarer nul & injurieux, & obtenir des dommages & intérêts ; mais le ſeigneur ne perd pas
pour avoir fait une Deſtitution injurieuſe, le
droit de révoquer ſes officiers d'une manière
honnête : ainſi lorſqu'un ſeigneur veut deſtituer
ſes officiers, il doit les révoquer purement &
ſimplement, ſans exprimer dans l'acte de révocation aucune autre cauſe que celle de ſa volonté.

Chenu rapporte un arrêt du 17 décembre
1573, qui a déclaré nulle une Deſtitution injurieuſe.

Ce principe a été confirmé d'une manière ſo-

Dd iij

lemnelle, par un arrêt rendu le 4 février 1728, sur les conclusions de M. l'avocat-général Talon. Par cet arrêt, la Destitution du juge de Nogent-le-Rotrou, faite par M. de Béthune *pour causes à lui connues*, a été déclarée nulle.

Le même arrêt faisant droit sur une requête subsidiaire de M. de Béthune, qui contenoit une Destitution simple & sans aucune cause, a ordonné que la Destitution auroit lieu du jour de la signification de l'arrêt.

Cependant le 26 mars 1683, il fut rendu un arrêt qui confirma la Destitution faite par la dame de Benil, comtesse de Marans, du sénéchal de sa terre de Marans, située en Poitou, pour cause *des mauvaises vie, mœurs & incapacité de cet officier, d'usurpation & d'entreprise sur les droits de la terre, enfin de violences, faussetés & concussions, &c.*

Cet arrêt paroît contraire au premier coup d'œil, au principe admis par la jurisprudence ; mais une circonstance décisive avoit déterminé le parlement, c'étoit la procédure criminelle instruite contre le juge prévaricateur. Ainsi cet arrêt particulier ne peut être invoqué pour autoriser les seigneurs à destituer leurs officiers d'une manière injurieuse.

En 1761 le 29 août, on a agité au parlement de Paris la question de savoir si le comte de Grandpré avoit pu destituer le procureur-fiscal de sa terre, l'ayant désavoué dans l'acte qui contenoit sa révocation. Le désaveu ayant été jugé valable & la procédure anéantie par un arrêt du 8 avril précédent, un autre arrêt du 29 août suivant, rendu sur les conclusions de M. l'avocat-général Séguier, confirma la Destitution.

Les évêques, abbés & autres bénéficiers ont

le même pouvoir que les feigneurs laïcs pour la Deftitution des officiers de leurs juftices temporelles, & doivent obferver les même règles & les mêmes formalités.

Par arrêt du 17 mai 1623 qui eft rappporté dans le journal des audiences, il a été jugé qu'un officier pourvû à titre de récompenfe de fervices rendus à un abbé, pouvoit être deftitué par le fucceffeur pourvû de l'abbaye après le décès du titulaire.

Mais par arrêt du 29 novembre 1629, il a été jugé qu'un officier pourvû à titre de récompenfe de fervices rendus à une abbaye, ne pouvoit être deftitué par le fucceffeur par permutation.

On trouve dans les plaidoyers de Corbin, un arrêt rendu par le parlement de Paris du 18 février 1608, dont voici l'efpèce. Un greffier de l'abbaye de faint-Germain des Près qui avoit été pourvu par l'abbé, fe voyant deftitué par un nouvel abbé, attaqua fa Deftitution & foutint qu'elle ne pouvoit avoir lieu, parce qu'il avoit été pourvu à titre de récompenfe. L'abbé de faint-Germain des Près répondoit à ce greffier, qu'il n'étoit pas vrai qu'il eût rendu des fervices à fon abbaye ; que les fervices dont il vouloit tirer avantage avoient été rendus par fon prédéceffeur, dont il n'étoit alors que le clerc ; que d'ailleurs, il avoit joui de l'office pendant vingt ans & qu'il falloit eftimer fes fervices. L'abbé ajoutoit enfin qu'on accufoit ce greffier de concuffion. Par l'arrêt qui fut rendu, le parlement ordonna que le greffier exerceroit pendant fa vie, & que fur les plaintes en concuffion il feroit informé.

Il paroît que les services rendus par l'officier ont déterminé cet arrêt ; mais il est contraire au principe général, qui autorise les abbés & autres bénéficiers à destituer leurs officiers, quoique pourvus à titre de récompense de services, en leur payant une indemnité proportionnée à leurs services.

Il est encore important d'observer que le bénéficier qui destitue un officier pourvû par son prédécesseur, pour récompense de service ou à titre onéreux, n'est tenu de l'indemniser qu'autant que les services ou la finance qui a été payée, ont tourné au profit du bénéfice & de l'église, & non au profit particulier du bénéficier.

C'est ce qui a été jugé par un arrêt rendu le 11 mars 1627, en faveur de M. l'évêque de Noyon, contre le procureur-fiscal de la comté-pairie de cette ville.

M. le Prêtre rapporte un arrêt du parlement de Paris du 17 mars 1406, par lequel il a été jugé qu'un officier pourvu par un évêque, à titre de récompense de services rendus à l'évêché, ne pouvoit être destitué par le successeur de ce prélat ; mais cet ancien arrêt n'est plus suivi. Le bénéficier, par la derniere jurisprudence, est obligé d'indemniser le pourvu à titre de récompense de services rendus au bénéfice, & à ce moyen il jouit du droit de destituer l'officier.

Les services rendus par l'officier doivent être estimés relativement à leur importance, & il peut continuer d'exercer son office jusqu'au moment où l'indemnité qui lui est dûe lui a été payée.

Les évêques & abbés peuvent également destituer *ad nutum* leurs officiaux vigerens, promoteurs, appariteurs & autres officiers qui dépendent de leur juridiction eccléfiaftique.

Le chapitre a auffi le droit, *fede vacante*, de deftituer *ad nutum* les grands vicaires, officiaux, promoteurs & autres officiers, foit eccléfiaftiques ou laïques de l'évêché. Ce principe a été confacré par la jurifprudence, & il eft aujourd'hui conftant; anciennement la jurifprudence n'étoit pas uniforme, & les cours fe déterminoient par la poffeffion particulière des chapitres : maintenant on n'examine plus fi le chapitre a ou non la poffeffion de deftituer des officiers pendant la vacance du fiége ; on regarde que ce pouvoir lui appartient, & qu'il ne peut lui être contefté.

Autrefois on regardoit que les offices dépendans des juftices eccléfiaftiques, vaquoient de droit par la mort du titulaire du bénéfice ; aujourd'hui c'eft un principe certain qu'il faut une révocation expreffe.

Les officiers des villes & communautés tels ue les échevins, les fyndics, &c. ne peuvent être deftitués fans caufes légitimes avant la fin du temps de leurs commiffions.

Voyez *Loifeau, Chenu, Filleau, Brodeau-fur-Louet, Lapeyrere, Bafnage, Pefnelle, Baffet, Bouchel, Boniface, le Prétre, Corbin, Bardet, Soefve, Henrys ; le journal des audiences ; le dictionnaire des arrêts ; le dictionnaire des fciences ; le dictionaire de droit de Ferriere,* &c. Voyez auffi les articles DÉPOSITION, JUGES, OFFICIERS, SEIGNEURS, &c. (*Cet article eft de M. DESESSARTS, avocat au parlement*).

DÉSUÉTUDE. Se dit du non-ufage dans lequel fe trouvent une loi, une pratique, &c.

Rien ne prouve mieux l'inconvénient d'une loi que la Désuétude dans laquelle elle est tombée par elle-même (*). Lorsque le souverain porte une loi son intention est bien qu'elle soit exécutée à perpétuité ; mais comme les lois sont pour les hommes & non les hommes pour les lois, quand cette loi ne peut plus s'accorder avec les mœurs actuelles, il faut nécessairement qu'elle tombe en Désuétude. Elle y tombe pareillement lorsque le motif sur lequel elle a été fondée ne subsiste plus.

Les lois qui tiennent aux préjugés & à l'ignorance des temps où elles ont été données, sont encore des lois qui doivent disparoître dans un siècle sage & éclairé ; ce seroit le comble du ridicule & souvent de l'injustice & de la mauvaise foi que de les rappeler pour exercer des vexations.

Nous en avons beaucoup tant en matière criminelle qu'en matière civile sur lesquelles les juges d'aujourd'hui auroient tort de régler leurs décisions. Nous en avons beaucoup d'autres aussi qui sont peu respectées & qu'il seroit peut-être fort intéressant de remettre en vigueur ; mais dans l'état d'oubli & de Désuétude où sont ces lois, on ne peut point en exciper au

_____

(*) Nous disons *par elle-même* ; car il y a des lois qui ont cessé d'être observées, non parce qu'elles renfermoient des inconvéniens, mais parce qu'elles contrarioient les intérêts particuliers de ceux qui étoient faits pour en maintenir l'exécution. Le sort d'une loi peut dépendre encore de l'estime ou de la haine publique qu'on a pour la mémoire de celui que l'on sait en avoir été le promoteur : *necant venena legem.*

préjudice de l'ufage contraire qui les a rempla-
cées ; c'eft cet ufage qui en quelque forte fait
la loi.

Quelquefois une loi , furtout en matière criminelle, n'eft plus en vigueur uniquement parce
qu'elle n'eft plus obfervée , fans qu'elle foit pour
cela remplacée par aucun ufage contraire. Il y
a tant de lois & tant de chofes défendues par
ces lois, que fi le magiftrat qui a en mains la
cenfure publique vouloit abufer de fon miniftère , il n'eft pas de citoyen dont il ne put altérer le repos & la tranquillité. Mais autant il eft
louable de marquer fon zèle pour le bon ordre
& la régularité dans les mœurs , autant feroit-il
répréhenfible s'il étoit feul à s'offenfer de l'inobfervation d'une loi à laquelle perfonne ne croit
plus devoir faire attention. Que diroit on de lui
fi fous prétexte qu'il y a des lois fomptuaires qui
défendent d'avoir un chapon & une truite à fa
table un jour gras, qui défendent à la femme
d'un bourgeois d'être vêtue de foie & même de
porter un ruban , il alloit s'introduire dans les
maifons des particuliers pour favoir comment
font ordonnés leurs repas, ou à fe préfenter à
la toilette d'une femme pour lui confifquer fes
perles & fes bijoux ?

Il y a des lois , dit un obfervateur de nos
jours, qu'on peut comparer à certains médica-
mens qui font d'excellens fpécifiques dans le
premier temps de leur compofition, mais qui
en vieilliffant deviennent des poifons. C'eft ainfi,
ajoute-t-il , que lorfqu'il fut queftion de faire
périr un grand homme dans le fiècle paffé , on
alla déterrer une ancienne loi qui pouvoit être
falutaire dans le temps où elle fut portée , mais

qui après deux siècles se trouva un vrai poison pour le malheureux à qui l'on en fit l'application.

Cet exemple & nombre d'autres qui justifient l'abus qu'on a fait des anciennes lois pour persécuter des citoyens, feroient desirer que tous les demi-siècles ou du moins tous les siècles on fit une revue de toutes ces lois afin de rejeter toutes celles dont l'usage indiscret seroit dangereux, à-peu-près, pour entrer dans la comparaison que nous venons de donner, comme un pharmacien sage & prudent revoit de temps à autre ses remèdes pour ne conserver que ceux qui peuvent être encore salutaires au corps humain.

Mais quand peut-on dire précisément qu'une loi est tombée en Désuétude ? On peut le dire, 1°. lorsque la loi est si peu connue qu'on peut la regarder comme oubliée ; car l'oubli d'une loi est la marque la moins équivoque qu'elle n'est plus en vigueur : 2°. lorsqu'on cesse généralement de l'observer sous les yeux mêmes des magistrats qui en ont l'exécution & qu'il n'y a point de réclamation de leur part. Observez à ce sujet qu'une loi peut être en Désuétude dans un pays, dans un ressort, & ne l'être point dans un autre ; & qu'il ne faut point prendre pour une Désuétude quelques infractions particulières à la loi qui sont demeurées impunies, ou parce qu'elles n'ont point été connues, ou parce que les infracteurs ont eu assez de crédit pour faire taire le ministère public sur leur infraction.

Les causes qui donnent lieu à la Désuétude sont quelquefois les rigueurs de la loi, la cessation des motifs qui l'ont fait naître, le changement des tems, des mœurs & des circonstances.

Quand il s'élève dans l'état des maux violens qu'on ne peut guérir qu'avec des remèdes violens, le légiſlateur eſt ſouvent obligé d'en employer de cette ſorte ; mais lorſque ces maux ſont paſſés, la loi qui les concerne doit paſſer également. Que dans des temps ſédiïeux on prononce la peine de mort contre des citoyens qu'on trouvera attroupés au nombre de cinq, cette peine peut être néceſſaire pour empêcher de plus grands maux ; mais ces temps paſſés, ne ſeroit-ce pas une cruauté révoltante que d'appliquer la peine de la loi à quelques particuliers qui depuis y auroient contrevenu ?

Que dans des temps de diſette on porte des lois nouvelles ſur les grains ; qu'on défende ſous des peines ſévères les acaparemens, les monopoles, ces lois peuvent-être utiles ; mais lorſque ce motif aura ceſſé, que l'abondance aura reparu, ces lois doivent néceſſairement perdre leur autorité.

Il en eſt de même du changement des mœurs & des circonſtances. Dans le ſeizième ſiècle où le luxe commençoit à ſe montrer avec une certaine audace & où l'on craignoit qu'en corrompant les mœurs il n'appauvrît l'état, il étoit peut-être fort ſage, dit un grand écrivain de ce ſiècle, d'empêcher « que le ſecrétaire d'un rappor- » teur n'eût un habit de velours & pluſieurs » plats à ſa table ; une marchande de modes » des bracelets, des carcans & des dentelles ; » mais aujourd'hui que l'on eſt comme convain- » cu que le luxe enrichit un état au lieu de l'ap- » pauvrir, & que l'on peut être auſſi vertueux » avec des bas de ſoie qu'avec des bas de laine, » les lois ſomptuaires publiées dans ces temps

» de défiance ne méritent plus d'être conservées
» que pour fatisfaire la curiofité de ceux qui
» font bien-aifes de favoir à quelle diftance font
» les mœurs actuelles de celles de leurs an-
» cêtres. »

Obfervez qu'en fait de Défuétude il y a une
grande différence entre une loi dont on néglige
l'exécution & une loi qui abfolument n'eft plus
obfervée. Lorfque l'inobfervation de la loi eft
générale & bien caractérifée, on ne peut plus
dire que ce foit une prévarication formelle que
d'y manquer. Quand la loi au contraire eft toujours fage quoiqu'ancienne ; que les Magiftrats
ne l'ont point rejetée. & qu'elle ne perd de fa
vigueur que parce qu'ils ne font pas affez atten-
tifs à en maintenir l'exécution, on n'eft point
exempt de faute en y contrevenant.; mais on
n'eft point auffi coupable qu'on le feroit fi cette
loi étant exactement obfervée de tout le monde
on étoit le feul à y manquer.

Voyez ce que nous difons encore de la Défuétude à l'article AUTORITÉS. Voyez auffi les
articles LOIS, USAGE, &c. (*Article de M.
DAREAU, avocat au parlement.*)

DÉTAIL. (DROITS DE) Ce font des droits
qui fe perçoivent dans la partie des aides pour
la vente des boiffons en Détail.

Ces droits font le huitième réglé, le quatrième, la fubvention, le fou pour pot, la jauge
& courtage, l'annuel, les octrois, les impôts
& billôts, les devoirs, le vingt-quatrième, &c.
Ces différens droits font expliqués chacun à l'article qui le concerne (*).

(*) Obfervez que dans nombre de generalités, il y a

Tous ceux qui vendent des boiſſons en Détail peuvent être rangés ſous deux claſſes ; l'une de ceux qui ne vendent que le vin de leur crû, & l'autre de ceux qui vendent du vin d'achat.

Dans la première ſont les vignerons & tous ceux qui recueillent des boiſſons ſur un terrein qui leur appartient ou qu'ils tiennent à loyer.

Dans la ſeconde ſont les hôteliers, taverniers, cabaretiers, loueurs de chambres garnies, maîtres de penſion & tout autre de pareille qualité qui par état ou autrement font un commerce de boiſſons en Détail.

Tous les vendans vins ou autres boiſſons ſont tenus avant de commencer leur débit de déclarer non-ſeulement les boiſſons qu'ils ont deſſein de vendre, mais encore généralement toutes celles qu'ils ont en leur poſſeſſion en une ou pluſieurs caves, quelque part qu'elles ſoient ſituées. Cette déclaration doit être faite aux bureaux de recette dans les lieux où il y en a d'établis ; & aux commis aux exercices dans ceux où il n'y a point de bureau. Il doit être fait mention du lieu où les débitans entendent faire la vente de leurs boiſſons, ſi c'eſt à pot ou à aſſiette (*), & ſi elles ſont de leur crû ou d'achat ; ces débitans doivent en même-temps

différens lieux en faveur deſquels les droits de huitième & de ſubvention ont été modérés ſuivant des fixations particulières, ſoit à cauſe de la modicité des vins, ſoit pour d'autres conſidérations. L'énumération de tous ces différens lieux ſe trouve dans le *traité des aides*, par la Bellande.

(*) Cette diſtinction n'eſt pas néceſſaire dans la Normandie qui eſt ſujette au quatrième ; car dans les lieux où ce droit a cours, il n'y a point de différence entre la vente à pot & la vente à aſſiette.

retirer un acte de cette déclaration qui leur est délivré sans frais par les commis. Faute par eux de faire cette déclaration ils encourent la confiscation de leurs boissons & une amende de cent livres qui ne peut être modérée de plus du quart.

. Ce que nous venons de dire est tiré du texte même de l'article premier du titre 2 de l'ordonnance des aides : il y a de plus à ce sujet divers arrêts du conseil qui en confirment ou en interprètent les dispositions. Observez encore que les vendans vin en Détail qui exploitent des terres ou des fermes particulières hors du lieu de leur domicile, sont même obligés de déclarer les boissons qu'ils ont dans ces terres ou dans ces fermes pour la consommation de leurs gens ; d'en payer les droits de Détail & d'annuel & d'y souffrir les exercices des commis, C'est ce que porte un arrêt de la cour des aides de Paris du 11 janvier 1692.

Les déclarations dont il s'agit font la base du travail des commis ; on exige dans les pays de huitième qu'elles contiennent si la vente est à pot ou à assiette, à cause de la différence des droits ; & si les boissons sont du crû ou d'achat par rapport à l'annuel qui n'est point dû par ceux qui ne vendent que le vin de leur crû, en supposant toutefois qu'ils ne tiennent point cabaret.

Le vin tant du crû que d'achat vendu partie à pot & partie à assiette, est réputé pour le tout vendu à assiette quand même le débit en auroit été fait en différentes caves, en différentes maisons ou en différens quartiers. Il est permis à cet effet aux commis d'entrer même aux jours de

dimanche

dimanches & de fêtes, hors les heures du service divin, dans la maison des vendans en Détail, & ceux-ci sont tenus de leur en faire l'ouverture; sinon & en cas de refus ils sont réputés
vendre à assiette. Il y a plus; c'est que si après
leur déclaration de vendre à pot ils sont trouvés
vendant à assiette, ils encourent par chaque
contravention trois cens livres d'amende qui ne
peut être modérée.

La permission accordée aux commis d'entrer
dans la maison des vendans vin ne les autorise
pas à entrer dans les chambres des bourgeois
qui vendent le vin de leur crû à pot, sous prétexte qu'ils le vendent à assiette; ils ne peuvent le faire qu'après en avoir obtenu la permission en justice, si ce n'est par suite & lorsqu'ils ont découvert un commencement de
fraude.

Il est enjoint aux vendans en Détail sous les
peines ci-dessus, c'est-à-dire de confiscation &
de cent livres d'amende, de mettre après leur
déclaration faite un bouchon ou autre enseigne
à leur porte & aux autres endroits où ils veulent
faire le débit de leurs boissons; & il leur est expressément défendu sous les mêmes peines, durant leur débit, de cacher ou receler aucune
boisson dans leur maison ou ailleurs.

Il leur est pareillement défendu de vendre aucune boisson en Détail s'ils n'en ont en muid ou
demi-muid dans leur cave (*), sans qu'il leur soit
permis d'en avoir chez eux en bouteilles, dans des
cruches ou dans des barils; ni d'en envoyer cher-

(*) Ceci ne regarde point les vins de liqueur qui peuvent
être dans des vaisseaux d'une moindre continence.

cher ailleurs par pinte, dans des cruches, dans des barils ou dans d'autres vaisseaux de cette espèce.

Ils ne peuvent pas non plus pendant leur débit avoir une ouverture dans les murs de séparation des maisons voisines, & les particuliers ne peuvent prêter leur cave à moins qu'il n'y ait un bail passé devant une personne publique. Il leur est pareillement défendu pendant ce temps-là de brûler leur boisson pour en faire de l'eau-de-vie (*). Ils ne peuvent enlever le vin de leurs caves sous prétexte de l'avoir vendu en gros, qu'il n'ait été démarqué par les commis. Ils ne peuvent pareillement faire aucun remplage de vin sans y appeler les commis. Les substitutions frauduleuses, comme celle de l'eau au vin, & l'usage des rapés de copeaux ou de paille (**) leur font également défendus; ils peuvent cependant user de rapés de raisin (***) lorsqu'ils ont au moins vingt muids de vin dans leur cave dans le temps que le vin est mis sur le rapé. Il leur est libre en ce cas d'avoir un rapé d'un demi-muid pour vingt muids jusqu'à quarante; & au-dessus un rapé d'un muid en une ou deux pièces; mais ils ne peuvent tenir

(*) Cette dernière défense n'a pas lieu pour la province d'Anjou.

(**) Un rapé de copeaux est un tonneau entièrement rempli de copeaux neufs bien imbibés de bon vin, sur lesquels on passe celui qu'on veut éclaircir. Le vin se décharge en filtrant à travers ces copeaux des parties qui le rendoient trouble, & se clarifie en très peu de tems.

(***) Un rapé de raisins est un tonneau rempli à demi de raisins en grappes choisies, sur lesquelles on passe les vins usés pour leur redonner de la force & de la couleur.

ces rapés de raifin dans d'autres caves que celles de leur domicile, quoiqu'ils faffent leur débit en différentes caves, ni mettre le vin fur les rapés que le fermier ou fes commis ni foient préfens ou duement appelés.

Les baiffières (*) du vin vendu ou démarqué doivent être furvidées les unes dans les autres & tranfportées, à mefure qu'un tonneau en eft plein, chez les vinaigriers. Les tonneaux vides doivent être tirés de même hors des caves & défoncés, à peine de cent livres d'amende fuivant une déclaration du 17 février 1688 (**).

Il eft permis à tous les vendans en Détail de faire le débit de leurs boiffons à toutes les heures du jour jufqu'à huit heures du foir en hiver, & jufqu'à dix en été; même pendant les fêtes & dimanches excepté durant le fervice divin; & cela nonobftant toutes les ordonnances de police qui pourroient y être contraires. Il y a à ce fujet différens arrêts du confeil, entr'autres un du 12 janvier 1723, un autre du 4 janvier 1724, & un troifième du 25 février 1727.

Il eft défendu aux fuiffes, aux portiers & aux autres domeftiques des hôtels & des maifons de débiter aucune boiffon en Détail à pot ou à affiette, à peine de confifcation des boiffons & de cinq cens livres d'amende qui ne peut être

---

(*) On entend par *baiffières* les reftes du vin lorfqu'il approche de la lie.

(**) L'ordonnance rendue pour le reffort de la cour des aides de Rouen ajoute que le cidre & le poiré ne feront point compris dans cet article, & que les vendans en Détail feront tenus feulement de tirer les lies à mefure de la vuidange des vaiffeaux.

modérée, & au payement de laquelle ils peuvent être contraints par corps. Les condamnations peuvent en être prononcées soit sur les
procès-verbaux des commis qui se sont trans-
portés dans les hôtels ou dans les maisons, as-
sistés d'un officier de l'élection, ou sur la preuve
qu'il est permis au fermier de faire de la fraude
par deux témoins d'un même fait ou par quatre
témoins de faits différens. Il est enjoint aux maîtres de ces hôtels & de ces maisons de souffrir
la visite des commis & de tenir la main à ce
qu'il ne se commette chez eux aucune contravention, car pour la récidive ils sont responsables du fait de leurs domestiques, sans que les
uns ni les autres puissent être reçus à interjeter
appel des condamnations prononcées que le
montant n'en ait été préalablement consigné. Il
y a plusieurs arrêts du conseil à ce sujet, dont
l'un entr'autres du 17 décembre 1718 a été revêtu de lettres-patentes du 24 janvier 1719 enregistrées en la cour des aides de Paris le 7
juillet suivant.

Les gens du commun qui font venir chez eux
des quantités de boissons au-delà de la consommation qu'ils en peuvent faire eu égard à leurs
facultés, à leur état & au nombre de personnes dont leur famille est composée, ainsi qu'aux
impositions qu'ils payent en taille ou en capitation, sont tenus de déclarer aux commis à leur
première réquisition, s'ils entendent vendre ces
boissons en gros ou en Détail, ou les consommer
chez eux & pour leur provision : faute par eux
de vouloir faire cette déclaration ils deviennent
contraignables au payement des droits de Détail
de la totalité de ces boissons. Il est enjoint à

ceux qui ont déclaré les vouloir vendre en gros
ou en détail, de souffrir les exercices des commis & d'en payer les droits conformément aux
règlemens; & s'ils ont déclaré que ces boissons
sont pour leur consommation, de souffrir pareillement les visites des commis comme s'ils
avoient déclaré vouloir vendre, afin qu'en cas
d'abus le fermier soit en état de leur faire payer
les droits de Détail sur l'excédent de leur consommation raisonnable, de la même façon que
ces droits sont payés par les cabaretiers. Observez que la connoissance des contestations qui
peuvent naître à ce sujet est attribuée à l'intendant de la généralité dont les ordonnances sont
exécutoires par provision, sauf l'appel au conseil. Cette attribution qui n'est donnée que pour
le temps d'un bail se renouvelle à chaque bail;
le dernier renouvellement s'en est fait par un
arrêt du conseil du 16 août 1774.

Voyez pour supplément à l'article dont il
s'agit ce que nous avons dit à l'article CABARE-
TIER, où il est parlé en même-temps des droits
de Détail auxquels sont pareillement sujets les
loueurs de chambres garnies, les maîtres de
pension, les traiteurs, les concierges des prisons, les buvetiers & autres gens de cette
classe.

Exemptions des droits de Détail. Les exemptions des droits de Détail ne suivent pas à beaucoup près celles des droits d'entrée & de gros.
Les ecclésiastiques, les nobles, les officiers des
cours souveraines, les commensaux & autres
privilégiés pour les droits de cette dernière espèce sont assujettis à ceux de Détail pour les
boissons même de leur crû ou de leur bénéfice

qu'ils vendent à pot ou à affiette. Les feuls privilégiés pour les droits de Détail font actuellement :

1°. Les fecrétaires du roi.

2°. Les douze & vingt-cinq marchands de vin fuivant la cour.

3°. Les entrepreneurs généraux & particuliers de l'étape pour les boiffons qu'ils fourniffent aux troupes.

4°. Les maîtres de pofte pour celles qu'ils vendent aux courriers & poftillons feulement (*).

5°. Les fecrétaires du roi de la grande chancellerie & des chancelleries près les cours du royaume, revêtus actuellement de leur office ou vétérans après vingt années de fervice, ainfi que leurs veuves durant leur vuidité, font exempts des droits dont il s'agit, aux conditions fuivantes : la première eft de ne débiter leurs boiffons que dans leur maifon d'habitation ; la feconde que le débit s'en faffe à huis coupé & à pot renverfé (**) ; la troifième que

_____

(*) L'exemption dont jouiffoient les archers de l'hôtel-de-ville de Paris & les fuiffes de la garde du roi & des princes du fang, a été fupprimée lors de la réunion des droits de gros & de Détail dans Paris à ceux d'entrée, & il leur a été accordé des indemnités à raifon de cette fuppreffion.

Les compagnies d'arquebufiers & arbalêtiers de plufieurs villes jouiffoient auffi de la même exemption ; mais elles l'ont perdue par nombre de règlemens, notamment par un arrêt du confeil du 21 février 1721, comme étant abufive & dénuée de titres.

(**) On appelle *huis coupé*, une porte compofée de deux parties au-deffus l'une de l'autre, afin que n'ouvrant que la partie fupérieure, on fe contente de diftribuer le vin & d'en recevoir le payement. On dit *à pot renverfé* pour fignifier qu'on doit fe borner à vider fon pot dans celui du particulier qui vient prendre du vin.

ce soit dans les quartiers de janvier & de juillet de chaque année ; la quatrième est de fournir au fermier chaque année les déclarations par tenans & aboutissans des vignes qu'ils font façonner & des vins qu'ils y recueillent ; la cinquième qu'avant de vendre ils en fassent leur déclaration au bureau : autrement, & s'ils manquent à l'une de ces conditions, ils perdent leur privilége.

Leur maison d'habitation n'est censée être que dans les villes où ils exercent leurs fonctions (*) ; ils ne peuvent porter ailleurs leur privilége ; ce qui s'applique aux vétérans & aux veuves lorsqu'ils changent de domicile.

Ils font tenus de souffrir pendant leur débit les visites, les marques & les inventaires des commis ; & lorsqu'il survient des contestations entr'eux & le fermier, la connoissance doit s'en porter en première instance devant les élus, & par appel aux cours des aides.

Les marchands de vin suivant la cour ne jouissent plus de leur exemption à Paris depuis la réunion des droits dont il s'agit à ceux d'entrée ; mais ils en jouissent dans les autres lieux où le roi passe ou fait du séjour, & cela pour tout le vin indéfiniment qu'ils vendent & débitent à la suite de la cour. Observez néanmoins que leur exemption n'a pas lieu à Versailles & qu'elle se borne au vin seul, car ils doivent les droits de détail pour la bierre, pour le cidre, &c. Au surplus, ils font obligés de souffrir durant

---

(*) Les secrétaires n'ont plus de priviléges à Paris, depuis la réunion des droits de Détail à ceux d'entrée dans cette capitale en 1719.

leur débit les visites & les opérations ordinaires des commis.

Les adjudicataires généraux de l'étape ainsi que les étapiers particuliers font exempts des droits de Détail, à la charge par eux d'avoir pour mettre les boissons destinées à l'étape, des caves & des celliers particuliers séparés des lieux où ils mettent celles qui sont destinées à leur consommation, d'en faire leur déclaration au bureau des aides & de souffrir les visites des commis, à peine de confiscation & de cent livres d'amende. Il y a à ce sujet plusieurs arrêts du conseil, & entr'autres un du 15 décembre 1708.

On assimile aux étapiers les vivandiers des troupes suisses : ces vivandiers sont exempts des droits dont il s'agit au sujet des boissons qu'ils vendent aux troupes pour leur consommation, suivant la quantité qui en a été fixée par un règlement du 4 août 1716, à un demi-pot de bierre par homme chaque jour, ou à une chopine de vin mesure de Paris dans les lieux où il n'y a point de bierre, & à soixante pintes d'eau-de-vie par compagnie pour chaque mois. A l'égard des officiers, la fixation est à une pièce de vin mesure de champagne par mois, à partager entr'eux.

Quant aux maîtres de poste, l'exemption ne leur est due que pour les boissons qu'ils vendent aux courriers & aux postillons, & ils la perdent s'ils tiennent cabaret ou auberge.

Payemens des droits de Détail. Ces droits doivent être payés pour toutes les boissons portées en charge sur le registre des commis. Quand le fermier veut en exiger le payement, il le fait en vertu de contraintes qu'il décerne sur les états extraits des regiftres. Si quelqu'un des vendans en Détail a refusé de souffrir les exercices des commis, on ne laisse pas de décerner ces contraintes sur le pied du plus haut quartier par lui payé l'année précédente ; & s'il n'a rien payé l'année précédente on les décerne ou sur les regiftres des entrées s'il y en a, ou sur les inventaires pour tout le vin qui s'y trouve sous le nom du débitant, ou enfin, à défaut de regiftres d'entrées & d'inventaires, sur le pied du plus haut quartier de celui qui fait le débit le plus confidérable dans la paroisse où demeure le refufant.

Ces contraintes se décernent par corps, mais seulement contre les hôteliers, taverniers & cabaretiers, & encore cette contrainte par corps n'a-t-elle point lieu à leur égard par rapport aux octrois perceptibles au Détail, ni pour la moitié de ces octrois qui appartient au roi.

Le bénéfice de cession ne sauroit empêcher la contrainte par corps, mais cette contrainte ne peut point s'exécuter contre un septuagénaire. C'est ce qui a été formellement jugé par un arrêt de la cour des aides du 28 février 1716.

Dans les cas où la prise de corps a lieu, la contrainte ne peut être mise à exécution que trois jours après qu'elle a été fignifiée avec commandement de payer.

Il est expreflément défendu aux cours des aides de retarder l'exécution des contraintes par aucun arrêt de défenses ou de surféance, tant qu'il n'est question que de condamnations pécuniaires. Obfervez en même-temps que ceux qui en paffant des baux à loyer aux vendans vin en Détail

& même en gros, leur fourniffent des meubles ; ne peuvent point empêcher que les contraintes ne s'exercent fur ces meubles, à moins que dans les trois jours de la paffation des baux il ne foit fait devant les mêmes notaires qui les ont reçus un inventaire fommaire de ces mêmes meubles, & que trois jours après il n'ait été fignifié copie de ces baux & de ces inventaires au fermier des aides ou à fes commis en leur bureau ; le tout à peine de nullité.

Les contraintes fe décernent par le directeur des aides ; mais avant d'être mifes à exécution il faut qu'elles aient été vifées par un officier de l'élection.

Quand elles font décernées contre d'autres que des hôteliers, taverniers & cabaretiers, le redevable a huit jours francs pour payer ; mais ce délai expiré, on peut auffi-tôt procéder par voie de faifie fur fes revenus & fur fon mobilier.

Anciennement le fermier, aux termes d'une déclaration du 4 mai 1688, n'avoit que fix mois pour faire le recouvrement des droits de Détail ; mais une autre déclaration du 26 novembre 1709 ayant furfis à l'exécution de la précédente pour un temps indéfini, le·fermier s'eft renfermé dans les difpofitions de l'article 34 du titre commun de l'ordonnance de juillet 1681 ; au moyen de quoi on ne peut lui oppofer avec fuccès de fin de non-recevoir pour défaut de pourfuites que fix mois après fon bail expiré, & que dans le cas où il n'y a point d'exploit contrôlé, de condamnation ou d'obligation à fon profit.

Voyez *les ordonnances des aides de Paris & de Rouen ; un règlement de la cour des aides de Pa-*

tis du 11 janvier 1672 ; les déclarations des 17 février, 4 mai 1688 & 26 novembre 1709 ; les arrêts du conseil des 15 décembre 1708, 4 août 1716, 17 décembre 1718, 21 février 1721, 12 janvier 1723, 4 janvier 1724, 25 février 1727; le traité des aides par le Febvre de la Bellande, &c. Voyez aussi les articles CABARETIER, SUBVENTION, VIN, &c. (*Article de M. DAREAU, avocat au parlement.*)

DÉTAIL. On appelle ainsi chacune des trois parties, dans lesquelles l'ordonnance du 27 septembre 1776 a divisé l'objet de l'administration des arsenaux de marine, qui comprend les opérations mécaniques & les travaux relatifs aux bâtimens flottans.

Il y a le Détail des constructions, le Détail du port & le Détail de l'artillerie.

Le Détail des constructions comprend les constructions, refontes, radoubs, réparations d'entretien, & tous les ouvrages de charpente, forge, ménuiserie, sculpture, peinture & calfatage à faire à toute espèce de bâtimens flottans, aux chantiers ou calles en bois & berceaux pour la mise à l'eau, & à toutes les machines établies à l'usage des vaisseaux; il comprend pareillement l'inspection, l'arrangement & la disposition des bois de construction, bois de mâture & autres œuvrés ou non œuvrés, sous les hangars ou sous l'eau, & tout ce qui a rapport à la conservation & à l'entretien des vaisseaux ou autres bâtimens désarmés dans le port.

Les chantiers ou ateliers qui dépendent du Détail des constructions sont, les chantiers, calles ou bassins, pour la construction & le radoub des vaisseaux ou autres bâtimens :

Les chantiers pour l'entretien des chaloupes & canots à l'usage du port ou des vaisseaux :

Les ateliers des forges, à l'usage de la construction :

Ceux de la mâture, des hunes & cabestans, de la menuiserie, de la sculpture, de la peinture, de l'avironnerie, des gournables, des étoupes :

Et tous les autres ateliers ressortissans de ces premiers.

Le Détail du port comprend les mouvemens, amarrage, lestage & délestage de tous les bâtimens flottans ; les mouvemens & le transport des bois, des mâtures, des ancres & de tous les autres effets à l'usage des vaisseaux, à l'exception de ceux de l'artillerie ; la manœuvre de la mise à l'eau, de l'entrée dans les bassins & de la sortie, du tirage à terre, du mâtement, démâtement & carénages, & tous les autres mouvemens & manœuvres à faire dans le port ; les travaux relatifs à la fabrication des cordages, à la garniture, au gréement, à l'équipement & à la voilure ; la disposition, l'arrangement & l'inspection des magasins particuliers de chaque vaisseau ou autre bâtiment ; le curage & l'entretien du port & de la rade, la police des quais, la conservation & l'entretien des pompes à incendies ; & tous les objets qui font relatifs à la garde, sûreté & propreté des vaisseaux désarmés dans le port.

Les ateliers qui dépendent du Détail du port font, l'atelier de la corderie & tous ceux qui font nécessaires pour la fabrication des cordages :

Celui de la garniture :

La manufacture des toiles :

L'atelier des voileries & les petits ateliers qui en dépendent :

Ceux de la poulierie, de la tonnellerie & des pompes :

Ceux de la ferrurerie, de la plomberie, de la ferblanterie, de la chaudronnerie & de la vitrerie.

Le Détail de l'artillerie comprend les travaux relatifs à la fabrication des canons, mortiers, armes, afûts & tous les uftenfiles à l'ufage de l'artillerie ; les mouvemens & tranfports des effets dépendans de ce Détail ; l'infpection & les épreuves des canons & mortiers, & de toutes les autres armes, poudres, munitions, inftrumens & outils fervant à la guerre : ainfi que l'arrangement, la difpofition & l'entretien des divers effets appartenans à l'artillerie, foit dans le port, foit dans les magafins ou dans la falle d'armes.

Les ateliers qui dépendent du Détail de l'artillerie font, les ateliers de forge à l'ufage de l'artillerie :

Les fonderies, foit dans l'enceinte de l'arfenal, foit hors de l'arfenal :

L'atelier des afûts & celui du charronnage, tant à l'ufage de l'artillerie qu'aux autres ufages du port :

L'atelier des armuriers :

Et tous les petits ateliers relatifs au fervice de l'artillerie & à l'entretien des armes.

C'eft ce qui réfulte des articles 4, 5, 6, 7, 8, 9 & 10 de l'ordonnance citée.

Suivant l'article 18, le Détail des conftructions doit être dirigé & conduit fous l'autorité du directeur général, par un directeur & un fous-directeur des constructions, l'un & l'autre capitaines de vaisseau.

A ce Détail doivent être attachés quatre lieutenans & quatre enseignes de vaisseau à Brest; trois lieutenans & trois enseignes à Toulon; trois lieutenans & trois enseignes à Rochefort; l'ingénieur constructeur en chef, les ingénieurs constructeurs ordinaires, les sous-ingénieurs & les élèves-constructeurs, dans chacun des trois ports.

L'article 19 veut que le Détail du port soit dirigé & conduit sous l'autorité du directeur général, par un directeur capitaine de vaisseau & un sous-directeur capitaine de port.

A ce Détail doivent être attachés cinq lieutenans & cinq enseignes de port à Brest; trois lieutenans & trois enseignes à Toulon & à Rochefort.

Suivant l'article 20, le Détail de l'artillerie doit être dirigé & conduit sous l'autorité du directeur général, par un directeur & un sous-directeur de l'artillerie, l'un & l'autre capitaines de vaisseau.

A ce Détail doivent être attachés sept lieutenans de vaisseaux à Brest, dont un doit être aide-major d'artillerie, deux autres, capitaines en premier ou en second de la compagnie des bombardiers; quatre autres capitaines en premier ou en second des deux compagnies d'apprentifs canoniers; & sept enseignes de vaisseau, dont un doit être sous aide-major d'artillerie, & les six autres, lieutenant en premier ou en second des compagnies de bombardiers & d'apprentis canoniers: cinq lieutenans de vaisseau à Toulon & à Rochefort, dont un doit être aide major d'artillerie, & les quatre autres capitaines en premier ou en fecond des compagnies de bombardiers & d'apprentis canoniers ; & cinq enfeignes de vaiffeau, dont un doit être fous aide-major d'artillerie, & les quatre autres, lieutenans en premier ou en fecond des mêmes compagnies ; les compagnies de bombardiers & d'apprentis canoniers, & tous les maîtres canoniers entretenus dans chacun des trois ports.

L'article 22 veut qu'il foit attaché à chaque Détail fix gardes de pavillon ou de la marine à Breft & à Toulon, & quatre gardes de la marine à Rochefort ; ils ne peuvent être choifis que parmi ceux qui ont achevé leurs cours de mathématiques.

Il eft attribué par l'article 24 aux officiers de de vaiffeau attachés aux Détails, une certaine fomme par année (*), outre les appointemens

---

(*) Le roi accorde par an à chaque officier général, directeur général d'arfenal, pour fupplément d'appointemens quatre mille livres.

Pour fecrétaire & frais de bureau, quinze cens livres.

A chaque capitaine de vaiffeau, directeur du Détail des conftructions ou de celui du port pour fupplément, 2400 livres.

Pour fecrétaire & frais de bureau, douze cens livres.

A chaque capitaine de vaiffeau, fous-directeur du Détail des conftructions, pour fupplément, douze cens livres.

A chaque lieutenant de vaiffeau attaché au Détail des conftructions, pour fupplément, quatre cens livres.

A chaque enfeigne de vaiffeau attaché au même Détail, pour fupplément, deux cens cinquante livres.

A chaque garde du pavillon ou de la marine, attaché à un des trois Détails, pour fupplément, cent quarante-quatre livres.

dont ils doivent jouir selon leur grade dans la marine.

Indépendamment des officiers attachés particulièrement & fixément à chacun des trois Détails de l'Arsénal, l'article 26 veut que tous les autres lieutenans & enseignes de vaisseau, à l'exception de ceux qui sont attachés à la majorité & aux compagnies des gardes du pavillon & de la marine soient distribués par le commandant à la suite des trois Détails de l'arsénal, de manière qu'un tiers de ces lieutenans & enseignes soit destiné à suivre les travaux relatifs au Détail des constructions ; un tiers les travaux dépendans du Détail du port ; & l'autre tiers, ceux qui appartiennent à l'artillerie.

Ces lieutenans & enseignes doivent être commandés à tour de rôle à proportion des besoins du service & des travaux à faire dans le Détail pour lequel ils ont été destinés. Il ne leur est attribué aucun supplément d'appointemens & ils ne peuvent être employés à la suite d'un autre Détail qu'après avoir suivi pendant un an le Détail auquel ils ont été attachés en premier lieu.

L'article 27 dispense de la garde & de tout autre service à terre les officiers attachés fixément aux trois Détails de l'Arsénal.

Dans le cas de vacance d'une place d'officier attaché fixément au Détail des constructions ou à celui de l'artillerie, l'article 28 veut que le directeur du Détail où la place est vacante, indique au directeur général trois des officiers employés à la suite de ce Détail dans lesquels il a reconnu les dispositions les plus marquées pour la direction des travaux qui en dépendent:

dépendent : le directeur général doit en conféquence remettre leurs noms apostillés au commandant du port, pour les propofer à fa majefté qui nomme enfuite celui qu'elle juge à propos d'agréer.

Voyez *l'ordonnance citée*, & les articles DIRECTEUR GÉNÉRAL DE L'ARSÉNAL, CONSEIL DE MARINE, &c.

DÉTENTEUR. C'eft celui qui à la poffeffion réelle & actuelle d'un héritage, foit à titre de propriété, foit à titre d'ufufruit ou de quelqu'autre manière. Et l'on appelle *tiers Détenteur*, celui qui a la poffeffion actuelle d'un héritage hypothéqué à quelqu'un par le poffeffeur antérieur.

Les Détenteurs propriétaires foit le preneur ou celui qui a acquis du preneur, font tenus de payer les arrérages des charges foncières échus de leur temps ; mais le tiers Détenteur, qui n'a point eu de connoiffance de la rente eft quitte des arrérages, s'il déguerpit avant la conteftation en caufe, & fi le déguerpiffement n'a lieu qu'après la conteftation, il eft tenu des arrérages échus de fon temps feulement.

Comme les lods & ventes font des droits réels, le feigneur n'eft pas obligé de reconnoître le dernier acquéreur, avant d'avoir reçu les anciens droits qui lui font dus. Il eft de maxime qu'en quelques mains que l'héritage paffe le feigneur doit être préféré pour ces droits à tout autre créancier. Le parlement l'a ainfi jugé contre l'hôtel-Dieu de Paris par arrêt du 23 août 1678.

Cette décifion eft conforme à l'article 358 de la coutume de Paris qui veut que le feigneur qui s'oppofe au décret d'un immeuble pour les

droits de quints, relief, ventes & autres droits
feigneuriaux qu'il a à prétendre fur cet immeuble, foit préféré à tout autre créancier.

Le feigneur a pour le payement de fes lods
& ventes une action qui eft perfonnelle contre
l'acquéreur ou fes héritiers ; & qui eft hypothécaire privilégiée fur le bien avec droit de
fuite contre le fecond acquéreur ou autre tiers
Détenteur. Cette jurifprudence eft conforme à
l'opinion de la plupart des auteurs & furtout de
Dupleffis, de Brodeau, de Livonière, de Guyot,
& de Bourjon.

Il fuit de cette décifion que le feigneur n'eft
pas obligé de difcuter celui qui doit perfonnellement, & qu'il peut fuivre fon fonds pour
les arrérages du cens ainfi que pour les lods &
autres devoirs dus à l'égard des mutations antérieures à la poffeffion actuelle.

Mais en fe conformant à l'efprit de l'article
81 de la coutume de Paris qu'on doit fuivre
dans les coutumes qui n'ont aucune difpofition
fur l'objet dont il s'agit, le feigneur ne peut pas
pourfuivre le payement des lods & ventes par
la voie de la faifie ; il doit faire affigner le Détenteur pour voir déclarer l'héritage affecté &
hypothéqué à ces droits.

Suivant un arrêt de réglement rendu au confeil le 24 octobre 1724, le Détenteur actuel
d'immeubles foit qu'il poffède à titre d'acquêt, de fucceffion ou autrement, eft obligé de
payer tous les droits de centième denier dont
ces immeubles peuvent être chargés relativement aux mutations antérieures à fa poffeffion,
fauf fon recours contre les propriétaires ou poffeffeurs qui l'ont précédé, & cette dette doit
être acquittée par préférence à toute autre. Cette

jurifprudence eft fondée fur ce que le droit de centième denier eft réel & imprefcriptible, & que les immeubles ainfi que les fruits qu'ils produifent font toujours affectés au payement de ce droit.

Aü refte le Détenteur qui eft obligé de payer pour les propriétaires antérieurs à fa poffeffion peut comme on l'a déjà dit, exercer fon recours contre eux. C'eft encore ce qui réfulte de l'arrêt de réglement du 24 octobre 1724.

C'eft d'après ces principes que par arrêt du 9 mars 1745, le confeil fans avoir égard à des ordonnances de l'intendant de Bourges, a condamné François Evrat, la veuve Boutet & Pierre Baudry, Détenteurs des biens de la fucceffion de Pierre Martinat, & des fucceffions vacantes de Simon Boutet & de Pierre Raymond, à payer le centième denier de ces biens fauf leur recours.

Par un autre arrêt du 17 juillet 1745, le confeil a confirmé deux ordonnances de l'intendant de Rouen par lefquelles le fieur Rufte Détenteur des biens que lui avoient donnés en 1726 les fieurs & dame de la Villette, avoit été condamné à payer les droits d'infinuation & de centième denier dus pour leur contrat de mariage paffé devant notaires en 1724 & qui étoit refté au bureau du contrôle faute de payement de ces droits.

Par un autre arrêt du 10 juin 1747, le confeil a réformé une ordonnance de l'intendant de Bourges, & condamné le fieur Chafferat, Détenteur à titre d'acquêt, à payer fauf fon recours, le droit de centième denier du au fujet d'une fucceffion échue à fon vendeur.

Les Détenteurs à titre d'ufufruit font auffi obligés de payer les droits de centième denier dus pour les mutations des biens dont ils jouiffent, fauf leurs recours contre les propriétaires. Cette décifion eft fondée fur ce que l'édit du mois de décembre 1703 & la déclaration du 19 juillet 1704 ont fpécialement affecté les fruits des immeubles au payement du droit de centième denier.

En conformité de cette jurifprudence, le confeil a jugé le 6 avril 1723, que le fieur Duperron, ufufruitier des biens de fa femme, devoit payer le centième denier dû à caufe de la propriété de ces biens échus aux héritiers collatéraux, fauf fon recours contre eux.

Suivant le règlement du 24 octobre 1724, le fermier peut non feulement contraindre le Détenteur actuel au payement du centième denier dû pour les mutations antérieures à fa poffeffion, mais il eft encore difpenfé de former à cet effet oppofition au décret des immeubles faifis réellement : ainfi cette loi a affujetti celui qui poffède en vertu d'un décret à la même obligation que les autres Détenteurs relativement au droit dont il s'agit. Mais le confeil à modifié cette difpofition par plufieurs décifions poftérieures, felon lefquelles les adjudicataires d'immeubles vendus judiciairement doivent être déchargés des droits de centième denier dûs pour raifon des mutations antérieures à leurs adjudications, fauf au fermier à fe pourvoir contre les débiteurs perfonnels ou contre leurs héritiers, à moins que les adjudicataires dont il s'agit ne doivent encore le prix de leurs adjudications en tout ou en partie : dans ce

dernier cas, le fermier peut, inconteſtablement
agir contr'eux par la voie de faiſie-arrêt.

Le vendeur qui après avoir fait annuller la
vente qu'il avoit faite, rentre dans la poſſeſſion
de ſes biens, n'eſt pas obligé de payer les droits
dûs par l'acquéreur ou ſes repréſentans relativement à la vente annullée & aux autres mutations qui ont pu avoir lieu juſqu'au moment
où le vendeur eſt rentré dans ſes biens : la raiſon en eſt qu'il doit reprendre ſes biens francs
& quittes de toutes dettes du chef de l'acquéreur. Le conſeil l'a ainſi décidé le 31 mars 1757
en faveur du ſieur Quirot vendeur, ſauf au fermier à agir contre l'acquéreur.

Au ſurplus il faut obſerver que le fermier ne
peut répéter au Détenteur actuel que les ſimples
droits dûs par céux qui l'ont précédé dans la
poſſeſſion des biens, ſauf au même fermier à
pourſuivre ces poſſeſſeurs antérieurs ou leurs héritiers au payement du triple droit & des autres
peines qu'ils peuvent avoir encoûrues. Le conſeil l'a ainſi jugé les 11 & 27 novembre 1725,
& 11 mai 1727.

Obſervez auſſi qu'il n'en eſt pas du droit de
franc-fief comme de celui de centième denier :
le premier ne péut être exigé du Détenteur actuel pour les jouiſſances des Détenteurs antérieurs, à moins toutefois qu'il ne poſſéde à titre
d'héritier : dans ce dernier cas il doit acquitter
le droit de franc-fief pour les jouiſſances de celui
qu'il repréſente, comme une dette de ſa ſucceſſion. C'eſt ce qui réſulte de deux arrêts du
conſeil des 18 mars 1738 & 8 mai 1744.

Voyez le traité des fiefs de Pocquet de Livò-
nière ; & celui de Guyot ; les œuvres de Du-

pleſſis ; *le droit commun de la France ; Brodeau ſur la coutume de Paris ; les œuvres de Henrys ; le dictionnaire des domaines ; le réglement du 24 octobre 1724 ; l'édit de décembre 1703 ; la déclaration du 19 juillet 1704*, &c. Voyez auſſi les articles LODS ET VENTES, CENTIÈME DENIER, FRANC-FIEF, USUFRUIT, POSSESSION, &c.

DÉTENTION. C'eſt l'état de celui qui eſt privé de ſa liberté ſoit par force ou par autorité de juſtice. Voyez PRISONNIER, EMPRISONNEMENT.

DÉTENTION, ſignifie auſſi la poſſeſſion de celui qui eſt détenteur d'un héritage. Voyez DÉTENTEUR.

DÉTRACTION. Médiſance portée à l'excès.

Quelque tort que puiſſent avoir ceux qui par leur conduite donnent priſe à la cenſure, il n'eſt pourtant permis à perſonne d'en mal parler dans le deſſein de nuire à leur réputation.

Nous diſons *dans le deſſein de nuire à leur réputation*, car autre choſe eſt de s'entretenir dans les ſociétés de différens faits connus ſur le compte de quelqu'un & d'en parler ſuivant le bruit public, & autre choſe de s'en entretenir à deſſein de le perdre d'honneur dans l'eſprit de ſes concitoyens.

Ce deſſein n'eſt guère équivoque lorſqu'on inſiſte pour donner au bruit public de la conſiſtance, & qu'on s'annonce même comme témoin de certaines particularités injurieuſes capables d'avilir celui à qui on les impute. Pour une injure pareille on eſt dans le cas d'exiger une réparation ; car quoique le fait en lui-même ſoit vrai, il n'eſt point permis pour cela de le divulguer au détriment d'autrui. Les vérités offensantes, comme l'observe fort bien un auteur, ne sont jamais bien dites, & s'il étoit permis d'user de ce prétexte pour se livrer à la Détraction, on introduiroit dans la société un désordre affreux.

Voyez *le traité des injures*, Voyez aussi l'article MÉDISANCE. (*Article de M. DAREAU, avocat, &c.*)

DÉTRACTION. (DROIT DE) C'est un droit par lequel le souverain distrait à son profit une certaine partie des successions qu'il permet aux étrangers de venir recueillir dans son royaume.

Ce droit, par exemple, fut fixé par une déclaration du 18 mars 1768, à cinq pour cent du capital pour les sujets de l'électeur de Bavière, en cas d'exportation des effets d'une succession ou du prix de ces mêmes effets. Cette fixation avoit déjà été faite par des conventions arrêtées entre le roi & divers autres souverains en 1767. (*Article de M. DAREAU, avocat, &c.*)

DÉTÉRIORATION. Action par laquelle on dégrade, on gâte, on rend pire une chose. C'est aussi l'état de la chose détériorée.

Il y a cette différence entre la dégradation & la Détérioration, que la dégradation s'applique particuliérement aux immeubles & la Détérioration aux choses mobilières.

Lorsqu'on a en sa possession le bien d'autrui, on doit avoir soin de ne pas le dégrader ni le détériorer. En contrevenant à cette obligation, qui est autant de droit naturel que de droit civil, on devient responsable de l'espèce de délit dont on se rend coupable en pareil cas.

Ff iv

Lorfqu'un propriétaire loue un meuble à quelqu'un, il eft cenfé le louer en bon état ; de forte que fi lors de la remife qu'on lui en fait, il s'apperçoit qu'il eft détérioré autrement que par l'ufage (*) auquel il étoit deftiné, il eft bien fondé à faire payer la Détérioration, & même à le refufer s'il fe trouve hors d'état de fervir.

Il en eft à plus forte raifon de même d'un meuble prêté : mais il y a cette différence entre le meuble loué & le meuble prêté, que le premier eft cenfé avoir été loué en bon état, & que le fecond a été prêté tel qu'il étoit : pour l'un le bailleur en eft cru, & pour l'autre c'eft l'emprunteur, à moins qu'il n'y ait des preuves du contraire foit par témoins ou autrement. La raifon pour laquelle le bailleur en eft cru, c'eft parce qu'on ne loue pas un meuble à prix d'argent fans que ce meuble ne foit en bon état ; la raifon du contraire pour l'emprunteur, eft que celui-ci recevant un plaifir gratuit, le reçoit tel qu'on le lui fait, & comme le prêteur a eu confiance en lui, il faut que cette confiance fe continue jufqu'à fuivre la bonne foi de l'emprunteur fur fa déclaration que le meuble qu'on lui a prêté ne valoit pas plus qu'il ne le prétend.

Dans le prêt à ufage, l'emprunteur n'eft pas plus tenu des Détériorations ordinaires qui ré-

(*). Nous difons *par l'ufage*, car s'il n'y a d'autre détérioration que celle qui peut réfulter du fervice auquel il eft propre, ce n'eft plus une détérioration dont on foit refponfable. Si par exemple on m'a loué un uftenfile de cuifine deftiné à mettre fur le feu, il eft évident qu'après un certain tems il ne doit pas fe trouver en auffi bon état que lorfqu'il m'a été loué.

fultent du fervice auquel la chofe prêtée eft deftinée, que le locataire n'en eft tenu pour les
chofes louées : les principes à cet égard font les
mêmes; en obfervant toutefois qu'un locataire
n'eft tenu que des fautes ordinaires qui peuvent
donner lieu à une Détérioration, aulieu que l'emprunteur eft tenu des fautes les plus légères,
parce que le prêt eft entièrement en fa faveur.

Voyez l'article DÉGRADATION, (*article de
M DAREAU, avocat, &c.*)

DETTE. C'eft en général ce que l'on doit à
quelqu'un.

On diftingue d'abord les Dettes en actives &
en paffives. Les Dettes actives font celles dont on
a droit d'exiger le payement ; & les Dettes paffives font celles qu'on eft obligé de payer.

Les Dettes reçoivent encore plufieurs autres
dénominations : ainfi on appelle *Dette mobilière*,
celle qui a pour objet quelque chofe de mobilier, comme une fomme d'argent due par promeffe, obligation, reliquat de compte, &c. ou
une certaine quantité de grain, de vin, &c.

La *Dette immobilière* eft au contraire celle qui
eft réputée immeuble, comme une rente foncière &c.

On appelle *Dette perfonnelle*, une Dette contractée par le débiteur perfonnellement, ou celle
pour laquelle le créancier a une action perfonnelle. Et *Dette réelle*, celle qui réfulte uniquement de la détention ou poffeffion d'un immeuble, comme le cens, la rente foncière.

Il y a auffi les Dettes chirographaires, les
Dettes hypothécaires, & les Dettes privilégiées.

La *Dette chirographaire* eft celle qui réfulte

d'un titre fous feing privé qui n'emporte point d'hypothèque.

La *Dette hypothécaire* eft celle qui eft fondée fur un acte authentique, & pour laquelle on peut agir hypothécairement contre le tiers détenteur d'un immeuble hypothéqué à cette Dette.

La *Dette privilégiée* eft celle qui fait préférer un créancier à tout autre, foit chirographaire, foit hypothécaire.

En matiere d'hypothèque, on appelle *Dette ancienne*, une Dette qui précède les autres : & en matière de fubrogation, c'eft celle à laquelle le nouveau créancier eft fubrogé.

En Normandie, on appelle *Dette ancienne*, celle qui eft antérieure à l'acquifition du tiers-acquéreur.

Une *Dette* eft dite claire ou liquide, lorfque l'objet en eft fixe ou certain : ainfi une créance de la fomme de cent écus eft une Dette liquide ; au lieu qu'une fomme qui doit revenir d'un compte d'une fociété, eft une Dette non liquide, parce qu'on ne peut voir qu'après l'apurement du compte à quoi cette fomme fe portera.

On appelle *Dette confulaire*, celle qui rend le débiteur jufticiable des confuls, & qui emporte conféquemment contre lui la contrainte par corps : telles font les Dettes créées entre marchands, banquiers, agens de change, traitans & gens d'affaires, pour raifon de leur commerce, foit par lettres ou billets de change ou autrement.

Toute autre perfonne peut auffi contracter des Dettes confulaires ; mais ce ne peut être qu'en tirant, endoffant ou acceptant des lettres ou billets de change.

On appelle *Dette civile*, toute Dette ordinaire qui n'eft point pour fait de commerce, ni pour condamnation en matière criminelle. Et *Dette légale*, celle à laquelle on eft obligé par la loi; comme la légitime des enfans, le douaire, les alimens dûs réciproquement entre les afcendans & les defcendans, &c.

Il y a encore les Dettes pures & fimples, les Dettes conditionnelles, les Dettes fimulées & les Dettes folidaires.

Une Dette eft pure & fimple lorfqu'elle contient une obligation de payer fans aucun terme ou délai & fans condition. Et elle eft conditionnelle lorfqu'elle dépend de quelque évènement, & qu'elle ne peut être exigée qu'après quelque condition accomplie.

La Dette fimulée eft celle que l'on contracte en apparence, mais qui n'eft pas férieufe, & dont il y a ordinairement une contre-lettre.

Et une Dette eft folidaire lorfque le créancier peut l'exiger en totalité de l'un ou de l'autre des coobligés indifféremment.

Nous obferverons en général fur la matière dont il s'agit, qu'il n'y a que les perfonnes qui peuvent s'obliger, qui puiffent contracter des dettes; ainfi les mineurs non émancipés, & les femmes en puiffance de mari, n'en peuvent contracter aucune fans l'autorifation de ceux fous la puiffance de qui ils font.

On peut contracter des Dettes valablement & par toutes fortes d'actes, comme par billet ou obligation, fentence ou autre jugement, & même tacitement, comme quand on eft obligé en vertu de la loi d'un quasi-contrat, ou d'un délit & quasi-délit.

Les caufes pour lefquelles ont peut contracter des dettes, font tous les objets pour lefquels on peut s'obliger, comme pour alimens, pour argent prêté, pour vente ou louage de meubles, pour ouvrages faits, pour vente d'un fonds, d'une charge, pour arrérages de rente, douaire, légitime, foute de partage, &c.

Le créancier pour obtenir le payement de fa Dette, a différentes fortes d'actions, felon la nature de la Dette & du contrat, & felon les perfonnes contre lefquelles il agit. Il a action perfonnelle contre l'obligé ou fes héritiers; hypothécaire contre le tiers détenteur d'un héritage hypothéqué à la Dette; & en certain cas, il a une action mixte. *Voyez* ACTION.

L'héritier pur & fimple, c'eft-à-dire, qui ne fait aucun ufage du bénéfice d'inventaire eft tenu indiftinctement & indéfiniment de toutes les Dettes paffives du défunt à quelque fomme qu'elles puiffent fe monter, quand même elles excèderoient de beaucoup la valeur des biens. La raifon en eft qu'il n'a tenu qu'à lui de renoncer à la fucceffion ou de ne l'accepter que par bénéfice d'inventaire. N'ayant pris aucun de ces deux partis & s'étant rendu héritier, il s'eft obligé irrévocablement à payer toutes les Dettes.

Les créanciers chirographaires & en général ceux qui n'ont aucune hypothéque fur les biens du défunt, doivent néanmoins être préférés fur ces biens aux créanciers de l'héritier, quand même ils feroient hypothécaires. Cette décifion eft fondée fur ce que les biens d'une fucceffion ne paffent à l'héritier qu'à la charge d'acquitter les Dettes du défunt.

D'un autre côté, les créanciers du défunt même ceux qui font hypothécaires, n'ont d'hypothèque fur les biens propres de l'héritier que quand il leur a obligé fes biens, ou qu'ils ont obtenu contre lui une condamnation en juftice.

S'il y a plufieurs créanciers du défunt qui n'aient ni hypothèque ni privilège, ils viennent entre eux en concurrence, tant fur les biens de l'héritier que fur ceux du défunt, & s'il n'y en a pas en fuffifance pour les payer tous, on en diftribue une partie à chacun à proportion de ce qui lui eft dû.

Lorfqu'il y a des créanciers hypothécaires du défunt, ils doivent être payés fur les biens de leur débiteur fuivant l'ordre de leurs hypothèques ; mais cette règle n'a pas lieu à l'égard des biens de l'héritier : ils ne peuvent venir fur ceux-ci qu'en concurrence entre eux & les autres créanciers du défunt qui n'ont point d'hypothèque. La raifon en eft que tous n'ont leurs droits contre l'héritier que du jour de l'adition d'hérédité.

Dans tous les cas où il y a concurrence entre les créanciers du défunt & ceux de l'héritier, les créanciers du défunt doivent comme on l'a déjà dit, être préférés fur fes biens aux créanciers de l'héritier ; c'eft pourquoi ils peuvent pour exercer leurs droits, faire féparer les biens de la fucceffion de ceux de l'héritier.

Toutes les Dettes, foit perfonnelles, hypothécaires, ou privilégiées, doivent fe divifer entre les héritiers, de manière que chacun en paye une part proportionnée à celle qu'il prend dans la fucceffion. C'eft pourquoi le créancier du défunt doit divifer fa demande contre les héritiers de manière qu'il ne répète à chacun d'eux que fa portion (*).

Obfervez néanmoins que cette décifion ne s'étend pas aux Dettes hypothécaires ni privilégiées : les créanciers peuvent fe faire payer de celles-ci fur les biens qui y font fujets quoiqu'un feul héritier les ait dans fon lot : c'eft pourquoi l'on dit communément, *que les héritiers font tenus des Dettes de la fucceffion perfonnellement chacun pour fa part, & hypothécairement pour le tout.*

Mais quoique la Dette hypothécaire ou privilégiée ne fe divife pas à l'égard du créancier, & qu'il puiffe la demander en totalité à l'héritier poffeffeur des biens qui y font fujets, elle fe divife entre les héritiers : ainfi lorfque l'héritier poffeffeur de l'héritage fujet à l'hypothèque ou au privilège eft pourfuivi pour le tout, il peut exercer fon recours contre fes cohéri-

___

(*) Tel eft le droit commun : il y a néanmoins quelques coutumes où chaque héritier peut être pourfuivi folidairement pour les dettes perfonnelles. De ce nombre eft la coutume d'Amiens dont l'article 159 eft ainfi conçu :

» Si aucun au jour de fon trépas délaiffe plufieurs héri-
» tiers, lefquels à ce titre aient appréhendé fes biens, les
» créanciers du défunt peuvent, fi bon leur femble, s'adref-
» fer pour avoir payement de leur dû contre l'un des héri-
» tiers dudit debiteur pour le tout & contre lui feul faire
» pourfuite & le contraindre à payer le total dudit dû : mais
» icelui héritier a fon recours contre fes co-héritiers, &
» chacun d'eux pour leurs portions héréditaires ».

Mais hors de cès coutumes qui font trop rigoureufes & même oppofées à l'équité, chaque héritier n'eft tenu des Dettes que proportionnément à la part qu'il prend dans la fucceffion.

tiers qui doivent l'indemnifer chacun pour fa portion.

Lorfqu'un défunt laiffe différens héritiers à différentes efpèces de biens , comme tous fuccèdent à la perfonne du défunt & la repréfentent, ils fuccèdent tous aux Dettes perfonnelles du défunt quelles qu'elles foient.

A l'exception de quelques coutumes, telles que celle d'Auvergne, on ne confidère ni la caufe , ni l'origine des Dettes , quoique l'on confidère dans l'actif d'une fucceffion l'origine d'où les immeubles procèdent.

Il fuit de cette décifion , que fi le défunt a laiffé dans fa fucceffion un héritage dont le prix foit encore dû, & qu'un de fes héritiers fuccède aux meubles & acquêts tandis que l'autre fuccède aux propres, celui-ci ne fera pas moins tenu que celui-là, de payer proportionnément à fa part héréditaire la fomme due pour le prix de l'acquêt auquel il ne fuccède point.

Pareillement , fi lors de fa mort un homme doit à un architecte le prix d'un bâtiment conftruit fur un héritage qui étoit un propre paternel ; & qu'il laiffe un héritier des meubles & un héritier des propres paternels , l'héritier des meubles fera tenu de payer fa part de la Dette proportionnément à fa portion héréditaire , quoique l'héritier des propres profite feul du bâtiment qui a occafionné cette Dette.

Dans le cas de la renonciation de la femme à la communauté, on doit regarder les reprifes qu'elle a droit d'exercer, comme une Dette de la fucceffion du mari, à laquelle tous fes héritiers font tenus de contribuer chacun proportionnément à fa part dans l'hérédité, fans qu'on puiſſe prétendre que l'héritier ſeul des meubles & acquêts qui ſuccède aux biens de la communauté, ſoit chargé de cette Dette.

Les rentes foncières ne ſont pas des Dettes de la ſucceſſion ; ce ſont des charges particulières des héritages qui ſont affectés & hypothèqués à ces rentes ; mais les arrérages qui en ont couru juſqu'au jour du décès du défunt, & qui n'ont pas été payés, ſont des Dettes de la ſucceſſion dont tous les héritiers doivent être chargés.

L'obligation de fournir & faire valoir la rente foncière que le défunt a contractée par le bail de l'héritage, eſt une obligation perſonnelle du défunt, de laquelle par conſéquent tous ſes héritiers ſont tenus : mais comme cette obligation n'eſt qu'acceſſoire & ſubſidiaire, ceux de ces héritiers qui ne ſuccèdent pas à l'héritage, ne ſont obligés que ſubſidiairement dans le cas où l'héritage ne ſeroit pas ſuffiſant pour acquitter la rente.

Il ſuit de cette déciſion, que ſi l'héritier qui a ſuccédé à l'héritage trouve qu'il ne vaut pas la rente, il peut après que le créancier aura refuſé d'accepter le déguerpiſſement de cet héritage, aſſigner ſes co-héritiers pour les faire condamner à payer avec lui la rente à proportion de leurs parts dans la ſucceſſion ; & il doit à cet effet leur offrir de déguerpir l'héritage pour ces parts.

Remarquez qu'il ne faut pas confondre avec les rentes foncières les rentes qui ſont à prendre par aſſignat ſpécial ſur un certain héritage : ces dernières ſont dues principalement par la perſonne, & l'obligation du fonds ſur lequel elles ſont font affignées, n'eft qu'acceffoire à l'obligation perfonnelle : c'eft pourquoi tous les héritiers en font tenus chacun pour la part qu'il a dans la fucceffion.

Au refte, la règle qui veut que les héritiers du défunt foient tenus de toutes fes Dettes, quelles qu'elles foient, reçoit deux limitations.

La première eft que la Dette d'un corps certain que le défunt a laiffé, n'eft due que par ceux qui y fuccèdent, & nullement par les héritiers qui fuccèdent à d'autres efpèces de biens. La raifon en eft, que comme le défunt n'auroit plus été obligé à la Dette de ce corps certain, s'il eût ceffé fans fon fait, de le poffèder, de même ceux de fes héritiers qui ne le poffèdent point, & qui n'y ont point fuccédé, ne peuvent être tenus de cette obligation.

Ainfi dans le cas où le défunt feroit mort après avoir vendu la coupe d'une futaie fur un propre paternel, & avant que le bois eût été coupé par l'acheteur, il eft évident que l'héritier de ce propre feroit tenu feul de remplir l'obligation du défunt.

Cependant fi le défunt débiteur d'un corps certain ne l'a point laiffé dans fa fucceffion, foit parce qu'il n'en étoit pas poffeffeur, ou qu'il l'a aliéné, tous fes héritiers doivent être tenus indiftinctement de cette Dette.

La feconde limitation, eft que dans plufieurs coutumes telles que celles de Blois, de Tours, de Lorraine, &c. celui qui fuccède au mobilier eft feul chargé des Dettes mobilières (*). C'eft

_____

(*) Il y a dans les pays-bas plufieurs coutumes qui divifent les Dettes entre les héritiers conformément au droit

une suite de ce que notre droit coutumier ayant

romain : telles sont celles de Tournai, de Cambrai, de Valenciennes. La disposition de cette dernière fut confirmée par un arrêt du parlement de Flandre du 18 mai 1724. Dans plusieurs autres les héritiers peuvent être poursuivis solidairement : telles sont celles du Hainaut, de Douai, de la gouvernance de Douai, de Lille, de la châtellenie de Lille, de Courtrai, d'Arras, &c.

Si la succession est ouverte dans une coutume où les Dettes se divisent entre les héritiers, & que le défunt ait laissé des biens situés dans une coutume qui les rend solidaires, les héritiers qui ont appréhendé ces biens peuvent-ils être poursuivis solidairement ? Vouet & Christin sont d'avis qu'ils ne peuvent être poursuivis qu'à raison de leur portion héréditaire. C'est aussi ce qu'a jugé le grand conseil de Malines, par arrêts des 25 janvier 1552, 7 octobre 1559, 30 août 1561, 14 mai 1569, 13 décembre 1578, 1586, 1589. Le parlement de Flandres a décidé la même chose par arrêt rendu en révision entre la Comtesse d'Anappes & Rosendal. M. Pollet rapporte que cet arrêt a passé des deux tiers des voix.

Il seroit peut-être téméraire de combattre une opinion tant de fois confirmée. Voici néanmoins ce qui nous fait douter de sa justesse.

Un héritier qui appréhende une succession fait un quasi-contrat avec les créanciers du défunt. Tout contrat ou quasi-contrat, quant aux obligations qu'il produit, se règle par les lois du lieu où il est passé ; or, le quasi-contrat qui résulte de l'appréhension que fait un héritier des biens du défunt, se passe certainement dans le lieu où les biens sont situés ; car il y a autant de successions que de coutumes. Celle de la maison mortuaire n'a aucune force dans un autre, & par conséquent elle ne peut régler les obligations que contractent les héritiers envers les créanciers en appréhendant des biens qui y sont situés. Sur la question de savoir si l'on se soumet aux Dettes du défunt par l'appréhension d'un bien d'une certaine espece, c'est à la coutume de la situation qu'il faut s'en rapporter : par exemple, la coutume du Cambresis, titre 1, article 24, exempte l'héritier d'un

eu pour objet de conferver autant qu'il étoit;

___

fief propre au défunt de payer fes Dettes, lors même qu'il ne fe trouve pas d'autres biens, & certainement on ne pourroit l'obliger à fupporter les charges quand même la fucceffion feroit ouverte dans une coutume qui y foumettroit les propres féodaux *. S'il en eft ainfi de la queftion de favoir fi l'on doit payer les Dettes, pourquoi n'en feroit-il pas de même de celle de favoir quelle quotité on doit en payer ?

Le droit commun des Pays Bas charge les héritiers des meubles de payer toutes les Dettes. Telle eft la difpofition des chartes générales du Hainaut, chapitre 123, article 2; de la coutume de Valenciennes, article 160; du Cambrefis, titre 15, article 1; d'Artois, article 285; de Namur, article 82; de Liége, chapitre 11, article 22; de Tourna & du Tournefis, titre des fucceffions, article 6.

C'eft d'après ces décifions que l'on tient pour maxime que les meubles font le fiége des Dettes, & qu'elles en font inféparables lorfqu'il s'agit de difpofitions qui conduifent ou à l'avantage des conjoints, ou au profit de perfonnes incapables de recevoir les biens fur lefquels la charge des Dettes eft rejetée. C'eft ce qu'ont décidé deux arrêts du parlement de Flandres, dont voici l'efpèce.

Le contrat de mariage du fieur de Baquehem du Liez accordoit à fon époufe, en cas de furvie, le choix de fes reprifes accompagnées de fon douaire conventionnel, ou de fes droits de communauté & de douaire coutumier, tels qu'ils font réglés par les coutumes de la fituation des biens fur lefquels ces droits & ce douaire devoient s'exercer, *le tout franchement & fans charge de Dettes.* Après la mort du

___

(*) C'eft ce que décident les articles 11 & 12 du chapitre 123 des chartres générales du Hainaut.
» Ceux appréhendans meubles par fucceffion au dehors de notre
» pays, feront fujets aux detes du trépaffe, & pour icelles pour-
» fuivables en notredit pays, encore qu'ils n'aient rien appréhendé
» en icelui, fi la loi du lieu où l'appréhenfion fe feroit, ne les en
» délivre.
» Mais pour fief au dehors de notredit pays par eux appréhendé,
» ils ne feront pourfuivables en icelui, fi la loi du lieu où le fief
» feroit gifant ne le permet ainfi. »

poffible les héritages dans les familles , il ne

mari, la femme prétendit la moitié des meubles de la communauté fans charge des Dettes : en conféquence elle demanda fes ftipulés propres & fes reprifes fur les biens du défunt ; mais on lui foutint que les meubles étoient le fiége des
Dettes ; que ces reprifes étoient une charge de la communauté, dont la dot & fon argent ftipulé propre avoient groffi
la maffe ; qu'il n'y avoit point de biens à moins que les
charges n'en fuffent déduites ; que la dame du Liez en prenant la moitié des meubles de la communauté, confondoit
en elle-même la moitié de fes reprifes ; que donner à une
veuve les biens communs & en rejeter les charges fur ceux
du mari, c'étoit autorifer des avantages entre conjoints. Par
fentence du 9 mars 1748, les échevins de Douai déclare-
rent la dame du Liez foumife au payement de la moitié des
Dettes de la communauté. Cette fentence fut confirmée à la
gouvernance le 25 mai, & au parlement par arrêt du 16
octobre de la même année, au rapport de M. Cambier.

Le fieur Defcarpenteries, Chanoine de Saint-Amé à
Douai, légua tous fes meubles à l'hôpital général de la
même ville, & ordonna la vente de fes rentes fur particuliers pour acquitter fes Dettes. Ses héritiers contefterent
cette difpofition, & foutinrent que les meubles étant con-
facrés au payement des Dettes, le teftateur n'avoit pu les
exempter de cette charge pour la rejeter fur fes rentes ; que
cette forme de difpofer n'avoit été imaginée que pour éluder
la défenfe faite aux main-mortes d'acquérir des rentes conftituées fur des particuliers; que le fieur Defcarpenteries en ordonnant que fes rentes fuffent vendues pour acquitter fes Dettes dont étoient chargés les meubles qu'il avoit légués à l'hôpital, avoit fait la même chofe que de léguer le prix des rentes
à l'hôpital, ce qui eft expreffément défendu par l'article 20
des lettres-patentes de 1738. Ces raifons l'emporterent fur
tous les prétextes dont on chercha à colorer cette difpofition frauduleufe; & par arrêt du 4 février 1757, au rapport
de M. Vernimmen, le parlement de Flandres ordonna aux
exécuteurs-teftamentaires du fieur Defcarpenteries d'abandonner aux héritiers légaux les rentes dont il avoit ordonné
la vente, avec les arrérages échus depuis fa mort.

vouloit pas qu'on employât des immeubles au

Dans la coutume de Valenciennes & dans celle du Cambrefis, un créancier ne peut agir contre l'héritier des immeubles. Dans les coutumes du Hainaut, de Lille, de Douai, de la gouvernance de Douai, les créanciers peuvent s'adreffer aux héritiers des meubles ou des immeubles, à leur choix. Mais l'héritier des immeubles a fon recours contre celui des meubles. La coutume de Douai ne leur accorde pas ce recours; mais fa difpofition n'a lieu qu'en fucceffion légitime, & point en fucceffion teftamentaire, comme l'a jugé un arrêt du 8 juin 1709, rapporté par M. Pollet.

Mais pour quelle part les héritiers des immeubles auront-ils leur recours contre ceux des meubles ? *à proportion de l'hoirie* de ceux-ci, dit la coutume de Hainaut, chapitre 123, article 5. La coutume de la châtellenie de Lille, titre 2, article 16, le leur donne contre chacun d'eux folidairement; mais elle ne donne aux héritiers des meubles, entre eux, qu'un recours proportionné à leur cote-part héréditaire. Si cependant un de ceux-ci avoit pris ceffion du créancier, il pourroit agir folidairement contre chacun des autres, fa part déduite.

L'obligation qu'impofe la coutume du Hainaut aux héritiers des immeubles de payer les Dettes, fauf leur recours contre ceux des meubles, mérite quelques obfervations particulieres.

Il eft de principes en cette Province, que l'on ne fe foumet au payement des Dettes en appréhendant un immeuble, qu'autant que le défunt a été capable de l'aliéner; ainfi les enfans qui fuccèdent aux propres de leur pere, ou aux biens qu'il a acquis avant la mort de leur mere, ne font obligés que de payer les Dettes contractées pendant le mariage. C'eft ce qu'on verra plus particulièrement à l'article DÉVOLUTION COUTUMIÈRE.

Un enfant qui appréhende un bien qui lui eft échu par la mort de fa mere, ne peut être pourfuivi pour les Dettes de ce dernier. C'eft ce que porte l'article 8 du chapitre 123 des chartes générales. Cette décifion eft une fuite du principe que celui qui ne peut aliéner un bien, ne peut pas non plus le foumettre à fes Dettes : or, le mari ne peut difpo-

payement des dettes tant qu'il y avoit du mobi-

---

fer des propres de fa femme, fans fon confentement exprès. On ne peut cependant s'empêcher de remarquer ici une inconféquence des rédacteurs des chartes du Hainaut. Ils exemptent le fils, héritier des propres de fa mere, de payer les Dettes de la communauté, tandis qu'ils chargent la mere, en cas de furvie, de les payer, & qu'ils permettent même aux créanciers de faifir fes propres, quoique fon mari n'ait pû les aliéner, à moins qu'elle ne renonce à la communauté. Pourquoi cette différence entre le fort de la mere & celui de fon fils? Un héritier peut-il avoir plus de droit que n'en avoit le défunt? Enfin pourquoi un fils feroit-il feulement exempt des Dettes de la communauté en appréhendant un immeuble de fa mere, du vivant de fon pere? car s'il l'appréhende après la mort de celui-ci, rien ne peut le difpenfer des Dettes de la communauté, comme l'a jugé le parlement de Flandres, par arrêt du 17 juillet 1702. Tout cela nous fait croire que l'article 8 du chapitre 123, n'entend que les dettes contractées par le pere depuis la diffolution de la communauté, & non celles qui l'ont été pendant le mariage. Si l'on n'admet pas cette interprétation, il faut dire que la loi fe contredit & fe détruit elle-même.

L'appréhenfion d'un immeuble que le défunt étoit capable d'aliéner, ne produit pas en Hainaut un effet auffi général que dans les autres coutumes; elle n'oblige au payement des Dettes que jufqu'à concurrence de la valeur de l'immeuble, comme le décident clairement l'article 1 du chapitre 37, & l'article 1 du chapitre 123 des chartes générales. L'héritier peut même fe difpenfer de les acquitter lui-même, en appréhendant les biens fous l'autorité du juge royal qui en donne la régie au commiffaire des faifies réelles jufqu'à ce que les créanciers foient fatisfaits, fur les revenus annuels, tant de leurs capitaux que des intérêts. C'eft ce que prefcrit l'article 2 du chapitre 123.

On a vu à l'article CLAIN, qu'en Hainaut un créancier ne peut faire vendre les immeubles de fon débiteur, à moins que celui-ci ne s'en foit deshérité pour fûreté de fa dette. Cette règle paroît admettre une exception dans le cas de l'article 14 du chapitre 123 des chartes générales. Il porte

lier pour cet effet. C'eſt pour cela qu'autrefois

que ſi perſonne ne ſe déclare héritier, *aucuns des parens & autres bien-veuillans* peuvent préſenter requête au juge royal pour faire inventorier & vendre enſuite *les biens délaiſſés par le trépaſſé*, & en employer le prix au payement des dettes. Il n'eſt pas douteux que dans cette circonſtance on ne puiſſe vendre les immeubles quoi qu'ils n'aient pas été rapportés. Le ſeul objet que ſe propoſe la coutume en défendant la vente de cette eſpèce de biens ſans un rapport préalable, eſt de favoriſer les débiteurs en leur accordant un moyen de s'acquitter peu-à-peu ſans perdre la propriété de leurs biens. Or, cette raiſon ceſſe dès que les héritiers renoncent à la ſucceſſion; ainſi rien n'empêche en ce cas qu'on ne faſſe vendre les immeubles, & c'eſt ce que la coutume fait entendre aſſez clairement en ſe ſervant du mot *biens* en général.

Il réſulte de ce qu'on a dit plus haut, que le bénéfice d'inventaire eſt inutile en cette province pour les immeubles; auſſi la coutume, chapitre 123, article 6, ne l'admet-elle que pour *les meubles & actions meublieres tant ſeulement*.

Il ne ſera pas inutile de détailler ici les diſpoſitions que renferment les lois Belgiques touchant le bénéfice d'inventaire.

Le placard de Charles-quint, du 21 octobre 1541, oblige ceux qui veulent appréhender une ſucceſſion par bénéfice d'inventaire, de lever des lettres en chancellerie, de faire inventorier tous les biens de la maiſon mortuaire dans les quarante jours ſuivans, de les faire enſuite eſtimer par des experts nommés par les juges du lieu où la ſucceſſion eſt ouverte, & de donner caution de ſatisfaire les créanciers & les légataires juſqu'à concurrence de l'eſtimation. Le placard leur permet, moyennant cette caution, de retenir tous les biens.

L'édit perpétuel de 1611 a modifié ces diſpoſitions, & y en a ajouté pluſieurs autres. L'article 30 défend d'accorder des lettres de bénéfice d'inventaire après les trois mois *

___

(*) En Hainaut après les 40 jours, ſuivant l'article 6 du chapitre 123 des chartes générales dont l'homologation eſt poſtérieure à l'édit perpétuel.

les créanciers ne pouvoient avant la difcuffion

du trépas, & ordonne à ceux qui les ont obtenues dans les trois mois de faire & achever l'inventaire dans les quarante jours fuivans, de donner caution pour fûreté des meubles inventoriés avant de les appréhender, & d'obtenir du juge dans la quinzaine fuivante, la permiffion d'affigner à la brieteque & par affiches publiques tous ceux qui ont quelque droit à prétendre, ou quelque action à exercer contre la maifon mortuaire, en affignant néanmoins à perfonne ou domicile tous ceux qui font *connus & préfens*, avec cette claufe pénale, que s'ils font en défaut, à favoir ceux qui demeurent dans les Pais-bas, dans les fix mois, & ceux qui demeurent ailleurs dans l'an, de propofer & vérifier leurs prétentions pardevant le juge, ils ne pourront plus venir que fur ce qui pourra refter après la diftribution faite du prix des biens aux créanciers.

Les mots *créanciers connus & préfens* dont fe fert cet article, ne difpenfe pas l'héritier bénéficiaire d'affigner à perfonne ou domicile un créancier connu quoi qu'abfent ou étranger de la juridiction du juge qui doit entériner fes lettres. Le parlement de Flandre l'a ainfi jugé par arrêt du 20 novembre 1691.

L'article 32 ordonne qu'après l'ajournement ainfi fait, il foit procédé à la vente publique de tous les meubles, que le prix en foit configné & diftribué promptement aux créanciers fuivant l'ordre de leurs priviléges, & que le payement des Dettes liquides ne foit point différé, parce qu'il s'en trouveroit d'illiquides; mais qu'on acquitte toujours celles qui font à caution, en attendant que le juge ait prononcé fur les autres.

Suivant l'article 32, après la révolution de l'année accordée aux créanciers domiciliés hors des pays-bas, l'héritier connoiffant l'étendue des charges de la fucceffion, doit déclarer s'il veut continuer de prendre la qualité de bénéficiaire, ou y renoncer pour celle d'héritier pur & fimple. Dans le premier cas, le juge doit faire procéder fans délai à la vente publique des immeubles *, à moins que l'héritier ne demande

_____

(*) Il eft clair d'après ce qu'on a dit par rapport au Hainaut que les immeubles régis par cette coutume ne doivent pas être vendus.

dés meubles , faifir réellement les immeubles de leurs débiteurs pour être payés de leurs créan-

---

qu'on ne les eſtime & que l'eſtimation ne ſurpaſſe ou n'égale la valeur des Dettes , car alors celui-ci peut les retenir en conſignant ſur le champ le prix de l'eſtimation.

L'article 33 lui permet de jouir pendant l'année dont on a parlé de tous les fruits & revenus des immeubles , & de faire valoir toutes les Dettes actives, en donnant caution.

L'article 34 veut que toutes ces formalités ſoient obſervées à la lettre, à peine de déchoir du bénéfice d'inventaire & d'être tenu pour héritier ſimple, ſans eſpérance de reſtitution en entier contre l'omiſſion de ces formalités.

Le parlement de Flandres a rendu les 12 mars 1674 & 31 mars 1675, deux arrêts conformes à cette diſpoſition.

L'article 35 décide une queſtion fort agitée entre les interprêtes du droit romain. Il eſt conçu en ces termes : « & » advenant qu'aucun par ordonnance de derniere volonté, » & ès lieux où les biens ſont diſponibles, défend à ſon hé- » ritier d'accepter ſon hoirie ſous ledit bénéfice, nous décla- » rons telle défenſe être valide, pourveu que tel héritier ne » ſoit de ſes deſcendans ».

D'après tous ces détails & ce qu'on a dit à l'article BÉNÉFICE D'INVENTAIRE, il eſt aiſé de voir en quoi la juriſprudence Belgique s'accorde avec celle de la France, & en quoi elle en diffère.

Voyez *les chartes générales du Hainaut ; Dumées, en ſa juriſprudence du Hainaut françois ; les arrêts de Pollet ; Desjaunaux ; Dulauri ; Cuvelier ; les inſtitutions au droit Belgique par Deghewiet ; Kinſckot, en ſes conſultations ; Zipé, en ſon précis du droit Belgique ; les coutumes de Lille , de Douai, de la gouvernance de Douai ; Desjaunaux , ſur la coutume de Cambrai , &c.* Voyez auſſi les articles CLAIN, DÉVOLUTION COUTUMIÈRES, HAINAUT, JURÉS DE CATTEL, &c. (*Note de M. MERLIN, avocat au parlement*).

Les archiducs Albert & Iſabelle l'ont ainſi déclaré dans le mois d'avril 1612 ſur les repréſentations du conſeil de Mons. Il en eſt de même dans la coutume de Namur, ſuivant une autre déclaration du 3 ſeptembre de la même année.

ces. Et cela se pratique encore aujourd'hui de même en Lorraine.

Mais comment doivent se diviser les Dettes mobilières dans l'espèce suivante : un lorrain dont la coutume charge l'héritier mobilier de toutes les Dettes mobilières, laisse en mourant des propres situés à Nancy, & d'autres situés à Paris, dont la coutume veut que toutes les différentes sortes d'héritiers contribuent au payement des Dettes ?

Comme il faut que chacune des deux coutumes ait son exécution, voici de quelle manière les Dettes doivent se diviser dans l'espèce proposée : L'héritier des propres supportera dans les Dettes une part proportionnée à la valeur des héritages situés à Paris, relativement à ce que vaut toute la succession, & par ce moyen la coutume de Paris sera exécutée : la coutume de Lorraine aura aussi son exécution, en ce que l'héritier des propres ne payera sa part des Dettes mobilières que pour raison des propres situés à Paris, & qu'il ne payera rien à l'égard des propres situés à Nancy.

Quoique cette doctrine paroisse fondée en raison, & qu'elle soit conforme à l'avis de plusieurs habiles jurisconsultes, nous ne devons néanmoins pas dissimuler que par arrêt rendu le 15 avril 1747, au sujet de la succession de l'évêque de Metz, le parlement de Paris a jugé que quand le défunt étoit domicilié dans une coutume où l'héritier mobilier étoit chargé de Dettes mobilières, il les devoit toutes jusqu'à concurrence de la valeur du mobilier, & qu'il n'étoit pas recevable à demander que les autres biens de la succession y contribuassent, quoiqu'ils fussent situés dans des coutumes où les Dettes se payent par tous les héritiers indistinctement, à proportion de la part que chacun prend dans la succession.

Suivant le droit commun, l'aîné qui a une part plus considérable dans les fiefs que les puînés, ne doit pas pour cela payer plus de Dettes que chacun d'eux. Ainsi quoique l'aîné de trois enfans ait seul dans la succession de son père, selon la coutume de Paris, le manoir & la moitié des fiefs, il n'est cependant réputé héritier que pour un tiers, & par conséqeent il n'est tenu des dettes de la succession que pour une pareille portion.

Il suit de cette décision, que si l'aîné choisit pour le préciput que lui attribue la coutume, une maison dont le prix soit encore dû, cette Dette ne sera à sa charge que pour sa portion virile, attendu qne c'est une Dette de la succession que tous les héritiers doivent acquitter à proportion de la part pour laquelle ils héritent.

- Le principe que les Dettes d'une succession ne doivent pas diminuer le préciput de l'aîné, admet une exception pour le cas où ces Dettes absorberoient le surplus des biens. Supposons, par exemple, qu'outre le manoir de l'aîné, le défunt ayant quatre enfans, ait laissé pour trente mille livres de bien, le tout en fief; & pour vingt-quatre mille livres de Dettes : chacun des puînés n'aura qu'un sixième montant à cinq mille livres : ainsi l'aîné qui prend pour sa moitié quinze mille livres dans les biens féodaux outre le manoir, se trouve avoir dix mille livres de plus que n'a chacun de ses frères. Il ne refte après le prélèvement de ce préciput, que vingt mille livres, tandis qu'il y a pour vingt-quatre mille livres de Dettes : les Dettes excèdent donc quatre mille livres le furplus de la fucceffion. Dans ce cas on doit retrancher du préciput de l'aîné ces quatre mille livres. La raifon en eft que la coutume en accordant un prélegs à l'aîné, n'entend pas qu'il puiffe excéder l'actif de la fucceffion. Il en eft de même que des legs faits par le teftateur en pays de droit écrit où ils font permis : on les retranche lorfqu'ils excédent l'actif de la fucceffion, attendu qu'il n'eft pas permis de donner au-delà de fon bien. En effet, il feroit injufte que les puînés fuffent obligés de payer une partie des Dettes fur leurs propres biens, tandis que ceux de la fucceffion feroient plus que fuffifans pour remplir cette obligation.

Le Maître va plus loin : il veut qu'en cas pareil on retranche du préciput de l'aîné, une légitime pour les puînés, & cette légitime doit être la moitié de ce qu'ils auroient fi les Dettes étoient prélevées fur tous les biens de la fucceffion : ainfi dans l'efpèce propofée, les vingt-quatre mille livres de Dettes fe prélevant fur toute la fucceffion qui eft de trente mille livres, il refteroit fix mille livres, dont les trois puînés auroient chacun mille livres ; au moyen de quoi leur légitime doit-être de cinq cens livres qu'il convient de déduire pour chacun fur le préciput de l'aîné. Cet avis de le Maître eft très-judicieux & doit être adopté. En effet, le principe qui accorde à l'aîné un préciput franc de Dettes, fe trouvant en oppofition dans l'efpèce dont il s'agit, avec le principe qui veut que chaque enfant ait une légitime dans les biens de son père, ce dernier principe qui est fondé sur le droit naturel, doit faire céder l'autre qui n'est que de droit arbitraire.

Obfervez que la règle fuivant laquelle l'aîné ne doit contribuer aux Dettes que par égale portion avec les puînés, n'a lieu que dans les coutumes qui comme celle de Paris, lui accordent par forme de prélegs, ce qu'il a de plus que les puînés : car dans les coutumes où l'aîné est héritier d'une plus grande portion, ou unique héritier & faifi de toute la fucceffion à la charge d'en remettre une certaine partie aux puînés, ceux-ci ne doivent contribuer aux Dettes que pour la portion qui leur est attribuée.

Il n'est pas permis aux particuliers de changer l'ordre du payement des Dettes de leur fucceffion : ainfi un teftateur ne peut pas ordonner que fes Dettes feront payées fur le quint des propres, ni qu'elles feront payées par les héritiers des propres fans récompenfe, dans les coutumes où le prélegs n'est pas permis. C'est ce qu'a remarqué le Brun dans fon traité des fucceffions.

L'héritier qui a cédé fes droits dans la fucceffion, ne laiffe pas d'être tenu des Dettes du défunt, fauf fon recours contre fon ceffionnaire qui doit l'indemnifer. La raifon en est que la ceffion qu'il a faite ne le fait pas ceffer d'être héritier & ne peut pas le libérer des obligations qu'il a contractées envers les créanciers de la fucceffion par l'acceptation qu'il en a faite.

Lorfqu'il y a des donataires ou légataires univerfels, l'héritier ne laiffe pas non plus d'être tenu des Dettes pour la totalité, s'il est héritier unique , ou pour la portion dont il eſt héritier, ſauf ſon recours contre ces donataires ou légataires univerſels , relativement à la part des Dettes qu'ils doivent ſupporter.

Il n'en eſt pas des legs comme des Dettes ; l'héritier n'eſt tenu de ceux-là que juſqu'à concurrence des biens diſponibles , tels que les meubles , les acquêts & la portion des propres dont les coutumes permettent de diſpoſer par teſtament ; ainſi il peut ſe libérer des legs en abandonnant aux légataires tous les biens diſponibles, & en ne retenant que la portion des propres que la coutume réſerve à l'héritier. Cette portion eſt des quatre cinquièmes dans les coutumes de Paris & d'Orléans.

Par le moyen de cet abandon , l'héritier demeure quitte des legs , & la charge des Dettes doit ſe partager de manière que les légataires en payent proportionnément aux biens diſponibles qui leur ont été abandonnés , & l'héritier proportionnément à ceux qu'il a gardés.

La raiſon de la différence entre les legs & les Dettes eſt ſenſible : les coutumes ne permettent au teſtateur de faire des legs que juſqu'à concurrence des biens diſponibles ; ainſi ils ne peuvent excéder la valeur de ces biens ; mais le défunt a pu contracter autant de Dettes qu'il l'a jugé à propos.

Celui qui obtient un bénéfice eccléſiaſtique n'eſt point tenu des Dettes de ſon prédéceſſeur, quand l'argent emprunté n'a pas tourné au profit du bénéfice , & que les Dettes n'ont pas été contractées pour la néceſſité de l'égliſe.

De même le roi & les ſeigneurs qui ſuccèdent à titre d'aubaine , de confiſcation , de déshé-

rence, ou par droit de bâtardiſe, ne ſont
obligés aux Dettes que juſqu'à concurrence des
biens auxquels ils ſuccèdent : ainſi ils peuvent
en abandonnant ces biens, ſe décharger des
Dettes. La raiſon en eſt qu'ils ne ſuccèdent point
à la perſonne du défunt, mais ſeulement à ſes
biens : c'eſt pourquoi ils ne ſont tenus des
Dettes qu'à cauſe qu'elles ſont une charge des
biens : or il eſt de principe que quand on n'eſt
débiteur que par rapport à la choſe qu'on poſ-
ſède, on peut ſe décharger de la Dette en abandonnant la choſe.

La même règle s'applique aux donataires ou
légataires univerſels : & l'on appelle ainſi ceux
qui ſont donataires ou légataires non de choſes
particulières, mais de l'univerſalité des biens
du défunt, ſoit pour la totalité, ſoit pour une
partie, telle que la moitié, le tiers, le quinzième, &c.

Obſervez cependant que pour que les ſuccef-
ceſſeurs dont nous venons de parler, qui ſuccèdent aux biens plutôt qu'à la perſonne, ne ſoient
tenus des Dettes que juſqu'à concurrence des
biens auxquels ils ont ſuccédé, il faut qu'ils en
aient fait conſtater la quantité par un inventaire
ou par quelqu'autre acte équivalent : car s'ils
avoient diſpoſé des biens ſans avoir pris cette
précaution, ils ſeroient tenus des Dettes indéfiniment, quand même ils offriroient de tenir
compte de ces biens : la raiſon en eſt qu'ils ſe
ſeroient mis par leur faute hors d'état d'en pouvoir conſtater la quantité. Tel eſt l'avis de la
plupart des juriſconſultes, & il paroît qu'on doit
le préférer à l'opinion de Ricard, qui a prétendu
que les ſucceſſeurs dont il s'agit devoient,

nonobftant le défaut d'inventaire, être admis à abandonner les biens de la fucceffion, & à juf-tifier par enquête de commune renommée, la quantité de ces biens.

Les Dettes peuvent s'acquitter & s'éteindre de plufieurs manières, dont la plus naturelle eft le payement.

Tout ce qui anéantit la Dette ou la diminue, tient lieu de payement, foit que le débiteur donne au créancier de l'argent, ou qu'il le fatis-faffe de quelqu'autre manière.

Comme le payement fuppofe la Dette, celui qui fe trouve avoir payé par erreur ce qui n'étoit pas dû, peut le répéter : mais s'il n'a payé qu'une Dette légitime, il ne peut rien ré-péter, quand même elle eût été telle que les juges n'auroient pu le condamner à la payer. Ainfi lorfqu'un mineur devenu majeur, paye une Dette qu'il a contractée durant fa minorité, il ne peut pas revenir contre ce payement. La raifon en eft qu'en payant il a ratifié fon obli-gation.

Lorfque le débiteur veut acquitter fa Dette avant le terme, le créancier ne peut pas s'y oppofer : mais lorfqu'il a payé par avance, il ne peut pas retirer ce qu'il a payé.

Si la Dette vient à être payée par un autre que le débiteur, celui-ci n'en eft pas moins quitte envers le créancier, quand même il auroit ignoré le payement, & qu'il auroit été fait contre fon gré. La raifon en eft qu'un payement peut être fait non-feulement par les perfonnes intéreffées, mais encore par celles que la Dette ne regarde pas. En effet, celui qui paye une Dette à l'acquit de quelqu'un, peut le faire pour

obliger

obliger ou le créancier ou le débiteur, ou pour quelqu'autre motif légitime.

Mais quoique le payement éteigne la Dette, si le créancier qui est payé par un autre que son débiteur transporte la Dette à celui qui le paye, èlle subsiste, & il n'y a de changement qu'en ce que le cessionnaire devient créancier à la place de celui qui l'étoit auparavant.

Le creancier ayant le droit d'exiger le payement entier de toute sa Dette, il n'est pas obligé de la diviser & d'en recevoir la partie que le débiteur veut acquitter. Cependant si le débiteur avoit des raisons pour contester une partie de la Dette, & qu'il offrît de payer le reste, le juge pourroit obliger le créancier à recevoir les offres.

La consignation qui est faite valablement, tient lieu de payement & éteint la Dette de même que le payement réel l'éteindroit. Mais pour cet effet, il faut qu'il n'ait pas tenu au débiteur de payer au créancier, & que celui-ci ait été mis en demeure de recevoir par des offres valables.

Il faut pour la validité de ces offres, 1°. qu'elles soient faites au créancier, s'il est usant de ses droits, ou à la personne qui a la qualité pour recevoir à sa place, comme est un mari, un tuteur, &c.

Si par l'acte qui établit la Dette il y avoit une personne indiquée pour en recevoir le payement, les offres faites à cette personne seroient valables.

2°. Il faut que celui qui offre soit capable de payer.

3°. Les offres doivent s'étendre à la totalité

de la Dette , à moins qu'il n'ait été convenu que le débiteur pourroit payer par parties.

4°. Les offres feroient inutiles pour mettre le créancier en demeure , fi la Dette avoit été contractée fous une condition & que cette condition ne fût pas arrivée.

5°. Il faut que les offres fe faffent dans l'endroit où le payement doit avoir lieu ; par exemple , dans la maifon du créancier , fi c'eft là que le débiteur doit fe libérer.

6°. Enfin il doit être dreffé un acte des offres & de la fommation faite en conféquence au créancier pour recevoir ce qui lui eft dû.

Cette fommation fe fait par un huiffier , & contient affignation devant le juge pour faire ordonner la confignation. La fentence qui intervient fe fignifie au créancier avec affignation pour être préfent à la confignation de la Dette , chez un tel , à tel jour & à telle heure.

Obfervez toutefois qu'il n'eft pas néceffaire pour la validité de la confignation , qu'elle ait été précédée de l'ordonnance du juge. Il fuffit que le débiteur ait déclaré au créancier que fur fon refus de recevoir la Dette , il alloit la configner en tel lieu , à tel jour & à telle heure. La confignation faite en conféquence & duement fignifiée au créancier eft valable , & le jugement qui la confirme par la fuite a un effet rétroactif au temps où elle a été faite. Le parlement l'a ainfi jugé par arrêt du 11 août 1703 , rapporté au journal des audiences.

L'augmentation ou la diminution qui peut furvenir dans les efpèces confignées , doit être au profit ou à la perte du créancier , fi la confignation eft jugée valable : fi au contraire elle n'eſt pas jugée valable, le débiteur doit retirer ſes eſpèces telles qu'elles ſe trouvent.

On demande ſi dans le cas d'une augmentation ſurvenue ſur les eſpèces depuis la conſignation, le débiteur pour profiter de cette augmentation, peut être admis à ſoutenir la conſignation nulle & à retirer les eſpèces conſignées ? Il faut répondre que non. La raiſon en eſt que perſonne ne doit être reçu à attaquer ſa propre procédure ; & que les formalités auxquelles le débiteur a pu manquer n'étant établies qu'en faveur du créancier, il n'y a que celui-ci qui puiſſe être fondé à ſe plaindre ſi elles n'ont pas été obſervées.

Juſtinien avoit ordonné par la novelle 4, que les débiteurs de ſommes d'argent qui n'auroient que des immeubles, ſeroient admis à payer leurs Dettes en immeubles, dont on feroit une juſte eſtimation. Cette diſpoſition étoit fondée ſur un motif d'humanité pour les débiteurs, & ſur l'intérêt même des créanciers qui ne pouvoient empêcher que les débiteurs réduits à l'extrêmité, ne fuſſent reçus à leur abandonner leurs immeubles en payement. Mais les difficultés & les inconvéniens de l'exécution de cette loi en ont empêché l'uſage. Ainſi il eſt de maxime que les payemens doivent être faits de ce qui eſt dû, & que le débiteur ne peut contre le gré de ſon créancier, lui payer autre choſe que ce qu'il doit, quand même ce qu'il offriroit vaudroit mieux que la choſe due. D'où il ſuit que celui qui doit de l'argent, ne peut donner en payement un fonds de terre, à moins que le créancier n'y conſente.

Lorſqu'on paye une Dette en argent, il faut

le faire en efpèces qui ne foient ni décriées ni fufpectes.

Si le débiteur vient à payer ce qu'il doit entre les mains de quelqu'un qu'il croit être procureur conftitué du créancier & qui ne l'eft pas, ce payement n'éteint pas la Dette. Mais fi le créancier après avoir donné ordre à une perfonne de receveir pour lui, révoque cet ordre, & que cette révocation foit ignorée du débiteur, celui-ci peut payer valablement entre les mains de cette perfonne.

Lorfqu'une Dette eft exigible par plufieurs créanciers de manière que chacun a le droit de la recevoir en entier, le payement fait à l'un d'eux acquitte le débiteur envers tous les autres.

Le débiteur de différentes Dettes qui veut en payer une, peut acquitter celle qu'il juge à propos, fans que le créancier puiffe s'y oppofer, pourvû toutefois qu'il paye cette Dette en entier.

Et fi un tel débiteur fait un payement fans en faire l'imputation fur une des Dettes pour lefquelles il eft obligé, il peut par la fuite imputer le payement fur celle qu'il veut acquitter. Si le créancier fait l'imputation, il faut qu'il la faffe fur celle de ces Dettes qu'il voudroit lui-même acquitter s'il les devoit. La raifon en eft qu'il eft jufte qu'il faffe l'affaire de fon débiteur comme il feroit la fienne. C'eft pourquoi fi de deux Dettes, l'une étoit liquide & l'autre conteftée, il feroit tenu d'imputer le payement fur la Dette liquide.

Au furplus, dans tous les cas où le débiteur de plufieurs Dettes envers un même créancier se trouve avoir fait des payemens dont l'imputation n'a pas été faite de gré à gré entre les parties, elle doit se faire soit par le juge, soit par les arbitres, sur la Dette la plus onéreuse au débiteur & dont il lui importe le plus de se libérer. Ainsi l'imputation doit se faire sur la Dette qui produit des intérêts, plutôt que sur celle qui n'en produit point ; sur la Dette pour laquelle le débiteur a hypothéqué des immeubles, plutôt que sur un simple billet ; sur la Dette dont le terme est échu, plutôt que sur celle qui n'est pas encore exigible ; sur la Dette que le débiteur doit personnellement, plutôt que sur celle qu'il ne doit qu'en qualité de caution ; sur la Dette pure & simple, plutôt que sur celle qui est conditionnelle, &c.

Lorsque le payement fait à un créancier de plusieurs Dettes, excède celle sur laquelle l'imputation doit être faite, le surplus doit s'imputer sur la Dette qui après celle-là est la plus onéreuse au débiteur, à moins que celui-ci ne veuille qu'il en soit autrement.

Si le débiteur fait un payement sur une Dette qui produit des intérêts, & que ce payement soit insuffisant pour acquitter & le principal & les intérêts qui en sont dûs, l'imputation doit d'abord se faire sur ces intérêts, & ensuite sur le principal. Et cette règle doit avoir lieu quand même le créancier auroit donné une quittance indistinctement tant sur le principal que sur les intérêts.

Lorsqu'un créancier accepte de son débiteur le transport d'une Dette sans garantie, & qu'il rend l'obligation ou en donne quittance, ce transport tient lieu d'un payement qui anéantit la Dette, quand même le créancier ne recevroit rien de ce qui lui a été tranſporté.

· Les Dettes s'éteignent auſſi par la compenſation. Elle doit avoir lieu lorſque deux particuliers ſont réciproquement débiteurs l'un envers l'autre. En effet, elle eſt néceſſaire pour éviter le circuit de deux payemens : car ſi on ne la pratiquoit pas, il faudroit que chacun de ces deux particuliers payât ce qu'il doit, & le reprit enſuite pour être payé.

· Ainſi l'équité de la compenſation eſt évidente. Elle eſt établie ſur l'intérêt commun des parties entre qui elle ſe fait.

Les Dettes réciproques doivent ſe compenſer quand même elles ne ſeroient pas égales. Dans ce cas la moindre Dette s'éteint, & la plus forte diminue. Par exemple : Pierre doit cent livres à Paul, & Paul doit cinquante écus à Pierre : en compenſant ces Dettes réciproques, Pierre ne devra plus rien à Paul, & Paul ne devra plus que cinquante livres à Pierre.

Il ſuit de cette deciſion, que dans le cas de demandes reſpectives, il eſt au pouvoir du juge & de ſon devoir, de compenſer d'office les Dettes réciproques dont il y a lieu de faire la compenſation; ſoit qu'elle ait l'effet d'acquitter les parties, ou qu'après la compenſation l'une doive être condamnée à payer un ſurplus à l'autre.

Mais ce n'eſt pas aſſez pour faire une compenſation, qu'il y ait une Dette de part & d'autre : il faut auſſi que l'une & l'autre de ces Dettes ſoit claire & liquide. Ainſi on ne compenſe pas une Dette reconnue avec une Dette litigieuſe.

On ne compenſe pas non plus des Dettes qui paroiſſant claires & liquides, peuvent néanmoins être annullées par quelque exception que le débiteur peut y oppoſer. Par exemple : on ne fait point de compenſation entre la Dette contractée par un majeur envers un mineur, & celle que ce mineur aura contractée par une obligation dont il peut être relevé.

La même déciſion s'étend aux Dettes dont le terme n'eſt pas échu relativement à celles qui ſont exigibles. Le débiteur de celles-ci n'eſt pas fondé à demander la compenſation.

Il n'y a d'ailleurs que les perſonnes qui ſe trouvent avoir en leurs noms la double qualité de créancier & de débiteur, qui puiſſent demander la compenſation. Ainſi lorſqu'un débiteur exerce contre ſon créancier un droit qui n'eſt pas à lui, comme fait un tuteur qui demande la Dette dûe à ſon mineur, il ne ſe fait point de compenſation de ce que le tuteur fait en ſon nom au débiteur du mineur.

La novation eſt encore une manière d'éteindre les Dettes. Ainſi lorſqu'un débiteur contracte une nouvelle Dette envers ſon créancier à la charge qu'il ſera quitte d'une précédente, celle-ci ſe trouve éteinte.

De même, ſi quelqu'un ſe rend débiteur à votre place envers votre créancier & qu'il en ſoit accepté, votre Dette ſera éteinte.

De même encore une Dette ſera éteinte, lorſque le débiteur pour s'acquitter envers ſon ancien créancier, aura par l'ordre de ce créancier, contracté un engagement envers un nouveau créancier.

Il ſuit de ce que nous venons de dire, qu'il ne

peut y avoir de novation qu'il n'y ait eu deux Dettes contractées, dont l'une soit éteinte par celle qui lui est substituée.

Il suit encore que si la Dette dont on veut faire novation par un autre engagement, est une Dette conditionnelle, la novation ne pourra avoir lieu que quand la condition existera.

Comme le consentement que le créancier donne à la novation de la Dette équivaut au payement qui lui en seroit fait, il faut en tirer la conséquence qu'il n'y a que les personnes auxquelles on peut payer valablement, qui puissent faire novation de la Dette. Ainsi comme on ne peut pas payer valablement à un mineur, ni à une femme non autorisée de son mari, ni à un interdit, on doit décider que la novation qu'ils feroient de ce qui leur est dû ne produiroit aucun effet.

Pour qu'une novation soit valable, il faut que quelque chose différencie la nouvelle Dette de l'ancienne : car si la nouvelle convention faite entre le même créancier & le même débiteur, sans l'intervention d'une nouvelle personne, ne contenoit rien de différent du premier engagement, il est clair que cette nouvelle convention seroit intervenue inutilement.

Lorsque la novation se fait avec l'intervention d'un nouveau débiteur ou d'un nouveau créancier, la différence de créancier ou de débiteur suffit pour que la novation ait son effet. Il en sera de même si l'acte de novation contient quelque chose de différent du premier engagement, soit dans la qualité de l'obligation, soit sur le temps ou sur le lieu du payement, &c.

Il suit que si de plusieurs débiteurs solidaires

l'un contracte seul une nouvelle Dette envers le créancier pour faire novation de la première, celle-ci se trouve éteinte comme elle l'auroit été par un payement réel. Ainsi tous les co-débiteurs sont libérés par cette novation de même que les cautions, attendu que l'extinction de l'obligation principale entraîne celle des obligations accessoires, telles que celles des cautions.

Si le créancier veut conserver l'obligation des autres débiteurs & des cautions, il faut qu'il stipule que les co-débiteurs & les cautions seront tenus d'accéder à la nouvelle Dette, sinon qu'il n'y aura point de novation & que l'ancienne créance subsistera.

Puisque la novation éteint l'ancienne Dette, il faut en conclure qu'elle éteint aussi les hypothèques qui y étoient attachées : mais le créancier peut par l'acte même qui contient la novation, transférer à la nouvelle Dette les hypothèques de l'ancienne.

La confusion ou le concours des qualités de créancier & de débiteur d'une même Dette dans une même personne, opère aussi l'extinction de la Dette.

Cette confusion a lieu lorsque le débiteur devient héritier de son créancier, ou que le créancier devient héritier de son débiteur.

La confusion auroit pareillement lieu si une même personne devenoit héritière du créancier du débiteur, ou succédoit à l'un & à l'autre à quelqu'autre titre universel.

L'extinction de la Dette qu'opère la confusion, entraîne aussi l'extinction de l'obligation des cautions. La raison en est, que les obligations

des cautions ne font qu'acceffoires de l'obligation du débiteur principal ; d'où il fuit qu'elles
ne peuvent fubfifter lorfque l'obligation principale ne fubfifte plus.

Une Dette s'éteint pareillement par la remife
que le créancier en fait, pourvu qu'il foit autorifé à difpofer de fon bien , & que le débiteur
ne foit pas une perfonne à qui il foit défendu au
créancier de donner.

La remife de la Dette peut fe faire non-feulement par une convention expreffe , mais encore tacitement par le moyen de certains faits
qui font préfumer cette remife. Ainfi lorfqu'un
créancier remet au débiteur fon billet , on préfume qu'il a fait remife de la Dette.

Si le billet étoit foufcrit par plufieurs débiteurs folidaires, & que le créancier l'eût rendu
à l'un d'eux , quelqnes jurifconfultes cités par
Bruneman ont penfé que la remife du billet ne
devoit en ce cas faire préfumer qu'une décharge
perfonnelle de la Dette en faveur du débiteur
à qui le billet avoit été rendu : mais M. Pothier
a judicieufement obfervé que cette opinion étoit
mal fondée , & qu'on devoit au contraire préfumer que le créancier avoit eu deffein d'éteindre entièrement la Dette. La raifon en eft que
s'il n'eût voulu décharger que l'un des débiteurs ,
il auroit gardé le billet pour faire payer les autres.

La poffeffion dans laquelle le débiteur fe
trouve du billet qui établit la Dette , doit auffi
faire préfumer que le créancier le lui a rendu ,
à moins toutefois que le créancier ne veuille
juftifier le contraire , & qu'il n'allègue , par
exemple, que le billet lui a été volé.

Ce que nous venons de dire d'un billet ne doit pas s'appliquer à la groſſe d'un contrat de conſtitution ou d'une obligation dont il y a une minute. La poſſeſſion dans laquelle le débiteur ſe trouve de cette groſſe, n'établit pas une préſomption ſuffiſante du payement ou de la remiſe de la Dette, à moins que d'autres circonſtances ne concourent. La raiſon en eſt que la minute que le notaire garde & qui n'eſt pas quittancée, réclame en faveur du créancier à qui la groſſe a pu être volée.

Il faut pareillement décider que quand le créancier rend au débiteur les effets qu'il a donnés en nantiſſement de ſa Dette, il n'en réſulte pas qu'on doive préſumer la remiſe ni le payement de la Dette. On conçoit qu'en cela le créancier a pu n'avoir d'autre intention que de remettre le nantiſſement & non la Dette.

De ce que le créancier n'a pas réſervé une Dette dans la quittance qu'il a donnée d'une autre Dette, on ne doit pas conclure qu'il a fait remiſe de la Dette dont il n'a point fait de réſerve.

De même, ſi dans un compte intervenu entre deux particuliers qui étoient en relation de commerce, l'un d'eux n'a pas compris une créance qu'il avoit contre l'autre, il n'en réſulte aucune préſomption de la remiſe de cette créance : on doit décider au contraire, que cette omiſſion n'empêche pas que le créancier ne puiſſe exiger ſa Dette, nonobſtant le compte dans lequel elle n'a point été compriſe.

Les fins de non recevoir ſont auſſi une manière de rendre une Dette inutile, parce qu'elles empêchent que le créancier ne puiſſe obtenir ſon payement en juſtice.

Une première espèce de fin de non recevoir.
est l'autorité de la chose jugée. Lorsqu'un débiteur a été renvoyé de la demande du créancier,
ce jugement opère contre ce dernier une fin de
non recevoir qui l'empêche de pouvoir exiger
le payement de sa créance, à moins qu'il ne
fasse infirmer le même jugement par les voies
de l'opposition ou de l'appel, lorsqu'il n'a pas
passé en force de chose jugée, ou par la voie
de la requête civile dans les cas où elle peut
avoir lieu. Cette fin de non-recevoir se nomme
en droit, *exceptio rei judicatæ*.

Une autre fin de non recevoir est celle qui
résulte du serment du débiteur, lorsqu'il a juré
ne rien devoir, & que ce serment lui a été déféré par le créancier. On appelle cette fin de
non-recevoir, *exceptio juris jurandi*.

Une troisième fin de non-recevoir est celle
qui dérive de l'expiration du temps auquel la loi
a borné la durée de l'action que produit une
créance. Cette fin de non-recevoir se nomme
prescription.

Ainsi lorsque votre débiteur a contre votre
créance une fin de non-recevoir, non-seulement
vous n'avez plus rien à lui demander, vous ne
pourriez même pas lui opposer votre créance en
compensation contre celles qu'il pourroit avoir
acquises contre vous depuis que sa fin de non-
recevoir existe. La raison en est que cette fin de
non-recevoir fait présumer votre créance éteinte
& acquittée.

Observez néanmoins que si avant que la fin de
non-recevoir fût acquise à votre débiteur, il
étoit devenu votre créancier d'une somme pareille à celle qu'il vous devoit, & qu'après avoir

acquis la preſcription contre votre créance, il vous demandât le payement de la ſienne, vous ſeriez fondé à lui demander la compenſation. La raiſon en eſt que la compenſation ſe faiſant de plein droit, auſſitôt que votre débiteur eſt devenu votre créancier, ſa créance & la vôtre qui n'étoient pas encore preſcrites, ſe font réciproquement compenſées & éteintes.

Les fins de non-recevoir doivent être oppoſées par le débiteur, le juge ne les ſupplée pas. D'ailleurs, elles peuvent ſe couvrir par la renonciation du débiteur, ſoit expreſſe ou tacite.

Les fins de non-recevoir étant couvertes, elles ne peuvent plus empêcher l'effet de l'action du créancier.

Le roi a rendu le 2 juin 1777, une ordonnance concernant les Dettes des officiers, qui contient les diſpoſitions ſuivantes:

ARTICLE PREMIER. « Défend ſa majeſté à » tous officiers, bas officiers & cadets gentils » hommes employés dans ſes troupes, d'acheter » aucune choſe à crédit, d'emprunter de qui » que ce ſoit, & de contracter aucun engagement » pour Dettes, ſans l'aveu & conſentement par » écrit des commandans de leurs corps ou des » conſeils d'adminiſtration établis dans leſdits » corps.

» II. Veut qu'il ne puiſſe être payé par retenue ſur leur ſolde ou appointemens, que les » Dettes qui ſeront autoriſées en la manière » énoncée dans l'article précédent, & qui au- » ront ſeulement pour objet la ſubſiſtance des » officiers, leur habillement & équipement, » & les fournitures relatives à leur état & ſer- » vice.

» III. Les Dettes ci-deſſus ne ſeront payées
» par le tréſorier ſur la retenue faite à l'officier
» débiteur, qu'après que les titres, mémoires,
» arrêtés & billets qui les conſtateront, auront
» été viſés par le commandant ou par le conſeil
» d'adminiſtration ; leſquels inſcriront en marge
» ou au dos deſdites pièces juſtificatives, les
» termes & délais qui auront été fixés pour le
» payement : en conſéquence ordonne ſa majeſté
» que les propriétaires deſdits titres, mémoires,
» arrêtés & billets, ſeront tenus de les préſenter
» au commandant, deux mois au plus tard, à
» compter de leur date, & qu'après ce terme
» ils ne ſeront plus admis à réclamer leur paye-
» ment ſur la ſolde ou appointemens de leurs
» débiteurs, ſauf à eux à ſe pourvoir par les
» voies de droit contre ces derniers, & ſur
» leurs biens, ainſi qu'ils aviſeront bon être.

» IV. S'il arrivoit qu'aucunes des créances
» euſſent été déguiſées, & qu'il fût reconnu
» qu'elles provinſſent de pertes faites au jeu, ſa
» majeſté veut & entend, non-ſeulement que
» les titres & billets qui les conſtateront,
» ſoient ſupprimés & annullés ; mais encore que
» les officiers perdans qui les auront conſentis,
» & les officiers gagnans qui en auront fait uſage,
» ſoient également punis par arrêts, priſon ou
» autres peines, conformément à ce qui eſt preſ-
» crit par l'ordonnance du 25 mars 1776, *titre 9,*
» *des punitions* ».

Voyez *les lois civiles ; les œuvres de le Brun,
de Dupleſſis & de Pothier ; la coutume de Paris &
les commentateurs ; la juriſprudence civile de la
Combe ; la bibliothèque de Jouvet ; Loyſeau, traité
du déguerpiſſement ; le journal des audiences ; les*

œuvres de *Henrys* ; les centuries de le Preſtre ;
Argou, inſtitutions au droit françois ; *Ricard*, des
donations ; *Renuſſon*, traité de la communauté, &c.
Voyez auſſi les articles AUTORISATION, SUC-
CESSION, TESTAMENT, LEGS, DONATION,
RENTE, USUFRUIT, COMMUNAUTÉ, PARTAGE,
RENONCIATION, HYPOTHÈQUE, PRIVILÉGE,
ORDRE, DECRET, COLLOCATION, INTÉRÊT,
COMPENSATION, CONFUSION, REMISE, NO-
VATION, PAYEMENT, PRESCRIPTION, &c.

DEUIL. Ce mot reçoit en juriſprudence différentes ſignifications : tantôt il eſt pris pour
l'appareil lugubre qu'on emploie à des cérémonies funébres ; tantôt pour une certaine dépenſe
en habits qu'on eſt obligé de porter pendant un
certain temps pour honorer la mémoire de quelqu'un ; tantôt enfin pour la manière dont on doit
ſe comporter durant cet intervalle de temps.

Une ordonnance du 8 octobre 1730 qui ſe
rapporte à un autre ordonnance du 23 juin 1716,
(& qu'on peut regarder en quelque façon comme
une loi ſomptuaire), a réglé le temps que devoient
durer les Deuils qui ſe portent dans les familles ;
elle fixe « ceux des femmes à la mort de leurs
» maris, & des maris à la mort de leurs femmes
» à une année ; ceux qui ſe portent à la mort des
» femmes, pères, mères, beaux-pères, belles-
» mères, aïeuls & aïeules, & autres perſonnes
» de qui on eſt héritier ou légataire univerſel à
» ſix mois ; ceux des frères & ſœurs, beaux-
» frères & belles-ſœurs, de qui on n'eſt point
» héritier, à trois mois ; ſans que tous les autres
» Deuils puiſſent excéder le temps d'un mois,
» ni qu'il ſoit permis de draper, ſi ce n'eſt pour
» les maris & femmes, pères & mères, beaux-
» pères & belles-mères, aïeuls & aïeules, & des

» perfonnes de qui on eft héritier ou légataire
» univerfel ».

Une loi plus effentielle peut être feroit celle
qui feroit ceffer la différence qu'on remarque
dans les décifions des cours du royaume au fujet
des habits de Deuil que les femmes ont coutume de réclamer après la mort de leurs maris.
Mais au défaut de cette loi , voici ce que nous
avons recueilli de plus remarquable fur cette
matière.

D'abord il eft de maxime reçue, tant en pays
coutumier qu'en pays de droit écrit, que les
femmes font obligées de porter le Deuil de leur
mari pendant un an. Elles y étoient pareillement
obligées chez les Romains à peine de note d'infamie. (*) Elles furent dans la fuite, par une loi
du code (**) difpenfées de porter les marques
extérieures du Deuil : mais en France cette difpenfe n'a point lieu, elles doivent fe conformer
aux ufages fuivant lefquels le Deuil fe porte ex-
térieurement (***) : c'eft ce qui fait que les
héritiers du mari font obligés de payer à la
femme une fomme de deniers pour fon Deuil ,
eu égard à fa condition & aux facultés du mari
lors de fon décès (****).

_____

(*) Voyez au digefte, la loi *genero 8 , (de his qui not.
infam.*)

(**) Voyez la loi *decreto 15*, au code (*ex quib. caufis
infamia interrogantur*).

(***) Voyez Brodeau fur Louet, titre 5, n.° 11. Loifel,
(*inft. liv. 1. tit. 2 , regles 29 & 33*).

(****) L'ufage , au châtelet de Paris , eft de fixer le
Deuil des veuves à une fomme égale au revenu d'une année
de douaire , à moins que la fortune du mari n'ait tellement
fouffert qu'on foit obligé d'entrer dans cette confidération
pour le diminuer.

On

On fait entrer dans les frais du Deuil le prix des robes & des autres habillemens acceſſoires; tant de la veuve que de ſes dommeſtiques. On y comprend auſſi à l'égard des perſonnes riches & de qualité la draperie du caroſſe.

Il n'y a point de frais de Deuil pour les femmes du bas peuple, c'eſt pourquoi elles ſont diſpenſées d'en porter les marques extérieures.

Les frais de Deuil ſont regardés comme des frais de ſucceſſion : ils ſe prennent ſur les biens du mari & non ſur ceux de la communauté : cette déciſion eſt généralement reçue dans tous les tribunaux du royaume, excepté en Bretagne où la veuve porte le Deuil à ſes dépens quand elle accepte la communauté (*) ; & dans la coutume de Bourgogne où au contraire la veuve perd ſon Deuil lorſqu'elle renonce à la communauté, ſuivant que le fait remarquer Taiſand ſur l'article 8 du titre 4 de cette coutume.

Les frais de Deuil ſont encore aſſimilés aux frais funéraires ; c'eſt ſur ce principe qu'il fut jugé au parlement de Rouen le 11 mars 1650, qu'un fils qui s'étoit fait adjuger les meubles de la ſucceſſion de ſon père, à la charge par lui de payer les frais funéraires, devoit payer ceux du Deuil. Cet arrêt eſt rapporté dans Baſnage ſur l'article 392 de la coutume de Normandie.

Lorſqu'il y a un légataire univerſel & des héritiers des réſerves de droit ou des réſerves

_____

(*) Voyez d'Argentré, ſur l'article 426 de la coutume de Bretagne, & un arrêt du parlement de Rennes du 10 octobre 1624, rapporté par Frain, page 606.

coutumières, eft-ce au légataire ou aux héritiers
à payer les frais du Deuil ?

Un arrêt du parlement de Provence du 30 juin
1673, a jugé que cette charge concernoit les
héritiers. Un autre arrêt de la chambre de l'édit
du 25 juin 1731, avoit déchargé auparavant la
veuve d'un tailleur légataire univerfelle de fes
meubles, de donner des habits de Deuil aux héritiers collatéraux ; mais cet arrêt l'avoit condamnée à les fournir aux ferviteurs domeftiques
du défunt. Un autre arrêt du 3 octobre 1647,
avoit pareillement condamné une veuve à fournir les habits de Deuil aux enfans (*).

Sans entrer dans les motifs de cette variété
de jurifprudence, nous penfons qu'il eft plus
conforme à l'équité de faire fupporter à tous
ceux qui participent à la fucceffion comme héritiers ou comme légataires, les frais de Deuil
fuivant la même proportion qu'ils font obligés de
fupporter les frais funéraires, puifque les uns
font affimilés aux autres. Obfervez néanmoins
qu'il a été jugé au parlement de Dijon le 16 janvier 1682 (**) que l'héritier univerfel ne devoit
pas d'habits de Deuil aux héritiers particuliers ;
mais cette décifion n'influe nullement fur la queftion dont il s'agit qui concerne une veuve à laquelle la fucceffion doit ce qu'elle ne doit point
aux parens en particulier, & encore moins à des
étrangers légataires.

Les habits de Deuil font dûs à la veuve quand

_____

(*) Voyez ces arrêts & nombre d'autres cités par Bafnage, fur l'article 392 de la coutume de Normandie.
(**) Voyez Taifand, fur la coutume de Bourgogne,
{ titre 4, article 8 }.

même le mariage auroit été d'une très-courte durée ; parce que le temps ne règle rien sur cet article.

Mais il en est autrement à l'égard du mari : il doit porter le Deuil à ses dépens : les héritiers de la femme ne lui doivent rien pour cela, si ce n'est dans le Maine & l'Anjou où il a droit d'exiger cette dépense suivant que l'atteste la Combe en son recueil de jurisprudence civile. Dans le ressort du parlement de Dijon il est pareillement dû un Deuil au mari après la mort de sa femme ; c'est ce qui a été jugé par plusieurs arrêts rapportés par Taisand sur l'article 8 du titre 4 de la coutume de Bourgogne, & cités par Bouvot, par Brillon, & par Bretonnier.

Les frais de Deuil sont regardés comme frais privilégiés en pays de droit écrit ainsi qu'en pays coutumier. Nous avons à ce sujet l'autorité des arrêts recueillis par Catelan, & le sentiment de le Brun & de Pothier dans leurs traités de la communauté. On regarde ces frais comme faisant partie de la pompe funébre ; on leur accorde dès-lors une préférence sur les autres créances non privilégiées (*). L'auteur de la collection de jurisprudence cite à ce sujet deux arrêts assez modernes, l'un du 30 janvier 1734, en faveur de la veuve de M. du Chatelet de Moyencourt ; & l'autre du 3 août 1744 en faveur de la princesse de Carignan, contre les héritiers de son mari.

Le même auteur cite deux autres jugemens

_____

(*) Cette préférence n'a point lieu au parlement de Bordeaux, suivant que l'atteste l'auteur *des maximes journalières* de cette cour.

l'un rendu en 1746 pour madame la duchesse d'Autun & l'autre au mois de juillet 1761 pour la veuve du sieur de la Hogue qui achevent de lever toute difficulté à ce sujet.

Nous observerons qu'à l'égard de madame la princesse de Carignan en faveur de laquelle intervint l'arrêt du 3 août 1744 que nous venons de citer, il fut question lors du procès de savoir si elle auroit hypothèque pour son Deuil comme pour toutes ses autres reprises du jour de son contrat de mariage : on cita un arrêt du 30 juillet 1734, par lequel on prétendit que cette faveur avoit été accordée à la dame de Grouche, mais on préféra de s'en tenir à d'autres arrêts qui en accordant à la femme un privilège sur le mobilier, ne leur avoient donné d'hypothèque sur les immeubles qu'après le dernier créancier.

2. Nous croyons devoir observer en même-temps qu'on trouve dans Boniface un arrêt du 19 janvier 1655, rendu au parlement de Provence, par lequel des frais de Deuil jusqu'à concurrence des intérêts de la dot eurent hypothèque du jour du mariage, & que le surplus de ces mêmes frais excédant les intérêts, ne l'obtint que du jour de la mort du mari.

On trouve un autre arrêt du même parlement en date du 30 juin 1664, qui a jugé tout simplement que les habits de Deuil de la veuve prenoient hypothèque du jour du mariage.

Dans cette variété de jurisprudence nous pensons que pour en revenir aux principes, il suffit de donner aux frais de Deuil le même privilège sur le mobilier de la succession qu'aux frais funéraires, sans leur donner d'hypothèque particulière fur les fonds, à moins que ces frais de Deuil ne foient nommément réglés par le contrat de mariage (*). Le privilège qu'ont ces mêmes frais fur le mobilier du défunt eft tel, qu'il a été jugé au parlement de Touloufe le 12 mars 1692 & le 6 mai 1699 par deux arrêts qu'on trouve dans Catelan, qu'ils devoient fe prélever même avant les dots des premières femmes, par la raifon comme nous l'avons dit, qu'ils font partie des frais funéraires.

Il eft d'ufage dans nos mœurs que celui qui époufe une veuve lui faffe quitter le Deuil de fon premier mari. Si le mari au contraire eft dans le Deuil de fa première femme, il faut que la feconde le prenne avec lui. C'eft ce qui a fait dire à Loyfel : *le mari fait perdre le Deuil à la femme, mais non la femme au mari.* Cet ufage fe rapporte à la maxime que la femme eft obligée de fuivre l'état de fon nouvel époux, au lieu que celui-ci n'eft pas obligé de fe conformer à celui de fa femme ; mais au fond le nouveau mariage devroit faire quitter le Deuil à l'un & à l'autre : autrement ce Deuil extérieur n'eft plus comme l'obferve fort bien un compilateur de nos ufages anciens & modernes, qu'un menfonge public » car rien n'eft plus propre dit-il » à faire oublier la mémoire d'un conjoint

---

(*) Obfervez que fi ces frais de Deuil réglés par un contrat de mariage bleffoient l'édit des fecondes nôces, ils pourroient être modérés comme ils le furent au Parlement de Paris en 1640, en faveur des héritiers, contre une veuve à qui le défunt marié en fecondes nôces, les avoit accordés au-delà des bornes de l'édit : ils avoient été fixés à 1500 livres, & ils furent réduits à 600 livres.

» trépaſſé, que de voler dans les bras d'un nou-
» vel époux : quelle douleur, quel ſouvenir peut-
» on ſuppoſer dans une nouvelle femme ſans
» doute très-contente de remplacer la première,
» ou du moins trop indifférente pour pleurer la
» perte d'une perſonne qu'elle n'a peut être ja-
» mais connue ? »

Lorſque le ſeigneur d'un endroit vient à mou-
rir, ſi ſes vaſſaux ne ſont pas obligés de porter
des marques extérieures de Deuil, ils doivent
du moins par reſpect pour ſa mémoire s'abſtenir
des réjouiſſances publiques dont l'occaſion peut
ſe rencontrer peu de temps après ſon decès. On
trouve dans le recueil de la juriſprudence du
parlement de Provence un arrêt du 26 fevrier
1737 qui condamne une délibération des habitans de Pontevés par laquelle ils avoient arreté
que la fête du patron de la paroiſſe ſeroit célé-
brée avec les rejouiſſances ordinaires quoique le
ſeigneur du lieu fût mort depuis peu.

Dans les pompes funebres les paremens de
Deuil que l'on met à une chapelle & par repréſentation ſur la tombe du défunt, appartiennent
à la fabrique après le ſervice qu'on appelle du
bout-de-l'an, à moins qu'en les y mettant on ne
ſoit convenu avec les marguilliers qu'on les retireroit en tout ou en partie. C'eſt ce qui a été
jugé au parlement de Paris pour la fabrique de
ſaint Jean en Grêve par un arrêt qu'on trouve
dans la *bibliothèque canonique*.

Quand il s'agit de cérémonies publiques où
l'on eſt obligé de paroître en robes dont la couleur n'eſt point celle du Deuil, on ne laiſſe pas
de prendre ces mêmes robes. Nous remarquons
dans les arrêts de Papon qu'un préſident qui portoit le Deuil de ſa femme, voulant s'obſtiner à

tenir les audiences vêtu de noir, il fut arrêté le 6 novembre 1473 qu'il seroit tenu de prendre sa robe rouge *ès jours ordinaires & à la plaidoirie.*

Nous venons de voir quels sont les droits de la veuve pour ses habits de Deuil : voyons maintenant de quelle manière elle doit se comporter pendant l'année du Deuil.

De la manière dont la veuve doit se comporter durant le Deuil.

Nous avons dit que la veuve étoit obligée de porter le Deuil de son mari; mais que seroit cette obligation si elle consistoit simplement à se parer d'un extérieur lugubre, & qu'au fond il lui fût libre de s'abandonner à ses goûts, à ses plaisirs? Suivant les lois romaines les veuves qui avant l'expiration de l'année du Deuil se livroient à un nouvel époux, & qui pour satisfaire leur incontinence se mettoient au hasard de confondre le sang de leurs enfans & l'ordre de leur naissance, étoient déclarées infâmes; elles étoient privées de tous les avantages qu'elles tenoient de la libéralité de leur premier mari & déclarées incapables de profiter à l'avenir d'aucune sorte de disposition & de recueillir certaines successions. Non-seulement elles étoient obligées de s'abstenir du mariage pendant l'année du Deuil, mais encore de mener particulièrement durant ce temps-là une conduite chaste, décente & honnête. Celles qui menoient une vie impudique, en blessant l'esprit de la loi qui ne leur permettoit point de se remarier avant l'année du Deuil, ajoutoient à cette espèce d'infraction un outrage à la mémoire de leur mari. La loi pour punir leur désordre & leur ingratitude, prononçoit con-

tr'elles les mêmes peines que contre celles qui
se remarioient avant le temps déterminé.

Dumoulin nous apprend que quoiqu'on se soit
relâché en France sur les peines introduites par
les lois romaines contre les femmes qui se remarient pendant l'année du Deuil, ces peines sont
néanmoins demeurées dans toute leur vigueur
contre celles qui pendant ce temps-là menent
une vie déréglée (*). Mais en étudiant la jurifprudence observée à ce sujet depuis Dumoulin
jusqu'au commencement de ce siècle, nous trouvons beaucoup d'exemples suivant lesquels nombre de veuves ont perdu leurs avantages pour
s'être remariées dans la première année de viduité.

Un arrêt du parlement de Toulouse du 6 avril
1579, déclara indigne de la succession de son
mari une femme instituée son héritière par testament, & cela parce qu'elle s'étoit remariée dans
l'an du Deuil ; cet arrêt est dans Papon.

On trouve dans Bouchel un arrêt du 7 août
1584 qui priva une mere de la succession de
son fils pour s'être pareillement remariée dans
l'année du Deuil. En 1580 il en avoit été rendu
un autre à peu près semblable dans les mêmes
circonstances & pour le même motif.

La Roche-Flavin dit qu'en 1581 une femme
mineure pour s'être remariée dix mois après la

_____

(*) Dumoulin, sur l'ancienne coutume de Paris (§. 30,
nomb. 143) dit : *Mulier nubens infrà annum seu infrà
tempus luctûs, non perdit sibi donata vel simpliciter relicta,
quia pænæ festinationis matrimonii sunt sublatæ ; tam-n si
infrà annum luctûs commiserit stuprum, perdit dicta donata
& relicta ; & hoc manet in viridi observantiâ, & non cor-
gitur.*

mort de son mari, fut privée de l'augment qui lui étoit acquis par la coutume. Catelan rapporte un autre arrêt du 2 mai 1663 , qui a jugé que l'année du Deuil étant de douze mois complets & révolus, la femme qui passoit à de secondes noces avant ce temps-là , encouroit la peine prononcée par la loi.

Cette jurisprudence est encore confirmée par plusieurs arrêts qu'on trouve dans Basset. Il y en a un entr'autres, par lequel une veuve pour s'être ainsi remariée avant le temps , quoiqu'elle fût âgée de cinquante-deux ans, & dès lors hors de tout soupçon de mettre de la confusion dans le sang de son mari, n'en fut pas moins privée de ses avantages matrimoniaux & de la succession de son fils du premier lit. Il fut même rendu un arrêt en forme de règlement le 8 février 1618, portant que les veuves qui viendroient à se remarier dans l'an du Deuil, seroient sujettes à toutes les peines du droit civil, excepté celle de l'infamie ; & il fut ordonné que cet arrêt seroit envoyé dans tous les sièges du ressort pour y être lu & publié, afin que personne n'en prétendît cause d'ignorance.

Le parlement de Dijon rendit un arrêt à peu près semblable le 12 août 1628, par lequel il fut dit qu'à l'avenir les femmes qui se remarieroient dans l'an du Deuil , seroient privées des libéralités provenant de leurs maris. Il y en eut un autre semblable le 13 février 1634. On peut voir à ce sujet ce que dit Taisand sur l'article 2 du titre 6 de la coutume de Bourgogne. On remarquera que par un autre arrêt du mois de février 1658, les parens mêmes qui avoient donné leur consentement au mariage d'une veuve avant l'expiration de l'année du Deuil, furent jugés indignes de profiter de la succession du premier mari.

D'Héricourt dans ses lois ecclésiastique cite un arrêt du 10 juin 1664, dont voici l'espèce : une veuve s'étant remariée trois jours après le décès de son premier mari mort subitement, accoucha huit mois vingt-cinq jours après son mariage, & l'enfant fut baptisé sous le nom du premier mari ; on s'en plaignît, & par l'arrêt cité rendu sur les conclusions du célèbre Talon avocat-général, il fut ordonné que l'enfant appartiendroit au second mari ; que le registre de baptême seroit réformé, & que la femme seroit privée de son douaire & des autres avantages qu'elle avoit pu tirer du premier mariage.

Les exemples que nous venons de rapporter prouvent donc que du tems de Dumoulin, les peines prononcées contre les veuves qui se remarioient dans l'année du Deuil, n'étoient pas généralement abrogées comme il le prétendoit. Quoique aujourd'hui il soit vrai qu'on ne leur-fasse pas un crime de transgresser la loi, & qu'on soit plus indulgent à leur égard qu'on ne l'étoit le siècle dernier, il faut pourtant convenir qu'il étoit digne de la sagesse des romains & de leur respect pour les mœurs, de blâmer le mariage des veuves avant leur année de viduité. C'est à ce propos que Bretonnier trouve surprenant « de voir le parlement de Paris étendre la » peine des secondes noces contre les veuves, » & garder le silence à l'égard des femmes qui » se remarient dans l'année du Deuil : *ó castæ* » *leges !* Il n'y auroit sans doute aucun inconvénient d'exiger d'une veuve une année d'abstinence, tandis, ajoute un autre auteur, qu'on exige bien d'une fille nubile à douze ou quatorze ans d'attendre jusqu'à l'âge de vingt-cinq pour former un premier engagement. Quoi qu'il en soit, il eſt toujours vrai de dire que la loi n'eſt pas tellement abrogée, que ſi dans quelque circonſtance comme celle de l'arrêt du 10 juin 1664, cité par d'Héricourt, la veuve en ſe remariant avant la fin de l'année du Deuil, donnoit lieu à des ſoupçons & à des reproches graves, comme ſi elle venoit à accoucher après ſon ſecond mariage avant le neuvième mois depuis la mort de ſon mari, elle ne fut privée de tous ſes avantages ; parce que ſi l'on s'eſt relâché de la loi, c'eſt parce qu'on a remarqué qu'une veuve n'étoit pas ordinairement aſſez imprudente pour contraĉter de nouveaux engagemens lorſqu'elle avoit lieu de prévoir qu'il en pourroit réſulter des troubles pour une famille & des inconvéniens pour ſon honneur ; la loi s'en remet aujourd'hui en quelque façon à ſa prudence ; mais cette bonne foi avec laquelle la loi préſume de la ſageſſe de la conduite de la veuve, ne ſerviroit qu'à la rendre plus coupable ſi elle en abuſoit.

Au ſurplus, quoique la veuve ne perde plus comme autrefois ſes avantages, elle perd toujours néanmoins ſes habits de Deuil ; car ces habits n'étant accordés qu'à la charge par elle de porter le Deuil pendant une année, on ne peut pas dire qu'elle les ait voulu gagner, dès qu'en ſe remariant avant le temps, elle renonce au Deuil pour lequel ces habits lui étoient fournis. Cette juriſprudence eſt atteſtée par des Auteurs modernes comme certaine ; & l'on remarque en effet que la choſe a été ainſi jugée au châtelet de

Paris par deux fentences, l'une rendue en 1680, & l'autre le 4 février 1698. Bafnage rapporte fur l'article 392 de la coutume de Normandie, un arrêt du parlement de Rouen qui l'a jugé de même le 3 novembre 1637.

- Si les habits de Deuil ont été payés immédiatement après la mort du mari, la veuve qui fe remarie avant le tems eft dans le cas de les rembourfer, parce que ces habits ayant été donnés pour fatisfaire à la loi de la part de ceux qui étoient obligés de les fournir, il faut que celle qui les a reçus en rende la valeur, dès qu'elle n'a point fatisfait à la même loi en vertu de laquelle elle les avoit obtenus. Que ces habits aient été fixés par le contrat de mariage ou qu'ils aient été arbitrés à la mort du mari, la chofe eft égale ; parce que c'eft toujours la fin pour laquelle ils ont été accordés que l'on doit confidérer ; & nous aiouterons que c'eft bien la moindre privation dont puiffe être aujourd'hui punie une femme qui fe remarie avant l'expiration de fon année de Deuil.

Nous venons de parler de la femme qui fe remarie avant l'année du Deuil révolue, il nous refte à dire deux mots de celle qui pendant ce tems-là mène une vie déréglée.

La femme qui avant l'année du Deuil paffe dans les bras d'un nouvel époux, fait certainement une bien moindre injure à la mémoire de fon premier mari, que celle qui fans fe remarier s'abandonne à l'incontinence & au défordre. Auffi en fe relâchant de la févérité des peines prononcées contre la veuve qui fimplement fe remarie avant l'année du Deuil, eft-on demeuré inflexible contre celle qui par fes déréglemens

deshonore la mémoire du défunt. Dumoulin ne
s'eſt pas trompé ſur cet article, quand il a dit
que celle qui dans l'année du Deuil s'abandonne
à une vie déréglée, perd les avantages qu'elle
tenoit de ſon mari, & que ce point de juriſpru-
prudence ſubſiſte dans toute ſa rigueur (*) : on
excuſe une veuve qui ſe hâte de paſſer à un ſecond mariage ; ſouvent des motifs de conſcience
& d'honnêteté peuvent l'y déterminer ; mais on
ne ſauroit jamais excuſer celle qui paſſe l'année
de Deuil dans le déſordre , & tous les auteurs
diſent que l'héritier du mari eſt recevable à allé-
guer ſon impudicité pour la faire priver du
douaire & des autres avantages qu'elle a reçus
de lui.

Ce qu'il y a même de ſingulier, c'eſt que des
tiers poſſeſſeurs ont été admis à prouver l'inconduite de la femme : une veuve dont le contrat de mariage portoit en ſa faveur une penſion
de deux cens livres, attaqua un tiers poſſeſſeur
par action hypothécaire ; ce tiers lui oppoſa la
manière dont elle avoit vécu pendant l'année de
Deuil, & la fit débouter de ſa demande par un
arrêt du parlement de Grenoble du 9 août 1630,
qu'on trouve dans Baſſet.

Les veuves, comme on le ſait , jouiſſent ordinairement pendant leur viduité, des priviléges
attachés aux fonctions de leur défunt mari ; mais
ces priviléges , elles les perdent auſſi lorſque
durant l'année de Deuil elles mènent une vie

(*) Tamen ſi infrà annum luctûs commiſerit ſtuprum,
perdit dicta donata & relicta ; & hoc manet in viridi ob-
ſervantiâ, & non corrigetur. (C. Molinæus in conſuet.
Paris, §. 30, n. 143.)

scandaleuse. La veuve d'un employé d'artillerie qui étoit déchargeur de poudre, & qui jouissoit de l'exemption de taille, fut imposée au rôle des taillables, par la raison qu'elle avoit mené une vie libertine durant l'année de Deuil ; elle se pourvut contre cette imposition ; mais comme les faits articulés contre elle se trouvèrent vrais (*), elle succomba dans ses démarches par un arrêt de la cour des aides du mois de décembre 1631, rapporté par Dufrêne.

Une chose qui peut surprendre encore, c'est que les propres enfans de la veuve peuvent lui objecter ses déréglemens ; on en a la preuve dans un arrêt du parlement de Provence du 3 février 1674, rapporté au journal du palais, par lequel un fils fut autorisé à prouver que sa mère étoit enceinte de plus de deux mois avant qu'elle fût remariée à un particulier.

Dans une autre espèce, une veuve étant devenue suspecte, on lui ôta la tutelle de ses enfans, & on leur donna pour curateur leur aïeul paternel. Cet aïeul se fit autoriser par les parens à articuler des faits d'inconduite contre sa bru ; & il fut admis par un arrêt du parlement de Paris du 23 mai 1704, non-seulement à faire enquête contre la débauche de cette veuve, mais encore à la faire visiter.

L'auteur de la collection de jurisprudence nous fournit sur cette matière un autre arrêt dont nous croyons devoir rapporter l'espèce.

« Les héritiers de Jacques Pouffier, boulanger » à Nuys, attaquèrent la donation mutuelle faite

_____

(*) Notez que ces faits avoit été articulés par des étrangers, c'est-à-dire par le général des taillables de l'endroit.

» entre lui & Catherine Morlot sa femme, parce
» que celle-ci remariée après l'an du Deuil,
» étoit accouchée quatre mois onze jours après
» son mariage, & six mois sept jours après l'an
» du Deuil.

» Comme l'enfant paroissoit bien formé &
» vigoureux, on disoit qu'il avoit été conçu
» près de trois mois avant l'expiration du Deuil ;
» d'où les héritiers du premier mari concluoient
» que la veuve avoit vécu impudiquement, &
» qu'elle devoit par conséquent être privée des
» avantages qu'il lui avoit faits.

» La femme nioit l'impudicité qu'on lui re-
» prochoit : elle disoit qu'un enfant pouvoit
» naître capable de vivre dans le septième mois
» de la conception ; elle citoit plusieurs arrêts
» qui avoient déclaré légitimes les enfans nés
» dans le septième mois : ces raisons firent re-
» jeter l'accusation d'indignité, & le don mutuel
» fut confirmé par un arrêt du parlement de
» Dijon du 17 juillet 1732 ».

Remarquez ici qu'on trouve quelques arrêts
qui n'ont point permis de rechercher des veuves pour faits d'inconduite, dans la vue de les
faire priver des avantages de leur premier mari.
Brillon en cite deux : l'un du 7 janvier 1688,
& l'autre du 26 mars 1680 ; mais ces arrêts ne
peuvent avoir été rendus que dans des circonstances où il y avoit plutôt des foiblesses secrettes
qu'un désordre affiché. Quand une veuve a cédé
à la séduction, & que les suites s'en trouvent
réparées par un mariage subséquent avant tout
reproche formé contre elle, on n'écoute pas
les plaintes d'inconduite qu'on peut former contre elle.

Quand il y a lieu de se plaindre de la conduite d'une femme, il n'est pas nécessaire précisément que la débauche qu'on lui objecte soit une débauche consommée : il suffit qu'elle se comporte scandaleusement aux yeux du public, qu'elle donne matière à des soupçons bien fondés, pour faire juger qu'elle respecte peu la mémoire de son mari. Ces soupçons peuvent naître d'une infinité de circonstances : si elle se produit sans réserve dans les bals ou dans d'autres lieux indécens pour son état ; si elle souffre chez elle une assiduité de personnes dangereuses ; s'il y a des rendez-vous, des lettres amoureuses, &c. en un mot, tous les indices qui peuvent s'appliquer à une femme soupçonnée d'adultère, peuvent s'appliquer à la veuve qu'on soupçonne de déshonorer la mémoire de son mari ; & ces soupçons, lorsqu'ils sont autorisés par des faits connus, doivent certainement suffire pour la faire condamner ; car suivant la remarque d'un auteur, il ne suffit pas qu'une femme soit sage, il faut encore qu'elle ne soit pas soupçonnée.

Lorsque l'année du Deuil est expirée, les lois dont nous parlons n'ont plus d'empire sur la veuve ; cependant nous trouvons un arrêt du parlement de Toulouse du 21 février 1666, par lequel une femme a été privée de son augment & de la succession de ses enfans, pour avoir manqué à son honneur après l'année de Deuil ; mais cette circonstance, que c'étoit dans la maison de son premier mari qu'elle s'étoit mal conduite, parut assez grave pour la faire punir de sa faute.

Voyez *les ordonnances du 23 juin 1716, &
du*

du 8 octobre 1730 ; Dumoulin sur l'ancienne cou-
tume de Paris ; la bibliothèque de Bouchel ; la
bibliothèque canonique ; les arrêts de Catelan, de
Boniface, de Papon, de Basset & de la Roche-
flavin ; Taisand, sur la coutume de Bourgogne ;
le Brun & Pothier, dans leurs traités de la commu-
nauté ; les questions de Bretonnier ; le dictionnaire
des arrêts ; le recueil civil de la Combe ; les lois
ecclésiastiques ; la collection de jurisprudence, &c.
Voyez aussi l'article VEUVE. (*Article de M. DA-*
REAU, avocat au parlement, &c)

DEVIN. Celui qui fait métier de prédire
les choses futures & de découvrir les choses
cachées.

Nos rois ont toujours pris les précautions
convenables pour arrêter & même prévenir les
pratiques superstitieuses de ceux qui se quali-
fioient de Devins. La dernière loi qui a été publiée à cet égard est une déclaration en forme
d'édit du mois de juillet 1682. Elle défend toutes
pratiques superstitieuses de fait, par écrit ou par
paroles, soit en abusant de l'écriture sainte ou
des prières de l'église, soit en disant ou en faisant des choses qui n'ont aucun rapport aux
causes naturelles. Ceux qui se trouvent les avoir
enseignées, ensemble ceux qui les ont mises en
usage, & qui s'en sont servis pour quelque fin
que ce puisse être, doivent être punis exem-
plairement & suivant l'exigence des cas. Le
même édit porte que s'il se trouvoit à l'avenir
des personnes assez méchantes pour ajouter &
joindre la superstition & le sacrilège à l'impiété,
sous prétexte d'opération de prétendue magie
ou autre prétexte de pareille qualité, celles qui

Tome XVIII. Kk

s'en trouveront convaincues feront punies de mort.

DEVIS. Mémoire détaillé des ouvrages de menuiferie, de maçonnerie & autres concernant un édifice, & du prix qu'ils doivent coûter.

Les gens de main-morte, les hôpitaux généraux & particuliers, les maifons & écoles de charité ne peuvent joindre à leurs clôtures aucune maifon, ni faire aucune conftruction ou reconftruction de bâtimens, qu'après en avoir communiqué les plans & Devis à l'intendant de la généralité dont l'avis doit être envoyé au confeil, tant fur la néceffité des bâtimens que fur les droits d'amortiffement qui peuvent en être dûs, à peine contre les contrevenans de payer le double de la fomme à laquelle montent ces droits d'amortiffement.

Tous les Devis d'ouvrages & marchés en vertu defquels un créancier prétend avoir un privilège, doivent être paffés devant notaires & y demeurer en minute. Les ouvrages doivent y être déclarés en détail avec mention du prix de la toife & des bois. Lors de la quittance du payement de ces ouvrages, qui doit auffi demeurer en minute chez les notaires, il doit être fait mention de la fubrogation acquife à ceux qui ont prêté leurs deniers pour les ouvrages faits en conféquence des Devis qui les ont précédés. Il eft défendu aux propriétaires & aux ouvriers de conniver frauduleufement entr'eux à ce fujet, à peine de punition corporelle ; & aux notaires de prêter leur miniftère à la fraude, à peine de nullité de leurs actes & de tous dépens, dommages & intérêts. Il y a à ce fujet un arrêt de règlement du parlement de

Paris du 31 juillet 1690 , qu'on trouve dans le journal des audiences.

Quoique dans les règles de droit on ne trouve rien qui exige les formalités prescrites par ce règlement particulier, & qu'en conféquence on fe foit plufieurs fois relâché depuis des difpofitions qu'il renferme , cependant comme les abus qui y avoient donné lieu fe renouveloient au préjudice de nombre de créanciers , la même cour de parlement a jugé à propos de faire un autre règlement fur cette matiere le 18 août 1766 , par lequel au lieu de Devis , elle exige des ouvriers & des créanciers qui voudront avoir un privilège fur des ouvrages, de fe conformer aux formalités qu'elle prefcrit en pareil cas, & dont il fera parlé à l'article PRIVILÈGE.

Quand il s'agit de l'entretien & de la réparation de la nef des églifes , de la clôture des cimetières, du logement des curés, les procès-verbaux dreffés à ce fujet doivent être envoyés aux intendans qui ordonnent en conféquence une vifite par experts des chofes à faire , & un Devis eftimatif devant eux ou devant leurs fubdélégués ; enfuite on procède à une adjudication des ouvrages au rabais. Ce devis eftimatif eft requis par l'article 22 de l'édit de 1695.

Il en eft de même de toutes les nouvelles conftructions ou réparations qui peuvent concerner des communautés d'habitans. Voyez RÉPARATION. (*Article de M. DAREAU, avocat au parlement*, &c.)

DEVOIRS. Chofes auxquelles on eft obligé par la loi, par la coutume, par l'honneteté, par la bienféance.

Il y a des devoirs communs à tous les hommes ; il y en a d'autres qui leur font particuliers relativement aux différentes fonctions auxquelles ils font deftinés dans la fociété.

En fait de devoirs communs, le premier de ces devoirs » eft le culte de l'être fuprême : les » autres devoirs font de fe comporter convena-» blement avec fes fupérieurs, avec fes égaux, » avec fes inférieurs & avec foi-même. Il faut » s'étudier à plaire fans baffeffe aux fupérieurs ; » montrer de l'eftime & de l'amitié à fes égaux ; » ne pas faire fentir le poids de fa fupériorité à » fes inférieurs, conferver de la dignité avec foi-» même.

» Nous devons à tous les hommes de l'amour, » de la compaffion & des fervices. Nous devons » à l'état qui veille à notre fureté, le foin de fa » confervation, l'emploi de nos talens & l'obéif-» fance aux lois ; & delà les devoirs des fupé-» rieurs & des inférieurs. Nous devons aux par-» ticuliers à proportion des biens que nous en » recevons ; de-là les devoirs des pères, des » enfans, des parens, des amis, des compa-» triotes, des concitoyens : tous ces devoirs » font fubordonnés les uns aux autres. Nous de-» vons plus à Dieu qu'aux hommes ; plus au » genre humain qu'à notre patrie ; plus à la patrie » qu'à l'amour paternel, & plus à ce dernier » fentiment qu'à l'amitié. «

Quant aux devoirs particuliers à chaque état, à chaque profeffion, chacun de ceux qui y font engagés doit les connoître ; quiconque les viole devient coupable, & encourt la peine attachée à l'infraction de fes devoirs.

DEVOIRS pris pour différens droits particu-liers.

Devoirs seigneuriaux. Ces devoirs font ceux qui appartiennent aux feigneurs à caufe de leur juftice ou de leur fief : on rend des devoirs à un feigneur quand on lui porte la foi & l'hommage, qu'on lui préfente le pain béni, l'eau bénite, & qu'on s'acquitte envers lui de tous les autres droits honorifiques qui peuvent lui être dûs à l'églife ou ailleurs. A l'égard des droits utiles, voyez DROITS-SEIGNEURIAUX.

Devoirs en Bretagne. Ce font différentes impofitions qui fe perçoivent dans cette province fur différentes denrées.

On y appelle *Devoir de la veille coutume*, un droit qui fe perçoit fur les blés ; *Devoir de quillage*, celui qui fe perçoit fur les navires chargés de plus de dix tonneaux de bled ; *Devoir de Brieux*, un autre droit qui fe perçoit fur les blés amenés du dehors dans le comté de Nantes (*) ; *Devoir de Guimple*, celui qui fe prend fur les fels venant de la mer au port de Nantes ; *Devoir de Quarantième*, celui qui fe paye fur les marchandifes venant de la mer à Nantes, & allant de Nantes à la mer en paffant par faint Nazaire.

Mais on appelle plus particulièrement *Devoirs* dans cette province, ceux qui fe perçoivent fur les boiffons à la vente au détail ; nous allons

---

(*) Obfervez que par arrêt du confeil d'état du 3 juin 1775, la perception de droits fur les grains, les farines & le pain, faite par les villes à leur profit, a été fufpendue dans toute l'étendue du royaume, excepté à Paris & à Marfeille ; & que par un autre arrêt du confeil du 13 août fuivant, il a été ordonné que les villes remettroient leurs titres aux intendans pour avoir leur avis fur l'indemnité néceffaire aux villes privées des droits dont il s'agit.

entrer dans un certain developpement de ces Devoirs.

Ce n'eft pas le fouverain qui fe mêle de la levée & de la perception de ces droits ; les états de la province dans l'affemblée qui fe tient tous les deux ans, en font eux-mêmes l'impofition & le bail ; & les deniers qui en proviennent font principalement employés au payement du don gratuit accordé au roi fur la demande des commiffaires députés par fa majefté pour la convocation des états. Ce bail qui fe renouvelle à chaque tenue des états en préfence du commandant en chef de la province, & qui doit être ratifié par les commiffaires de fa majefté, eft le titre en vertu duquel fe fait la perception des devoirs. Ce bail comprend auffi le droit annuel, les droits de courtiers, gourmets de vin, & ceux de jaugeage que les états ont acquis lors de la création de ces officiers. Voici le tarif de ces différens droits (*) :

1°. Pour le vin, on fait la diftinction fuivante :

Le vin hors du crû de la province doit pour le *grand Devoir* quatre fous par pot, ce qui fait par barique (qui contient 120 pots mais fur lefquels on déduit un fixième dans la perception des droits à caufe des lies, coulages & boiffons) vingt livres ; on y ajoute le *petit Devoir* qui monte à cinq livres dix fous ; on y met encore le tiers en fus du grand Devoir par augmentation & ce tiers fait fix livres, treize fous quatre deniers ; au moyen de quoi le total des Devoirs

_____

(*) Il ne faut pas confondre les *Devoirs* avec les billots & impôts qui font d'autres droits différens qu'on perçoit dans la province fur les boiffons.

pour une barique de vin hors du crû de la province , monte à trente deux livres trois fous quatre deniers.

A l'égard du vin du crû de la province , on distingue entre celui qui est débité dans un autre évêché que celui du crû , & celui qui est débité dans l'évêché même du crû.

Pour le vin débité hors de l'évêché du crû , il est dû pour le *grand Devoir* deux fous huit deniers par pot , ce qui fait par barique suivant l'évaluation ci-dessus treize livres six fous , trois deniers ; pour le *petit Devoir*, deux livres quinze fous ; pour le tiers en fus du *grand Devoir*, quatre livres , huit fous, dix deniers ; ce qui fait pour la barique au total vingt livres , dix fous six deniers.

Pour le vin débité dans l'évêché où il est crû , il est dû pour le *grand Devoir*, un fou, quatre deniers par pot , ce qui fait par barique six livres, treize fous , quatre deniers ; pour le *petit Devoir* deux livres , quinze fous ; pour le tiers en fus du grand Devoir , deux livres , quatre fous , cinq deniers ; & au total par barique onze livres, douze fous , neuf deniers.

2°. Pour le cidre , pour le poiré , pour la bierre & même pour l'hydromel (*) il est dû pour le *grand Devoir* huit deniers par pot , c'est-à-dire trois livres , six fous , huit deniers par barique ; pour le *petit Devoir* deux livres , quinze fous ; pour le tiers en fus du grand Devoir , une livre , deux fous , deux deniers , & au total , sept livres , trois fous , dix deniers.

(*) L'hydromel a été compris dans ces droits suivant un arrêt du parlement de Rennes du 23 mai 1740.

3°. Pour l'eau de vie & le vin de liqueur, il est dû pour tous les droits ci-dessus, vingt cinq sous par pot.

Voici les autres droits particuliers joints au bail des Devoirs : ces droits sont ceux des courtiers, des gourmets & de jaugeage.

Le droit des courtiers à la vente, y compris le doublement, est de dix sous par barique, pour le vin du crû des évêchés de Nantes, de Vannes & de Rennes, vendu en gros; & de seize sous pour celui qui vient des autres provinces en celle de Bretagne pour y être vendu. Le cidre doit six sous, l'eau de vie trente sous, & les liqueurs trois livres par barique.

Le droit des gourmets qui se perçoit dans l'évêché de Nantes y compris le doublement, est pour le vin des provinces & pays étrangers arrivant par eau dans le comté Nantois, de douze sous par barique; & de trente sous pour le vin Nantois sortant par eau; c'est le chargeur qui paye ce droit. L'eau de vie chargée pour sortir doit quarante sous par pipe & ce droit est payable aussi par le chargeur soit pour son compte ou par commission (*).

Le droit de jaugeage à la première vente ou enlevement des boissons est pour le vin, de deux sous par pipe ; d'un sou par barique ; de huit deniers par tierçon ; pour l'eau de vie, de quatre sous par pipe ; de deux sous par barique ;

(*) Suivant un arrêté des états, conformément à un arrêt du conseil du 23 septembre 1692, les bourgeois peuvent vendre les vins & liqueurs de leur crû dans leurs maisons, caves & selliers, à d'autres bourgeois sans payer le droit dont il s'agit.

& d'un fous quatre deniers par tierçon ; pour la bierre le cidre & le poiré d'un fou par pipe ; de fix deniers par barique, & de quatre deniers par tierçon ; pour les menues boiffons, de trois deniers par barique & de deux deniers par tierçon.

Outre les droits dont nous venons de parler il y a encore l'annuel payable par les marchands, hôtes, cabaretiers, aubergiftes & autres vendans en gros & en détail, & ce droit eft de huit livres dans les villes, & de fix livres dix fous par-tout ailleurs.

Le fermier des Devoirs jouit en outre de la faculté exclufive de vendre des eaux-de-vie en détail ; en conféquence il eft défendu aux tireurs d'en avoir en vaiffeaux au deffous de bariques ou tierçons pour le commerce de la province ; même d'en avoir en quártaux fi ce n'eft pour le commerce de la mer. Mais auffi il eft défendu au fermier dont le bail eft près d'expirer, de vendre ces eaux de vie pendant les deux derniers mois de fon bail, à plus bas prix que celles qu'il a vendues prix courant pendant les deux mois précédens (*) ; & pour juftifier des contraventions à ces défenfes, il lui eft enjoint ainfi qu'à fes commis, de repréfenter au nouveau fermier les regiftres de ventes & de diftributions de ces eaux de vie.

La perception du grand & du petit Devoir fe fait fur toutes les boiffons & liqueurs vendues en détail, de quelque manière que ce foit, même fur celles qui font confommées dans tou-

_____

(*) Il y a à ce fujet trois arrêts du parlement de Bretagne, l'un du 22 novembre 1728, & les deux autres des 27 novembre & 16 décembre 1732.

tes les affemblées, telles que celles qui ont pour objet l'élévation d'un édifice, une célébration de noces, de baptême & d'autres cérémonies où l'on fait courir le plat pour recevoir de l'argent des affiftans, & cela dans toutes les villes, dans tous les bourgs, villages, paroiffes, châteaux, forterefles, forges, verreries, conciergeries royales, geoles, marchés, foires & autres lieux généralement quelconques, où fe fait le débit, fans en excepter les maifons franches, qui ne peuvent exercer leur privilége que fur les impôts & billots, de même que ceux qui ont droit de ban & d'étanche.

Les Devoirs font dûs par toutes fortes de perfonnes, eccléfiaftiques, nobles, commenfaux & autres, vendant ou faifant vendre en détail des boiffons même de leur crû. Ils font dûs encore par tous ceux qui font profeffion de tenir des penfionnaires, à l'exception des écoliers, des féminaires, maifons de retraite & autres communautés eccléfiaftiques approuvées par les évêques ; à l'exception auffi des buvetiers des parlemens, de la chambre des comptes, de la chancellerie & des quatre prefidiaux de la province pour les quantités fixées par le bail.

Comme le bail des Devoirs fe renouvelle tous les deux ans, & qu'à chaque renouvellement il y a toujours quelque changement, c'eft au dernier qu'il faut s'attacher : c'eft ce bail qui fait la loi entre les redevables & le fermier : il eft le titre de la perception.

Les appellations des jugemens rendus fur les droits dont il s'agit, ainfi que fur tous les autres droits de cette efpece, fe relèvent directement au parlement de la province. C'eft ce que porte l'article 9 de la déclaration du 20 août 1732, regiſtrée dans cette cour le 24 novembre ſuivant.

Voyez *le traité des aides, par le Febvre de la Bellande*, & l'article BRETAGNE. (*Article de M. DAREAU, avocat &c.*)

DEVOIRS DE LOI. C'eſt le nom collectif ſous lequel les déſaiſines ou déshéritances, & les ſaiſines ou adhéritances ſont éompriſes. Cette expreſſion déſigne proprement les formalités du nantiſſement, & c'eſt de cet objet que nous allons nous occuper ici ; les effets qui en réſultent feront la matière des articles ENSAISINEMENT & NANTISSEMENT.

Suivant l'ancien droit de la France, on ne pouvoit acquérir aucun droit ſur des biens vendus, donnés ou obligés que par la voie du nantiſſement. On ſe faiſoit mettre en poſſeſſion ou par les officiers du ſeigneur dont les biens étoient mouvans, & c'eſt ce qu'on appeloit enſaiſinement, Devoirs de loi, &c. ou par les juges royaux dans le reſſort deſquels les biens étoient ſitués ; & c'eſt ce qu'on appeloit MAIN-MISE ; MAIN-ASSISE, MISE DE FAIT, voyez ces mots.

Dans la ſuite on a jugé toutes ces formalités inutiles, & l'on a trouvé plus ſimple de donner à un acte notarial l'effet qu'elles produiſoient : de ſorte qu'aujourd'hui l'acquéreur n'a beſoin pour ſe rendre propriétaire incommutable, que de ſe mettre de fait en poſſeſſion de l'héritage, & le créancier acquiert par un jugement ou par un contrat authentique une hypothèque ſur tous les biens de ſon débiteur. Mais l'ancien droit s'eſt conſervé dans toutes les coutumes des Pays-Bas & dans pluſieurs du royaume, telles que

Boulonnois, Amiens, Perronne, Vermandois, Saint-Quentin, Senlis, Laon, Rheims, Chauny, &c.

Les formalités des Devoirs de loi ne sont pas uniformes dans toutes ces coutumes. Pour traiter cette matière avec ordre, nous parlerons d'abord des juges qui interviennent dans ces actes, ensuite des parties entre lesquelles ils se passent, & nous finirons par les considérer en eux-mêmes.

SECTION PREMIERE.

Des juges qui interviennent dans les Devoirs de loi.

Les coutumes de Vermandois article 126, de Rheims article 165, & la plupart de celles des Pays-Bas, exigent pour opérer le nantissement, que le vendeur & l'acheteur comparoissent devant les officiers de la seigneurie dont relève le bien, que le vendeur mette entre les mains du chef de la juridiction un bâton, symbole de l'héritage, & que ce juge le mette à son tour entre les mains de l'acheteur.

Dans la coutume de Douai le nantissement s'opère par la reconnoissance du contrat faite en présence de deux échevins, à moins qu'il ne s'agisse d'une adjudication par décret, car en ce cas il faut que l'adjudicataire prenne saisine en présence de sept échevins en mettant la main au bâton. Voyez l'article 2 du chapitre 3, & l'article 4 du chapitre 13 de cette coutume, & ce que nous en avons dit au mot DÉCRET.

Suivant l'article 264 de la coutume de Perronne, « les deux contractans doivent comparoir » pardevant le bailli ou lieutenant du lieu, dont

» les héritages font tenus & mouvans, & illec,
» déclarer en préfence du greffier & de deux
» témoins le contrat qui aura été fait, dont fera
» fait acte qui vaudra deffaifine & faifine, fans
» autre folemnité ».

Ce texte annonce évidemment que les fiefs &
les rotures ne différent point à cet égard, & que
le juge prépofé par la coutume pour le nantiffement des uns, l'eft auffi pour le nantiffement
des autres.

Il en eft autrement dans les Pays-Bas : chaque
efpèce de biens eft foumife à un tribunal particulier ; les fiefs ne dépendent que de la cour
féodale compofée du bailli & des hommes de
fiefs ; & les rotures ou main-fermes, de la cour
échevinale compofée d'un prévot ou mayeur
& des cenfitaires du feigneur. Ainfi pour favoir à quels juges on doit s'adreffer pour faire
nantir un acte, il faut examiner la nature des
biens qui en font l'objet ; fi ce font des fiefs, on
s'adreffera à la cour féodale, & fi ce font des
rotures, à la cour échevinale (*).

La coutume de Cambrèfis met une différence
entre les main-fermes ou rotures & les cotteries,
comme on l'a vu au mot COTTERIE. C'eft
d'après cette diftinction qu'elle veut, titre 5 article 2, que les Devoirs de loi fe faffent pour les
main-fermes, en préfence des mayeur & échevins ; & pour les cotteries, en préfence des
hommes-cottiers.

Mais que doit-on dire des francs-aleux ? font-
ils foumis comme les autres biens à la nécef-

_____

(*) Voyez ci-après une exception que la coutume de la
chatellenie de Lille apporte à cette règle.

fité du nantiffement, & dans ce cas devant quel juge faut-il paffer les Devoirs de loi ? la coutume de Perronne article 267, porte « qu'en franc-aleu » n'y a deffaifine ni faifine. Mais fuffit, ajoute la » coutume de Vermandois, l'appréhenfion ou » poffeffion réelle, ou autre équipollente à icelle ». On fait que la coutume de Paris à confervé le nantiffement par rapport au retrait lignager, de manière que l'année pour exercer ce retrait ne court que du jour de la faifine prife par l'acquéreur. On a demandé s'il en devoit être de même quand le bien étoit tenu en franc-aleu ? l'article 132 a décidé que non, mais que l'acquéreur étoit tenu de fuppléer au défaut de faifine par la publication de fon contrat à l'audience du fiège royal le plus prochain.

· La décifion de ces trois coutumes nous paroît conforme aux principes du nantiffement. La néceffité de recourir aux Devoirs de loi pour transférer d'une perfonne à une autre la propriété d'un immeuble, n'eft fondée que fur la dépendance où eft cet immeuble, de la directe du feigneur dans le territoire duquel il eft fitué. Les feigneurs étoient autrefois propriétaires de tous les héritages fur lefquels s'étendoit leur feigneurie : ils en ont à la vérité abandonné une partie à leurs vaffaux, foit à charge de foi & hommage, foit à charge d'une reconnoiffance annuelle ; mais comme ils s'en font réfervé le domaine direct, leurs vaffaux n'ont jamais pu & ne peuvent pas encore fe dire propriétaires dans toute l'étendue de ce mot. Ainfi celui qui vend un héritage féodal ou cottier, n'en transfere point la propriété à l'acheteur, il ne fait que renoncer au droit qu'il tient du feigneur, & s'en dépouiller entre les mains des officiers de celui-ci qui le tranfportent à l'acquéreur, à peu près comme le titulaire d'un bénéfice en fait fa réfignation entre les mains du collateur qui le confère enfuite à celui que le réfignant lui a indiqué.

Si telle eft l'origine du nantiffement, comme on ne peut en douter, il eft clair que les biens dont les feigneurs n'ont pas été autrefois propriétaires ou dont ils n'ont plus aujourd'hui le domaine direct, ne font pas affujettis aux formalités des deffaifines & faifines ; ce qui eft décifif pour les francs-aleux.

Il faut convenir cependant que la jurifprudence du Haynaut eft fur ce point comme fur bien d'autres, différente du droit commun des pays de nantiffement. Les francs-aleux de cettre province ne jouiffent qu'imparfaitement de la liberté que leur nom femble annoncer. Ils font foumis au relief à chaque mutation de propriétaire, & ce relief fe fait en préfence de deux francs-alloetiers, efpèce d'officiers qui ont fur ces biens la même juridiction que les bailli & hommes de fiefs ont fur les fiefs, & les mayeur & échevins fur les main-fermes. C'eft ce qui réfulte de l'article 1 du chapitre 106 des chartres générales. D'après cela, on devine aifément que l'on ne peut pas plus charger ou aliéner un franc-aleu qu'un fief fans œuvres de loi. C'eft ce qu'infinue l'article 2 du chapitre cité : il eft conçu en ces termes : « & au regard des vendages » d'alloets, reprifes lignagères, aliénations ou » difpofitions, nouvelles charges ; ... il en fera » fait comme dit eft ci-deffus pour fief ». Or, il eft certain & l'article 1 du chapitre 94 établit formellement que l'on ne peut aliéner ni charger un fief fans Devoirs de loi ; il en doit donc être de même des francs-aleux. La vérité de cette conféquence paroîtra encore dans un plus grand jour, fi l'on rapproche les textes cités de l'article 1 du chapitre 30, portant que l'on pourra prouver par record de loi tous *convens & œuvres de loi faits & paffés pardevant bailli, hommes de fiefs & francs-alloetiers.* L'article 14 du chapitre 34 eft encore plus décifif, il porte que « pour » approuver promeffe de douaire fur fief ou » alloet, le conviendra faire, fi comme pour » fief, par deshéritance pardevant bailli & hom- » mes du feigneur dont le fief feroit tenu ; & pour » les alloets, pardevant francs - alloetiers, *auffi* » *bien que pour autres charges* ». Ces derniers mots font remarquables ; il en réfulte clairement que l'on ne peut acquérir aucun droit réel fur les francs-aleux du Haynaut fans Devoirs de loi.

Il paroît même que l'on doit étendre cette jurifprudence à tous les Pays-Bas. Le placard de Charles V du 10 février 1538, & celui de Philippe II du 6 décembre 1586 , en établiffant l'impoffibilité d'aliéner ou de charger aucun héritage fans le fecours du nantiffement, declarent formellement que c'eft pour prévenir les fraudes & les ftellionats. Or, cette raifon s'applique auffi bien aux francs-aleux qu'aux fiefs & aux cenfives, & l'on doit d'autant plus en conclure que les francs-aleux ne font pas exempts des formalités des deffaifines & faifines, que l'on ne trouve dans les lois belgiques aucune trace de diftinction à cet égard entre cette efpèce de biens & les autres. On doute même fi peu en Flandre de la néceffité des Devoirs de loi pour l'aliénation ou l'hypotheque d'un franc-aleu, que Chriftin dit

en

en son commentaire sur la coutume de Malines,
que l'article 1 du titre 7 de cette coutume, portant défense de vendre ou charger aucun héritage sans deshéritance & adhéritance, ne doit
s'entendre que des francs-aleux, parce que les
articles 5, 6 & 7 du titre 10, établissent la même chose pour les fiefs. Ce raisonnement n'est pas
juste, puisque les francs-aleux ne sont pas les
seuls biens que l'on connoisse après les fiefs,
mais il prouve au moins que l'on est persuadé en
Flandre qu'ils sont assujettis aux formalités des
Devoirs de loi.

S'il arrivoit que le bailli fût en même-temps
mayeur, & les hommes de fiefs échevins, les Devoirs de loi qui auroient une censive pour objet,
seroient-ils valables étant passés en présence des
mayeur & échevins qualifiés de bailli & hommes
de fiefs ? on peut assurer que non. Tout juge en
procédant à un acte judiciaire doit prendre la
qualité qui lui en donne le droit ; s'il en prend
une qui ne lui attribue pas le même pouvoir,
ce qu'il fait est nul. Ainsi l'official de Cambrai
qui a la juridiction civile en même temps que la
juridiction ecclésiastique sur les habitans du Cambresis, doit déclarer dans tous les actes & jugemens émanés de son tribunal, la qualité en laquelle il procède, soit de juge ecclésiastique,
soit de juge ordinaire. C'est la disposition expresse
d'un arrêt du conseil d'état du 21 janvier 1682.
C'est d'après le même principe qu'un édit du
mois de juillet 1777, en unissant les cours féodales & échevinales de Saint-Amand & de Mor-
tagne dans le Tournésis, veut que les échevins de ces deux villes soient tenus d'être hommes de fiefs, & leur enjoint lorsqu'il s'agira de

matières féodales ; de prendre la qualité de bailli & hommes de fiefs, & celle de prévôt & échevins dans les matières ordinaires.

Les coutumes ont déterminé le nombre de juges qui doivent affister aux Devoirs de loi. On a vu ci-deffus ce que preſcrivent à cet égard les coutumes de Douai & de Péronne. Celle de Cambrefis, titre 5, article 2, fixe ce nombre à deux échevins pour les main-fermes fitués à Cambrai ou dans la banlieue ; mais pour ceux qui font fitués ailleurs, elle exige la préſence du mayeur & de la plupart des échevins ; pour les fiefs, elle demande celle du bailli & de quatre hommes de fiefs ; & pour les cotteries, celle de trois hommes cottiers.

Les Devoirs de loi pour les main-fermes ou cenfives régies par la coutume de Valénciennes, ne peuvent ſe faire qu'en préſence du mayeur & de ſept échevins, ſi c'eſt dans la ville ou dans l'ancienne banlieue ; & du mayeur & de quatre échevins, ſi c'eſt dans le chef-lieu. Voyez ſur cette diſtinction du reſſort de cette coutume, les articles HAINAUT & VALENCIENNES.

Les chartes générales de Hainaut ſont aſſez obſcures ſur cet objet. L'article premier du chapitre 94, dit ſimplement, que « perſonne ne » pourra vendre, changer, donner, charger, » bailler à rente, ni en autre manière aliéner ſes » fiefs que par deshéritance, pardevant les ſei-» gneurs ou baillis & hommes de fiefs dont ils » ſeront tenus ». En quel nombre doivent être ces hommes de fiefs ? Cet article ne le dit pas. On peut cependant regarder le nombre de deux comme ſuffiſant ; c'eſt la conſéquence qui réſulte de la loi 12, au digeſte, *de teſtibus. Ubi numerus*

teſtium non adjicitur, etiam duo ſufficient; pluralis enim elocutio duorum numero contenta eſt.
C'eſt d'ailleurs ce qu'on peut inférer de quelques autres paſſages des chartes générales. L'article 17 du chapitre 30 porte, que ſi l'acte des Devoirs de loi annonce qu'il a été fait en préſence de quatre hommes de fiefs, quoiqu'il ne ſoit ſcellé que de deux, & du ſeigneur ou de ſon bailli, *icelles lettres ſeront vaillables, ſans être beſoin d'en faire record.* Cette diſpoſition ne peut être fondée que ſur la ſuffiſance de deux hommes de fiefs, & ſur la maxime, *utile non vitiatur ab inutili.* S'il falloit plus de deux hommes de fiefs pour paſſer des Devoirs de loi avec le bailli, l'acte devroit néceſſairement être ſcellé par un plus grand nombre, & faute de l'être par tous il ſeroit nul, & par conſéquent il faudroit, ſuivant les principes des chartes générales, en faire le record. Voyez RECORD DE LOI. Il eſt vrai que l'article 16 du même chapitre exige la préſence & le ſcel de trois hommes de fiefs pour diſpenſer les parties du record, mais c'eſt dans le cas où *le ſeigneur ou bailli ayant été préſent aux convens paſſés, ſeroit ſurpris de mort avant avoir ſcellé les lettres ;* de ſorte que le troiſième homme de fief ne fait dans cette circonſtance que ſuppléer au ſeigneur ou à ſon bailli. Enfin une dernière preuve réſulte de l'article 19 du même chapitre, & des articles 17 & 18 du chapitre 69, leſquels portent que l'on ne peut ſaiſir réellement un héritage qu'en préſence de deux hommes de fiefs ſi c'eſt un fief ; de deux francs-aloëtiers, ſi c'eſt un franc-aleu ; & de deux échevins, ſi c'eſt une cenſive. La raiſon de cette diſpoſition eſt que le miniſtère de ces officiers

peut seul affecter réellement un immeuble. Or cette raison s'applique aussi-bien aux Devoirs de loi qu'aux saisies.

Dans la coutume de la châtellenie de Lille, il faut, suivant l'article 33 du titre premier, que les Devoirs de loi pour fiefs soient passés en présence du bailli & de trois hommes de fiefs : il en est de même pour les cotteries, excepté qu'au lieu de trois hommes de fiefs on peut prendre quatre échevins.

Dans les autres coutumes du comté de Flandres qui n'ont point de disposition particulière sur ce point, il faut se conformer au placard rendu pour cette province le 9 mai 1618 : il demande pour la validité des Devoirs de loi qui ont des fiefs pour objet, la présence du bailli, de deux hommes de fiefs & du greffier.

L'absence du bailli occasionnée par un voyage, ne seroit pas un motif suffisant pour rendre valables des Devoirs de loi auxquels il n'auroit pas assisté. Le parlement de Flandres l'a jugé ainsi par arrêt du 4 février 1687.

Si au lieu du greffier, il y avoit un troisième homme de fief qui en fît les fonctions sans en prendre la quàlité, les Devoirs de loi ne laisseroient pas d'être valables. C'est ce qu'ont jugé deux arrêts du parlement de Flandres : le premier du 16 mai 1678, le second du 4 mai 1701.

Il n'est pas nécessaire que l'acte des Devoirs de loi fasse mention du nombre des juges qui y ont assisté ; parce que l'on doit toujours présumer qu'ils y étoient en nombre compétent. C'est un principe général, que les formalités énoncées dans un acte sont présumées avoir été remplies telles qu'elles devoient l'être. Ainfi le droit romain reconnoît pour valable & obligatoire un acte dans lequel il eft écrit fimplement qu'un tel s'eft rendu caution, quoique, fuivant le droit, le cautionnement ne puiffe fe faire que par une ftipulation en bonne forme. *Sciendum eft generaliter quod fi quis fcripferit fe fidejuffiffe videri omnia folemniter acta.* Ce font les termes de la loi 30, au digefte, *de verborum obligationibus.* C'eft fur ce principe que font fondés deux arrêts du parlement de Flandres du 21 février 1691, & du 23 décembre 1776. Le premier eft rapporté par M. Pollet. Voici l'efpèce de l'autre.

La veuve Charlet avoit fait à Pierre Charlet & à fa femme une donation de plufieurs maifons fituées à Cambrai. Barthelemi Proter, héritier de la donatrice, en demanda la nullité. Un de fes moyens étoit que l'acte des Devoirs de loi fait pour réalifer la donation, n'énonçoit pas que les juges euffent été en nombre compétent & que l'un d'eux eût tenu le bâton. Mais l'arrêt cité rendu au rapport de M. de Hars de Curgies, confirma la fentence de l'official de Cambrai, qui, en fa qualité de juge ordinaire du Cambrefis, avoit déclaré la donation & les Devoirs de loi bons & valables.

Il peut arriver qu'un feigneur n'ait pas le nombre d'hommes requis par la coutume pour procéder aux Devoirs de loi des biens qui relèvent de lui. Dans ce cas, il a deux moyens de s'en procurer un nombre fuffifant. Le premier eft d'en emprunter du feigneur dont il relève lui-même immédiatement ; c'eft ce que prefcrivent les coutumes d'Artois, article 33 ; & de la châtellenie de Lille, titre 31, article 33.

Il n'en eſt pas tout-à-fait de même en Hainaut. L'article 17 du chapitre 60 des chartes
générales, porte que c'eſt au grand bailli de la
province qu'appartient le pouvoir excluſif « de
» bailler aux ſeigneurs vaſſaux ou haut-juſticiers,
» hommes de fiefs par emprunt, ſoit pour ſervir
» aux plaids ou inſtruire procès, paſſer convens
» & œuvres de loi pour fiefs tenus d'eux ».
Cette diſpoſition s'obſerve à la lettre dans le
Hainaut autrichien. Mais dans le Hainaut françois, où l'autorité du grand bailli eſt inconnue,
on s'adreſſe au parlement de Douai, qui nomme
par emprunt des hommes de fiefs d'une autre
ſeigneurie.

Le ſecond moyen qu'a un ſeigneur d'augmenter le nombre de ſes officiers, eſt de créer
des hommes de fiefs & des cenſitaires ; ce qui
ſe fait en démembrant une petite partie de ſon
fief & en la donnant à tenir de lui en arrière-
fiéf s'il veut faire un homme de fief, & à cens
s'il veut faire un homme cottier ou cenſitaire.
Mais il faut pour cela qu'il ait un *commencement
d'hommes*, c'eſt-à-dire qu'il ait au moins un fief
dans ſa mouvance. Telle eſt la diſpoſition des
coutumes de la châtellenie de Lille, titre 1,
article 34 ; de la gouvernance de Douai, chapitre 1, article 13 ; d'Artois, article 32 ; de
Saint-Omer, article 16 ; d'Amiens, article 27 ;
de Boullonnois, article 96.

On a douté ſi cette manière de ſe créer des
hommes pouvoit être admiſe dans la coutume
de Cambreſis. On alléguoit pour la négative
l'article 31 du titre premier de cette coutume,
qui défend de diviſer un fief ſans le conſentement
du ſeigneur. On diſoit pour l'affirmative, que

ce n'eſt pas diviſer un fief que d'en donner une
partie en arrière-fief ou en cotterie, parce qu'on
n'en doit pas moins la foi & hommage du fief
entier. Le conſeil ſupérieur de Douai a embraſſé
ce dernier parti, en autoriſant par arrêt du 22
décembre 1772, l'abbaye de Saint-Sépulchre à
ſe jouer d'une partie de ſon fief de Saint-Hilaire
en Cambreſis, pour ſe procurer des officiers
propres à tenir les plaids & à recevoir les Devoirs de loi.

On a vu à l'article CONJURE, que les ſeigneurs ſont repréſentés dans leurs cours féodales
par leurs baillis, & dans leurs cours cottieres,
par leurs prévôts ou mayeurs ; mais c'eſt une
queſtion s'ils ne peuvent pas remplir eux-mêmes
les fonctions de ces officiers, & ſi par conſéquent des Devoirs de loi paſſés devant eux &
un nombre compétent d'hommes de fiefs ou
d'échevins ne ſeroient pas valables ? Cela ne
ſouffroit pas de difficulté dans l'ancien droit : le
principe que l'on peut faire par ſoi-même, ce
que l'on peut faire par un autre, ne laiſſoit pas
le moindre doute ſur le pouvoir qu'avoient les
ſeigneurs de préſider eux-mêmes ſur ceux de leurs
vaſſaux qu'ils avoient choiſis pour rendre la juſtice. Mais la politique des derniers rois de la
ſeconde race & des premiers de la troiſième,
n'a pas trouvé de meilleur moyen d'affoiblir leur
autorité, que de leur ôter l'exercice de la juſtice dont ils avoient la propriété. « Car il y a
» une grande différence, dit M. le préſident Hé-
» nault, entre faire la juſtice en ſon nom ou la
» rendre ſoi-même ; le peuple ne connoît que
» ſon juge & ne remonte pas plus haut : au lieu
» que lorſque le ſeigneur réunit la propriété &

» l'exercice de la justice, il ne lui manque rien » pour se faire obéir ». C'est d'après ces considérations, que l'on a défendu aux seigneurs de remplir eux-mêmes les fonctions attribuées à leurs baillis ou à leurs mayeurs en matière contentieuse. Ce point de droit public est en vigueur dans la plus grande partie du royaume. Il n'en faut cependant pas conclure que des Devoirs de loi dans lesquels un seigneur seroit intervenu comme chef de sa justice seroient nuls. Ces sortes d'actes appartiennent à la juridiction gracieuse : ainsi on ne peut y appliquer les motifs qui ont fait ôter aux seigneurs l'exercice de la juridiction contentieuse. Aussi les chartes générales du Hainaut disent-elles en prescrivant les formalités des Devoirs de loi, qu'ils peuvent être passés pardevant le seigneur ou son bailli. Voyez l'article premier du chapitre 94, & les articles 16 & 17 du chapitre 30.

On trouve la même chose dans la coutume de la châtellenie de Lille, titre premier, article 33 ; dans celle de Reims, articles 136 & 165 ; dans celle d'Amiens, article 137 ; & dans celle de Peronne, article 260.

Comme un seigneur peut avoir beaucoup plus d'hommes de fiefs ou de censitaires qu'il n'en faut pour passer les Devoirs de loi, c'est une question s'il peut choisir ceux qu'il lui plaît, ou si le choix doit être laissé au bailli à l'égard des hommes de fiefs, & au mayeur à l'égard des censitaires. Le sieur Henrici, bailli de l'abbaye de Saint-Sépulchre à Cambrai, a soutenu la négative, & en conséquence a demandé la nullité d'une délibération capitulaire de l'abbaye, qui lui indiquoit les hommes de fiefs dont il devoit se servir pour rendre la justice & procéder aux Devoirs de loi. Mais sa prétention a été proscrite par l'arrêt du 22 décembre 1772 cité ci-dessus, & il lui a été fait défenses d'introduire ou convoquer dans l'auditoire d'autres officiers que ceux choisis par l'abbaye, sinon en cas d'absence ou d'empêchement légitime.

Il n'est pas indifférent de savoir si les Devoirs de loi peuvent être passés ailleurs que dans l'auditoire de la justice seigneuriale. Woët & Matthieu, célèbres jurisconsultes Hollandois, soutiennent l'affirmative, & leur raison paroît sans réplique. Les Devoirs de loi, disent-ils, sont des actes de juridiction volontaire ; or tous les actes de cette nature doivent être passés devant les juges en quelqu'endroit qu'ils se trouvent. Cette décision est incontestable dans la théorie, mais il faut avouer que la pratique en seroit souvent dangereuse. Il n'est guères d'abus dont ne seroient capables certains juges de village, souvent choisis dans la classe des artisans, & presque toujours bornés dans leurs connoissances, si on leur laissoit la liberté d'opérer dans l'obscurité d'une maison particulière. Il faut pour les contenir, que l'œil du public soit toujours ouvert sur eux, & c'est la position dans laquelle on les met en les empêchant de procéder aux Devoirs de loi ailleurs que dans la chambre de justice. L'article 16 du placard porté pour le comté de Flandres le 9 mai 1618 est formel sur ce point ; il prononce même la peine de nullité en cas de contravention. Le parlement de Douai a rendu le 24 mars 1738, un arrêt en forme de règlement, qui ordonne l'exécution de cette loi dans toute la province.

Il en est de même dans le Hainaut. Lorsqu'on s'est apperçu que quelques baillis ou mayeurs faisoient leurs fonctions hors de leur auditoire, des arrêts sévères ont aussitôt réprimé cet abus, & la pratique en a cessé.

Un arrêt de règlement du 22 décembre 1772, défend aux baillis & hommes de fiefs du Cambresis, de passer des Devoirs de loi hors de leur auditoire, sous telle peine qu'il appartiendra, si ce n'est dans les cas permis par la coutume.

Ces cas sont ceux où la partie qui doit se dessaisir est légitimement empêchée de se rendre à l'auditoire ; car on ne peut dans cette coutume se dessaisir par procureur, quand même on seroit dangereusement malade, comme on le verra ci-après.

Quelquefois il arrive que dans le cas d'un empêchement légitime, les Devoirs de loi doivent se passer hors du territoire des juges qui peuvent seuls les recevoir ; & alors ceux-ci doivent prendre *main-moyenne*, c'est-à dire obtenir permission des juges des lieux, à moins que le seigneur dont ils sont officiers ne soit suzerain du lieu où ils voudroient opérer. C'est ce qui résulte de l'article 14 du titre 5 de la coutume de Cambresis.

Hors le cas d'empêchement légitime, les Devoirs de loi ne peuvent, comme on l'a vu, se passer ailleurs que dans l'auditoire. Mais on demande si l'on doit présumer qu'ils y ont été passés lorsque l'acte n'en fait pas mention. Il est certain qu'aucune loi n'ordonne aux juges de déclarer dans les actes de Devoirs de loi le lieu dans lequel ils y ont procédé. D'après cela, il paroît qu'on ne doit jamais préfumer qu'ils l'aient fait hors de leur auditoire, à moins que cela ne foit prouvé. C'eft ce que le parlement de Douai a décidé par l'arrêt déja cité, du 21 février 1691.

Les officiers d'un feigneur ne peuvent refufer de prêter leur miniftère à des Devoirs de loi, parce que ce font des actes de juridiction volontaire ; pourvu néanmoins qu'on leur faffe apparoir du titre en vertu duquel on demande à fe faire réalifer dans un héritage, & qu'on leur paye les droits qui leur font dûs. Si leur refus n'étoit fondé fur aucune raifon légitime, on pourroit s'en plaindre aux juges royaux qui les y contraindroient, ou autoriferoient les officiers de la feigneurie la plus voifine à fuppléer à leur négligence. Telle eft la voie que prefcrivent les chartes générales du Hainaut, chapitre 94, article 13.

On pourroit auffi dans les autres coutumes s'adreffer aux officiers du feigneur dominant, qui dans ce cas pourroient recevoir eux-mêmes les Devoirs de loi. Telle eft la difpofition de l'article 64 du titre premier de la coutume de la châtellenie de Lille.

On eft obligé d'en ufer de même quand la feigneurie dont relève le bien qu'on veut aliéner ou hypothéquer eft fituée hors du royaume. C'eft une maxime du droit public, que les cours étrangères, foit féodales, foit cottières, n'ont point de juridiction pour les fujets du roi.

La conjure des baillis & mayeurs eft, dans les Pays-Bas, une des formalités effentielles à la validité des Devoirs de loi. Un arrêt du confeil d'état du 2 novembre 1700, rendu entre les grands baillis, les officiers des bailliages d'Artois, les principaux hommes de fiefs ou vaſſaux, & les états de la province, ordonne, article 17, que les ſaiſines des fiefs mouvans du roi, comme comte d'Artois, ſeront accordées par les lieutenans généraux & autres hommes de fiefs, à la conjure des grands baillis.

L'objet de cette conjure eſt de faire déclarer par les juges préſens aux devoirs de loi, que toutes les formalités preſcrites par la coutume pour la deshéritance & pour l'adhéritance, ont été exactement obſervées. Autrefois il ſe faiſoit en Hainaut un grand nombre de conjures dans un ſeul Devoir de loi ; mais l'article 12 du chapitre 94 des chartes générales les a réduites à deux : une pour la deshéritance, l'autre pour l'adhéritance.

L'arrêt déja cité du 21 février 1691 a encore jugé que les conjures néceſſaires à des Devoirs de loi ſont préſumées y être intervenues quand l'acte porte qu'ils ont été faits en pleine cour.

Les droits que les officiers des ſeigneurs peuvent exiger pour des Devoirs de loi, ſont fixés pour le Hainaut par un arrêt de règlement du 17 juin 1723 (*), étendu au Cambreſis par un autre arrêt du 22 décembre 1772.

_____

(*) *Cet arrêt eſt conçu en ces termes.*

Sur le requiſitoire du procureur-général du roi, contenant qu'il avoit remarqué par différens états des droits & honoraires prétendus par les baillis, greffiers, hommes de fiefs, & ſergens des cours féodales de la province d'Hainaut, pour leurs devoirs de reliefs des fiefs, & deshéritances & adhéritances d'iceux, que leſdits officiers excédoient & arbitroient leurs droits différemment les uns des autres, ce qui expoſoit journalièrement les vaſſaux à des conteſtations &

SECTION SECONDE.

Des perfonnes qui font parties dans les Devoirs
de loi.

Les Devoirs de loi étant le réfultat d'une deffaifine & d'une faifine, il faut néceffairement,

---

à des procès qu'il étoit néceffaire d'éviter; à ces caufes, il
requéroit qu'il plût à la cour de fixer par un règlement général, les droits & honoraires qui feront payés dorénavant à
chacun defdits officiers pour leurs Devoirs & vacations; vû
ledit requifitoire, les mémoires y attachés, enfemble l'état
du confeiller fifcal de la province d'Hainaut de la domination
de l'empereur, concernant l'ufage de la cour féodale de
ladite province; ouï le rapport de meffire Jacques-François-
Louis Vifart de Ponanges, confeiller, tout confidéré:

La cour a ordonné & ordonne par forme de règlement,
qu'il fera payé à l'avenir aux baillis, greffiers, hommes de
fiefs, & fergens des cours féodales de la province d'Hainaut,
pour leurs Devoirs & honoraires des reliefs de fiefs & des
deshéritances & adhéritance d'iceux; favoir. . . .

Pour les Devoirs de deshéritances & adhéritances au bailli
pour fa préfence, monnoie de Hainaut, 3 livres.

Pour fon fcel, 1 livre.

A chaque homme de fief pour fa préfence, 1 livre.

A chacun pour fon fcel, 1 livre.

Au greffier, pour les devoirs de deshéritance & adhéritances & falaires d'embrefs, 2 livres.

Et lorfque l'embref fera fort long, il lui fera payé de
chaque feuillet, 1 livre.

Pour l'enregiftrement, 1 livre.

Au fergent pour convoquer une affemblée extraordinaire, foit pour le relief d'un fief, foit pour deshéritance
& adhéritance, 12 fous.

Fait défenfes aux baillis, greffiers, hommes de fiefs &
fergens de la province d'Hainaut, d'exiger des droits plus
confidérables à peine de concuffion.

Ordonne que le préfent règlement fera lû, publié à l'auqu'il y ait deux parties : l'une pour se défaisir, l'autre pour être saisie.

Mais faut-il que les deux parties comparoissent en personne, ou suffit-il qu'elles comparoissent par procureur ? Si l'on appliquoit ici les principes du droit romain, on ne douteroit pas qu'elles ne dussent comparoître en personne. Les Devoirs de loi doivent certainement être placés dans la classe des actes que les jurisconsultes romains appellent *actiones legis* ou *actus legitimi*. Or, ces espèces d'actes ne pouvoient être passés par procureur ; la loi 123, au digeste *de regulis juris* le décide formellement. Mais nos coutumes ont rejeté ces subtilités, & ont permis de se dessaisir & de prendre saisine par procureur. Telle est la disposition des coutumes d'Amiens, article 138 ; de Vermandois, article 127, & des chartes générales de Hainaut, chapitre 103, article premier. La coutume de Valenciennes a pris un milieu entre le droit & l'usage ; elle permet, article 68, de se deshériter & de prendre adhéritance par procureur quand on est empêché légitimement, comme malade ou absent de l'endroit où ces formalités doivent se remplir ; mais hors ces cas, elle veut que l'on comparoisse en personne. La coutume de Cambresis est plus rigoureuse encore. L'article 3 du titre 5 porte, que « Devoirs de loi pour deshéritances, » rapports ou hypothèques d'héritages, ne se

---

dience, & envoyé où il appartiendra à la diligence du procureur général du roi, pour être exécuté selon sa forme & teneur. Fait à Douai, en parlement, le 17 juin 1723.

Cet arrêt a été publié à l'audience du 18 juin 1723, & republié à celle du 24 décembre 1772.

» peuvent faire & paſſer par procureur, ſi ce
» n'eſt pour une communauté, collége ou cou-
» vent ». Cette diſpoſition a lieu même dans le
cas de maladie, comme l'a jugé un arrêt du
parlement de Flandres du 28 mars 1696. Mais
comme elle ne parle que des deshéritances, on
peut demander s'il eſt permis dans cette coutume de prendre ſaiſine ou adhéritance par procureur. M. Desjaunaux répond affirmativement,
& ſa déciſion paroît juſte. La défenſe de ſe deshériter par procureur n'a été faite que pour éviter
les fraudes & les ſurpriſes. Ce motif ne peut
s'appliquer aux ſaiſines, parce qu'ayant l'avantage des acquéreurs ou créanciers pour unique
objet, elles ne peuvent jamais leur être préjudiciables. Il eſt vrai que la coutume de Cambreſis renvoie au droit écrit pour les cas qu'elle
n'a pas décidé ; mais il faut conſulter les uſages
généraux avant les lois romaines, & les uſages
généraux des pays de nantiſſement permettent
de paſſer des Devoirs de loi par procureur.

Comme on connoît deux ſortes de mandats,
l'un exprès, l'autre tacite, on a demandé ſi les
procurations pour ſe deshériter devoient être
expreſſes, ou s'il ſuffiſoit qu'elles fuſſent tacites.
Voici l'eſpèce dans laquelle cette queſtion s'eſt
préſentée. Jacques & François poſſédoient en
commun une ferme de la ſucceſſion de leur mère.
Jacques ayant beſoin d'argent, obtient l'agré-
ment de François pour en hypothéquer la totalité, paſſe un contrat de conſtitution & ſe deshérite de la ferme entière. Quelque temps après,
François paſſe un contrat ſemblable, donne en
hypothèque ſa part dans la ferme, & s'en deshérite en perſonne. La part de François eſt dé-

crétée , le créancier de Jacques prétend être
colloqué le premier ; celui de François s'y oppofe , & foutient que cette part n'eft point
hypothéquée pour la rente de Jacques, parce
que l'acte par lequel François a confenti à ce
que Jacques hypothéquât fa part , ne conteroit
pas le pouvoir de faire des Devoirs de loi. Le
créancier de Jacques répond que François en
confentant à l'hypothèque , étoit cenfé avoir
donné fa procuration pour la deshéritance ,
parce que *fine conceffo , conceffa-intelliguntur
media ;* & le parlement de Flandres l'a jugé ainfi
par arrêt du 9 mars 1697.

Suivant l'article 138 de la coutume d'Amiens,
il faut pour acquérir un droit réel , que le contrat « foit reconnu par les contractans en per-
» fonne , ou par procureur fpécialement fondé ,
» & ne fuffit d'un fimple porteur de lettres ».
Ainfi le nom du procureur doit être exprimé
dans l'acte , & l'on feroit fondé à demander la
nullité d'une deshéritance faite par le premier
venu en vertu d'une claufe par laquelle le vendeur ou débiteur auroit donné pouvoir à tout
porteur de la groffe du contrat de fe deshériter
en fon nom. On a trouvé le moyen d'éluder la
difpofition de la coutume en laiffant le nom du
procureur en blanc, ce qui équivaut à la claufe
dont nous venons de parler, parce que le créancier ou l'acquéreur peut remplir ce blanc du
nom d'une perfonne affidée. Mais comme on
fuppofe toujours que le choix a été fait dans le
contrat même par le vendeur ou débiteur, on
ne s'eft jamais avifé de contefter la validité des
Devoirs de loi paffés de cette manière, & l'ufage
de laiffer en blanc le nom du procureur s'eft

maintenu

maintenu conftamment dans la coutume d'A-
miens.

Mais que doit-on décider dans le cas où l'acquéreur oubliant de remplir le blanc, comparoît
en juftice avec une perfonne qu'il a choifie, &
prend faifine en faifant exprimer dans l'acte que
tel fondé de procuration fpéciale inférée dans le
contrat, s'eft deffaifi au nom du vendeur? Ricard décide pour la validité de la faifine ; mais
cet avis ne nous paroît pas jufte. La coutume
veut que le débiteur ou vendeur choififfe lui-
même fon procureur ; fi l'on tolère l'ufage de
laiffer un blanc dans l'acte, & fi l'on permet au
créancier ou acquéreur de le remplir, c'eft qu'on
préfume lorfqu'il eft rempli, qu'il n'a point
exifté, & que la nomination du procureur fpécial a été faite dans l'acte même par le débiteur
ou vendeur. Mais quand le blanc n'eft pas rempli
au moment des Devoirs de loi, celui qui fe
deshérite au nom du débiteur ou vendeur, ne
peut paffer que pour un fimple porteur de l'acte,
& par conféquent il eft incapable de repréfenter
le débiteur ou vendeur, aux termes de l'article
138 de la coutume.

Dans la plupart des autres coutumes, le porteur de l'acte eft regardé comme procureur fuffifamment fondé pour faire la deffaifine au nom
du débiteur ou vendeur. L'article 127 de la
coutume de Vermandois le déclare expreffément.

Voici une autre queftion. L'acquéreur peut-il
foit comme porteur de l'acte, foit comme procureur fpécial, fe deffaifir au nom du vendeur,
& enfuite prendre faifine pour lui-même? Nous.

croyons devoir diſtinguer entre les coutumes où les œuvres de loi ſe font par la ſimple reconnoiſſance du contrat en préſence des officiers du ſeigneur, & celles où elles s'opèrent par la tradition d'un bâton faite par le vendeur au chef de la juſtice, & par ce dernier à l'acquéreur.

Dans les coutumes de la première claſſe, telles que ſont celles d'Amiens, article 137; de Peronne, article 264; de Douai, chapitre 3, article 2, il n'eſt pas douteux que l'acquéreur ne puiſſe réunir les fonctions qu'il doit remplir lui-même à celles que doit remplir le vendeur, parce que ces fonctions ſe bornant à une ſimple lecture du contrat & à l'expoſition des conventions qu'il renferme, ſont abſolument les mêmes dans l'un & dans l'autre. On l'a jugé ainſi dans la coutume d'Amiens par un arrêt rendu en la ſeconde chambre des enquêtes le premier mars 1720. Le bailliage d'Amiens avoit donné dans cette cauſe un acte de notoriété par lequel il diſtinguoit deux eſpèces de ſaiſines, l'une expreſſe, quand le vendeur ou ſon procureur comparoît devant le juge : l'autre tacite, quand l'acquéreur comparoiſſant devant le juge le contrat à la main, en expoſe les conventions, & s'étant deſſaiſi comme procureur de ſon vendeur, obtient enſuite pour lui la ſaiſine comme acquéreur. L'arrêt cité a décidé que cette eſpèce de ſaiſine tacite étoit ſuffiſante, & qu'elle ſatisfaiſoit à l'eſprit de la coutume.

Il en eſt autrement dans les coutumes où les Devoirs de loi ſe font par le ſymbole d'un bâton. Les fonctions du vendeur ou débiteur ſont tout-à-fait incompatibles avec celles de l'acquéreur ou créancier. Le premier donne & l'autre reçoit vraiment le droit réel. Or, on ne peut pas plutôt donner & recevoir tout enſemble, qu'on ne peut réunir les qualités de débiteur & de créancier, d'agent & de patient.

On a vu à l'article CONDITIONNER UN HÉRITAGE, la forme dans laquelle doivent être paſſées dans le chef-lieu de Mons les procurations pour ſe deshériter.

C'eſt une queſtion aſſez intéreſſante de ſavoir ſi le vendeur peut révoquer une procuration de cette eſpèce ? Il eſt certain qu'en général toute procuration eſt revocable. Mais comme celle dont il s'agit ici eſt un acceſſoire du contrat & que l'acceſſoire ſuit toujours le principal, il faut dire que le vendeur ne peut révoquer cette procuration que dans les cas où il peut faire réſilier le contrat.

Les interprêtes du droit ont beaucoup diſputé pour ſavoir ſi le vendeur eſt préciſément obligé de délivrer la choſe vendue, & s'il ne peut pas s'en exempter en indemniſant l'acquéreur ? Les uns ſoutiennent l'affirmative : leur opinion a été confirmée par un arrêt du parlement de Paris du 18 décembre 1557, rapporté par Charondas en ſes réponſes. M. Pollet aſſure que telle étoit auſſi de ſon temps la juriſprudence du parlement de Douai : les autres ſoutiennent la négative, & leur ſentiment eſt adopté par les coutumes de Lille, titre 5, article 6 ; de la châtellenie de Lille, titre 10, article 5 ; de Douai, chapitre 3, article 5 ; de la gouvernance de Douai, titre 8, article 4 ; de Tournai, titre *des contrats d'emtion & vendition*, article 1 ; de la châtellenie d'Ypres, article 225 ; de Caſſel, article 24 ; de Bailleul, rubrique 15, article 3 ;

du pays d'Aloſt, rubrique 12, article 32 ; de la cour ſéoddale de Furnes, rubrique 7, article 2.

Ainſi pour ſavoir ſi un vendeur peut révoquer la procuration qu'il a donnée pour faire la deshéritance en ſon nom, il faut conſulter la coutume ou la jurisprudence du lieu où le contrat de vente a été paſſé. Si cette coutume ou cette juriſprudence lui permet de réſilier en indemniſant l'acheteur, il eſt clair qu'il peut révoquer la procuration, comme il eſt indubitable qu'il ne peut la révoquer dans le cas contraire.

Mais on demande ſi dans les coutumes qui admettent la réſiliation, on peut révoquer une procuration que l'on a qualifiée d'abſolue & d'irrévocable ? Donner une procuration de cette nature pour faire la deshéritance d'un bien qu'on a vendu, c'eſt renoncer tacitement à la faculté que la loi accorde de réſilier, parce qu'il ſeroit abſude que la vente fût révocable, & la procuration pour l'exécuter irrévocable. Ainſi la déciſion de l'eſpèce propoſée dépend de la queſtion de ſavoir ſi l'on peut être contraint à ſe deshériter du bien que l'on a vendu, lorſque l'on a renoncé par le contrat à la faculté de réſilier. Le parlement de Douai a jugé pour l'affirmative, par arrêt du 29 février 1776, rendu en la grand'chambre, au rapport de M. Ofarel du Fayt, entre les nommés Fievet & Crapet.

Il eſt de principe qu'une procuration eſt révoquée de plein droit par la mort de celui qui l'a donnée. Mais cette règle n'a lieu qu'à l'égard des procurations ſimples & non de celles qui ont pour objet l'exécution d'une obligation antérieure : comme l'obligation principale ne ſe.

diffout point à la mort de l'obligé , la procuration qui y eft acceffoire, ne doit pas non plus fe diffoudre à cette époque. Néanmoins fi les héritiers vouloient faire réfilier le contrat dans les coutumes qui le permettent , ou s'ils avoient de juftes raifons pour s'oppofer à la paffation des Devoirs de loi , le procureur ne pourroit paffer outre. La loi 33 , au digefte *de acquirendâ vel amittenda poffeffione* , le décide ainfi par rapport à la tradition de fait ; & comme les deffaifines & faifines ne font que des fymboles de cette tradition, on doit en juger de même. Les termes de cette loi font trop remarquables pour n'être pas ici rapportés. *Fundi venditor etiamfi mandaverit alicui ut emptorem in vacuam poffeffionem induceret , priufquàm id fieret , non rectè emptor per fe in poffeffionem veniet. Item fi amicus venditoris , mortuo eo , priufquàm id fciret , aut non prohibentibus heredibus , id fecerit , rectè poffeffio tradita erit. Sed fi id fecerit cùm fciret dominum mortuum , aut cùm fciret heredes id facere nolle , contrà erit.*

. Le vendeur ne peut fans deffaifine , être dépouillé de fon droit de propriété. Mais on peut en Cambrefis , devenir propriétaire fans prendre faifine. Il n'y a qu'à laiffer écouler un certain temps après que le vendeur s'eft deshérité ; favoir, quarante jours pour un fief , & un an pour une cenfive ; ce feul laps de temps fupplée au défaut de faifine & rend l'acquéreur propriétaire , comme il réfulte de l'article 3 du titre premier , & de l'article 5 du titre 2 de la coutume. C'eft fur le fondement de cette difpofition qu'un arrêt du parlement de Flandres du 12 mars 1691, rapporté par M. Pollet , a confirmé une donation d'immeubles, dont le dona-teur s'étoit deshérité fans que le donataire eût pris adhéritance.

Il en eft autrement dans les coutumes qui ne renferment pas la même difpofition. On y fuit le droit commun, fuivant lequel la deshéritance n'opère rien fi elle n'eft fuivie de l'adhéritance. Dulauri rapporte un arrêt du grand confeil de Malines du 11 février 1668, qui a déclaré nulle une donation d'immeubles, par la feule raifon que le donataire n'avoit point été adhérité, quoique le donateur fe fût deffaifi valablement.

Les chartes générales de Hainaut vont plus loin encore. L'article premier du chapitre 99 porte, que fi après la deshéritance du vendeur, l'acquéreur laiffe paffer un an fans prendre adhé-ritance, le feigneur fait les fruits fiens tant que ce dernier ne s'eft pas fait enfaifiner.

Une difpofition fi formelle ne peut laiffer le moindre doute fur l'infuffifance d'une deshéri-tance non fuivie de l'adhéritance. Il s'étoit ce-pendant introduit en Hainaut un ufage qui y paroiffoit contraire. Les acquéreurs prenoient à la vérité faifine après que les vendeurs s'é-toient deffaifis ; mais l'acte qu'en dreffoit le greffier n'en faifoit pas mention ; il annonçoit feulement que le vendeur ou débiteur s'étoit deshérité pour adhériter l'acquéreur ou créan-cier. C'étoit un abus manifefte ; auffi a-t-il été profcrit par plufieurs arrêts du confeil de Mons, qui ont ordonné de faire mention non-feulement de la deshéritance, mais encore de l'adhéri-tance, à peine de nullité.

Comme la deffaifine ne produit aucun effet fi elle n'eft fuivie de la faifine, de même la fai-

fine n'opère rien fi elle n'eft précédée de la deffaifine. Les officiers du feigneur en donnant la
faifine à l'acquéreur, ne font que lui transférer
fymboliquement la propriété de la chofe. Or,
ils ne peuvent la lui transférer fi le vendeur ne
s'en eft préalablement deffaifi entre leurs mains,
fuivant cette règle fi fimple : *Nemo plus juris in*
alium transferre poteft quàm ipfe habet.

Nous venons de voir que la preuve de la deffaifine n'emporte point celle de la faifine, parce
qu'il peut très-bien fe faire que le vendeur fe
foit deshérité fans que l'acquéreur ait été adhérité. Il n'en eft pas de même de la faifine ; dès
qu'elle eft prouvée, la faifine fe préfume, parce
qu'il n'eft pas probable que les officiers du feigneur aient enfaifiné quelqu'un fans une deffaifine préalable. Un exemple rendra cette vérité
fenfible. La ftipulation dans le droit romain, eft
compofée d'une demande & d'une réponfe : c'eft
le concours de ces deux parties effentielles qui
lui donne l'être, comme c'eft la réunion de la
deffaifine & de la faifine qui forme les Devoirs
de loi. La preuve de la demande n'emporte
point celle de la réponfe, parce qu'il eft très-
ordinaire qu'une demande refte fans réponfe ;
mais la preuve de la réponfe emporte celle de
la demande, parce que l'on ne préfume pas
qu'on ait fait une réponfe fans qu'elle ait été
précédée d'une demande. La loi 134, §. 2, au
digefte, *de verborum obligationibus*, le décide
formellement. En voici les termes : *Idem ref-*
pondit : cùm Septicius litteris fuis præftaturum fe
caverit pecuniam, & ufuras ejus femiffes, quæ
apud Sempronium depofitæ fint, fi inter præfentes
actum eft, intelligendum etiam à parte Lucii Titii

præcessisse verba stipulationis. L'analogie de notre espèce avec le cas de cette loi est parfaite, il faut donc la décider de même. C'est aussi ce qu'a fait un arrêt du parlement de Paris du 5 juillet 1762, dont voici l'espèce.

Le 20 mars 1677, Philippe de Besanne fit une donation à Regnaud son cousin, de la terre de Tessi, composée de fiefs & de rotures, & située dans la coutume de Reims. Cette donation contenoit une réserve d'usufruit au profit du donateur, & une de substitution en faveur des enfans mâles du donataire, tant qu'elle pouvoit durer & avoir lieu, suivant les ordonnances; à défaut de mâles, la terre devoit appartenir à Guillaume de Besanne & à ses enfans mâles; à leur défaut, à Louis de Besanne & à ses enfans mâles; & à défaut de tous les mâles, aux descendans d'Anne-Eléonore de Besanne sa sœur, femme de César de Fougeres.

Regnaud donataire, se présente au seigneur avec l'acte de donation, & se fait recevoir en foi & hommage; ce qui opère la saisine, suivant l'article 136 de la coutume de Reims (*), &

(*) *Voici les termes de cet article.*
Pour acquérir droit de propriété & possession des fiefs vendus ou donnés, &c. est requis que les vendeurs & donateurs, &c. se démettent & dessaisissent ès-mains des seigneurs dont sont tenus lesdits fiefs, ou de leurs baillis & officiers, & que les acheteurs & donataires, &c. soient reçus en foi & hommage par iceux seigneurs, baillis ou officiers, & en soient mis en possession.
L'article 165 est ainsi conçu: Saisine ou vest est un acte solemnel fait par le seigneur foncier, ou sa justice, par la tradition d'un petit bâton, &c. par laquelle ledit acquéreur acquiert droit de propriété & possession en l'héritage par lui

il fe fait enfaifiner dans les rotures par le bailli, fur une procuration qu'il avoir envoyée. Il meurt le premier octobre 1693, & laiffe un fils nommé Jofeph-François. Le donateur meurt le 17 décembre de la même année. Jofeph-François fe met en poffeffion de la terre en vertu de la fubftitution. Il meurt & laiffe un fils nommé François-Côme, qui jouit de même & meurt fans enfans. Thomas-Céfar de Fougeres réclame la fubftitution; on lui oppofe que les degrés font remplis; il répond qu'il n'y a aucune preuve de démiffion de foi ni de deffaifine de la part du donateur; que Regnaud, quoique reçu en foi & hommage & enfaifiné, n'a pu être regardé comme propriétaire, ni par conféquent faire degré, & que la fubftitution duroit encore dans la perfonne de fon arrière-petit-fils faute de démiffion de foi & de deffaifine de la part du donateur, qui par ce défaut avoit confervé jufqu'à fa mort la propriété des héritages en queftion. Les héritiers répliquent que Regnaud ayant été reçu en foi & hommage, c'eft une preuve qu'il y a eu démiffion de foi; qu'ayant été enfaifiné, c'eft une preuve qu'il y a eu deffaifine; que par conféquent l'inftitution & le degré de fubftitution ont été remplis dans la perfonne de Regnaud.

Sur ces conteftations eft intervenu l'arrêt cité, qui déboute le fieur de Fougeres de fa demande, & adjuge les biens litigieux aux héritiers du dernier poffeffeur.

---

acquis, pourvu que le vendeur fe foit préalablement dévêtu dudit héritage au profit d'icelui acheteur, & non autrement.

Il est inutile de dire que la saisine ne doit pas nécessairement être prise par l'acquéreur au même moment que se fait la dessaisine. Mais c'est une question si le vendeur ou débiteur peut révoquer la dessaisine qu'il a faite avant que l'acquéreur ou créancier ne soit ensaisiné. On peut dire pour l'affirmative, que les Devoirs de loi sont des actes synallagmatiques ; que par conséquent pour les perfectionner, il faut nécessairement le concours de deux volontés ; celle du vendeur qui se dessaisit, & celle de l'acquéreur qui se fait ensaisiner : que jusqu'à ce que celui-ci ait pris saisine, les Devoirs de loi sont imparfaits ; que le vendeur peut changer de volonté & révoquer la dessaisine, de même qu'un donateur peut résilier une donation jusqu'à ce que le donataire ait accepté.

Ces raisons peuvent paroître spécieuses, mais elles ne sont pas concluantes, & l'opinion contraire qui est soutenue par Neostade, Grotius, Matthieu & Woët, jurisconsultes Hollandois, nous paroît plus juste. Il est vrai que les Devoirs de loi ne sont parfaits que par le concours de la dessaisine & de la saisine ; mais il n'en est pas moins certain que la dessaisine & la saisine sont deux actes séparés & existans par eux mêmes indépendamment l'un de l'autre. Quand le vendeur se deshérite, il ne se passe rien entre lui & l'acquéreur, tout se consomme entre lui & les officiers du seigneur dont le bien est mouvant ; car ce n'est point à l'acquéreur qu'il le livre, mais aux officiers. Ainsi il ne manque rien à la dessaisine pour être parfaite : les deux volontés nécessaires pour lui donner l'existence ont concouru ensemble ; il y a eu tradition de

la part du vendeur , & acceptation de la part du
feigneur ; tout eft donc confommé à cet égard,
& la réfiliation du vendeur feroit auffi inutile
que celle d'un donateur après l'acceptation.

On a demandé fi l'acquéreur pouvoit laiffer
fon nom en blanc dans l'acte des Devoirs de loi ,
& fi faute d'avoir rempli ce blanc pendant fa
vie, on pouvoit dire qu'il eût été propriétaire
de l'immeuble au moment de fa mort ? Le confeil de Brabant a jugé pour l'affirmative par arrêt
du 12 novembre 1652. Stockmans qui le rapporte, obferve que l'ufage de laiffer en blanc
les noms des acquéreurs dans les Devoirs de
loi , eft fondé fur la faveur du commerce. On
peut en effet remplir ce blanc de tel nom que
l'on veut , & par-là transférer à un autre fans
frais, fans contrat & fans Devoirs de loi, un
héritage que l'on avoit acheté pour foi-même;
ce qui apporte dans le commerce une facilité
très-avantageufe.

SECTION TROISIÈME.

Des Devoirs de loi confidérés en eux-mêmes.

Les Devoirs de loi doivent contenir une déclaration exacte de chaque partie d'héritage
vendue, donnée ou hypothéquée ; il faut qu'ils
en fpécifient l'étendue & les limites; & s'ils
étoient conçus en termes généraux, on feroit
fondé à en demander la nullité. L'article 137 de
la coutume d'Amiens , & l'article 11 du titre 5
de celle de Cambrefis le prefcrivent ainfi. Cette
dernière coutume excepte de cette règle les
Devoirs de loi dont l'objet eft une inftitution
contractuelle , une claufe de repréfentation ,

un entravestissement par lettres entre deux conjoints.

Il n'est cependant pas nécessaire que les contrats en vertu desquels se font les Devoirs de loi, contiennent une spécification exacte & détaillée de tous les héritages ; un homme peut vendre ou donner en termes généraux tous les biens qu'il posséde ; il suffit qu'il en déclare les abouts & tenans dans la dessaisine. Deheu assure qu'on l'a ainsi jugé plusieurs fois au bailliage d'Amiens. La raison qu'il en donne est fort juste. Le but que la coutume se propose en ordonnant de spécifier chaque immeuble en particulier, est pour éviter les surprises, & pour donner à ceux qui contractent avec quelqu'un le moyen de connoître ses facultés & de savoir quels biens il a aliénés ou hypothéqués. Or, les Devoirs de loi seuls peuvent fournir ces connoissances ; les registres des seigneurs dans lesquels ils sont transcrits, donnent sur tous ces objets des lumières suffisantes ; il est donc inutile d'assujettir les contrats à une déclaration exacte de tous les biens qu'ils comprennent.

L'article 180 de la coutume de Reims fait entendre assez clairement que l'on ne peut nantir un acte sous seing privé, à moins qu'il n'ait été reconnu en justice. D'où l'on peut inférer que les contrats en vertu desquels se passent les Devoirs de loi, doivent nécessairement être authentiques. On peut tirer la même conséquence de l'article 119 de la coutume de Vermandois. Telle est l'opinion de Vrevin sur l'article 8 de la coutume de Chaulny, & de la Villette sur l'article 259 de celle de Peronne.

Un édit du mois d'avril 1675, portant création de notaires & de tabellions dans le ressort du parlement de Flandres, déclare nulles toutes les deshéritances & adhéritances faites autrement que sur la grosse d'un contrat. La disposition de cet édit a été étendue par une déclaration du 25 mars 1693, aux pays cédés à la France par le traité de Nimegue.

Cette loi souffrit dès son origine des contraventions très-fréquentes. C'est pour les faire cesser que le parlement de Flandres par ses arrêts de règlement des 4 octobre 1675, & 27 août 1676, a ordonné l'exécution de l'édit, & a enjoint aux greffiers de faire mention dans les embrefs des Devoirs de loi, qu'ils ont été faits en vertu de tel contrat passé par tel notaire, grossoyé, signé & scellé par tel tabellion.

Un arrêt du 21 Mars 1680 a déclaré nuls des Devoirs de loi reçus par les officiers du chapitre de Saint-Pierre à Lille, parce que l'acte sur lequel ils avoient été passés n'étoit point grossoyé.

Un autre arrêt du 20 juillet 1590 a annullé par le même motif la reconnoissance d'un contrat fait pardevant les échevins de Douai. On a vu ci-dessus que dans cette coutume la reconnoissance de l'acte en opèroit la réalisation.

C'est sur le même principe qu'est fondé un arrêt du 9 novembre 1736, qui a déclaré nuls des Devoirs de loi passés par les baillis & hommes de fiefs de Cartepont en Hainaut, avec défenses à ces officiers de troubler à l'avenir le tabellion de Bavai dans les droits & fonctions de son office.

M. Pollet prétend que la défense de l'édit ne comprend point les constitutions de rente ; dé-

forte que, fuivant lui, les contrats de cette efpèce peuvent être paffés devant une juftice de
village, & que les Devoirs de loi faits fur ces
actes font valables. Il en rapporte même un arrêt du parlement de Flandre du 3 décembre
1691, rendu de l'avis de toutes les chambres :
mais il faut qu'il fe foit trouvé des circonftances particulières dans l'efpèce de cet arrêt ; car
la décifion en feroit infoutenable dans la thèfe
générale. L'édit ne diftingue point, & l'on ne
voit pas pourquoi les contrats de rente feroient
plutôt exceptés de fes difpofitions que les autres
actes.

M. le préfident d'Hermanville rapporte un arrêt femblable à celui de M. Pollet. C'eft le
foixante-troifième de fon recueil : mais il s'agiffoit d'une conftitution de rénte paffée en même-
temps que les Devoirs de loi, pardevant les
échevins de Tournai : ce qu'on ne peut tirer à
conféquence pour la queftion propofée en général ; parce que l'édit de 1675 conferve expreſ-
fément aux officiers municipaux des villes clofes
le droit dans lequel ils étoient auparavant de
recevoir des contrats.

Le Cambrefis eft compris dans la déclaration
du 25 mars 1693, & par conféquent dans l'édit
de 1675 : mais comme cette loi n'y étoit pas
obfervée, le parlement de Flandre ordonna par
un arrêt de réglement du 23 décembre 1701,
que ceux des 4 octobre 1675 & 27 août 1676
feroient envoyés dans tous les fiéges de Cambrai
& du Cambrefis, pour y être publiés, regiftrés
& exécutés.

Malgré cela, on continua en cette province
de paffer les Devoirs de loi fans contrat grof-

foyé. Cet ufage devint une fource de procès ; les uns foutenant qu'il devoit l'emporter fur l'édit de 1675, les autres qu'il devoit lui céder. La jurifprudence du parlement de Flandre a varié fur ce point. Un arrêt du 4 août 1769, rendu au rapport de M. de Sars de Curgies, a déclaré nuls les Devoirs de loi paffés fur une fimple copie notariale pour réalifer une donation entrevifs faite au profit de Pagnier, & attaquée par Queulain. Le confeil fupérieur de Douai rendit un arrêt femblable vers l'an 1773 : il s'agiffoit en ces deux cas de biens fitués à la campagne.

, La queftion s'étant préfentée pour une maifon fituée à Cambrai, le parlement ordonna aux parties, par arrêt du 7 août 1771, de prouver que l'ufage de cette ville étoit de recevoir les Devoirs de loi fans acte groffoyé ; & d'après la preuve qui en fut faite, les Devoirs de loi dont il s'agiffoit au procès furent déclarés bons & valables par arrêt du 23 décembre 1775, rendu en faveur des enfans de Pierre Charlet, joints à eux les états de Cambrefis & les échevins de Cambrai, contre Barthelemi Protez, joint à lui le Tabellion de la province.

La contrariété de l'ufage & de la loi a encore fait naître un procès entre les fieurs Goulard & Pafcal. Il étoit queftion de biens donnés au premier au préjudice du fecond : tout étoit fitué à la campagne ; les devoirs de loi s'étoient faits pour une partie fans acte groffoyé, & ils avoient été omis pour l'autre. Par arrêt du 28 novembre 1776, rendu au rapport de M. Remy Desjardins, le parlement de Flandre, en déclarant nulle la donation des biens dont il n'y avoir pas eu de devoirs de loi, ordonna aux parties de fe retirer vers le Roi, pour obtenir une déclaration de fa volonté, touchant l'ufage obfervé dans le Cambrefis, de recevoir des Devoirs de loi fans acte groffoyé.

Le défaut d'uniformité dans la jurifprudence & l'oppofition d'une loi claire & précife à un ufage ancien & conftant, ne prouvoient que trop combien il étoit effentiel que le légiflateur s'expliquât lui-même fur un point fi intéreffant pour le repos des familles & la ftabilité des fortunes; & c'eft ce qu'il a fait par les lettres patentes du 24 mai 1777, enregiftrées au parlement de Douai le 14 juin de la même année. Nous ne faurions rendre un compte plus exact des difpofitions qu'elles renferment & des motifs qui les ont dictées, qu'en les rapportant ici.

« Louis, par la grace de Dieu, roi de France
» & de Navarre; à tous ceux qui ces préfentes
» lettres verront, falut. Les états de Cambrai
» & du Cambrefis, convoqués & affemblés par
» nos ordres en la ville de Cambrai, le 27 oc-
» tobre 1774, nous ayant fait très-humblement
» repréfenter qu'il s'étoit élevé depuis quelques
» années dans la province du Cambrefis des
» conteftations concernant l'exécution de l'édit
» du mois d'avril 1675, & de la déclaration
» du 25 mars 1693, fur la forme dans laquelle
» les actes des deshéritances & d'adhéritances
» devoient être reçus par les officiers fonciers
» de la fituation des biens; & que ces contef-
» tations avoient pour objet de favoir fi ces
» actes devoient toujours être précédés de con-
» trats paffés pardevant notaires, & repréfen-
» tés en groffes : par le compte que nous nous
                                                » fommes

» fommes fait rendre de cette queſtion, & par
» l'examen que nous en avons fait, nous aurions
» remarqué que par l'article premier du titre 5
» de la coutume du Cambreſis, on ne peut, ſans
» Devoirs de loi, transférer ou acquérir par
» contrat aucun droit de propriété incommuta-
» ble dans aucun héritage ; que par l'article 3
» du même titre, les deshéritances ou rapports
» exigent tellement la comparence actuelle des
» propriétaires, qu'ils ne peuvent les paſſer par
» procureurs, ſauf les communautés, colléges
» ou couvens ; que la neceſſité de cette compa-
» rence perſonnelle écartant les fraudes & les
» ſurpriſes, la repréſentation de la groſſe d'un
» contrat pour la confection de ces actes, ne
» peut opérer aucun avantage réel, & n'auroit
» d'autre effet que de ſurcharger le public de
» formalités onéreuſes & inutiles ; que par une
» conſéquence naturelle, il paroît également
» ſuperflu & contraire à l'eſprit de la coutume
» d'exiger la repréſentation de ces mêmes actes,
» ſoit en ſimple expédition, en copie, ou ſous
» toute autre forme quelconque. A ces cauſes,
» & autres à ce nous mouvant, de l'avis de
» notre conſeil & de notre certaine ſcience,
» pleine puiſſance & autorité royale, en inter-
» prétant en tant que beſoin ſeroit, leſdits édit
» du mois d'avril 1675, & déclaration du 25
» mars 1693, nous avons dit, déclaré & or-
» donné, & par ces préſentes ſignées de notre
» main, diſons, déclarons & ordonnons, vou-
» lons & nous plaît ce qui ſuit :

ARTICLE PREMIER.

» Tous Devoirs de loi ou deshéritances &

» adhéritances, rapports ou hypothèques d'hé-
» ritages, tant fiefs que main-fermes régis par
» la coutume de Cambrefis, continueront de fe
» faire comme par le paflé, pardevant les offi-
» ciers des lieux & feigneuries dont lefdits hé-
» ritages feront tenus immédiatement, fans qu'il
» foit befoin de repréfenter préalablement aucun
» contrat ou acte, foit en groffe ou toute autre
» forme quelconque.

» II. Voulons néanmoins que, conformément
» à l'article premier de l'ordonnance de 1731,
» les donations entre-vifs foient paffées parde-
» vant notaires, préalablement aux œuvres de
» loi, lefquelles ne pourront être accomplies
» fans la repréfentation des groffes defdites do-
» nations, dont fera fait mention, à pene de
» nullité. Si donnons en mandement, &c ».

Le Cambrefis n'eft pas le feul endroit du reffort du parlement de Douai où les Devoirs de
loi puiffent être paffés fans groffe. Les hommes
de fiefs des cantons du Hainaut cédés à la France
par le traité des limites du 16 mai 1769, con-
tinuent d'y recevoir toutes fortes d'actes ; ils y
font même autorifés par un arrêt du 17 juin
1774, jufqu'à ce qu'il ait plû au roi d'y établir
des notaires ; & par conféquent les Devoirs de
loi faits en vertu de ces actes font valables.

La proximité des lieux ayant donné occafion
aux hommes de fiefs du Hainaut Autrichien
d'inftrumenter dans ces endroits, le parlement
de Flandre rendit le 5 juillet 1777 un arrêt par
lequel il défendit aux habitans de fe fervir de
leur miniftère, & aux juges fonciers d'accorder
des Devoirs de loi fur les actes paffés par ces
officiers étrangers, à peine de nullité & des dommages-intérêts des parties.

Le même abus s'étant glissé dans les cantons du pays de Liége cédés au roi par le traité du 24 mai 1774, le parlement y remédia par un arrêt du 24 Décembre 1776, semblable à celui qu'on vient de rapporter.

Il ne suffit pas pour la validité des Devoirs de loi qu'ils soient passés avec toutes les formalités dont on a parlé ci-dessus, il faut encore qu'ils soient enregistrés au greffe des juges qui les ont reçus. C'est ce que prescrivent les coutumes de Vermandois, articles 119 & 120, de Rheims, article 177, & d'Amiens, article 145 : la disposition de ces coutumes a été confirmée par plusieurs réglemens émanés des tribunaux. Un arrêt du parlement de Paris rendu pour celle de Vermandois, le 29 novembre 1599, a enjoint aux juges & aux greffiers de faire un régistre pour y inscrire les nantissemens par ordre, & leur a défendu de laisser les actes en feuilles, à peine de répondre en leur nom des dommages-intérêts des parties.

Il s'est présenté au baillage d'Amiens une question dans laquelle il s'agissoit de savoir si un acte de nantissement qui n'étoit pas enregistré dans un livre, mais seulement mis en liasse avec quantité d'autres, étoit valable : la sentence qui est du 12 février 1603, l'a déclaré tel, en considération de l'usage, mais en même-temps elle a ordonné qu'à l'avenir les regístres aux nantissemens feroient cottés & paraphés par premier & dernier, & a défendu d'y laisser aucun blanc, à peine de cinquante écus d'amende & des dommages-intérêts des parties.

Buridan, sur l'article 177 de la coutume de

Rheims, remarque que le greffier doit apporter tant d'exactitude dans l'exercice de ses fonctions, que si par l'acte de nantissement qu'il donne séparé ou endossé sur le contrat, il manquoit de déclarer les hypothèques & autres charges antérieures, il en seroit responsable en son nom, & tenu de faire valider le nantissement qu'il auroit reçu. On trouve dans le traité des hipothèques de Gauget, page 575, un arrêt qui l'a jugé ainsi.

La jurisprudence de la Flandre ne diffère pas à cet égard de celle des autres coutumes de nantissement : le placard de Philippe II, du 6 décembre 1586, l'édit perpétuel des archiducs Albert & Isabelle, du 12 juillet 1611, & le placard du 16 septembre 1673, ordonnent l'enregistrement des Devoirs de loi, à peine de nullité, & rendent le Greffier qui l'a omis responsable de tous les dommages-intérêts des parties.

Vandenhane, en sa table générale, aux mots *deshéritance & adhéritance*, rapporte trente coutumes particulières de Flandre qui prescrivent la même chose. On trouve dans de Ghewiet un arrêt rendu en 1673 conformément à ces dispositions.

L'usage où sont plusieurs justices seigneuriales de la province d'Artois de ne tenir aucun registre des Devoirs de loi, est un abus contraire à l'esprit de la coutume & au droit commun des pays de nantissement. On peut ajouter que cet abus mérite d'autant moins d'indulgence, que les placards de 1686 & 1611 ont été rendus pour tous les Pays-bas. Quelques-uns assurent que le premier n'est point enregistré en Artois ; mais il est au moins certain que le fecond y eft refpecté & fuivi comme loi. Or l'article 15 de ce placard ordonne l'exécution de celui de 1686, & « rafraîchiffant les » points principaux d'icelui, porte que nulles » claufes de fidéicommis, fubftitutions, prohi- » bitions d'aliéner, ou femblables charges or- » dónnées par teftamens, donations ou contrats, » fortiront effet de réalifation ou affectation de » droit, ne foit que ladite claufe des tefta- » mens, donations ou contrats contenant telle » charge, foit notifiée & *enregiftrée* pardevant » les juges ou loix où tels biens font fitués....

Dira-t-on que cette loi ne comprend que les fubftitutions ? Nous répondrons que les mots *ou femblables charges* excluent manifeftement cette reftriction, & que d'ailleurs le placard de 1673, rendu en interprétation des deux précédens, parle formellement *des ventes des biens, conftitutions de rentes & toutes autres aliénations de biens immeubles*, & quoique l'Arrois fût réuni à la couronne dans le temps de la promulgation de cette loi, on ne doit pas moins en appliquer la difpofition à ce pays, parce qu'elle ne fait que déclarer & expliquer le droit qui doit y être obfervé conformément aux placards antérieurs.

La queftion eft plus douteufe par rapport au Hainaut : il eft vrai que l'arrêt de réglement du 17 juin 1723 cité ci-deffus, en fixant les droits que les greffiers de cette province peuvent exiger pour l'enregiftrement des Devoirs de loi, femble fuppofer que cette formalité doit y être obfervée. Mais qu'on parcoure les chartes générales, & furtout le chapitre 30, non-feulement on n'y trouvera pas la moindre mention d'enre-

giftrement ; mais on y lira plufieurs difpofitions-
qui fuppofent évidemment que l'intention des
rédacteurs n'a point été d'affujettir les juges fonciers à cette formalité. Par exemple, l'article
premier du chapitre 30 porte que les *convens &*
œuvres de loi faits & paffés pardevant baillis ,
hommes de fiefs & francs-alloetiers defquels n'y
auroit lettres , pourront être prouvés par un re-
cord de loi : donc on n'eft pas obligé en cette
province de dreffer des actes des Devoirs de
loi , ni par conféquent de les enregiftrer. En vain
oppoferoit-on que les placards cités ci-deffus
ont été rendus pour le Hainaut comme pour le
refte des Pays-bas; d'abord celui de 1673 n'y
a jamais été publié; en fecond lieu, ceux de
1586 & 1611 font antérieurs aux chartes générales (*), & comme ces chartes font des loix vé-
ritables & émanées des légiflateurs du Hainaut,
elles doivent l'emporter fur tous les édits & placards auxquels elles font poftérieures. Ce principe eft regardé dans cette province comme
inconteftable ; auffi y a-t-il plufieurs articles de
l'édit perpétuel de 1611 qui n'y font pas fuivis ,
parce qu'ils font contraires aux chartes générales.

On peut demander fi tous les officiers qui
affiftent à des Devoirs de loi doivent figner fur
le regiftre. Ceci dépend de l'ufage des différens
fiéges; dans quelques-uns c'eft le greffier feul
qui figne , dans d'autres ce font tous les juges.
Comme on n'a point de loi fur cet objet, on ne
peut que s'en rapporter à l'ufage. Vrevin , fur

(*) Le décret d'homologation des chartes du Hainaut ,
eft du 5 mars 1619.

la coutume de Chaulny, rapporte un arrêt du premier août 1605, qui a jugé que les deux témoins dont cette coutume exige la préfence pour la validité du nantiffement, ne peuvent être difpenfés de figner ; & Ricard, fur l'article 145 de celle d'Amiens, en rapporte un du 7 juillet 1607, qui a jugé que leur fignature n'eft point néceffaire dans la coutume de Senlis.

Quand la minute des Devoirs de loi eft perdue, ce n'eft point à la groffe qu'il faut recourir, mais au regiftre dans lequel l'acte eft tranfcrit en copie. C'eft ce qu'a jugé le parlement de Flandre par arrêt du 16 mai 1702, en déclarant nulle une hypothèque que le regiftre atteftoit avoir été conftituée pardevant deux hommes de fiefs feulement, tandis que la groffe faifoit auffi mention du bailli.

Lorfque les regiftres, les minutes & les groffes font enlevées ou brûlées, la preuve des Devoirs de loi fe fait par un record des juges qui les ont reçus, & s'ils font morts, on admet indiftinctement toutes fortes de témoins. Les coutumes de Cambrefis & de Hainaut font précifes fur cette pratique. Voyez ce que nous en avons dit à l'article CONVENT.

Nous parlerons au mot RAPPORT DE LOI des difpofitions de dernière volonté qui fe font par le moyen des Devoirs de loi.

Il n'eft pas inutile d'obferver qu'en Hollande les vaiffeaux font affujettis comme les héritages à la néceffité des Devoirs de loi, en cas de vente & d'hypothèque. Ceux qui defireront connoître les formalités particulières dont l'emploi eft alors néceffaire, pourront confulter les articles 7, 8, 9 & 10 d'un placard qui fe trouve dans le premier tome des placards de Hollande.

Voyez *les placards de Flandre; les coutumes de Flandre traduites par Legrand, avec les notes de Vandenhane; les coutumes de Cambresis & de Valenciennes; les chartes générales du Hainaut; Maillart, sur la coutume d'Artois; Brunel, en ses observations sur le droit coutumier de la même province; les commentaires de Deheu, de Ricard, de Dufresne sur la coutume d'Amiens; de la Vilette, sur celle de Péronne; de Leroi, sur celle de Boulonnois; de Lafonds· sur celle de Vermandois; de ·Buridan, sur celle de Rheims; de Vrevin, sur celle de Chaulny; de Christin, sur celle de Malines; les arrêts de Pollet, Desjaunaux, Dulauri, ·Neostade, Stockmans; Voet, sur le titre de acquirendo dominio dans le digeste; Grotius, en son ·introduction à la jurisprudence de Hollande; Matthieu, en ses maximes du droit Belgique; de Ghewiet, en ses institutions au même droit; Dumées, en sa jurisprudence du Hainaut François, &c.* ·Voyez aussi les articles ENSAISINEMENT, DÉCRET, NANTISSEMENT, MAIN-MISE, MAINASSISE, MISE DE FAIT, FERME, CONVENT, LOI PORTATIVE, MAIN-MOYENNE, CONJURE, HOMMES DE FIEFS, ÉCHEVINAGE, CONDITIONNER UN HÉRITAGE, RECORD DE LOI, ARTOIS, VENTE, DÉVOLUTION, CONFUSION, EMBREF, HYPOTHÉQUE, COLLOCATION, &c. :(*Article de M. MERLIN, avocat au parlement.*)

'DÉVOLUT. On se sert de ce mot pour désigner la provision d'un bénéfice rempli de fait mais vacant de droit par l'incapacité ou l'indignité de celui qui en est en possession : au lieu que la dévolution signifie le droit déféré au su-

périeur ecclésiastique de disposer d'un bénéfice
de la collation de son inférieur, lorsque celui-
ci à négligé de faire usage de son droit dans le
temps qui lui étoit prescrit par les canons.

On voit par-là que la collation par Dévolut
& la collation par dévolution, quoique la dénomination vienne de la même source, sont deux
sortes de collations bien différentes l'une de
l'autre. La première marque le genre de vacance
en vertu duquel le collateur confère ; la seconde
exprime au contraire l'espèce de droit qui met
le collateur en état de disposer du bénéfice.
Celle-ci a été introduite pour exciter la vigi-
lange des collateurs inférieurs ou patrons, &
remédier à leurs délais; celle-là a pour objet de
réparer leurs mauvais choix, ou de punir les
fautes de ceux en faveur desquels ils auroient
disposé des bénéfices de leur patronage ou de
leur collation. La Dévolution tend à donner aux
bénéfices des titulaires ; le Dévolut, à dépouiller des titulaires indignes ou incapables des bénéfices qu'ils possédent illégitimement; le bien &
l'avantage de l'église exigent également l'un &
l'autre. Mais ce que l'amour du bien à fait établir devient souvent une ressource pour la cupi-
dité.

Un décret du troisième concile de Latran,
paroît avoir donné naissance à l'exercice du droit
de Dévolut. Ce concile après avoir réglé l'âge
que doivent avoir ceux qui sont élus aux dignités
ou pourvus des bénéfices à charge d'ames, ajoute:
les clercs qui auront fait une élection au préjudice de cette règle, seront privés pour cette
fois du droit d'élire ; l'évêque s'il y a consenti
perdra lui-même son droit de conférer qui pour

cette fois devra paffer au chapitre de la cathédrale ou bien au métropolitain , fi le chapitre
ne peut s'accorder fur le choix d'un fujet.

Ce que le concile de Latran avoit ainfi réglé
pour les élections, les canoniftes l'ont étendu
à ce qui regarde les collations en général, &
ils ont mis en principe , que la collation une
fois faite & acceptée par le pourvu, le collateur ne peut plus varier ; ce que le concile général de Vienne a depuis adopté. Le fondement
de cette façon de penfer eft cette alternative ;
où le collateur a bien ufé d'abord de fon droit ,
en nommant un bon fujet ; & il ne pourroit varier fans commettre une injuftice contre ce
pourvu : ou bien il a mal ufé de fon droit en nommant un incapable ou un homme indigne , & alors
il mérite d'en être puni par la fufpenfion de
l'exercice de fon droit ; en forte que fon droit fe
trouve éteint ou lié & qu'il doit pour cette fois
remonter au fupérieur.

Si l'indignité ne furvient qu'après les provifions données au titulaire , qui lors de ces provifions n'avoit en fa perfonne rien qui pût en
empêcher l'effet , cette indignité furvenue forme
également une ouverture à un nouveau genre
de vacance , & à une feconde efpèce de Dévolut , que l'on confond fouvent avec la première , & qui en a prefque tous les effets , fi
ce n'eft à l'égard du collateur , comme on doit
le fentir & comme on le fera encore mieux
obferver dans la fuite.

Cette feconde efpèce d'ouverture au Dévolut
eft auffi fondée fur le même décret du concile de
Latran qui définit & règle , qu'auffi-tôt qu'une

élection d'un évêque, aura été confirmée, &
que l'élu aura pris l'administration des biens de
sa nouvelle église, les bénéfices dont il étoit
pourvu, pourront être conférés par ceux à qui
il appartiendra. Le même décret porte encore
que le pourvu d'un bénéfice à charge d'ames en
sera privé, si dans le temps prescrit par les
canons il n'a pas reçu les ordres convenables
& requis. Il y a encore quelques réglemens de
ce genre dans ce même concile.

Ces réglemens sont comme on l'a dit, l'origine du Dévolut, & voici comment cette manière de pourvoir aux bénéfices à pris enfin des
règles fixes.

L'avidité des titulaires trouvoit toujours des
moyens d'éluder la sagesse de ces réglemens &
d'un grand nombre d'autres portés dans le même esprit, pour le maintien de la discipline &
la régularité des ministres. Ceux qui méritoient
le moins d'en conserver les honneurs & les
avantages, sçavoient le mieux à l'aide des détours de la chicane se maintenir dans les places
qu'ils deshonoroient.

On sent quelles longueurs, quels embarras
étoient à craindre quand il s'agissoit de poursuivre juridiquement des titulaires qui avoient
été nullement & abusivement pourvus, ou qui
étoient tombés depuis dans quelque irrégularité,
dans quelques délits.

Pour remédier à ces inconvéniens le quatrième
concile de Latran en confirmant les décrets du
troisième dont on vient de parler, ajouta à la
privation déja prononcée par ce concile contre
les contrevenans la clause, *pleno jure.* Le second

concile de Lyon tenu fous le Pontificat de Gré-
goire X, porta la rigueur plus loin; il ne fe
contenta pas de décerner la privation de plein
droit, *ipfo jure*, il regla quelle feroit encourue
même fans qu'il fût befoin d'aucune monition
canonique, *nulla etiam præmiffa monitione.*

Depuis ce temps prefque toutes les conftitu-
tutions canoniques qui prononcent des peines
contre les infracteurs des lois portent quelques
unes de ces claufes, *ipfo jure*, *pleno jure*, *eo ipfo*,
ipfo facto. Elles déclarent par-là que quiconque
aura tranfgreffé la loi, par ce feul fait encourra
la peine portée par la loi, de forte qu'il ne fera
plus queftion de procéder juridiquement contre
le coupable, ni d'examiner qu'elle eft la peine
qui lui doit être impofée, & il ne s'agira pour
la lui faire pleinement fubir que de vérifier le
fait du violement de la loi.

Ainfi la peine portée par la loi eft-elle la privation du bénéfice, le coupable perdra tout
droit à celui dont il étoit pourvu, dès le moment qu'il aura tranfgreffé la loi; dès ce moment
il pourra en être dépoffédé fans autre procédure
que celle qui fera abfolument néceffaire pour
conftater la vérité du fait de la tranfgreffion.

Ce font ces vacances de plein droit prononcées
par les lois canoniques & par les ordonnances des
fouverains qui ont donné lieu aux Dévoluts, ou
plutôt le Dévolut n'eft que l'exercice de la faculté
que ces loix & ces ordonnances ont voulu pour
le bien de l'églife donner à ceux à qui appartenoit la difpofition des bénéfices de pouvoir
fubftituer des clercs capables de les remplir di-
gnement, à la place des fujets qui n'auroient

jamais dû les obtenir, ou qui fe feroient rendus indignes de les conferver après en avoir été pourvus canoniquement.

Le Dévolut confidéré fous ce point de vue ne préfente ainfi qu'un moyen de purger l'églife de ces titulaires moins propres à la fervir qu'à la deshonorer.

Il ne fut pas établi pour nuire aux droits des collateurs ordinaires. C'étoit à eux que les confitutions canoniques laiffoient le foin & le pouvoir de nommer aux bénéfices dont elles prononçoient la vacance, à moins qu'ils ne fe fuffent rendus coupables de complicité en faifant ufage de leur droit de collation en faveur de fujets incapables ou indignes.

Ainfi toutes les fois que la vacance de droit avoit lieu pour raifon de quelque incapacité, indignité ou incompatibilité furvenue, le collateur ordinaire pouvoit donner de nouvelles provifions fur ce genre de vacance. Lors au contraire que le collateur ordinaire avoit abufé de fon pouvoir en conférant à un indigne ou à un incapable, fon droit paffoit pour cette fois au fupérieur immédiat du bénéfice. Il y paffoit dès le moment que l'abus étoit confommé par le collateur inférieur, & le fupérieur n'avoit pas befoin pour exercer le droit que les lois lui déféroient, d'attendre l'expiration d'aucun délai, à la différence de ce qui fe paffe dans la devolution, où il n'y a ouverture à l'exercice des droits des fupérieurs qu'au moment où le temps utile accordé à l'inférieur pour exercer fon droit eft expiré fans qu'il en ait fait ufage.

Qui font ceux qui peuvent conférer par Dévolut ?

Aucune loi , aucune conſtitution canonique n'ont dérogé aux droits que l'établiſſement des vacances encourues par le ſeul fait , laiſſèrent aux patrons & aux collateurs ordinaires de pourvoir ſur ce genre de vacance comme ſur tous les autres ; & il n'y a point de réſerve à ce ſujet en faveur du pape.

On ne ſauroit donc raiſonnablement douter que dans le cas où la vacance de plein droit feroit inconnue par un titulaire ſans que le patron ou le collateur en puſſent être regardés comme complices , ils ne puſſent exercer leur droit de patronage ou de collation , & pourvoir au bénéfice ainſi vacant ; ce ne feroit pas à la vérité par forme de Dévolut , du moins à s'en tenir à l'étymologie du mot , qu'ils y pourvoiroient , mais à raiſon & en vertu de leur droit originaire dont on ſent bien qu'il ne feroit pas juſte de les dépouiller , parce que leurs pourvus ſe feroient rendus indignes ou incapables de conſerver leurs bénéfices.

Il n'eſt pas moins certain que ſi les collateurs ordinaires ont pris part à l'indignité ou à l'incapacité des titulaires en leur conférant malgré les défauts ou les vices qui les rendoient incapables ou indignes , ou ſi ces collateurs après l'incapacité, l'irrégularité ſurvenue à ces titulaires négligent de conférer à d'autres ſujets plus dignes & plus capables , les collateurs ſupérieurs des bénéfices peuvent en diſpoſer à titre de Dévolut dans le premier cas , & dans le ſecond à titre non-ſeulement de Dévolut , mais auſſi de dévolution , qui ſe réunit & ſe rencontre en effet ſouvent avec le Dévolut.

Pour difputer ce droit aux collateurs ordinaires il faudroit quelque texte bien clair & bien précis des faints décrets ou des ordonnannances qui les en privât ; & comme on le difoit tout-à-l'heure , on n'en peut citer aucun ; ces collateurs reftent ainfi dans les termes du droit commun , & autorifés à conférer lorfque la vacance de plein droit eft une fois ouverte.

· Quelques auteurs cependant ont paru douter de ce droit, trompés vraifemblablement par l'efpèce de non-ufage où font demeurés ces collateurs à cet égard.

‹ Rien de plus rare en effet que de voir les évêques ou d'autres collateurs ordinaires conférer à titre de Dévolut ; mais ce non-ufage ne fuffit pas pour éteindre un droit : tant qu'on ne citera point de réferve en faveur du pape qui reftreigne les droits collateurs inférieurs , ces droits fubfiftent dans leur entier , quoique les collateurs n'en faffent aucun ufage ; de même que leurs droits de collation ordinaire fubfiftent & fe foutiennent , quoique des préventions , des réfignations , des permutations ne leur en aient laiffé aucun exercice pendant un très-long intervalle.

. Ce qui a rendu les provifions par Dévolut fi rares de la part des collateurs ordinaires, c'eft d'une part que prefque jamais ils ne font avertis & informés affez tôt des incommodités, indignités ou irrégularités des titulaires, & qu'ainfi le temps qu'ils auroient pour conférer utilement s'écoule fans qu'ils aient pu faire ufage de leur droit : d'une autre part, il feroit affez difficile de trouver de bons fujets qui vouluffent accepter des provifions par Dévolut : ces droits font

trop odieux & trop d'inconvéniens les fuivent.
Enfin les dévolutaires aiment bien mieux s'adreffer à Rome, où ils font affurés d'obtenir l'effet
de leurs demandes, que de s'adreffer aux collateurs ordinaires qui pourroient les rejeter
pour choifir d'autres fujets.

Voilà ce qui a mis le pape en poffeffion de
donner prefque toutes les provifions par Dévolut, mais cette poffeffion ne fauroit nuire au
fond du droit des collateurs ordinaires.

Si leurs droits font ainfi confervés dans les
vacances de plein droit, & s'ils peuvent alors
difpofer des bénéfices qui font à leur collation,
il doit à plus forte raifon en être de même à l'é-
gard des bénéfices qui fe trouvent en collation
laique; c'eft-à-dire, que fi les titulaires de ces
bénéfices fe rendent coupables de quelques délits ou viennent à encourir quelque irrégularité
qui emporte la privation *ipfo facto*, il eft hors
de doute que les collateurs peuvent donner des
provifions de ces bénéfices. Il faut feulement
obferver, comme on l'a déjà fait ci-deffus à l'é-
gard des collateurs ordinaires, que ce n'eft pas
à proprement parler par forme de Dévolut que
ces collateurs difpofent alors des bénéfices; ce
n'eft point en effet par un accroiffement, par
un retour de droit, mais fimplement à raifon de
l'ouverture que donne à leur droit ordinaire l'incapacité ou l'indignité du fujet qui étoit pourvu
du bénéfice.

Ces collateurs ont même l'avantage de n'a-
voir point à craindre de prévention de la part
des collateurs eccléfiaftiques ni du pape même;
les bénéfices de leur collation n'étant en aucune

manière

manière affujettis aux lois canoniques pour ce qui peut en concerner la difpofition,

Comment donc l'incapacité ou l'indignité des titulaires pourroient elles rendre ces bénéfices vacans de plein droit, puifque les vacances de plein droit n'ont été introduites que par les lois canoniques ? Voici la reponfe à cette difficulté.

Il eft vrai que ces bénéfices quant à ce qui en concerne la difpofition & les droits des collateurs font affranchis des règles canoniques ; mais les titulaires de ces bénéfices font pour leur conduite foumis à ces règles ; ils peuvent donc être ou fe rendre indignes ou incapables de poffeder les titres de ces bénéfices, & d'en exercer les fonctions.

L'églife, il eft vrai, ne peut même en ce cas y pourvoir ; mais les collateurs ne font eux-mêmes pas moins obligés de le faire ; & s'ils le négligeoient ou s'ils le refufoient, le fouverain pourroit fans contredit en qualité de protecteur & de confervateur de toutes les fondations fuppléer à leur négligence ou punir leur opiniâtreté & conférer en conféquence le titre vacant ; ce qui formeroit une véritable collation.

Ce que l'on vient de dire des collateurs doit s'appliquer de même aux patrons laïcs ; car fi les collateurs eccléfiaftiques auffi bien que les laïcs peuvent conférer les bénéfices de leur dépendance, dans le cas où le titulaire encourt la peine de privation *ipfo facto* de fon bénéfice, fur quel fondement voudroit-on refufer au patron laïc le droit de préfenter dans le même cas?

On ne trouve cependant pas plus d'actes de

préfentation en ce genre que d'actes de collation, parce que les mêmes raifons qui ont empêché ou retenu les collateurs ont également
fufpendu ou lié l'exercice du droit de patronage;
mais ce droit n'en exifte pas moins.

Nos rois nomment à quatre fortes de titres à
différens bénéfices ; à quelques-uns, comme
pleins collateurs ; tels font tous les canonicats
des faintes chapelles & autres de ce genre ; à
d'autres, en vertu de la régale ; à d'autres enfin, comme patrons. Dans tous ces cas l'émi-
nence de leur couronne, la fupériorité de leurs
droits, rendent encore plus certain à leur égard
ce que l'on a dit au fujet des collateurs & patrons ordinaires.

La queftion fut agitée vivement vers la fin du
dernier fiècle à l'occafion d'une prébende &
canonicat de l'églife cathédrale de Verdun. Elle
étoit contentieufe entre trois prétendans qui
tous fe faifoient les uns aux autres des reproches
affez fondés fur la validité de leurs titres. L'un
d'eux fut maintenu par arrêt contradictoire du
parlement de Metz du 22 Septembre 1681. Un
mois auparavant le fieur Devaux avoit obtenu
du roi un brevet de nomination fondée fur la
variation de l'ordinaire avec la claufe de Dévolut ou autrement. Cette nomination étoit faite
par le roi en vertu de l'indult qu'il avoit du
pape pour nommer à tous les bénéfices des trois
évêchés dont la collation, provifion ou toute
autre difpofition pouvoit appartenir aux fouverains pontifes. Le brevetaire fe pourvut au grand
confeil le 31 décembre 1682, & par arrêt du
9 mars 1674 il fut maintenu. L'arrêt eft rap-

porté au Journal du palais tome 2 page 408.

Si l'on a jugé, & avec raifon, que le roi pouvoit conférer par Dévolut un bénéfice qui ne tomboit à fa collation que par l'abus que le collateur ordinaire avoit fait de fon droit, à plus forte raifon pourroit-il conférer un bénéfice de fa propre collation dont le titulaire feroit dans le cas où fe trouvoit celui de la prébende contentieufe.

Quels bénéfices peuvent être impétrés par Dévolut? Il faut d'abord en excepter les évêchés & Prélatures fupérieures. Il eft en effet de maxime que les évêchés & les archevêchés ne font pas compris dans la dénomination générale, & que les titulaires de ces dignités eccléfiaftiques n'encourent pas *ipfo facto* les peines prononcées par la loi à moins que la loi ne les ait expreffément nommés. C'eft la difpofition textuelle d'un décret du premier concile général de Lyon. *Extrà fap. 4. rit. de Sentent. excom.*

On ne peut donc appliquer aux évêques les lois concernant les vacances de plein droit : auffi ne voit-on pas que perfonne fe foit jamais avifé de demander des provifions par Dévolut d'un évêché : on ne voit pas non plus que ni les papes ni des électeurs aient rempli un fiege épifcopal fous prétexte de vacance de plein droit, on a toujours attendu avant de donner un fucceffeur à un évêque accufé qu'il y eût contre lui une fentence de dépofition.

Auffi les motifs qui ont fait introduire les vacances de droit pour les autres bénéfices ne peuvent-ils pas avoir lieu à l'égard des évêchés. Si des ambitieux fe font quelque fois emparés

par artifice & par violence de ces dignités fu-
prêmes, les exemples en font heureufement
fort rares, & les vacances de plein droit n'auroient offert qu'une bien foible reffource contre ces intrufions. Si quelques évêques venoient par leur mauvaife conduite à fe mettre
dans le cas d'être dépofés, l'élévation de leur
place qui rend le fcandale plus fâcheux, le rend
auffi plus connu & plus difficile à cacher. Les
Supérieurs ne tarderoient pas à en être informés & dès-lors à y apporter le remede le
plus convenable, fans qu'il fût néceffaire d'a-
voir recours à la privation encourue par le feul
fait.

Il faut convenir cependant que le même concile général de Lyon, dont nous avons cité le
décrêt fi favorable à la dignité & à la perfonne
des évêques, & qui ne permet pas de leur appliquer les difpofitions des loix qui emportent
privation de plein droit, fi la loi ne les a nommément compris, a lui même porté un décret
qui regarde & paroît renfermer les évêques
commme toutes les autres dignités inférieures.
Ce décret eft rapporté *cap. pro humili extra de
homicid.* & il prononce la privation *ipfo facto*
contre tous prélats & autres qui auront commis
un affaffinat. Il fembleroit donc que fi un évêque fe rendoit coupable d'un tel crime, fon fiége
deviendroit par-là même vacant.

Mais quand cela feroit, il ne s'enfuivroit pas
que le fiége fût impétrable, mais feulement que
ceux à qui le droit d'y pourvoir appartient,
pourroient nommer fur cette vacance fans attendre une fentence de dépofition. L'importance &

les devoirs de l'épifcopat ne permettroient pas
d'agir autrement ni d'abandonner une telle dignité à l'avidité des impétrans, qui s'en dé-
clareroient eux-même indignes par la demande
qu'ils oferoient en faire.

Il faut à peu près raifonner de même à l'é-
gard des abbés dont la dignité eft regardée comme
la premiere dans l'églife après celle des évêques & auxquels on donne depuis plufieurs fiècles le nom de prélats. Depuis ce temps ils
ont joui d'une partie des prééminences & prérogatives de la dignité épifcopale. Dans la plû-
part des règlemens de difcipline, ils font nommés immédiatement après les évêques, & pour
l'ordinaire exceptés de ceux où les évêques ne
font pas compris. L'on pourroit cependant douter fi malgré tout cela les abbayes ne font pas
du nombre des bénéfices dont la privation de
plein droit eft prononcée contre ceux qui fe
rendroient coupables de certains crimes. Mais
comme on l'obfervoit tout à l'heure au fujet
des évêchés, les dévolutaires ne pourroient en
tirer aucun avantage ni fe flatter de s'en faire
pourvoir à titre de Dévolut, car ou ces abbayes
font de nomination royale, ou bien elles font
électives; dans le premier cas, le dévolutaire
ne pourroit fe préfenter pour en demander des
provifions qu'en vertu d'un brevet du roi qui
le nommeroit. Dans le fecond cas, il n'obtien-
droit pas de provifions en cour de rome, où
l'on ne regarderoit pas la collation de ces abbayes comme une collation forcée de la part
du pape, qui ne voudroit pas fe compromettre
à ce fujet, en accordant des provifions fur ce
genre de vacance.

Ces bénéfices peuvent donc devenir vacans de plein droit, fans devenir impétrables & fujets au Dévolut.

Il en eft à peu près de même des bénéfices de pure collation laïque. Les titulaires peuvent mériter d'être privés de leurs titres, mais le collateur ordinaire ne peut être dépouillé de fes droits. Il les conferve en entier. L'églife peut bien engager ces collateurs à porter le remede aux maux, mais elle ne peut les y contraindre & n'a que la voie de la repréfentation auprès du prince qui feul eft le vrai collateur, le vrai fupérieur de ces bénéfices.

Les bénéfices en patronage laïc doivent auffi jouir du même privilège pendant le tems accordé aux patrons pour conférer. Pendant ce tems, les patrons ne peuvent être prévenus, comme on le fçait ; il ne doit pas être permis pendant ce temps d'impétrer par Dévolut les bénéfices de leur patronage, autrement ce feroit porter atteinte à leurs droits.

D'autres bénéfices ne peuvent encore être impétrés par cette voie que par certaines perfonnes : tels font tous ceux qui par les fondations ou par d'autres titres font affectés à des nobles, à des parens, à des chantres &c. Si ceux qui s'en trouvent pourvus tombent dans quelques cas d'incapacité ou d'indignité, il faut que ceux qui voudroient s'en faire pourvoir à leur défaut par Dévolut réuniffent dans leurs perfonnes les conditions & qualités requifes par les titres & fondations, fans quoi leur impétration feroit vicieufe.

Tous les bénéfices autres que ceux dont on

vient de parler, font fujets au Dévolut : on ex-
pliquera les conditions impofées aux dévolutaires, fous ce mot.

Voyez *les décrets cités & les gloffes ; Fcvret,
traité de l'abus ; Vanefpen ; inftitution de M.
Fleury ; recueil de jurifprudence canonique ; loix
eccléfiaftiques ; M. Piales, traité du Dévolut ; &c.*
Voyez auffi les articles DÉVOLUTAIRE, DÉ-
VOLUTION, COLLATEUR, COLLATION, PRO-
VISION, VACANCE. (*Cet article eft de M. l'abbé
REMY, avocat au parlement.*)

Addition à l'article DÉVOLUT, *par M. MER-
LIN, avocat au parlement.*

La queftion de favoir fi la collation d'un bénéfice faite à un étranger eft radicalement nulle,
& fi des lettres de naturalité obtenues pendant
le procès que fufcite un dévolutaire au pourvu,
peuvent produire un effet rétroactif, a été décidée
au parlement de Flandres par arrêt rendu en révifion le 14 décembre 1775 au rapport de M.
de Caftéele. On en détaillera ici toutes les circonftances parce que la Flandres à fur cet objet
une loi particulière.

Le fieur Courtin, prêtre né à Mons, fut nommé par le chapitre métropolitain de Cambrai à
une grande-vicairie, fous l'efpérance d'obtenir
des lettres de naturalité, dont il forma auffi-tôt
la demande au confeil du roi. Le fieur Delporte
profita du retardement de l'expédition de ces lettres pour impétrer en cour de Rome le bénéfice
par Dévolut. Le fieur Courtin à qui les lettres
étoient promifes, s'oppofa à l'enregiftrement des
bulles du dévolutaire ; pendant l'inftruction de la
caufe, il reçut fes lettres, en obtint l'enregiftre-

ment ; & fut mis en possession. Le sieur Délporte
se rendit opposant à l'arrêt d'enregistrement : par
arrêt du 29 juillet 1773 , il fut débouté avec
dépens ; au rapport de M. de Warenghien de
Flory. Il se pourvut en révision , & il essuya le
même sort. Une différence remarquable entre le
premier arrêt & celui de révision , est que l'un
fut rendu tout d'une voix , & que dans le
second , il y auroit eu partage , si dans le nombre
des voix qui opinoient pour le dévolutaire , il
ne s'en fût trouvé d'incompatibles. La décision
prononcée par ces deux arrêts mérite quelques
refléxions.

On a dit à l'article *Bénéfices* que les provisions
accordées à un étranger ne sont pas nulles , &
qu'il suffit d'obtenir des lettres de naturalité
après avoir été pourvu. Cette assertion ne souffre
aucune difficulté dans l'intérieur du royaume
dont les lois défendent seulement de mettre les
étrangers en possession des bénéfices qui leur
sont conférés. Mais dans le ressort du parlement
de Flandres , cette question n'est pas si facile à
résoudre. Il s'y trouve une déclaration (*) du 15

(*) *En voici la teneur.*

Louis, par la grace de Dieu, roi de France & de Navarre ; à tous ceux qui ces présentes lettres verront, salut.
Nous ayant été représenté de la part de nos sujets des pays
que nous avons nouvellement conquis , & qui nous ont été
cedés par les traités de Munster, des Pirennées , d'Aix-la-
Chapelle & de Nimegue, que la plupart des bénéfices situés
dans lesdits pays, sont à la collation de plusieurs particuliers, qui étant établis dans les pays voisins & hors des
terres de notre obéissance, confèrent lesdits bénéfices à des
étrangers; de sorte que par ce moyen nosdits sujets se trou-

janvier 1681, enregiftrée le 24 du même mois, qui déclare nulles les provifions de bénéfices données à des étrangers non naturalifés. Elle fut portée, ce femble, pour donner à ces provinces une loi fpéciale qui les diftinguât fur cette matière de l'intérieur du royaume. Mais quelques jours après le roi réfolut de porter une loi générale qui feroit envoyée au parlement de Flandres fous le titre d'édit, parce qu'il n'y avoit point encore en cette cour d'ordonnance fur ce fujet, & qui feroit auffi adreffée aux autres

vent privés du fecours qu'ils devroient naturellement recevoir de la jouiffance defdits bénéfices, & ne voulant pas fouffrir la continuation de cet ufage, qui eft préjudiciable à notre fervice, nous avons eftimé à propos de déclarer fur cela notre volonté : favoir, faifons, que pour ces caufes & autres à ce nous mouvant, & de notre grace fpéciale, pleine puiffance & autorité royale, nous avons par ces préfentes fignées de notre main, dit, déclaré & ordonné, difons, déclarons & ordonnons, voulons & nous plaît, que nul collateur des prieurés, chanoinies, cures, chapelles, & autres bénéfices, de quelque nature qu'ils foient, qui font fitués dans les terres & pays à nous cédés par lefdits traités, ne puiffent dorénavant conférer ou nommer aux bénéfices dont les titres feront fitués dans les fufdits pays de notre obéiffance, que de nos fujets, *à peine de nullité de leur callation ;* & à l'égard des abbés, prieurs conventuels, ou fupérieurs des maifons religieufes, tant d'hommes que de filles, fitués dans lefdits pays, nous leur défendons très-expeffément de recevoir à l'avenir de novice qui ne foit notre fujet, fur telle peine que de raifon. Voulons en outre que les fupérieurs qui gouvernent les maifons & monaftères des filles, ne puiffent être déformais que de nos fujets, & que s'il y en a préfentement qui ne le foient pas, ils foient tenus & obligés de fe retirer inceffamment. Si donnons en mandement, &c.

tribunaux, mais fous le titre de déclaration, l'édit fut enregiftré le 13 février, & comme la déclaration devenoit inutile, difparate & déplacée, M. de la Hamaide procureur-général la retira le lendemain du greffe & la renvoya à M. de Louvois, fuivant les ordres qu'il en avoit reçus. Ces circonftances font atteftées par une note mife en marge du regiftre où elle étoit enregiftrée, écrite & fignée par M. de la Hamaide. D'après cela, on ne peut douter, que l'édit enregiftré le 13 février 1681 n'ait été porté pour remplacer la déclaration qui le précédoit; fi l'on obferve que le préambule contient les mêmes motifs que ceux de la déclaration qu'il a fuivi immédiatement, & à laquelle il a fubftitué une loi unique dans le royaume. Ces confidérations paroiffent fuffifantes pour regarder la déclaration enregiftrée le 24 janvier 1681 comme non avenue : ainfi il faut pour prononcer fur l'effet d'une collation faite en Flandres à un étranger confulter les lois générales de la France, qui toutes en fuppofent la validité. En effet, fi l'intention des légiflateurs eut été de la déclarer nulle, il eut été inutile d'ordonner toutes les précautions & de porter toutes les défenfes contenues dans toutes ces ordonnances, il eut été bien plus naturel d'annuller purement & fimplement toutes provifions données à des étrangers.

Il faut donc tenir pour un principe certain que les provifions font valables en elles-mêmes, mais qu'elles ne peuvent avoir d'effet qu'autant qu'il plaît au roi de lever l'empêchement politique qu'il y avoit mis. S'il accorde des lettres de naturalité, alors l'étranger peut valablement prendre poffeffion de fon bénéfice en vertu de fa nomination antérieure à l'obtention de fes lettres, fans avoir recours à de nouvelles provifions; ce n'eft pas, à proprement parler, que fes lettres de naturalité aient un effet rétroactif; non, elles précédent l'effet qu'elles produifent. Le pourvu avoit un titre qui n'étoit pas nul & auquel la naturalifation n'ajoute rien : l'effet de ce titre n'étoit fufpendu que par une irrégularité purement civile, & dès qu'elle difparoît, rien n'empêche que le pourvû ne prenne poffeffion d'un bénéfice pour lequel il a toutes les qualités requifes par les lois de l'églife & de l'état.

On a même voulu foutenir que dans la thèfe qu'on vient d'établir, il n'y a point lieu au Dévolut, parce que, difoit-on, le pape ne peut s'arroger en vertu d'une incapacité prononcée par une loi purement civile, le droit de conférer un bénéfice à titre de Dévolut, tandis que la loi civile ne lui a point donné ce droit. Mais ce fyftême a été profcrit par deux arrêts du parlement de Flandres : le premier a été rendu le 2 juin 1767 au rapport de M. de Pollinchove, en faveur du fieur Nicolas, dévolutaire, contre le fieur Ocreman poffeffeur depuis fix ans d'un bénéfice de patronage laïc. Double ciconftance qu'il vouloit faire valoir. Le fecond a été rendu le premier août 1769, au rapport de M. de Francqueville, en faveur du fieur Lonpret, dévolutaire contre le fieur Bargiband qui étoit depuis vingt ans en poffeffion paifible de fon bénéfice. Dans ces deux cas il a été jugé que l'inhabilité d'un étranger à pofféder un bénéfice en France donnoit ouverture au Dévolut.

Le ſieur Courtin ne pouvoit donc compter ſur ce moyen ; auſſi ne faiſoit-il que l'indiquer foiblement. Mais il ſuffiſoit pour lui de dire que le dévolutaire qui ne tient que du roi le droit de dévoluter un bénéfice conféré à un étranger ne peut ſe plaindre que le roi ait reſtreint & limité ce droit, comme il l'a jugé à propos : car le droit que le dévolutaire a pû acquérir ne peut avoir d'effet qu'autant qu'il ne plaît pas au roi de diſpenſer de l'empêchement qui a donné lieu au Dévolut. Soutenir le contraire, diſoit M. Joli de Fleury, ce ſeroit admettre dans le royaume l'autorité d'une puiſſance étrangère, ôter au roi la plénitude du pouvoir qui lui appartient ſi légitimément, enlever au ſouverain la liberté de faire grace quand & de la manière qu'il lui plait.

Ce raiſonnement qui s'applique ici avec tant de juſteſſe, n'auroit plus la même force dans un cas où l'étranger pourvu ſe ſeroit mis en poſſeſſion de ſon bénéfice, & ſans ſonger à ſatisfaire aux lois de l'état, auroit attendu tranquillement qu'on vint l'inquiéter, pour ſe faire relever de ſon incapacité. Ce ſeroit le moment de traiter de l'effet rétroactif des lettres de naturalité, & de diſcuter le ſentiment des auteurs fort partagés ſur cette matière. Mais dans les circonſtances où ſe trouvoit le ſieur Courtin rien n'a dû empêcher qu'il ne fût maintenu dans une poſſeſſion qu'il n'avoit priſe qu'après avoir acquis le titre canonique & civil, puiſqu'il n'avoit pas obtenu ſes lettres de naturalité au préjudice du droit d'un tiers.

Ainſi l'arrêt du 14 décembre 1775 & celui

qu'il a confirmé font conformes aux vrais prin‑
cipes. Il n'eſt pas inutile d'en remarquer un autre
rendu dans une cauſe où l'on employoit les mê‑
mes moyens de part & d'autre, & dont néan‑
moins la déciſion eſt différente.

Le chapitre de Saint-Gery à Cambray confera
en 1761 une chapelle au ſieur Froment, né dans
le Hainaut autrichien. Cet eccléſiaſtique ne prit
point poſſeſſion de ſon bénéfice, il s'adreſſa au
roi pour avoir des lettres de naturalité. Dans
l'intervalle, le ſieur Savary ſollicita en cour de
Rome des bulles par Dévolut, & elles lui furent
accordées le 3 février 1762 ; le 23 juin ſuivant
il en obtint l'enregiſtrement avec la clauſe qu'elles
lui ſerviroient & vaudroient ce que de droit, en
conséquence il prit poſſeſſion de la chapelle.
Dans le mois d'août 1764, le ſieur Froment
obtint ſes lettres, & après les avoir fait enre‑
giſtrer & pris poſſeſſion à ſon tour du bénéfice
dévoluté, forma oppoſition à l'arrêt d'enregiſ‑
trement des bulles du ſieur Savary, & demanda
d'être maintenu dans la poſſeſſion de ſa chapelle.
La cauſe s'inſtruiſit avec chaleur de part & d'au‑
tre ; mais le rapport en ayant été commencé,
& la lecture des pièces tirant à ſa fin, le ſieur
Froment effrayé apparemment par le vent du
bureau qui lui étoit déſavantageux, ſe déporta
de ſes prétentions & ſon déport fut décrété par
arrêt du 22 mars 1769, au rapport de M.
Dupont de Caſtille.

Cette dernière circonſtance ſuffit ſeule pour
concilier cet arrêt avec celui de 1775, puiſque
l'on peut dire qu'il n'a rien jugé en décrétant
le déport du pourvu naturaliſé. Mais quand on

fuppoſeroit qu'il étoit preſque décidé même avant le déport, que le fieur Froment devoit perdre ſon bénéfice, cet arrêt n'auroit point jugé le contraire de celui de 1775. Le fieur Froment n'avoit obtenu ſes lettres de naturalité que plus de trois ans après ſa nomination, & plus de deux ans après la priſe de poſſeſſion de ſon adverſaire : de manière qu'il n'étoit pas vrai que ces lettres euſſent été accordées par le roi pendant le litige, puiſqu'il n'y avoit pas d'inſtance ouverte entre les deux concurrens. On ſent la différence d'un cas d'avec l'autre. Lorſque le dévolutaire a pris poſſeſſion & jouit ſeul depuis deux ans, plus ou moins, ſon droit eſt conſommé ; au lieu que pendant litige il n'eſt qu'en expeĉtation.

Fin du Tome dix-huitième.

Les Tomes XIX & XX paroîtront en Juin 1778.

A V I S.

COMME la plupart des Jurifconfultes nommés dans les divers articles du Répertoire , ont fini le manufcrit des parties dont ils s'étoient chargés, il paroît que cet Ouvrage s'étendra environ à foixante volumes *in-octavo*. Au refte, à quelque nombre qu'il puiffe s'étendre au-delà, le Libraire s'engage à n'en faire payer que 60 volumes aux perfonnes qui s'en feront procuré un exemplaire avant la publication du dernier volume, & même fi l'Ouvrage n'a que 60 volumes , elles n'en payeront que 57 , attendu que les trois derniers doivent leur être délivrés *gratis*. Le prix de chaque volume broché ou en feuille, eft de quatre livres dix fous : ainfi chaque particulier pourra fe procurer à un prix modique un Ouvrage qui renferme la fubftance utile & épurée d'une multitude de livres dont l'acquifition couteroit au moins mille louis à quiconque voudroit les raffembler, encore n'y trouveroit-on ni les Lois nouvelles, ni une infinité de critiques & de difcuffions lumineufes qui ne font que dans le Répertoire.

Et pour prévenir la crainte que l'on pourroit avoir que cet Ouvrage ne s'achevât pas, comme cela eft arrivé à l'égard de plufieurs autres d'une certaine étendue , le Libraire fouffigné déclare que dans ce cas il retireroit tous les volumes qu'on lui repréfenteroit & en rendroit l'argent.

C. PANCKOUCKE.

www.ingramcontent.com/pod-product-compliance
Lightning Source LLC
Chambersburg PA
CBHW031728210326
41599CB00018B/2549